समेकित विद्यालय की स्थापना
(Creating an Inclusive School)

Our other publication by
Prof. S.K. Mangal and Prof. Shubhra Mangal

— Assessment of Learning
— Creating an Inclusive School
— Childhood and Growing up
— Learning and Teaching
— अधिगम का आकलन
— समेकित विद्यालय की स्थापना
— बाल्यकाल एवं वृद्धि-उन्मुख बालक
— अधिगम एवं शिक्षण

समेकित विद्यालय की स्थापना

(Creating an Inclusive School)

प्रो. एस.के. मंगल

एम.ए., एम.एस.सी., एम.एड., पी.एच.डी (शिक्षा)

प्रो. (श्रीमती) शुभ्रा मंगल

एम.एस.सी., एम.एड., एम.फिल., पी.एच.डी. (शिक्षा)

SHIPRA

Rs. 900; US$ 36

ISBN: 978-93-86262-39-4

2020 Impression
(First Published in India, 2017)

Samekit Vidyalaya ki Isthapna

Published by:
SHIPRA PUBLICATIONS
LG 18-19, Pankaj Central Market,
I.P. Ext., Patparganj, Delhi 110092, India
Ph.: +91 11 22235152/6152, 9650028065
Email: info@shiprapublication.com
Website: www.shiprapublication.com

प्रस्तावना

समेकेतीकरण विचारधारा को विद्यालय शिक्षा क्षेत्र में काम में लाने हेतु समेकित विद्यालयों की स्थापना और उनका उचित संगठन हमारी विद्यालय शिक्षा व्यवस्था के लिये आज एक बड़ी आवश्यकता और चुनौती के रूप में हमारे सामने आ रहा है। जनतांत्रिक देश होने के नाते हमें अपने नागरिकों को शिक्षा और प्रगति के समान अवसर प्रदान करने का उत्तरदायित्व निभाना है और इसी कड़ी में देश में 'सर्व शिक्षा अभियान' के रूप में सबको शिक्षा प्रदान करने का लक्ष्य रखा है। इसी दिशा में और अधिक आवश्यक कदम उठाते हुये 'शिक्षा के अधिकार अधिनियम (Right to Education Act)' के रूप में ऐसा कानूनी प्रावधान रखा गया है कि सभी विद्यालय जाने वाले बालकों को उनकी क्षमता-अक्षमता, सामाजिक आर्थिक स्तर तथा अन्य किसी बात को लेकर भेदभाव न करते हुये मुफ्त एवं अनिवार्य शिक्षा उनके पड़ोस के विद्यालयों में प्रदान की जाये। इसका क्रियान्वयन समेकित विद्यालयों की स्थापना और उनमें मिलने वाली उपयुक्त शिक्षा सुविधाओं से ही संभव है और इसी कारणवश समेकित विद्यालयों की स्थापना और उनका उचित संगठन हमारे लिये एक बहुत बड़ी आवश्यकता बन गई है। इस आवश्यकता की भली-भाँति पूर्ति तभी संभव है जब तक इस काम को अंजाम देने वाले विद्यालय शिक्षकों को समेकित विद्यालयों की स्थापना तथा उनके उचित संगठन सम्बन्धी आवश्यक ज्ञान और कौशलों की उपलब्धि न हो जाये तथा इसके प्रति उनमें पूरा लगाव और निष्ठा पैदा न हो। उन्हें इस प्रकार की योग्यता और गुणों से आत्मसात करने का सही समय और अवसर उन्हें सेवापूर्व दिये जाने वाला अध्यापक प्रशिक्षण ही है। माध्यमिक विद्यालयों में कार्यरत अध्यापकों को यह अवसर उन्हें उनकी बी.एड. कक्षा में किये जाने वाले अध्ययन के द्वारा ही उपलब्ध होता है। इसी बात को ध्यान में रखते हुये राष्ट्रीय अध्यापक शिक्षा परिषद् (NCTE) ने सभी विश्व-विद्यालयों तथा अध्यापक शिक्षा संस्थानों को अपने बी.एड. पाठ्यक्रमों में इस सम्बन्ध में उचित व्यवस्था करने सम्बन्धी निर्देश जारी किये थे। इसी की अनुपालना करते हुये गुरु गोविन्द सिंह इन्द्रप्रस्थ विश्वविद्यालय, नई दिल्ली ने अपने द्वि-वर्षीय बी.एड. पाठ्यक्रम में 'समेकित विद्यालय की स्थापना' (Creating an Inclusive School) नामक अध्ययन कोर्स को एक अनिवार्य पेपर के रूप में रखे जाने का प्रावधान किया है। प्रस्तुत पुस्तक इसी पेपर की आवश्यकता पूर्ति हेतु लिखी गई है।

यद्यपि यहाँ इसकी रचना में मुख्य रूप से गुरु गोविन्द सिंह इन्द्रप्रस्थ विश्वविद्यालय द्वारा अनुमोदित पाठ्यक्रम पर ही ध्यान केन्द्रित किया गया है, परन्तु विषयवस्तु की अपनी विस्तृतता एवं गहनता के फलस्वरूप यह पुस्तक दूसरे विश्वविद्यालयों के द्वि-वर्षीय बी.एड. पाठ्यक्रम की आवश्यकताओं को भी पूरा करने में पर्याप्त रूप से सक्षम सिद्ध हो सकती है। इस पुस्तक के कुछ विशेष आकर्षण निम्न हैं:

- यह पूरी तरह से निर्धारित पाठ्यक्रम की आवश्यकताओं को पूरा करती है। सभी इकाइयों, प्रकरणों और बिन्दुओं पर इसमें गहराई और विस्तार से प्रकाश डाला गया है।
- भाषा सरल है और प्रस्तुतीकरण का ढंग ऐसा है जिससे विषय का सही और स्पष्ट ज्ञान हो सके।
- अध्याय की अधिगम सामग्री को ध्यान में रखते हुये इस प्रकार के अध्ययन प्रश्नों (Study Questions) को पुस्तक के पेपर बैक संस्करण के आखिर में पाठकों के सामने लाया गया है जो पुनरावृत्ति तथा स्व-मूल्यांकन का अवसर प्रदान करने के साथ-साथ विश्वविद्यालय परीक्षा के लिये तैयार होने में मदद करें।
- पुस्तक के अंत में उन सभी संदर्भ ग्रन्थों तथा विशेष अध्ययन योग्य पुस्तकों की सूची भी दी गई है जिनका उपयोग संदर्भ या उपयोगी सूचना स्रोत के रूप में इस पुस्तक की रचना हेतु किया गया है। पाठकवृन्द को विशेष गहराई में जाने के लिये इन ग्रन्थों से उचित सहायता मिल सकती है।

अपनी इन उपरोक्त विशेषताओं के साथ प्रस्तुत रचना कैसी बन पड़ी है इसका निर्णय तो सुयोग्य पाठकवृन्द के रूप में आपका ही रहेगा। हाँ त्रुटियों से अवगत कराने का अवश्य अनुरोध है ताकि आगामी संस्करण में अपेक्षित सुधार लाये जा सकें।

पाठकों के लिये शुभकामनाओं सहित।

मई, 2017

एस.के. मंगल
शुभ्रा मंगल

विषय सूची

प्रस्तावना v

1. **भारतीय शिक्षा में समेकेतीकरण तथा अलगाव के प्रारूप** 1
(Forms of Inclusion and Exclusion in Indian Education)

पृथक्कीकरण या अलगाव तथा समेकेतीकरण की अवधारणा 1
पृथक्कीकरण के प्रकार 1
- लिंग के संदर्भ में पृथक्कीकरण 3
- जाति के सन्दर्भ में पृथक्कीकरण या अलगाव 4
- स्थानीयता के संदर्भ में पृथक्कीकरण 5
- अक्षमता के संदर्भ में पृथक्कीकरण 6
- सामाजिक आर्थिक स्तर के संदर्भ में अलगाव या पृथक्कीकरण 8
- भाषा के संदर्भ में अलगाव या पृथक्कीकरण 11

2. **समेकित शिक्षाः अर्थ, ऐतिहासिक विकास एवं उपयोग** 13
(Inclusive Education: Meaning, Historical Development and Benefits)

समेकित शिक्षा का ऐतिहासिक विकास 13
- पृथक्कीकरण अथवा अलगाव और इसकी कार्यात्मकता 14
- समावेशीकरण और उसकी कार्यात्मकता 15
- समावेशीकरण उपयुक्त क्यों नहीं समझा जाता? 16
- पृथक्कीकरण और समावेशीकरण से समेकेतीकरण किस प्रकार भिन्न है? 17

समेकित शिक्षा-आवश्यकता, अर्थ एवं अवधारणा 18
समेकित शिक्षा के दार्शनिक एवं सामाजिक आधार 22
समेकित शिक्षा की उपयोगिता या लाभ 24
विशेष आवश्यकताओं से युक्त बालकों को होने वाले लाभ 26
विशेष आवश्यकता रहित बालकों के लिए लाभ 27

3. **अक्षमता एवं समेकेतीकरण का ऐतिहासिक परिप्रेक्ष्य** 29
(Historical Perspectives of Disability and Inclusion)

विषय प्रवेश 29
भूमंडलीय या वैश्विक परिदृश्य 30
भारतीय परिदृश्य 39
- स्वतंत्रता पूर्व-काल 39
- स्वतंत्रता प्राप्ति के बाद का युग 41

4. अक्षमता या विकलांगता: अवधारणा, प्रकार, विशेषतायें तथा सम्बन्धित शैक्षिक आवश्यकतायें एवं अधिगम समस्यायें 49

(Disabilities: Concept, Types, Characteristics and Identification of the Educational Needs and Learning Problems) 49

विकलांगता या अक्षमता–अर्थ एवं अवधारणा 49

अक्षमता के विभिन्न प्रकार 54

दृष्टिदोष युक्त अक्षमता–अर्थ, प्रकार और विशेषताएँ 55

श्रव्य अक्षमता–अर्थ, प्रकार एवं विशेषताएँ 57

मानसिक अक्षमता–अर्थ, प्रकार और विशेषताएँ 59

माँसपेशीय या गत्यात्मक अक्षमता–अर्थ एवं प्रकृति 67

– माँसपेशीय या गत्यात्मक विकारों द्वारा उत्पन्न कार्यात्मक सीमाएं अथवा अवरोध 67

अधिगम अक्षमताएँ–अर्थ, विशेषताएँ एवं प्रकार 68

– भाषायी अधिगम अक्षमता (Dislexia) 72

– गणित अधिगम अक्षमता (Dyscalculia) 73

अक्षमतायुक्त बालकों की विशिष्ट आवश्यकताएं 75

विभिन्न प्रकार के अक्षम या विकलांग बालकों की विशिष्ट शैक्षिक आवश्यकतायें तथा अधिगम समस्यायें एवं उनका निवारण 80

– पूर्ण बधिर बालकों की विशेष शैक्षिक आवश्यकताएं एवं अधिगम समस्याओं का निवारण 81

– ऊँचा सुनने वाले बालकों की विशेष शैक्षिक आवश्यकताएं एवं अधिगम समस्यायें और उनका निवारण 82

– अन्धे बालकों की विशेष शैक्षिक आवश्यकताएँ एवं अधिगम समस्यायें और उनका निवारण 85

– कम दृष्टि वाले या आंशिक रूप से दृष्टिदोष युक्त बालकों की विशेष शैक्षिक आवश्यकताएं एवं अधिगम समस्यायें और उनका निवारण 86

– अस्थि एवं मांसपेशियों की क्षतिग्रस्तता या लोकोमोटर अक्षमता से पीड़ित बालकों की शैक्षिक आवश्यकताएं एवं अधिगम समस्यायें और उनका निवारण 87

– अधिगम अक्षमताओं जैसे डायसलेक्सिया और डायस्केलकुलिया अक्षमता से पीड़ित बच्चों की विशेष शैक्षिक आवश्यकताएं एवं अधिगम समस्यायें और उनका निवारण 89

– मानसिक मंदन या अक्षमताओं से पीड़ित बालकों की विशेष शैक्षिक आवश्यकताएं एवं अधिगम समस्यायें और उनका निवारण 91

5. समेकित व्यवस्था में सहायक और अनुकूलन तकनीकी 93

(Assistive and Adaptive Technologies in Inclusive Set-up)

सहायक तकनीकी क्या है? 93

समेकित कक्षाकक्ष व्यवस्था में सहायक तकनीकी के प्रयोग सम्बन्धी उद्देश्य 94

सहायक तकनीकी एवं अनुकूलन तकनीकी 95

समेकित व्यवस्था में विभिन्न प्रकार के अक्षम या भिन्न प्रकार के सक्षम विद्यार्थियों के लिए सहायक एवं अनुकूलन तकनीकियां 95

6. **विभिन्न अक्षमताओं के अनुरूप अनुकूलन एवं समायोजन** **104**
(Adaptation and Accomodation according to Various Disabilities)

विषय प्रवेश 104
अनुदेशनात्मक उद्देश्यों में अनुकूलन एवं समायोजन 105
पाठ्यक्रम में अनुकूलन तथा समायोजन 107
एक समेकित व्यवस्था में अनुकूलन तथा समायोजन कैसे किया जाए? 108
– पाठ्यक्रम अनुकूलन तथा समायोजन के नौ प्रकार 109
– पाठ्यक्रम अनुकूलन के प्रकारों के वर्गीकरण के लिए अन्य उपागम 111
सहपाठ्य क्रियाओं में अनुकूलन तथा समायोजन 113

7. **अन्तर्राष्ट्रीय घोषणाओं तथा अधिवेशनों में अक्षम या विकलांगों हेतु शैक्षिक प्रावधान** **116**
(Educational Provisions for the Disabled in International Declaration and Convention) 116

विषय प्रवेश 116
सलामानाका कथन और कार्यवाही प्रारूप, 1994 116
अक्षम व्यक्तियों के अधिकार विषय पर आयोजित संयुक्त राष्ट्र अधिवेशन, 2006 में शैक्षिक प्रावधान 127

8. **अक्षम या विकलांगों हेतु अधिनियमों एवं नीतियों में शैक्षिक प्रावधान** **130**
(Educational Provisions for the Disabled in Acts and Policies)

विषय प्रवेश 130
राष्ट्रीय शिक्षा नीति-1968 में अक्षम व्यक्तियों की शिक्षा 130
राष्ट्रीय शिक्षा नीति, 1986 में अक्षम व्यक्तियों की शिक्षा 131
कार्यवाही कार्यक्रम-1992 के तहत विकलांगों की शिक्षा 132
अक्षमता युक्त व्यक्ति अधिनियम-1995 में अक्षम बालकों की शिक्षा 141
आरसीआई अधिनियम-92 में अक्षमता युक्त बालकों की शिक्षा और हितचिन्तन 144
शिक्षा के अधिकार अधिनियम–2009 में अक्षमतायुक्त बालकों की शिक्षा 148
अक्षमताओं से युक्त व्यक्तियों के लिए निर्मित राष्ट्रीय नीति–2006 में 154
– अक्षमताओं से युक्त व्यक्तियों की शिक्षा 156

9. **एक समेकित विद्यालय का संगठन एवं प्रबन्धन** **159**
(Organization and Management of an Inclusive School)

समेकित विद्यालय की अवधारणा 159
समेकित विद्यालय के उचित संगठन एवं प्रबन्धन हेतु आवश्यक बातें और उपाय 160
– उचित संसाधनीय ढांचा और उसकी उपलब्धता 161
– अक्षमता के प्रति जागरूकता और सकारात्मक अभिवृत्ति 162
– उपयुक्त मानव संसाधन 163
– उचित भौतिक संसाधनों की उपलब्धि पर ध्यान देना 165
– सम्पूर्ण विद्यालय उपागम को अपनाना 165
कक्षा-कक्षों में असमानता और विविधताओं से निपटना–शिक्षण शास्त्रीय एवं पाठ्यक्रम प्रावधान 170
विद्यालयों में लैंगिक असमानता से निपटना 172

10. एक समेकित विद्यालय में उपलब्ध सहायक या समर्थन सेवायें 175
(Support Services available in an Inclusive School)
विषय प्रवेश 175
बाह्य विशेष संस्थाओं द्वारा उपलब्ध सहायता सेवाएँ 175
माता-पिता के सहयोग तथा समुदाय की भागीदारी द्वारा उपलब्ध समर्थन सेवाएं 176
व्यवसायी और विशेषज्ञों द्वारा प्रदत्त समर्थन सेवाएं 178
– समेकित शिक्षा में विशेष या संसाधन अध्यापक की भूमिका 179
– समेकित विद्यालयों में मार्गदर्शन और परामर्शदाताओं की भूमिका 183
– समेकित विद्यालय में ओडियोलोजिस्ट एवं स्पीच थेरेपिस्ट की भूमिका 187
– फिजियोथेरेपिस्ट की भूमिका 188
– ऑक्यूपेशनल थेरेपिस्ट की भूमिका 189

11. भिन्न योग्यताओं के बालकों के अधिगम को अधिक अर्थपूर्ण बनाना 191
(Making Learning More Meaningful to the Differently Abled)
विषय प्रवेश 191
पाठ्यवस्तु में विविधता लाने वाली व्यूह रचनाओं का उपयोग 192
पाठ्यक्रम अनुकूलन में सहायक व्यूहरचनाओं का उपयोग 193
उचित पाठ योजनाओं के निर्माण पर ध्यान देना 194
उचित शिक्षण अधिगम सामग्री का उपयोग 196

12. समेकित शिक्षा में शिक्षा शास्त्रीय या शिक्षण व्यूह रचनाएं 200
(Pedagogical or Teaching Strategies in Inclusive Education)
शिक्षाशास्त्रीय या शिक्षण व्यूहरचनाएं क्या है? 200
सहपाठी ट्यूटरिंग 201
सहकारी अधिगम 204
समेकित व्यवस्था के सन्दर्भ में सहकारी अधिगम 205
सहकारी अधिगम व्यूहरचना का उपयोग कैसे किया जाए? 205
सामाजिक अधिगम 208
मित्र प्रणाली 210
परावर्ती या चिन्तनपूर्ण शिक्षण 214
बहुइन्द्रिय शिक्षण 218

13. सतत एवं समग्र मूल्यांकन: अवधारणा एवं समेकेतीकरण में सहायक के रूप में इसके निहितार्थ 221
(CCE—Concept and Implications to Facilitate Inclusion) 221
सतत एवं समग्र मूल्यांकन क्या है? 221
समेकेतीकरण में सहायक के रूप में सीसीई के निहितार्थ 224
बोर्ड परीक्षाओं में भिन्न-भिन्न योग्यताओं वाले बालकों को राहत पहुंचाने संबंधी प्रावधान 226

संदर्भित एवं विशेष अध्ययन योग्य पुस्तकें 228

1

भारतीय शिक्षा में समेकेतीकरण तथा अलगाव के प्रारूप (Forms of Inclusion and Exclusion in Indian Education)

पृथक्कीकरण या अलगाव तथा समेकेतीकरण की अवधारणा (The Concept of Exclusion and Inclusion)

सरल शब्दों में जो कुछ भी एक तंत्र या प्रणाली में शामिल नहीं किया जाता है या उसे उसमें स्वीकृति नहीं प्रदान की जाती उसे ही किसी परिवेश विशेष में क्रियान्वित उस प्रणाली या तंत्र विशेष के द्वारा पृथक कर देना या पृथक्कीकरण माना जाता है। जहाँ समेकेतीकरण में हम एक वस्तु, व्यक्ति या घटना को अपने एक अवयव या अपने में से ही एक व्यक्तित्व या वस्तु के रूप में शामिल करने या स्वीकार करने की कोशिश करते हैं वहीं पृथक्कीकरण में हम उस वस्तु या व्यक्ति को अपने से अलग रखने, उसे प्रवेश से इंकार करने, अपने से दूर रखने अथवा उस से दूरी बनाए रखने की कोशिश करते हैं। जहाँ समेकेतीकरण एक समेकित इकाई के सदस्यों के बीच समन्वय और सहयोग बढ़ाता है और उन सभी के मध्य समता और समानता की वकालत करता है, वहाँ पृथक्कीकरण अलगाव और अविश्वास पैदा करता है तथा शामिल किए गए व अलग किए गए व्यक्तियों के मध्य खाई को चौड़ा कर देता है और किसी भी प्रणाली की मुख्यधारा से जुड़े हुए सदस्यों द्वारा प्राप्त लाभों और सुविधाओं से अलग किए गए व्यक्तियों को वंचित कर देता है। एक समुदाय के सदस्यों, देश के नागरिकों अथवा एक शिक्षा प्रणाली के विद्यार्थियों के साथ किया गया किसी भी प्रकार का पृथक्कीकरण ना केवल पृथक्कीकरण से पीड़ित सदस्यों के विकास और प्रगति में काफी ज्यादा हानिकारक सिद्ध होता है बल्कि पूरे समाज और राष्ट्र के स्वास्थ्य, सम्पन्नता और विकास के लिए भी बहुत ज्यादा नुकसान का कारण भी बनता है।

पृथक्कीकरण के प्रकार (Types of Exclusion)

अलग-अलग समुदायों और समाजों द्वारा अपने किसी विशेष वर्ग या समूह विशेष के प्रति किसी एक या अन्य तरह के अलगाव, पृथक्कीकरण या वंचन का शिकार होना

पड़ सकता है। सामान्य रूप से वैश्विक स्तर पर समाज और संस्थानों में निम्न प्रकार के पृथक्कीकरण, अलगाव या वंचन के रूप देखने को मिल सकते हैं:

1. आर्थिक स्तर पर आधारित पृथक्कीकरण (Exclusion based on economic status): इस प्रकार के पृथक्कीकरण में निर्धन या गरीब वर्ग उन सभी सुविधाओं से वंचित रह जाता है जो समाज या संस्थानों के आर्थिक रूप से सम्पन्न वर्ग को आसानी से प्राप्त होती रहती हैं।

2. शैक्षिक स्तर पर आधारित पृथक्कीकरण (Exclusion based on educational status): इस प्रकार के अलगाव या पृथक्कीकरण में समाज या संस्थानों के शिक्षित वर्ग के द्वारा जिन अधिकारों और सुविधाओं का उपभोग किया जाता है उनसे अशिक्षित और निरक्षर वर्ग वंचित रह जाता है।

3. सामाजिक स्तर पर आधारित पृथक्कीकरण (Exclusion based on social status): इस प्रकार के अलगाव में, समाज के जिस वर्ग या भाग को सामाजिक प्रतिष्ठा या स्तर की दृष्टि से निम्न स्तर का स्वीकार किया जाता है वे ऐसे बहुत से अधिकारों और सुविधाओं से वंचित रखे जाते हैं जिनका उपभोग उच्च सामाजिक स्तर का वर्ग आनन्दपूर्वक करता है। जाति के आधार पर (हमारे देश में) रंग के आधार पर (यूरोप और अमेरिका में) लिंग और स्थानीयता के आधार पर (पूरे विश्व में) पृथक्कीकरण के अच्छे उदाहरण हैं।

4. राजनीतिक सम्बद्धता के आधार पर पृथक्कीकरण (Exclusion based on political affiliation): इस प्रकार के पृथक्कीकरण या अलगाव में समाज का वह वर्ग या हिस्सा जो सत्तारूढ़ दल द्वारा प्रतिपादित विचारों का समर्थन नहीं करता अथवा किसी विशेष संगठन या विद्यालय द्वारा अनुगमन करने वाली विचारधारा से सहमत नहीं होता तब उसे उस राजनीतिक दल या राजनीतिक संस्था/संगठन के अनुयायी जो बहुसंख्यक होते हैं, स्वाभाविक रूप से मिलने वाली रियायतों और अधिकारों से वंचित कर देते हैं।

5. धर्म या आस्था के आधार पर पृथक्कीकरण (Exclusion based on religion or faith): अलग-अलग समाजों में उनके सदस्यों द्वारा भिन्न-भिन्न प्रकार के धर्म को स्वीकार किया जाता है। कोई किसी एक धर्म में आस्था रखता है तो कोई किसी अन्य विचारधारा में। जिस धर्म या विचारधारा को समाज का बहुसंख्यक वर्ग मानता है वह अन्य धर्म या विचारधारा को मानने वाले अल्पसंख्यक वर्ग या समूह के लोगों को ऐसे बहुत से अधिकारों और सुविधाओं से वंचित कर देते हैं जिनका उपभोग वे स्वयं कर रहे होते हैं।

परंतु जब हम अपने धर्मनिरपेक्ष देश के विद्यालयों की समेकित व्यवस्था के संदर्भ में पृथक्कीकरण का अवलोकन करने की कोशिश करते हैं तो हम विद्यालयों तथा समुदाय में बहुत से विद्यार्थियों को निम्न प्रकार के सामाजिक पृथक्कीकरण या अलगाव का दंश झेलते हुए पाते हैं:

A. लिंग के संदर्भ में पृथक्कीकरण

B. जाति के संदर्भ में पृथक्कीकरण
C. स्थानीयता के संदर्भ में पृथक्कीकरण
D. अक्षमता के संदर्भ में पृथक्कीकरण
E. सामाजिक आर्थिक स्तर के संदर्भ में पृथक्कीकरण
F. भाषा के संदर्भ में पृथक्कीकरण

यहां हम इन्हीं छः प्रकार के पृथक्कीकरण के बारे में जानने की कोशिश कर रहे हैं।

A. लिंग के संदर्भ में पृथक्कीकरण ***(Exclusion with respect to Gender)***

हमारे विद्यार्थियों विशेष तौर पर बालिकाओं को समाज और विद्यालय में पृथक्कीकरण के परिणामस्वरूप अनेक प्रकार से परेशानियों और वंचनों का सामना करना पड़ता है। हमारे देश में पुरुष प्रधान समाज हैं और हमारे राष्ट्र के प्रत्येक राज्य में लड़कियों एवं महिलाओं को समाज की मुख्यधारा से अलग करने और उपेक्षा करने की एक सामान्य सी प्रवृत्ति सब जगह देखने को मिलती है। देश में सामान्य रूप से पाई जाने वाली इस प्रवृत्ति की प्रकृत्ति निम्न रूप से पाई जाती है:

1. भारतीय समाज में सामान्यतः बालिका के जन्म का स्वागत नहीं किया जाता है बहुत से राज्यों में बालिकाओं की जनसंख्या में काफी ज्यादा गिरावट का कारण माता के गर्भ में ही बालिका भ्रूण की हत्या कर देना है। किसी तरह यदि वह बच भी जाती है तो उसे उन सभी सुविधाओं और अधिकारों से वंचित रखा जाता है जो उसके भाई को प्रदान की जाती हैं। शिक्षा का अधिकार, उचित पोषाहार और पालन-पोषण का अधिकार, अपने विचारों को अभिव्यक्त करने की आजादी, घर से बाहर आने-जाने आदि सभी पर बालिकाओं के लिए पाबंदी लगा दी जाती है। यदि कहीं पर लड़कियों को विद्यालय में शिक्षा प्राप्त करने के लिए प्रवेश लेने का अवसर प्रदान कर भी दिया जाता है तो भी उन्हें प्रचलित प्रवृत्तियों के कारण निम्न प्रकार से पृथक्कीकरण या वंचन का शिकार होना पड़ता है।

- उन्हें गणित, हिसाब-किताब और वित्तीय प्रबन्धन, इंजीनियरिंग और तकनीकी विषयों से संबंधित अनेक शैक्षणिक अनुशासनों का अध्ययन करने से रोका जाता है अथवा यह कहकर वंचित रखा जाता है कि ये विषय लड़कियों के लिए अध्ययन करने योग्य नहीं है। इसी प्रकार उन्हें साहसिक गतिविधियों, पुरुष प्रधान खेल जैसे-कुश्ती, बॉक्सिंग, भारोत्तोलन आदि गतिविधियों में भाग लेने के अवसरों से वंचित रखा जाता है। कई विद्यालयों में तो बालिकाओं को बाहर खेले जाने वाले खेलों, एथलेटिक क्रियाओं, तैरना, निशानेबाजी, पर्वतारोहण आदि गतिविधियों में भाग लेने से भी रोका जाता है।
- बहुत से सहशिक्षा संस्थानों में बालिका विद्यार्थियों को सांस्कृतिक एवं सामाजिक गतिविधियों में सहभागिता से दूर रखा जाता है। उन्हें खुले मंच पर किसी भी गतिविधियों में प्रदर्शन करने से रोका जाता है ताकि उनके स्त्रियोचित स्वभाव को बनाए रखा जा सके।
- लड़कियों को बहुत से व्यवसायों और रोजगारों से भी अलग रखा जाता है और

यह मानकर उनके उस क्षेत्र में प्रवेश पर रोक लगा दी जाती है कि इस पर पुरुषों का आधिपत्य है। उन्हें सेना, अग्निशमन दस्ते, पुलिस और सुरक्षा सम्बन्धी सेवाओं, बंदरगाहों पर काम करने एवं जहाजरानी सेवा आदि के लिए उपयुक्त नहीं माना जाता है। सवारी गाड़ी चलाने के लिए भी उन्हें उपयुक्त नहीं माना जाता है। अन्य कार्य क्षेत्रों में अपने कर्तव्य और उत्तरदायित्वों का निर्वहन करते समय भी उन्हें प्रमुख महत्वपूर्ण उत्तरदायित्वों से अलग रखा जाता है तथा यह कहकर कि लड़कियां/महिलाएं इस प्रकार के अधिकारों और सुविधाओं की पात्र नहीं है, उन्हें उच्च प्राथमिकता के पद से वंचित रखा जाता है।

स्त्रीलिंग होने के कारण बालिकाओं और स्त्रियों के प्रति प्रदर्शित इस प्रकार की असहिष्णुता, भेदभाव, तथा पृथक्कीकरण पर रोक लगाई जानी चाहिए तथा लिंग में भिन्नता होने के कारण उठने वाली गलत अवधारणा पर नियंत्रण किया जाना चाहिए। ऐसा होने पर ही सामाजिक ढांचे और विद्यालयों में समेकित शिक्षा की नीति को क्रियान्वित करने में वांछित सफलता मिल सकेगी। तथा हमारे समाज और देश से लिंग भेद की अवधारणा को समाप्त किया जा सकेगा। खुशी इस बात की है कि आज इस दूषित अवधारणा में परिवर्तन हो रहा है और कई क्षेत्रों में बालिकाएं बालकों से भी आगे बढ़ रही है।

B. जाति के सन्दर्भ में पृथक्कीकरण या अलगाव

(Exclusion with respect to Caste)

हमारे भारतीय समाज में जाति प्रथा का अत्यधिक बोलबाला होने के कारण बहुत से विद्यार्थियों को किसी विशेष जाति का होने के कारण खासकर अनुसूचित जाति या जनजाति के बालकों को, उच्च समझी जाने वाली जाति के लोगों का आधिपत्य होने के कारण, विद्यालयों और समुदाय में कई प्रकार के अलगाव एवं वंचनों का शिकार होना पड़ता है। इन उच्च वर्ग के हाथों उन्हें प्राय: निम्न प्रकार के पृथक्कीकरण से पीड़ित होना पड़ता है:

1. समाज और समुदाय व्यवस्था में निम्न जाति का होने के कारण बहुत से बालकों और उनके परिवारों को अनेक प्रकार के अलगाव और वंचनों को झेलना पड़ता है। बहुत से गांवों में तो यह वंचन इस सीमा तक होता है कि गांव के कुए से पीने का पानी भरने से भी रोक दिया जाता है। उनके बालकों को कई विद्यालयों में प्रवेश लेने से भी रोक दिया जाता है तथा समुदाय के सामाजिक एवं सांस्कृतिक ढांचे में उनके भाग लेने पर भी पाबंदी लगा दी जाती है।

2. यदि इनके बालकों को विद्यालय शिक्षा की व्यवस्था में प्रवेश मिल भी जाता है, तो भी केवल नीची माने जाने वाली जाति से संबंधित होने के कारण उन्हें विद्यालय में अनेक प्रकार से पृथक्कीकरण और वंचनों का सामना करना पड़ता है। उन्हें अपने विद्यालय के उच्च जाति के विद्यार्थियों, यहाँ तक कि अध्यापकों के द्वारा भी निम्नलिखित रूप में कई तरह की नकारात्मक अभिवृत्तियों और प्रतिकूल भावनाओं का सामना करना पड़ता है।

- उनके सहपाठी (उच्च जाति के बहुसंख्यक समूह से सम्बन्धित) उन्हें अपनी संगति में रखना, उनके साथ बैठना या काम करना अथवा अधिगम और क्रियाओं में उन्हें ठीक प्रकार से सहयोग देना पसंद नहीं करते हैं। उनको प्रताड़ित और अपमानित किया जाता है और उचित प्रकार से अधिगम और प्रगति के लिए उनको स्वीकृति न देने के लिए अनेक प्रकार के सामाजिक और मनोवैज्ञानिक अवरोधों का सृजन किया जाता है।
- किसी एक या दूसरी सहपाठ्य गतिविधि, प्रोजेक्ट कार्य और सामूहिक अधिन्यास में अपने साथ कार्य करने या सहभागिता करने के लिए उच्च जाति से सम्बन्धित बालकों द्वारा उन्हें अवसर देने से मना कर दिया जाता है।
- विद्यालय के अधिकारियों और अध्यापकों (उच्च जाति से सम्बन्धित) के हाथों भी अधिगम और निष्पत्ति क्षेत्रों में उन्हें अलग रखा जाता है और उनके प्रति भेदभाव और ईर्ष्यापूर्ण पक्षपात का व्यवहार किया जाता है।
- अक्सर व्यवसायिक कोर्सों, अपनी रूचि के कार्य क्षेत्रों तथा रोजगार मार्केट में प्रवेश प्राप्त करने में भी उनके साथ भेदभावपूर्ण व्यवहार किया जाता है।

इस प्रकार निम्न जाति से संबंधित होने के कारण इन बालकों को समाज और विद्यालय में जो पृथक्कीकरण या वंचन झेलना पड़ता है, वह विद्यालय तथा समाज में उनके विकास और प्रगति के लिए काफी घातक सिद्ध हो सकता है। यह उनके आत्मविश्वास के लिए नुकसान दायक हो सकता है और उनके उपयुक्त अधिगम और प्रगति के लिए जरूरी प्रयत्न और संघर्ष करने की उनकी पहल की हत्या भी कर सकता है। यह हमारे जनतांत्रिक समाज की स्थिरता और शांति के लिए भी काफी नुकसानदायक सिद्ध हो सकता है क्योंकि यह पृथक्कीकरण निम्न जाति से सम्बन्धित व्यक्तियों और विद्यार्थियों के मन में काफी कटुता और असंतोष का बीजारोपण करते हुए, देश की प्रगति और विकास में भलीभांति उनका योगदान करने से उन पर रोक लगाता है।

C. स्थानीयता के संदर्भ में पृथक्कीकरण (Exclusion with respect to Region)

एक गम्भीर समस्या हमारे देश के विभिन्न राज्यों और क्षेत्रों में धीरे-धीरे बढ़ रही है, जहाँ बहुसंख्यक समुदाय (जिसे स्थानीय समुदाय या लोगों का नाम दिया जाता है) दूसरे क्षेत्रों या प्रांतों से आने वाले लोगों या विद्यार्थियों के साथ आक्रामक नीति अपनाकर पृथक्कीकरण या अलगाव की नीति अपनाकर उन्हें अपने प्रान्त में उपलब्ध सुविधाओं तथा सेवाओं से वंचित करना चाहता है। जैसे शिवसेना के झंडे तले महाराष्ट्रियन यह दावा कर रहे हैं कि महाराष्ट्र केवल महाराष्ट्रियन लोगों के लिए है, गुजरात केवल गुजरातियों के लिए है, इसी प्रकार हरियाणा दावा कर रहा है कि हरियाणा केवल हरियाणवियों के लिए है। इस संबंध में उनका तर्क यह है कि उस प्रान्त के वासियों को स्थानीय होने के नाते पूरे अधिकार उन्हीं के हैं और शिक्षा प्राप्त करने की सुविधा और रोजगार प्राप्त करने का अधिकार भी केवल स्थानीय बालकों को ही है। फलस्वरूप दूसरे प्रांतों या क्षेत्रों से आए हुए व्यक्तियों और विद्यार्थियों को जो उनके राज्य या क्षेत्र में काम कर रहे हैं या अध्ययन कर रहे है, उनके प्रति स्थानीय

लोगों की एक प्रकार की नकारात्मक भावना और घृणास्पद अभिवृत्ति देखने में आती है। शिक्षा के क्षेत्र और कार्य करने के क्षेत्रों में इस प्रकार के पृथक्कीकरण या अलगाववादी दृष्टिकोण के कारण निम्न प्रकार के परिणाम दृष्टिगोचर होते रहते हैं:

1. दूसरे प्रांतों या राज्यों से आए हुए विद्यार्थियों को किसी एक या अन्य विद्यालय या व्यवसायिक कोर्स में प्रवेश देने से मना किया जा सकता है।

2. अपने समायोजन, जीवनयापन और शैक्षिक अनुभवों के मामले में अपने विद्यालय के साथी विद्यार्थियों, शिक्षण या गैरशिक्षण स्टॉफ और स्थानीय समुदाय के हाथों प्रताड़ना, अलगाव, पृथकता और भेदभाव का सामना करना पड़ता है।

3. स्थानीय भाषा और स्थानीय मानदंड और परम्पराओं, संस्कृति और नागरिक भावना की अनुपालना करने में असमर्थता विद्यालय और समुदाय में उनके कुसमायोजन का कारण बन कर उन्हें परेशानी में डाल सकती है। यह समस्या तब और भी बढ़ जाती है जब स्थानीय विद्यार्थी और समाज के सदस्य उनके प्रति आक्रामक अभिवृत्ति प्रदर्शित करते हैं।

ऊपर बताई गई बातें दूसरे प्रांतों या राज्य से आए हुए प्रवासी विद्यार्थियों के प्रभावपूर्ण पृथक्कीकरण या अलगाव का कारण बनती हुई उनके आत्मविश्वास के स्तर तथा उनके उचित अधिगम और प्रगति के लिए वांछित प्रयासों के क्रियान्वयन की इच्छा शक्ति पर प्रतिकूल प्रभाव डालती है और इस प्रकार से मानवीय सम्पत्ति के नुकसान के संदर्भ में समाज के लिए काफी महंगी सिद्ध होती है।

D. अक्षमता के संदर्भ में पृथक्कीकरण (Exclusion with respect to Disability)

सदियों से क्षतिग्रस्तता या अक्षमता से पीड़ित बालकों को उनके माता-पिता अभिभावक और समुदाय के द्वारा उपेक्षित, प्रताड़ित और उनका परित्याग किया जाता रहा है। विश्व के प्राय: सभी देशों (भारत सहित) की प्राचीन सभ्यता के इतिहास में हम पाते है कि विकलांगता युक्त बच्चों को एक बोझ, भय एवं खतरे का एक विषय, समाज के कल्याण और साथी बालकों के लिए काफी अशुभ या कलंक माना जाता रहा है। उन्हें विभिन्न प्रकार के अलगाव, पृथक्कीकरण यहां तक कि निष्कासन का शिकार होना पड़ता है। उन्हें अलग एकान्त व्यवस्था में रखना, जैसे–मानसिक चिकित्सालयों, अनाथाश्रम, आवासीय संस्थानों, विशेष विद्यालयों या समावेशित व्यवस्था की विशेष कक्षाओं में रखना, कहीं कहीं तो उनके प्रति घृणा इस सीमा तक बढ़ जाती थी कि उनकी हत्या तक कर दी जाती थी।

केवल बालकों को ही नहीं बल्कि बड़ी आयु के व्यक्ति जो किसी एक या अन्य प्रकार की अक्षमता से पीड़ित होते थे, उन्हें भी समुदाय की उपेक्षा का शिकार होना पड़ता था। शैक्षिक संस्थाओं और कार्यस्थलों पर निम्न रूप से उपेक्षित और प्रताड़ित किया जाता था–

- अक्षमता युक्त युवकों या व्यक्तियों को समाज के लिए बेकार अनुपयोगी और अनावश्यक बोझ या भार समझा जाता था। विद्यालयों, कार्यस्थलों सहित समाज में उनके प्रति एक नकारात्मक अभिवृत्ति व्याप्त हो रही थी परिणाम स्वरूप किसी एक प्रकार से या दूसरे प्रकार से उनको पृथक्कीकरण और

वंचन के दंश को भोगना ही पड़ता था।

- अक्षमता युक्त बालकों या व्यक्तियों को आवश्यक गतिशीलता, जीवन के आवश्यक कार्य करने या जीविकोपार्जन सम्बन्धी कार्य के लिए समुदायिक व्यवस्था, विद्यालयों, कार्यस्थलों और किसी भी जगह विकलांग मैत्रीपूर्ण (disabled friendly) वातावरण का पूरी तरह अभाव होता है। यह वातावरण अपने आप ही अक्षमता युक्त बालकों या व्यक्तियों की सामाजिक, शैक्षणिक या व्यवसायिक गतिविधियों में सहभागिता और शामिल होने के संदर्भ में स्वाभाविक रूप से ही उनका पृथक्कीकरण कर देता है या अवरोध लगा देता है। वे समाज की मुख्यधारा के रहन-सहन और काम काज से अपने आपको एकदम से अलग-थलग या पृथक महसूस करने लगते हैं। विद्यालयों में अक्षमता युक्त बालकों को संसाधनीय ढांचे में कमी, उपयुक्त सुविधाओं की अनुपलब्धता, संसाधनों, सहयोगपूर्ण और अनुकूलन साधनों तथा उपकरणों का अभाव आदि के कारण अपनी शारीरिक गतिशीलता, पाठ्य एवं सहपाठ्य गतिविधियों में सहभागिता, प्रयोगशाला या कार्यशाला में काम करने और अपने सहपाठियों तथा अध्यापकों से अन्तः क्रिया करने में बहुत ज्यादा समस्याओं, बाधाओं और अवरोधों का सामना करना पड़ता है। इसने अक्षमता युक्त बालकों विशेष कर उनके माता-पिता और अभिभावकों के मन में समेकेतीकरण की नीति को अपनाने के संबंध में अरुचि, उपेक्षा एवं प्रतिकूल भावनाएं जागृत कर दी है। अक्षम बालकों के माता पिता ये समझते हैं कि इस प्रकार से अधूरी और अपर्याप्त तैयारी से चलाए जा रहे विद्यालयों में अपने बालकों को भेजना समय की बरबादी है और इससे बिना किन्हीं आशाजनक परिणामों के उनके बालकों को बहुत अधिक असुविधा और मुश्किलें हो रही हैं। इसलिए मुख्यधारा से ये बालक दूर हटते चले जा रहे है। इस हालत में या तो वे किसी प्रकार की शिक्षा ही नहीं ले रहे हैं या फिर विशेष विद्यालयों में इस प्रकार की शिक्षा प्राप्त करने का रास्ता पकड़ रहे हैं।

3. अक्षमता रहित सामान्य बालकों के माता पिता और अभिभावक भी विद्यालयों में समेकेतीकरण की नीति को अपनाए जाने के पक्ष में बिलकुल भी नहीं है। इस संबंध में वे अपने मन में अनेक प्रकार का डर और अनिश्चितताएं की स्थिति पाले हुए हैं-

पहली बात तो वे यह सोचते हैं कि समेकेतीकरण विद्यालय के अधिगम वातावरण को एकदम से बिगाड़ देगा। समेकित कक्षा में अध्यापकों को अपना अधिकांश समय अक्षमता युक्त बालकों के समायोजन और अधिगम में सहायता करने के लिए लगाना पड़ेगा। उनका ध्यान इन्हीं बालकों की तरफ रहेगा। पाठ्य एवं सहपाठ्य गतिविधियों के आयोजन और अधिगम की रफ्तार अक्षम बालकों का मुख्यधारा में समायोजन करने में ही, अनावश्यक रूप से गड़बड़ हो जाएगी। दूसरी बात यह है कि कक्षा कक्षों या कार्य व्यवस्था में अक्षमता युक्त बालकों की उपस्थिति, उनके अपने समर्थ एवं

योग्य बच्चों के अधिगम और प्रगति पर निश्चित रूप से एक नकारात्मक एवं बुरा प्रभाव डालेगी। उनके बालक कक्षा में उपस्थित अक्षमता युक्त बालकों की अवांछित और कौशलहीन कार्यप्रणाली को अपना सकते हैं। अपनी इन्हीं सोच के कारण अक्षमता रहित बालकों के माता-पिता और अभिभावक विद्यालय अधिकारियों पर इस बात के लिए जोर डालते हैं कि वे अक्षमता युक्त बालकों की शिक्षा के लिए विशेष कक्षा के रूप में पृथक्कीकरण व्यवस्था को अपनाएं। परिणाम स्वरूप शिक्षा की मुख्यधारा से इन बालकों का अलगाव या पृथक्कीकरण किया जाता रहता है।

4. अध्यापकों तथा विद्यालय के अन्य कर्मियों का व्यवहार एवं अभिवृत्ति भी इन अक्षमता युक्त बालकों के प्रति सकारात्मक नहीं होती है। वे यह सोचते हैं कि अक्षमता रहित सहपाठियों के साथ शिक्षा प्राप्त करने में ये बालक अक्षम रहते हैं और ठीक प्रकार से सुनियोजित भी नहीं हो पाते हैं। वास्तव में वे इन विभिन्न प्रकार की अक्षमता युक्त बालकों की अनेक प्रकार की जरूरतों को पूरा करने में अपने आपको अयोग्य महसूस करते हैं अत: उनकी शिक्षा के प्रति उनके मन में डर बना रहता है। इस कारण वे इन बालकों के पृथक्कीकरण के लिए तरीके और साधनों की तलाश करते रहते हैं और इन्हें विद्यालय की पृथक्कीकरण व्यवस्था में विशेष शिक्षा एवं विशेष अध्यापकों द्वारा शिक्षा प्रदान किए जाने की वकालत करते हुए पाए जाते हैं।

इस प्रकार से अक्षमता युक्त बालक समाज, विद्यालय और कार्य परिस्थितियों में अपने समायोजन शिक्षा और विकास के लिए समेकेतीकरण के स्थान पर पृथक्कीकरण या अलगाव को प्राप्त करते हैं। इस प्रकार से किया हुआ उनका अलगाव या पृथक्कीकरण उनके जीवन में उनके समुचित विकास और प्रगति में रूकावट डालता है। विशेष विद्यालयों में उनकी शिक्षा ना तो संभव है और ना उचित ही क्योंकि इतनी बड़ी तादाद में विभिन्न प्रकार की क्षमताओं से युक्त भिन्न-भिन्न बालकों के लिए ना तो इतने अलग-अलग प्रकार के विशेष विद्यालय देश के सभी स्थानों में खोले जा सकते हैं और दूरदराज के चुने हुए विशेष विद्यालयों में अपने बालक को भेजना और उनका खर्च वहन करना सभी माता-पिता के लिए सम्भव नहीं होता। इसका सही समाधान समेकेतीकरण नीति का अनुकरण करते हुए इस प्रकार के सामर्थ्यवान ऐसे समेकित विद्यालयों की स्थापना में ही है जिनके द्वारा समेकित शिक्षा के उद्‌देश्यों की सही रूप में उपलब्धि की जा सके।

E. सामाजिक आर्थिक स्तर के संदर्भ में अलगाव या पृथक्कीकरण (Exclusion with Respect to Socio-Economic Status)

किसी परिवार की समाज या समुदाय में कैसी मान प्रतिष्ठा है इसका निर्धारण बहुधा उस परिवार के आर्थिक स्तर पर निर्भर करता हुआ देखा जाता है। इसके अतिरिक्त परिवार के सदस्यों द्वारा अपनी नौकरी या व्यवसाय से मिलने वाली प्रतिष्ठा या ताकत भी उस परिवार के सामाजिक आर्थिक स्तर के निर्धारक के रूप में कार्य करती है। किसी जाति, धर्म या प्रांत/देश विशेष से संबंधित होने से समाज में किसी परिवार विशेष की क्या

स्थिति है इस बात से भी विद्यालयों में बालक के सामाजिक आर्थिक स्तर की पहचान की जाती है। पैसे, ताकत और समाज में स्थान को लेकर परिवार की जैसी पहचान होती है उसी आधार पर परिवार तथा परिवार के बालकों को मुख्यधारा का अंग बने रहने या उससे दूर रहकर अलगाव/पृथक्कीकरण का शिकार होने की बात उठती है। जिन परिवारों का सामाजिक आर्थिक स्तर निम्न होता है। उन्हें किसी संभ्रान्त या धनाढ्य सोसायटी में निवास करने पर अपने पड़ोसियों के हाथों पृथक्कीकरण या अलगाव का शिकार होना पड़ता है। परिणामस्वरूप इस सोसायटी में मिलने वाली सामाजिक सम्प्रेषण और मेलजोल सम्बन्धी सुविधाओं से वे वंचित रहते हुए पाए जाते हैं। उनके नालकों को ना पोपण पास पड़ोस या सामाजिक समारोह म बाल्क विद्यालय में भी विभिन्न प्रकार के पृथक्कीकरण या हाशियाकरण का निम्न रूपों में सामना करता हुआ पाया जाता है।

1. अपने सामाजिक आर्थिक स्तर की वजह से विद्यालय अधिकारियों तथा अध्यापकों की उपेक्षा, पृथक्कीकरण या हाशियाकरण का शिकार होना पड़ता है। उन्हें, उनके द्वारा विभिन्न प्रकार से अपमानित, प्रताड़ित और उपेक्षित होते हुए पाया जाता है जिसके पीछे प्राय: यही बात रहती है कि दूसरे बालकों की तुलना में उनका सामाजिक आर्थिक स्तर निम्न कोटि का होता है। अध्यापकों और विद्यालय अधिकारियों द्वारा उनके प्रति इस तरह के रखे जाने वाले भाव उनके अधिगम, समायोजन तथा प्रगति को काफी प्रतिकूल ढंग से प्रभावित करते हुए पाए जाते हैं।

2. इन बच्चों की गरीबी उन्हें, गरीबी से रहित अपने अन्य साथियों की तरह से कपड़े और वेशभूषा धारण करने में आड़े आती है। फिर विद्यालयों में पढ़ाई लिखाई के काम में आने वाली सामग्री विद्यालय में किए जाने वाले प्रोजेक्टों में प्रयुक्त सामान तथा सामाजिक उत्सवों अथवा पर्यटन में होने वाले खर्चों, विद्यालय की कैन्टीन में दूसरे बच्चों की तरह खाने पीने वाले व्यय को सहन करने की क्षमता इन बालकों में नहीं होती है। इस कारण से वे प्राय: अपनी कक्षा और विद्यालय के साथियों के साथ विभिन्न प्रकार के सामाजिक और मेलजोल के अवसरों में भाग नहीं ले पाते तथा वे अपने को अपने ही साथियों के समूह से अलग-थलग सा महसूस करने लगते हैं।

इस प्रकार का अलगाव उनके सभी प्रकार के समायोजन तथा सामाजिक परिस्थितियों में उपलब्ध विभिन्न प्रकार के अधिगम अर्जन में बाधक सिद्ध होता है।

3. उनका सामाजिक आर्थिक स्तर अपने सहपाठियों तथा विद्यालय साथियों के साथ मित्रता और सामंजस्य स्थापित करने में आड़े आता है। पाठ्य, सहपाठ्य तथा खेलकूद, सांस्कृतिक और विद्यालय से बाहर भ्रमण और पर्यटन सम्बन्धी क्रियाओं में भाग लेते हुए उन्हें अपने परिवार की निम्न सामाजिक स्थिति या माता पिता की गरीबी के कारण अपने साधन सम्पन्न सहपाठियों तथा विद्यालय के छात्रों के हाथों अपमानित और प्रताड़ित होना पड़ता है। इनके प्रति इस प्रकार का किया जाने वाला व्यवहार और उन्हें पृथक करने के प्रयत्न, उनके सामने ऐसी परिस्थितियों को पैदा कर देते हैं कि वे, उन सभी ऐसी गतिविधियों से दूर रहें जो उन्हें उनके शैक्षणिक अधिगम, व्यक्तित्व विकास, सामाजिक अधिगम तथा सामाजिक व्यवहार अर्जन हेतु विभिन्न

प्रकार के उपयोगी अवसर प्रदान करने के लिए उपयुक्त सिद्ध होती है।

4. कई बार अपने सामाजिक आर्थिक स्तर को देखते हुए उन्हें स्वयं ही विभिन्न प्रकार की पाठ्य एवं सहपाठ्य क्रियाओं तथा सामाजिक अवसरों में अपने साधन संपन्न साथियों के साथ बराबरी के स्तर पर भाग लेने में पर्याप्त संकोच तथा भय का अनुभव होता रहता है और परिणामस्वरूप इन अवसरों पर अच्छी तरह भाग लेने और इनमें लाभ उठाने में वे काफी पीछे रह जाते हैं। उनके पर्याप्त आत्म विश्वास की कमी पाई जाती है। यह कमी झिझक तथा भय प्राय: उस अलगाव पृथक्कीकरण तथा हाशियाकरण से उनमें पैदा होता हुआ पाया जाता है जिसका सामना उन्हें अपने निम्न सामाजिक आर्थिक स्तर के कारण करना पड़ता है। बालकों में इस प्रकार की बातों में तब बढ़ोत्तरी होती हुई पाई जाती है जब उन्हें अपने निम्न सामाजिक आर्थिक स्तर की वजह से अध्यापकों तथा विद्यालय अधिकारियों की उपेक्षा या तिरस्कार का सामना करना पड़ता है या जब अपने सहपाठियों तथा विद्यालय के साथियों के साथ मेल मिलाप या समूह कार्यों के कार्य करने पर अलगाव या पृथक्कीकरण भुगतना पड़ता है।

अपने सामाजिक आर्थिक स्तर की वजह से बालकों द्वारा विद्यालयों में झेले जाने वाला इस प्रकार का अलगाव या पृथक्कीकरण उनके अधिगम, निस्पत्ति समायोजन तथा प्रगति को अनेक रूपों में प्रतिकूल ढंग से काफी प्रभावित करते हुए पाया जाता है। इसके अतिरिक्त इससे उन सब बातों को भी आवश्यक चिनगारी मिलती है जिनसे धनी और निर्धनों, सुविधा सम्पन्न और वंचितों निम्न तथा उच्च सामाजिक आर्थिक स्तरों से संबंधित परिवारों और व्यक्तियों के बीच गहरे वर्ग भेद पैदा होते रहें तथा समाज में विभिन्न प्रकार के असंतोष तथा अशांति को बढ़ावा मिले।

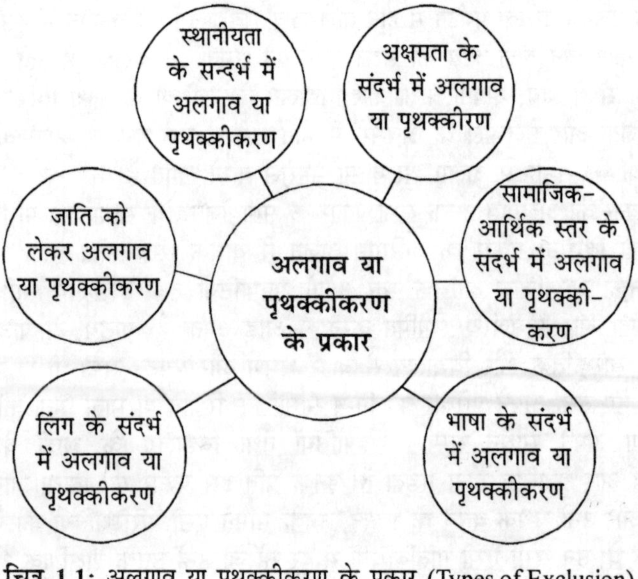

चित्र 1.1: अलगाव या प्रथक्कीकरण के प्रकार (Types of Exclusion)

F. भाषा के संदर्भ में अलगाव या पृथक्कीकरण (Exclusion with respect to Language)

भाषा व्यक्तियों के बीच आवश्यक संप्रेषण तथा अन्तःक्रिया हेतु काफी महत्वपूर्ण एवं आवश्यक साधन मानी जाती है। इसलिये किसी समूह या समुदाय में व्यक्तियों के द्वारा अपने बोलने, सुनने, लिखने, पढ़ने में जिस प्रकार की भाषा तथा उसे प्रयोग में लाने संबंधी जिस प्रकार की कुशलता का परिचय दिया जाता है उसी रूप में उन्हें व्यक्तिगत तथा सामाजिक रूप से आगे बढ़कर अपने और अपने समाज की प्रगति में योगदान देते हुए पाया जाता है। यही बात विद्यालय में विद्यमान सामाजिक समूहों तथा उनके बीच चल रहा अंतः क्रियाओं के लिये भी उसी रूप में लागू होती है। यहां बालकों, अध्यापकों तथा विद्यालय अधिकारियों के बीच संप्रेषण और अंतःक्रिया उसी रूप में अच्छी तरह चलती है जिस रूप में उनके द्वारा एक साझी भाषा को संप्रेषण और अंतःक्रिया का सफल माध्यम बनाने में कुशलता दिखाई जाती हो। जहाँ इस प्रकार की कुशलता अच्छे रूप में विद्यमान रहती है वहाँ उनके बीच सहयोग और अंतः क्रिया सम्बन्धी ऐसा स्वस्थ एवं सबल वातावरण देखने को मिलता है जिनसे वैयक्तिक तथा समूह विकास को एक अच्छी गति प्राप्त हो सके। इसके विपरीत भाषा के प्रयोग सम्बन्धी इस प्रकार की कुशलता का अभाव विद्यालय में विद्यमान विद्यार्थियों, शिक्षकों तथा विद्यालय अधिकारियों के बीच आपसी संप्रेषण तथा अंतःक्रिया में बाध्य बनता हुआ विभिन्न प्रकार के अलगाव और पृथक्कीकरण को जन्म देता हुआ पाया जा सकता है। यह बात उन विद्यार्थियों के ऊपर अधिक लागू होती हुई पाई जाती है जो कि अपने समूह विशेष में एक सांझी भाषा का प्रयोग करते हुए आपसी संप्रेषण एवं अतःक्रिया नहीं कर पाते और उन्हें इसके फलस्वरूप किसी एक या अन्य प्रकार के अलगाव या पार्श्वीकरण का सामना करना पड़ता है। इस रूप में प्रवासी परिवारों के व्यक्तियों को जिन्हें उस इलाके की भाषा का ज्ञान नहीं होता, उन्हें अपने पड़ोसियों तथा समुदाय, निवासियों सहकर्मियों, नियोक्ताओं तथा अपने शिक्षकों और विद्यालय अधिकारियों के साथ संप्रेषण और अंतःक्रिया करने में परेशानी का सामना करना पड़ता है और वे फिर मुख्यधारा से अलग होते हुये अलगाव तथा पार्श्वीकरण सम्बन्धी समस्याओं के शिकार होते हुए पाये जाते हैं। ये ही बातें इन परिवारों के बालकों को हस्तान्तरित हो जाती है और उन्हें भी समाज तथा विद्यालयों में अपेक्षित अधिगम अनुभव अर्जित करने में बेहद कठिनाई का सामना करना पड़ता है। अपने शिक्षकों तथा विद्यालय अधिकारियों, सहपाठियों, विद्यालय के साथियों के साथ पाठ्य तथा सहपाठ्य क्रियाओं के संपादन के दौरान समुचित अंतःक्रिया करने सम्बन्धी उनकी भाषा सम्बन्धी कठिनाई उन्हें अपने अपेक्षित विकास, समायोजन तथा प्रगति में सहायक आवश्यक अधिगम अनुभवों के अर्जन में दीवार बनकर खड़ी हुई दिखाई देती है। इस तरह वास्तव में इन बालकों को विद्यालय समूहों में प्रयुक्त किसी सांझी भाषा को उपयोग में लाने सम्बन्धी अपनी अक्षमता की वजह से समूह के सदस्यों के साथ अंतःक्रिया तथा संप्रेषण करने के संदर्भ में बहुत कुछ अलगाव और हाशियाकरण का सामना करना पड़ता है।

ऐसा होना अत्याशित नहीं हैं, भला बताइये कि कोई विद्यार्थी अपने सहपाठियों तथा विद्यालय साथियों के साथ मित्रता संबंध बनाने तथा उनके साथ सामाजिक सहभागिता निर्वाह करने में किस प्रकार सफल हो सकता है जबकि वह समूह के अंतर्गत होने वाले संप्रेषण तथा अंत:क्रियाओं के लिये प्रयुक्त एक सांझी भाषा का ही उपयोग अपने संप्रेषण में नहीं कर पा रहा है। समूह के कई सदस्य इस सांझी भाषा सम्बन्धी कमजोरी के कारण अपनी मातृभाषा में अपनी बात समूह के दूसरे सदस्यों के सामने नहीं रख पाते और न उनके द्वारा संप्रेषित बातें समझ पाते हैं और इस तरह उनके समूह के अन्य सदस्यों के साथ प्रभावपूर्ण संप्रेषण सम्बन्धी उचित कड़ी नहीं जोड़ पाते। इसलिये अपनी इस भाषा सम्बन्धी कमी के कारण वे अपने शिक्षकों के शिक्षण और अनुदेशन सम्बन्धी अधिगम अनुभवों से अपेक्षित लाभ नहीं उठा पाते और अपने सहपाठियों के साथ होने वाले सामूहिक अधिगम क्रियाओं, प्रोजेक्ट आदि के संपादन द्वारा जो भी लाभ अर्जित किये जा सकते हैं उनसे भी उन्हें वंचित रहना पड़ता है। वे अपनी भाषा अक्षमता के कारण बहुत सारी सहपाठ्य क्रियाओं में भाग नहीं ले पाते और इनमें अपनी उचित सहभागिता न होने के कारण अपने आपको समूह से कटा-कटा तथा अलग-थलग पाने लगते हैं जिससे उन्हें शर्मिन्दगी महसूस होने लगती है और फिर विद्यालय की मुख्यधारा से उनकी दूरी बढ़ती जाती है। उनके सहपाठी उन्हें अन्त:क्रिया तथा समूह कार्यों में भाग लेने के संदर्भ में उन्हें बाहरी व्यक्ति समझते हैं और इन परिस्थितियों में वे इस प्रकार की अन्त:क्रिया तथा सहभागिता निभाने में अपनी रुचि ही त्याग देते हैं। परिणामस्वरूप अब वे या तो एकांत में रहकर अपने स्व-अध्ययन या स्वप्नों की दुनिया में खो जाते हैं। अथवा उन व्यक्तियों से कोचिंग तथा ट्यूटरिंग मे रत हो जाते हैं जो उनकी अपनी मातृभाषा में संप्रेषण तथा अन्त:क्रिया करा सके। इस प्रकार की सभी बातें उन्हें अपनी विकासावस्था के अनुकूल उचित सामाजिक तथा संवेगात्मक विकास समायोजन तथा प्रगति में काफी बाधा खड़ी करती हुई पाई जाती हैं। इसलिये फिर उनके लिये यह जरूरी हो जाता है कि उन्हें उस भाषा के उचित उपयोग में दक्षता अर्जित कराई जाये जिसका प्रयोग एक सांझी भाषा के रूप में उनके सहपाठियों, शिक्षकों तथ विद्यालय अधिकारियों द्वारा किया जाता है।

2

समेकित शिक्षाः अर्थ, ऐतिहासिक विकास एवं उपयोग (Inclusive Education: Meaning, Historical Development and Benefits)

समेकित शिक्षा का ऐतिहासिक विकास (Historical Development of Inclusive Education)

एक समय था जब किसी भी प्रकार की विशिष्टता (सामान्य से अलग) से युक्त बच्चों को सामान्य जनसंख्या के लिए एक गंभीर चिन्ता या भय का विषय समझा जाता था। इसलिए एक लम्बे समय तक इन विशिष्ट बालकों (चाहे बुद्धिमान या सृजनात्मक हो, और चाहे मानसिक, शारीरिक या इन्द्रिय अक्षमता युक्त हों) को समाज की प्रमुख धारा से अलग-थलग रहने के लिए मजबूर होना पड़ता था। ऐतिहासिक परिप्रेक्ष्य में इन विशिष्ट समझे जाने वाले व्यक्तियों और बालकों को विभिन्न प्रकार की यातनाओं अपमान और अलगाववाद से गुजरना पड़ता था। ऐसे बहुत से वैज्ञानिकों, सुधारवादियों, कलाकारों तथा सृजकों को अपने समय में बहुत से जुल्मों, समाज से बहिष्कृत होने, यहां तक कि मृत्यु तक का भी आलिंगन लेने को मजबूर होना पड़ा क्योंकि उनका यह अपराध था कि उन्हें सामान्य से अलग हटकर कोई अनोखा प्राणी समझा जाता था। इसी कड़ी में मानसिक रूप से अविकसित एवं विकलांगों को या तो अस्पताल में या किसी आवासीय संस्थानों में एकाकी जीवन बिताना पड़ता था और शारीरिक रूप से विकलांगों को अस्पृश्य, जमीन पर बोझ अथवा पापी की संज्ञा दी जाती थी। जैसे-जैसे समय बदला तो इन सब बातों के विरुद्ध आवाजें उठने लगी और अक्षमों तथा अपाहिजों को समावेशी या समेकित व्यवस्था में शिक्षा, समायोजन और पुनर्वास की बात सामने आयी। उनके हितचिन्तन और कल्याण सबन्धी इन बातों ने यहां एक लम्बा सफर तय किया। इस सफर में जो तीन बड़े मुकाम स्पष्टतया दृष्टिगोचर होते हैं, वे हैं-

(A) पृथक्कीकरण या पृथकतावाद (B) समावेशीकरण या मुख्यधारा में शामिल करना और (C) समेकेतीकरण। आइए देखे ये तीनों क्या हैं और उनको विशिष्ट आवश्यकताओं से युक्त बालकों (जिसमें सभी तरह के अक्षम और अपाहिज बालक शमिल हैं) की देखभाल और कल्याण हेतु किस तरह काम में लाया गया।

पृथक्कीकरण अथवा अलगाव और इसकी कार्यात्मकता (Segregation and its Functionability)

यह उपागम अथवा प्रावधान विशुद्ध रूप से विशिष्ट बालकों की शिक्षा हेतु अलग विद्यालयों की स्थापना की बात कहता है। इसका मानना है कि विशिष्ट बालक सामान्य बालकों से बिल्कुल भिन्न होते हैं उनकी विशेषताएं तथा आवश्यकताएं सामान्य बालकों से काफी पृथक तथा अलग होती हैं। इसीलिए उनकी शिक्षा तथा समायोजन हेतु पृथक रूप से अलग विशेष प्रबंध किये जाने चाहिए। एक ही विद्यालय में पढ़ाने से सामान्य बालकों की शिक्षा और व्यक्तित्व को इनसे खतरा उत्पन्न हो सकता है तथा वहाँ इनके लिए उचित व्यवस्था करना भी मुश्किल रहता है। इस अलगाव या पृथक्कीकरण की नीति पर चलते हुए विशिष्ट बालकों की शिक्षा और समायोजन हेतु विशिष्ट विद्यालयों–अंधविद्यालय, गूंगे तथा बहरों के विद्यालय, मंद बुद्धि विद्यालय आदि की स्थापना की जाती है। इस प्रकार के अनेक विद्यालय और संस्थान आज देश में जगह-जगह कार्यरत दिखाई दे सकते हैं। प्रश्न उठता है कि इस पृथक्कीकरण तथा अलगाव की नीति पर चलते हुए विशेष विद्यालयों की स्थापना करना कहां तक उचित है? आइये इस पर विचार किया जाए।

1. बालकों में विशिष्टता विविध रूपों से देखने को मिल सकती है। इस तरह अगर उनकी विशिष्टता को लेकर उन्हें श्रेणीबद्ध करने का प्रयत्न किया जाये तो हमें विशिष्ट बालकों की बहुत अधिक श्रेणियां/वर्ग और प्रकार प्राप्त हो जायेंगे तथा ये सभी फिर अपनी विभिन्न प्रकार की विशिष्टताओं को लेकर विभिन्न प्रकार के विशिष्ट विद्यालयों की स्थापना की मांग करेगें। विशिष्ट बालकों की इन विभिन्न श्रेणियों में उपलब्ध बालकों की संख्या के अनुपात में भी यहां बहुत अधिक विभिन्नता देखने को मिल सकती है। कई श्रेणियों में बालक अधिक होंगे और इनके लिए फिर अधिक विशिष्ट विद्यालयों की स्थापना करनी होगी। कईयों में इतने कम होंगे कि अलग विद्यालय स्थापना के औचित्य पर ही प्रश्न चिन्ह लग जायेगा। फिर देश के किस कोने से किस प्रकार की विशिष्टता से युक्त बालकों की अधिकता और कमी होगी, इससे संबंधित आंकड़े इकट्ठे कर पृथक विद्यालयों की स्थापना भी काफी चुनौतीपूर्ण कार्य हो सकता है। इस तरह देश के सभी भागों के विशिष्ट बालकों की विविध श्रेणियों तथा उनके घटते बढ़ते अनुपात को लेकर विशिष्ट विद्यालयों की स्थापना करना चुनौतीपूर्ण ही नहीं बल्कि एक तरह से असंभव कार्य ही है। अपने देश में जहाँ सामान्य अवस्था के सामान्य बालकों के लिए विद्यालयों का प्रबंध करना ही काफी दुसाध्य हो रहा है तो वहाँ विविध प्रकार की विशिष्टताओं से युक्त बालकों के लिए उचित अनुपात में विशिष्ट विद्यालयों की स्थापना कर वहाँ सभी आवश्यक विशेष सुविधाएं जुटाने की बात सोची भी कैसे जा सकती है। यहां बीच का रास्ता निकल सकता है कि जो भी विद्यालय खुल सकें उनके द्वारा सभी प्रकार के बालकों-सामान्य तथा विशिष्ट की शिक्षा-दीक्षा का कार्य सम्पन्न होना चाहिए।

2. चलो मान भी लिया जाए कि हम कुछ विशेष श्रेणियों के विशिष्ट बालकों हेतु विशिष्ट विद्यालयों की स्थापना कर देंगे परंतु यहां अब इस बात की क्या गारंटी है कि हम उन्हें उनके सही जीवनयापन तथा समाज में उचित समायोजन हेतु अच्छी तरह से तैयार कर सकेंगे। प्राय: यह देखा गया है कि अलगाववादी व्यवस्था में हम विशिष्ट बालकों को वैसे अनुभव प्रदान नहीं कर पाते जैसे उन्हें अपने आगामी जीवन में आवश्यक सामाजिक और संवेगात्मक समायोजन हेतु चाहिए। इन विद्यालयों में पढ़ने वाले बालक अपने आपको दूसरों से काफी अलग और कटा हुआ महसूस करते हैं, उनका समाज की मुख्यधारा में शामिल होना दुसाध्य हो जाता है। प्रतिभाशाली बालक अपने विशिष्ट विद्यालयों में पढ़कर जहां अपने आपको बहुत अधिक श्रेष्ठ तथा ऊंचे दर्जे का प्राणी समझकर सामाजिक कुसमायोजन के शिकार हो जाते हैं वहीं मंद बुद्धि तथा विकलांग उन भौतिक तथा सामाजिक परिस्थितियों से भी नहीं जूझ पाते जो सामान्यता, सामान्य जीवन यापन के लिए चाहिए।

इसके अतिरिक्त पृथक्कीकरण तथा अलगाव की अवधारणा चाहे वह विशेष विद्यालयों की स्थापना से सम्बन्धित हो या विशेष कक्षाओं के प्रावधान से यह सामाजिक अलगाव, भेदभाव तथा पक्षपात को जन्म देती है। यहां अब भेदभाव की एक ओर नयी श्रेणी विशिष्ट और सामान्य बालकों को लेकर पैदा हो जाती है जो आगे चलकर सामाजिक विषमता की खाई को और चौड़ा करती दिखाई दे सकती है। यह प्रकृति के नियम के विरूद्ध है। स्वाभाविक रूप से सभी को शिक्षा के समान अवसर उपलब्ध होने चाहिए। हमारे देश की जनतांत्रिक व्यवस्था भी यह अपेक्षा करती है कि सभी को शिक्षा और विकास के समान अवसर उपलब्ध हो यानी सामान्य तथा विशिष्ट सभी बालकों की विद्यालयी शिक्षा के द्वार समान रूप से खुले रहे और सभी के विकास का समान रूप से ध्यान रखा जाए। इस तरह किसी भी प्रकार का अलगाव और अलगाववादी नीति को अपनाना विशिष्ट बालकों के समायोजन तथा शिक्षा हेतु एक सार्थक और उचित विकल्प नहीं माना जा सकता।

समावेशीकरण और उसकी कार्यात्मकता (Integration and its Functionability)

विशिष्ट बालकों की शिक्षा और समायोजन हेतु अपनाए जाने वाले एक दूसरे प्रावधान को समावेशीकरण (Integration) के नाम से जाना जाता है। ऐतिहासिक और वैचारिक रूप से इस प्रावधान का जन्म पृथक्कीकरण तथा अलगाववाद से होने वाले दुष्प्रभावों को रोकने हेतु ही हुआ है। इस उपागम के तहत यह सिफारिश की जाती है कि विशिष्ट बालकों के लिए अलग से विद्यालय खोलने की बजाय उन्हें सामान्य विद्यालयों के सामान्य बालकों के साथ ही शिक्षा प्रदान की जानी चाहिए ताकि उनको विकास तथा समायोजन हेतु सामान्य बालकों की तरह ही समान अवसर प्राप्त हो सकें। सभी के साथ शिक्षा और मिलने-जुलने के अवसर प्राप्त होने से विशिष्ट बालकों को समाज की मुख्यधारा से जुड़ने में पूरी मदद मिलती है तथा उनमें किसी भी प्रकार की अनावश्यक अलगाववादी भावना जन्म नहीं लेती। विशिष्ट बालकों को मुख्यधारा में

शामिल कर सभी के साथ शिक्षा और विकास के समान अवसर सुलभ कराने वाले इस उपागम की अवधारणा पर प्रकाश डालते हुए राने (Rane, 1985) ने लिखा है–

"शिक्षा के स्तर पर एक विकलांग बालक के नियमित कक्षा-कक्ष परिस्थिति में समाविष्टि या समावेशीकरण (Integration) से तात्पर्य उसे कक्षा के विकलांगता रहित सामान्य बालकों के साथ शिक्षा के अवसर प्रदान करना है। इस प्रकार की व्यवस्था में एक विकलांग बालक को विकलांगता रहित सामान्य बालकों के साथ खेलकूद, व्यायाम तथा अन्य पाठान्तर गतिविधियों में भाग लेने के बहुमूल्य अवसर प्राप्त होते हैं। समावेशी शिक्षा (Integrated education) का उद्देश्य एक विकलांग बालक को विकलांगता रहित बालकों के समूह में समावेशित करना और उसे जितना संभव हो सके उतना आत्मनिर्भर बनने के लिए अवसर प्रदान करना है।"

इस तरह समावेशीकरण विशिष्ट बालकों की शिक्षा-दीक्षा और समायोजन हेतु काम में लाये जाने वाले उस उपागम या प्रावधान की ओर इशारा करता है जिसमें विशिष्ट बालकों को सामान्य विद्यालयों में सामान्य बालकों के साथ शिक्षा प्रदान करने की बात कही जाती है ताकि उन्हें मुख्यधारा से जुड़े रहते हुये अपने सामायोजन और शिक्षा के समान अवसर प्राप्त होते रहें।

समावेशीकरण उपयुक्त क्यों नहीं समझा जाता?
(Why Integration is not Considered a Proper Provision ?)

विशिष्ट/विकलांग बालकों को मुख्यधारा में शामिल कर सामान्य बालकों के साथ एक ही विद्यालय में शिक्षा देने के अवसर प्रदान करने के बावजूद भी समावेशीकरण को विशिष्ट बालकों की शिक्षा और समायोजन हेतु एक अच्छा विकल्प या उपागम नहीं माना जाता। आइये देखें ऐसा क्यो हैं?

जब भी कभी किसी विशिष्ट/विकलांग बालक को विद्यालय में प्रवेश दिया जाता है, तो प्राय: यह कार्य किसी न किसी विशेष प्रयोजन या मजबूरी से किया जाता है। 'शिक्षा का अधिकार' आज एक कानूनी हथियार है, कोई भी विद्यालय अपनी परिधि में शामिल जन क्षेत्र के बालकों को चाहे वे सामान्य हो या विशिष्ट प्रवेश में वंचित नहीं कर सकता। इस मजबूरी में विद्यालय को अपने द्वार सभी के लिए खोलकर रखने होते हैं तथा सभी को समान अवसर देने की मजबूरी के कारण विशिष्ट/विकलांग बालकों को मुख्यधारा में शामिल करने की बात करनी पड़ती है। परंतु यहां अब जिस बात की कमी रह जाती है वह यह है कि विद्यालय इन विशिष्ट/विकलांग बालकों के लिए द्वार तो खोल देते हैं परंतु इन बालकों की शिक्षा-दीक्षा तथा समायोजन हेतु जो व्यवस्था एवं प्रबंध करने चाहिए, उनके लिए हाथ खड़ा कर देते हैं। वे यह कहते हुए दिखाई देते हैं कि ठीक है आप हमारे विद्यालय में प्रवेश ले सकते हो। आपके सामान्य बालकों के साथ कक्षा में बैठकर शिक्षा ग्रहण करने में हमें कोई आपत्ति नहीं है और न अन्य क्रियाओं में भाग लेने से। परंतु देख लो हमारे पास आपकी विशिष्ट आवश्यकताओं तथा विशेषताओं की आपूर्ति हेतु कोई अलग से प्रावधान नहीं है, हम तो जो सामान्य तरीके से सामान्य

बालकों के हित तथा आवश्यकताओं को ध्यान में रखकर कर रहे हैं, वहीं करते रहेंगे। बाकी की सारी जिम्मेदारी आपकी और आपके अभिभावकों की है।

इस तरह समावेशीकरण की नीति विशिष्ट/विकलांग बालकों को सामान्य विद्यालय में सामान्य विकलांगता रहित बालकों के समूह में शामिल कर सामान्य और समान रूप से विद्यालयी शिक्षा प्राप्त करने का मात्र रास्ता खोलती नजर आती है, उन्हें विकास, समायोजन तथा शिक्षा हेतु उपयुक्त रूप से जो कुछ चाहिए उसके बारे में वह पूरी तरह विमुख ही रहती है।

पृथक्कीकरण और समावेशीकरण से समेकेतीकरण किस प्रकार भिन्न है? *(How Inclusion Differs from Segregation and Integration?)*

विशिष्ट बालकों के शिक्षा और समायोजन हेतु प्रयोग में लाये जाने वाली नवीनतम नीति और अवधारणा समेकित शिक्षा (inclusive education) की बात करती है। समावेशी शिक्षा (Integrated education) जहाँ पृथक्कीकरण और अलगाववाद का विरोध करती हुई विशिष्ट बालकों को मुख्यधारा से जोड़ने हेतु उन्हें सामान्य बालकों की तरह ही एक ही विद्यालय में पढ़ने-लिखने और गतिविधियों में भाग लेने की बात करती है। वहीं समेकित शिक्षा उससे एक कदम आगे बढ़कर यह भी सुनिश्चित करने का प्रयत्न करती है कि इन बालकों को केवल मुख्यधारा में शामिल कर अपने रहमोकरम पर न छोड़कर खुले दिल से अपनाया जाए तथा विद्यालय में वह सब कुछ व्यवस्था और सुविधाएं इन्हें प्रदान की जाएं जो इन्हें अपनी विशिष्टता, विशेष आवश्यकताओं, समस्याओं तथा विशेषताओं के संदर्भ में शिक्षा और विकास के अवसर उपलब्ध कराने में मदद कर सकें।

समावेशी शिक्षा प्रदान करने या न करने तथा समेकित नीति को अपनाने के बारे में विद्यालय विशेष की क्या धारणा हो सकती है। इसे तुलनात्मक रूप से निम्न प्रकार प्रदर्शित किया जा सकता है–

माफ कीजिए, हमारे पास आपकी शिक्षा हेतु कोई प्रावधान नहीं। बेहतर होगा कि आप किसी विशिष्ट विद्यालय (Special School) में प्रवेश लें।	आपका स्वागत है। यद्यपि हमारे पास आपकी विशिष्ट आवश्यकता पूर्ति हेतु संसाधन नहीं है, परंतु आपको जैसे- तैसे हम समायोजित करने का प्रयत्न करेगें।	इस विद्यालय में आपका खुले दिल से स्वागत है। हम आपको विश्वास दिलाते हैं कि आपको अपनी आवश्यकताओं और विशेषताओं के अनुरूप अन्य बालकों की तरह ही उपयुक्त शैक्षिक अवसर उपलब्ध कराये जायेंगे।
पृथकता या अलगाव की नीति (Segregation Policy)	समावेशीकरण की नीति (Integration Policy)	समेकित शिक्षा नीति (Inclusive Education Policy)

समेकित शिक्षा-आवश्यकता, अर्थ एवं अवधारणा
(Inclusive Education—Need, Meaning and Concept)

एक जनतांत्रिक व्यवस्था में उसके नागरिकों का शिक्षित होना काफी आवश्यक है। इसी आवश्यकता को ध्यान में रखते हुए और अशिक्षा पर विजय प्राप्त करने के लिए ही हमारे देश में सर्वशिक्षा अभियान (Education for All) चालू किया गया। सभी को शिक्षा देने के कार्य में अन्य कठिनाइयों के साथ एक कठिनाई और चुनौती उभरकर सामने आती है कि विशिष्ट आवश्कताओं से युक्त बालकों जिनमें विभिन्न प्रकार की अक्षमताओं/विकलांगताओं से युक्त बालक भी शामिल हैं, उनके लिये उचित विद्यालयी शिक्षा की व्यवस्था कैसे की जाये। एक विकल्प जिसे काफी समय से काम में लाया जाता रहा है, विशिष्ट विद्यालयों जैसे अंध विद्यालय, मूक एवं बधिर विद्यालय, मंदबुद्धि बालक विद्यालय आदि की स्थापना को लेकर है। विकलांग बालकों के लिये इस प्रकार की अलग व्यवस्था विशेषकर भारत जैसे विशाल जनसंख्या और क्षेत्रफल वाले देश के लिये एक सही विकल्प नहीं बन सकती। अक्षमताओं और विकलांगताओं को लेकर बालकों में बहुत व्यक्तिगत भेद होते हैं। सभी प्रकार की अक्षमताओं तथा विकलांगताओं को लेकर अलग-अलग विद्यालयों की स्थापना फिर कैसे की जा सकती है। अगर चुनिंदा स्थानों पर विशेष विद्यालय खोल भी दिये जाए तो दूरदराज के विद्यार्थियों को वहाँ जाकर शिक्षा ग्रहण करना कितना दु:साध्य हो सकता है, यह बात भी हमसे छिपी नहीं है। बालकों को तो अपने घरों/निवास स्थान के समीप ही शिक्षा ग्रहण करने के अवसर प्राप्त होने चाहिए और वह भी समानता और समता के आधार पर। अगर अक्षमताओं से युक्त बालकों को उन्हीं की तरह अक्षम बालकों के साथ शिक्षा-दीक्षा दी जाये तो फिर उन्हें भविष्य से सामान्य लोगों की तरह जीवनयापन करने सम्बन्धी समायोजन में कठिनाइयां आ सकती है। उनकी सामान्य बालकों के साथ अंत:क्रिया होनी आवश्यक है। इसी के परिणामस्वरूप वे अपने आपको सामान्य जीवन जीने सम्बन्धी बातों में ढालने का प्रयत्न कर सकते हैं। इसलिये पृथक्कीकरण (Separation) के सिद्धांत पर चलकर विशेष आवश्यकताओं और अक्षमताओं से युक्त बालकों के लिये अलग विद्यालयों की व्यवस्था करना किसी भी परिस्थिति में एक उचित विकल्प सिद्ध नहीं हो सकता है और न इससे बालकों का उचित हित संपादन हो सकता है। इन बालकों को जहाँ दूसरे सामान्य बालक पढ़ रहे हैं, उन्हीं के साथ शिक्षा के उचित और समान अवसर मिलना ही एकमात्र सही और कल्याणकारी विकल्प हो सकता है और इस विकल्प को प्रयोग में लाने का एकमात्र उपयुक्त तरीका समेकित शिक्षा (Inclusive Education) व्यवस्था को अपनाना है।

एक समेकित शिक्षा व्यवस्था में इस बात का उचित प्रावधान रहता है कि सभी प्रकार के बालक चाहे वे सामान्य हों या किसी विशिष्टता या अक्षमताओं से युक्त विकलांग बालक, सब साथ-साथ एक ही विद्यालय में शिक्षा ग्रहण करते हुये विद्यालय में उपलब्ध शिक्षा अनुभवों की अच्छी से अच्छी तरह से उपलब्ध करें। यह व्यवस्था यह मांग करती है कि अक्षमताओं से युक्त बालकों के प्रति किसी भी प्रकार

का अलगाव, द्वेष और नकारात्मक भाव न रखा जाये बल्कि उनकी विशेष समायोजन और शिक्षा सम्बन्धी आवश्यकताओं की पूर्ति हेतु सभी प्रकार के ऐसे प्रबन्ध किये जाये कि वे भी अपने सामान्य सहपाठियों के साथ उपलब्ध शैक्षिक अनुभवों को ग्रहण करते हुये तथा आपसी आवश्यक सामाजिक और शैक्षणिक अंत:क्रिया करते हुये अपना उचित सर्वांगीण विकास एवं कल्याण कर सके।

समेकित शिक्षा के अर्थ और अवधारणा को अच्छी तरह समझने हेतु हम यहां प्रसिद्ध विद्वानों द्वारा दी गई कुछ प्रमुख परिभाषाओं को उद्धृत करना चाहेंगे।

माइकल एफ. ग्यानग्रीको (Michael F. Giangreco, 1997): समेकित शिक्षा को उचित मूल्यों, प्रनियमों तथा प्रचलनों से युक्त एक ऐसी शिक्षा व्यवस्था के रूप में जाना जा सकता है जिससे सभी विद्यार्थियों को बिना इस बात को ध्यान में रखते हुए कि वे विशिष्ट माने जाते हैं अथवा सामान्य, अधिक, प्रभावपूर्ण और सार्थक शिक्षा उपलब्ध कराने के प्रयत्न किए जाते हैं।

एन.सी.एफ. 2005 (NCF, 2005): समेकेतीकरण अक्षमों तक ही सीमित नहीं है। इसका अर्थ है किसी को भी छोड़ा नहीं जायेगा। यही कारण है, कि समेकित शिक्षा में सभी के लिए दरवाजे खुले रहते हैं।

अडवानी एवं चड्ढ़ा (Advani and Chadda, 2003): समेकित शिक्षा का उद्देश्य सभी को समान अवसर तथा पूरी भागीदारी उपलब्ध कराने हेतु समुचित व्यवस्था करना और इस तरह विशिष्ट आवश्यकताओं से युक्त बालकों को भली-भांति शिक्षा की मुख्यधारा में शामिल करना है। ऐसी शिक्षा में विद्यार्थियों की विभिन्न प्रकार की आवश्यकताओं से परिचित होकर उचित पाठ्यक्रम, शिक्षण व्यूह रचनाओं, दी जाने वाली सहायता तथा माता-पिता एवं समुदाय के साथ भागीदारी आदि के द्वारा सभी को समान गुणवत्ता की शिक्षा प्रदान की जाती है। सरल शब्दों में इसका आशय है कि सभी विद्यार्थी चाहे वे विकलांग हो या सामान्य साथ-साथ सीखें।

स्टेनबेक एवं स्टेनबेक (Stainback and Stainback, 1992): समेकित विद्यालय या व्यवस्था को एक ऐसे स्थान के रूप में जाना जा सकता है जो सबका होता है, जहाँ सभी अपनाये जाते हैं, जहाँ प्रत्येक अपने विद्यालय, समुदाय तथा सहपाठियों को सहयोग करता है तथा उनका सहयोग अपनी शैक्षिक आवश्यकताओं की पूर्ति हेतु प्राप्त करता है।

एम मेनीवन्न (M. Manivannam, 2001): समेकित शिक्षा ऐसी शिक्षा है जिसमें ऐसी नीति और प्रक्रिया का क्रियान्वयन किया जाता है जो सभी बालकों को सभी कार्यक्रमों में भाग लेने का अवसर प्रदान करे। नीति से यहां तात्पर्य है कि विकलांग बालकों को दूसरे बालकों के लिए बने सभी शैक्षिक कार्यक्रमों में बिना किसी पाबंदी के भाग लेने की स्वतंत्रता हो। समेकेतीकरण प्रक्रिया (process of inclusion) से अभिप्राय: व्यवस्था संबंधी उन बातों से है जिसके द्वारा सभी का स्वागत होता है। समेकित शिक्षा इस तरह और कुछ नहीं बल्कि विकलांग बालकों के लिए निर्धारित कार्यक्रम को सामान्य शिक्षा व्यवस्था का एक अभिन्न अंग बनाना है न कि उसे

सामान्य शिक्षा के अंतर्गत एक अतिरिक्त व्यवस्था के रूप में मान्यता देना।

उपरोक्त परिभाषाएं हमें समेकित शिक्षा के अर्थ और अवधारणा से संबंधित निम्न निष्कर्ष निकालने में सहायता कर सकती हैं:

(i) समेकित शिक्षा उपलब्ध शिक्षा व्यवस्था से विशिष्ट/विकलांग या सामान्य सभी को समान रूप से लाभान्वित होने की बात कहती है।

(ii) इसमें इस बात का प्रावधान रहता है कि किसी भी विशिष्ट या विकलांग बालक को अपने पड़ोस के विद्यालय (जिसमें वह तब भी जाता जब उसे विशिष्ट या विकलांग बालक की उपाधि नहीं मिली होती) में सामान्य बालकों की तरह शिक्षण ग्रहण करने का अधिकार हो।

(iii) यहां एक विशिष्ट/विकलांग बालक को अपने हमउम्र सामान्य बालकों के साथ एक जैसे शैक्षिक अनुभव अर्जित करने का अवसर मिलता है।

(iv) इस व्यवस्था में विकलांग/विशिष्ट बालकों की शिक्षा को विकलांगता रहित तथा अन्य सामान्य बालकों के साथ इस प्रकार समन्वित करने का प्रयत्न किया जाता है कि सभी प्रकार के बालकों की शिक्षा एक दूसरे पर कोई प्रतिकूल प्रभाव डाले बिना अच्छी तरह चल सके।

(v) इस व्यवस्था का उद्देश्य सभी प्रकार के विशिष्ट अथवा विशिष्ट आवश्यकताओं से युक्त बालकों को पृथक रूप से अलग विशेष विद्यालयों में शिक्षा देने के बजाए उपलब्ध शिक्षा व्यवस्था की मुख्यधारा से जोड़ना है।

(vi) नीति और कानून विशेष के संदर्भ में समेकित शिक्षा प्रत्येक विशिष्ट/विकलांग बालक को अन्य सामान्य बालकों के साथ समान और स्वतंत्र रूप से शिक्षा ग्रहण करने का समुचित अधिकार प्रदान करती है।

(vii) समेकित शिक्षा व्यवस्था में यह प्रावधान रहता है कि विद्यालय के सभी प्रकार के शैक्षणिक तथा पाठ्य सहगामी क्रियाओं में भाग लेकर विशिष्ट/विकलांग बालकों का सर्वांगीण विकास किया जाए।

(viii) यह इस बात पर जोर देती है कि विकलांग बालकों को समुचित रूप से ऐसी जीवनशैली तथा समायोजन के ढंग सिखाये जाये जिनसे उनमें आत्महीनता की भावना न रहे और वे आत्मनिर्भर बन समाज में अच्छी तरह समायोजित हो कर अपना रचनात्मक योगदान देने में समर्थ हो सकें।

(ix) विशिष्ट बालकों की संख्या और उनके विविध प्रकारों को देखते हुए यह संभव नहीं कि उनके लिए उचित संख्या के गुणवत्ता पूर्ण विशिष्ट विद्यालय स्थापित किये जा सके। अपने देश के आकार और विशाल जनसंख्या को देखते हुए तो यह कार्य लगभग असंभव सा ही है। समेकित शिक्षा व्यवस्था ही इस समस्या का सर्वोत्तम हल सिद्ध हो सकती है।

(x) समेकित शिक्षा एक तरह से विशिष्ट/विकलांग बालकों के लिए आवश्यक शैक्षणिक सुविधाओं को उनके बिल्कुल पड़ोस में पहुंचाने में सक्षम होती है क्योंकि यह उनकी शिक्षा का प्रबंध निकटतम विद्यालय में करती है

जबकि विशिष्ट विद्यालयों की स्थापना सम्बन्धी विकल्प उन्हें मजबूर करता है कि वे जहाँ विद्यालय स्थापित हो उसके पास पहुंचे। ऐसा करना बहुधा सभी के लिए संभव नहीं हो पाता। इस कारण बहुत से निर्धन और असहाय परिवार के विकलांग बालक शिक्षा से वंचित रह जाते हैं।

(xi) समेकित शिक्षा व्यवस्था में विशिष्ट बालकों तथा सामान्य बालकों को एक दूसरे के निकट आने के अनुपम अवसर प्राप्त होते हैं जिसके परिणामस्वरूप-
- उन्हें एक दूसरे से सीखने तथा समायोजित होने में सहायता मिलती है।
- विकलांग बालकों को विकलांगता रहित सामान्य बालकों से उपयोगी जीवन कौशलों को अच्छी तरह सीखने में मदद मिलती है।
- सामान्य बालकों की विकलांगता के प्रति जो हठधर्मिता रहती है ऐसी नकारात्मक अभिवृत्ति में बदलाव लाने में यहां सहायता मिलती है तथा साथ ही समाज के सदस्यों का नजरिया भी इस प्रकार की व्यवस्था से बदला जा सकता है।
- विशिष्ट/विकलांग बालकों को समेकित शिक्षा व्यवस्था में कई प्रकार की सामाजिक तथा संवेगात्मक कौशलों के अर्जन में यथोचित सहायता मिलती है। उन्हें सभी प्रकार की सामाजिक, सांस्कृतिक, खेल-कूद तथा अन्य पाठान्तर गतिविधियों में भाग लेने तथा देखने-सुनने के बहुमूल्य अवसर मिलते हैं। इसका लाभ उन्हें भविष्य में दूसरों के साथ अच्छी तरह समायोजित होने एवं स्वावलम्बी जीवन जीने से मदद करता है।

(xii) अपने विविध रूपों में विविध प्रकार से समेकित शिक्षा व्यवस्था विकलांग तथा अन्य प्रकार के विशिष्ट बालकों को उनके उचित विकास एवं कल्याण हेतु वह सब कुछ प्रदान करने की क्षमता रखती है जो किसी अन्य प्रावधान तथा उपागम में संभव नहीं है।

समेकित शिक्षा की इन उपरोक्त विशेषताओं तथा स्वभाव के संदर्भ में हम समेकित शिक्षा के बारे में निम्न अवधारणा बनाने का प्रयत्न कर सकते हैं।

समेकित शिक्षा से अभिप्राय: इस प्रकार की शिक्षा व्यवस्था से है जिसके अंतर्गत यह प्रावधान रहता है कि सभी बालकों को (चाहे वे विशिष्ट हो या विकलांग) उनके उस निकटतम विद्यालय में शिक्षा प्राप्त करने के समुचित अवसर मिले जो उनको तब प्राप्त हो सकते हैं जब उन्हें विशिष्ट न कहकर सामान्य रूप में देखे जाने की बात हो। इस तरह यहां शैक्षिक सुविधाओं को विशिष्ट/विकलांग बालकों तक पहुंचाने की बात की जाती है न कि उन्हें इसकी तलाश में जहाँ वे मिलती हो वहाँ पहुंचने के लिए भटकाने की। इस तरह इस प्रकार की व्यवस्था विशिष्ट/विकलांग बालकों की शिक्षा, समायोजन और सर्वांगीण विकास हेतु अलगाववाद के स्थान पर उन्हें मुख्यधारा से जोड़ने और सभी आवश्यक सुविधाएं प्रदान करने का प्रयत्न करती है।

समेकित शिक्षा के दार्शनिक एवं सामाजिक आधार
(Philosophical and Sociological Basis of Inclusive Education)

दार्शनिक आधार (Philosophical Basis)

जहाँ तक समेकित शिक्षा के दार्शनिक आधार या शुरूआत की बात है तो हम यह भलीभांति कह सकते हैं कि समेकेतीकरण सम्बन्धी विचारधारा की जन्मस्थली मानवतावादी विचारधारा है। मानवतावाद एक ऐसी विचारधारा या दर्शन है जिसमें मानव मात्र से व्यवहार करने में मानवतावादी दृष्टिकोण बनाये रखने तथा माननीय मूल्यों पर जोर देने की बात की जाती है। इस विचारधारा या दर्शन के अनुसार मानव प्रकृति या ईश्वर की सर्वोत्कृष्ट रचना है तथा यह दर्शन उनमें पाई जाने वाली विभिन्न विविधताओं और अंतरों के बावजूद उनकी योग्यताओं तथा क्षमताओं पर यथेष्ट विश्वास रखता है। पुनर्जागरण काल (Period of Renaissance) से ही मानवतावादी विचारधारा तथा दर्शन की उत्पत्ति मानी जाती है और इसी विचारधारा को यह श्रेय दिया जाता है कि इसके प्रादुर्भाव ने अक्षम एवं अपंग बालकों तथा व्यक्तियों के साथ सदियों से चली आ रही अमानवीय दर्दनाक व्यवहार करने के चलन पर रोक लगाने हेतु आवाज बुलंद की। यहां यह जोर डालकर कहा गया कि सभी बालकों के साथ उनके पालन पोषण तथा शिक्षा चाहे वे सक्षम हो या अक्षम बिना किसी भेदभाव के समान व्यवहार किया जाना चाहिए। सभी व्यक्तियों/बालकों को गुणवत्ता युक्त जीवन जीने का पूरा अधिकार है और इसलिये उन्हें अपनी क्षमताओं के पूर्ण विकास तथा न्याय, समानता और समता के सिद्धांत का अनुपालन करते हुए गुणवत्ता युक्त जीवन जीने के सभी अपेक्षित अवसर प्रदान किये जाने चाहिये। मानवीय सम्बन्धों तथा शिक्षा के क्षेत्र में आने वाली इस प्रगति लहर ने रूढ़ियों से प्रचलित बहुत सी कुप्रथाओं पर अच्छी तरह लगाम लगाने का प्रशंसनीय कार्य किया। जैसे दास्ता से मुक्ति, भेदभाव, तथा दमन के विरुद्ध आवाज उठाना, पशुओं तथा व्यक्तियों के साथ होने वाली बर्बरता पर रोक लगाना तथा अक्षमता युक्त बालकों की शिक्षा और समायोजन में पृथक्कीकरण और समावेशीकरण के स्थान पर समेकेतीकरण की विचारधारा को अपनाना आदि। इस तरह अन्ततः समेकेतीकरण को शिक्षा के दर्शन और मार्गदर्शन विचारधारा को अपनाने के पीछे वे ही मानवतावादी मान्यतायें और धारणायें रहीं कि सभी मानव, जिनमें बालक भी शामिल है, अपने आप में विशिष्ट और अद्वितीय होते हैं, विभिन्नता का भी अपना एक अलग महत्व होता है और इसलिये इसका सम्मान किया जाना चाहिये, सभी को उनकी अपनी विशिष्टताओं के परिप्रेक्ष्य में जीवन जीने और विकास के उपयुक्त अवसर प्रदान किये जाने चाहिये और चूंकि सभी में अपनी अपनी विशिष्टतायें और योग्यतायें होती है इसलिये सभी में एक दूसरे से कुछ न कुछ सीखने की गुंजाइश रहती है।

सामाजिक आधार (Social Basis)

हमारे देश के बालकों की शिक्षा हेतु समेकेतीकरण को एक आधारभूत नीति के रूप में स्वीकार कर लिये जाने के पीछे जो सामाजिक आधार कार्य करते हुए पाये जाते

हैं वे निम्न हैं-

- जनतांत्रिक व्यवस्था, स्वतंत्रता, समता, समानता तथा बंधुत्व के मूल्यों पर आस्था रखने वाले एक समाज या राष्ट्र का यह कर्तव्य बन जाता है कि वह अपने भावी नागरिकों को बिना किसी भेदभव के उनकी अपनी सुविधा और नजदीकी स्थान पर गुणवत्ता युक्त शिक्षा उपलब्ध कराने का प्रयत्न करे। इस संबंध में सबसे अच्छे विकल्प समेकेतीकरण की नीति का अनुपालन ही है।
- समाज या समुदाय में ठीक प्रकार जीवन जीने हेतु हम सभी को एक ऐसा वातावरण चाहिये जिसमें समाज में रहने वाले सभी व्यक्तियों (चाहे उनमें योग्यताओं, क्षमताओं ओर स्तर की दृष्टि से चाहे जितनी विभिन्नतायें क्यों न हो) के बीच में उचित सामंजस्य और तालमेल रहना चाहिये। जहाँ तक विभिन्नताओं या वैयक्तिक अंतरों का प्रश्न है, व्यक्तियों या विद्यार्थियों में सदैव रहेंगे और इसी बात को ध्यान में रखते हुए बालकों को विभिन्नताओं और विशिष्टताओं से युक्त बालकों के साथ रहने और अधिगम करने सम्बन्धी अवसर प्रदान करते हुए समाज में सभी के साथ समायोजन करके विकास प्राप्त होने सम्बन्धी उचित प्रशिक्षण दिया जाना चाहिए। यह पृथक्कीकरण तथा समावेशीकरण की बजाय समेकेतीकरण शिक्षा व्यवस्था में ही भलीभांति संभव है।
- प्रत्येक बालक भावी नागरिक होने के नाते देश की काफी अमूल्य निधि है। उसकी क्षमताओं तथा विशिष्टताओं का इस तरह अधिक से अधिक विकास किया जाना चाहिए कि वह स्वयं तथा देश की प्रगति में अपना पूरा पूरा योगदान देने में सक्षम हो सके। इस संदर्भ में अक्षम तथा हाशियाकृत बालकों को भी गुणवत्तापूर्ण शिक्षा प्रदान करने हेतु ऐसे सभी संभव प्रयत्न किये जाने आवश्यक है जिनसे उन्हें बिना किसी भेदभाव के सक्षम तथा सुविधा सम्पन्न बालकों की तरह ही अपनी योग्यताओं और विशिष्टताओं को विकसित करने के समुचित अवसर प्राप्त हो सकें और इसके फलस्वरूप न केवल उन्हें माता पिता तथा समाज पर बोझ बनने से रोका जा सके बल्कि उनका ऐसा योगदान रहे जिससे समाज और देश को उन पर गर्व हो। सभी भावी नागरिकों, जिनमें अक्षम और वंचित बालक भी शामिल हैं, का इस तरह उचित विकास करने का महान कार्य समेकित शिक्षा व्यवस्था द्वारा ही संभव है।
- समाज का भला और प्रगति इस बात में निहित है कि विभिन्न प्रकार के अंतरों तथा भिन्नताओं से युक्त उसके सभी सदस्यों में पारस्परिक सहयोग तथा एक्य भाव बना रहे। भिन्नतायें चाहे जैसी भी हों रहना सबको साथ-साथ ही है। अक्षमों को सक्षमों तथा वंचितों को साधन संपन्नों के साथ ही रहना है। इसलिये शुरू से ही बालकों को विद्यालयों में ऐसा वातावरण मिलना चाहिये कि वे विभिन्न प्रकार की भिन्नताओं के होते हुए भी एक दूसरे के साथ सहयोग पूर्ण ढंग से अध्ययन कर सकें। वे एक दूसरे की क्षमताओं तथा विशिष्टताओं का सम्मान करें तथा यह जानने की कोशिश करे कि वे

सहयोगपूर्ण तथा सह अस्तित्व के इस उपयुक्त वातावरण में एक दूसरे से क्या सीख सकते हैं और एक दूसरे की अपने अपने ढंग से आगे बढ़ने में कैसे सहायता कर सकते हैं। स्पष्ट है ऐसी सभी बातें और उपयुक्त वातावरण समेकित कक्षा व्यवस्था में ही संभव है।

- इसके अतिरिक्त आज के युग में जहाँ राष्ट्रों की सीमायें भूमंडलीय छवि ले रही है तथा आये दिन सभी के कल्याण और विकास हेतु नये नये समझौते तथा समन्वय दिशायें तय की जा रही है तो किसी भी देश का इन अन्तर्राष्ट्रीय समझौतों तथा दिशा निर्देशों पर चलना आवश्यक हो चला है ताकि इसके अभाव में वे मुख्यधारा से अलग थलग न पड़ जाये। भारत ने भी ऐसे कई अन्तर्राष्ट्रीय समझौतों तथा सांझी घोषणाओं पर हस्ताक्षर किये हुए हैं जिनका संबंध मानव अधिकार, बाल अधिकार, लैंगिक समानता, बहु संस्कृतिवाद आदि का संरक्षण तथा शिक्षा के ऐसे अधिकार से है जिसमें सभी बालकों (जिसमें वंचित और अक्षम बालक भी शामिल है) को बिना किसी भेदभाव के समेकित व्यवस्था के अन्तर्गत शिक्षा दी जाये। समेकित शिक्षा व्यवस्था को अपनाकर हमारा देश इस तरह अपनी उस अन्तर्राष्ट्रीय प्रतिबद्धता को ही पूरा करने का प्रयत्न कर रहा है जिसके द्वारा देश के भावी नागरिकों को निःशुल्क एवं अनिवार्य रूप में ऐसी गुणवत्ता युक्त शिक्षा प्रदान की जाये जिसकी उपलब्धि उन्हें किसी भी पड़ोस के विद्यालयों में समेकित शिक्षा व्यवस्था के अंतर्गत संभव हो। विद्यालयी शिक्षा में समेकित शिक्षा नीति की अनुपालना इस तरह हमारे देश को उन सभी सामाजिक तथा वैधानिक उतरादायित्यों को पूरा करने में उचित सहायता कर रही है जिनका प्रावधान हमने अपनी विभिन्न नीतियों तथा वैधानिक दस्तावेजों जैसे –अक्षमता युक्त व्यक्ति अधिनियम (PWD Act, 1995), शिक्षा का अधिकार अधिनियम (RTE Act, 2009), अक्षमताओं से युक्त व्यक्तियों के लिये राष्ट्रीय नीति (National Policy for Persons with Disabilities—2006) इत्यादि में किया हुआ है।

समेकित शिक्षा की उपयोगिता या लाभ (Advantages of Inclusive Education)

विद्यालयों में प्रदान की जाने वाली समेकित शिक्षा निम्न रूप से काफी लाभदायक एवं उपयोगी सिद्ध होती है–

1. अन्तर्राष्ट्रीय एवं वैश्विक अपेक्षाओं पर खरा उतरना (Meeting the International and Global Obligations): विद्यालयों में समेकेतीकरण की नीति की अनुपालना, किसी भी प्रकार के भेदभाव के बिना सभी बालकों–अक्षमता युक्त या अक्षमता रहित को शिक्षा प्रदान करने की अन्तर्राष्ट्रीय एवं वैश्विक अपेक्षा को पूरा करने में हमारे देश की सहायता करती है। इस सम्बन्ध में यह बात ध्यान रखने योग्य है कि स्पेन में 1994 में विशेष आवश्यकता युक्त शिक्षा की विश्व कान्फ्रेंस जिसे सलामनका कथन के रूप

में जाना जाता है) में और सन् 2006 अक्षमता युक्त व्यक्तियों के अधिकार की संयुक्त राष्ट्र कन्वेन्शन में विश्व के राष्ट्रों के साथ भारतवर्ष ने भी इसके स्वीकृतिपत्र पर हस्ताक्षर किए हैं। अत: हमारे देश के विद्यालयों में समेकेतीकरण की नीति का क्रियान्वयन भारत को विश्व के अन्य राष्ट्रों के साथ कदम से कदम मिलाकर आगे बढ़ने में सहायक सिद्ध हो सकता है।

2. *राष्ट्रीय नीतियों और संवैधानिक प्रावधानों के क्रियान्वयन में सहायता करना (Helping in the Implementation of National Policies and Constitutional Provisions):* एक प्रजातांत्रिक देश के रूप में भारतवर्ष का यह नैतिक कर्तव्य है कि यह अपने सभी नागरिकों के लिए बिना किसी प्रकार के भेदभाव के गुणवत्तायुक्त शिक्षा की व्यवस्था करे। देश के प्रत्येक नागरिक को शिक्षा प्राप्त करने का अधिकार है। इसीलिए भारत सरकार ने सर्वशिक्षा अभियान (सभी के लिए शिक्षा) योजना चलाई और शिक्षा का अधिकार नाम से (RTE Act 2009) एक संवैधानिक अधिनियम पास किया। सभी के लिए शिक्षा का अधिकार अधिनियम का क्रियान्वयन तभी संभव हो सकता है जब हमारे देश के विद्यालयों में समेकेतीकरण नीति को सही ढंग से लागू किया जाए।

3. *एक समेकित समाज और समेकित संस्कृति की स्थापना में सहायता करना (Helping in the Establishment of an Inclusive Society and Inclusive Culture):* विशेष विद्यालयों और विशेष कक्षाओं के रूप में पृथक्कीकरण जहाँ अलगाववाद की भावना के बीज बोता है और अक्षम तथा अक्षमता रहित व्यक्तियों के मध्य खाई को और चौड़ा कर देता है वहीं समेकित शिक्षा के रूप में समेकेतीकरण उन्हें आपस में नजदीक लाता है। वे एक दूसरे को जानने और समझने के बहुमूल्य अवसर प्राप्त करते हैं और विद्यालय की पाठ्य एवं सहपाठ्य क्रियाओं में एक-दूसरे को सहयोग देना प्रारम्भ कर देते हैं और मिलजुल कर कार्य करते हैं। धीरे-धीरे अक्षमता रहित सामान्य सहपाठियों के मन में अक्षमता तथा अक्षम बालकों के प्रति विकसित नकारात्मक अभिवृत्ति मैत्रीपूर्ण भावना में परिवर्तित होने लगती है जिसके फलस्वरूप एक ऐसे समेकित समाज की स्थापना होने लगती है जिसमें सभी एक-दूसरे की वैयक्तिक और विभिन्नता युक्त योग्यताओं का आदर करते हैं।

4. *मानवीय संसाधनों के सम्पूर्ण उपयोग में देश की सहायता करना (Helping the Country in the Total Utilization of its Human Resources):* हम जानते हैं कि हमारे देश की जनसंख्या का एक बड़ा समूह किसी एक या अन्य प्रकार की क्षतिग्रस्तता (impairment) या अक्षमता (disability) से प्रभावित है। समाज का यह हिस्सा अपने आप को उपेक्षित सा महसूस करता है और अपने बचपन से ही अपनी शिक्षा, समायोजन और प्रगति में पीछे रह जाता है। अधिगम सुविधाओं के अभाव के कारण अक्षमता युक्त बालक अपने लिए जरूरी शिक्षा से वंचित रह जाते हैं और इस प्रकार अपने माता-पिता, समाज और राष्ट्र पर एक बोझ बनकर रह जाते हैं।

उनके आस-पड़ोस के विद्यालय में उनको दी जाने वाली समेकित शिक्षा उन अक्षमता युक्त बालकों के लिए जीवन में अपने समायोजन और प्रगति की कला और कौशलों का अधिगम करने में एक श्रेष्ठतम विकल्प और उत्तम साधन सिद्ध हो सकती है। यहां पर वे अपने विकास और अपनी विभिन्न योग्यताओं के उचित उपयोग के बहुमूल्य अवसर प्राप्त कर सकते हैं और फिर अपने समाज तथा राष्ट्र के विकास और तरक्की में काफी अच्छे ढंग से अपना योगदान दे सकते हैं। कौन जानता है कि उन विशेष योग्यता वाले बालकों में कोई एक महान वैज्ञानिक, कलाकार, सृजनकर्ता और आविष्कारक छिपा हुआ हो। इस प्रकार से उनकी योग्यताओं का पोषण समाज, राष्ट्र और मानवता के लिए एक बड़ी पूंजी साबित हो सकता है। उनकी प्रतिभा विद्यालय की समेकित व्यवस्था में अच्छी तरह से विकसित की जा सकती है और बदले में यह विकास समाज और राष्ट्र की प्रगति और विकास के लिए एक बड़ा वरदान सिद्ध हो सकता है।

5. *समेकित व्यवस्था का सभी अधिगमकर्ताओं (विशेष आवश्यकता वाले बालकों और विशेष आवश्यकता रहित बालकों) के लिए लाभदायक सिद्ध होना (Proving Advantageous for all the Learners of the Inclusive setup):* एक विद्यालय में प्रदान की गई समेकित शिक्षा विद्यालय के विद्यार्थियों की अक्षमता युक्त तथा अक्षमता रहित जनसंख्या के लिए काफी लाभप्रद सिद्ध हो सकती है, क्योंकि इस वातावरण में वे अनेक प्रकार से साथ-साथ अधिगम करने तथा काम करने के अवसर प्राप्त करते हैं। विशेष आवश्यकताओं वाले बालकों की शिक्षा पर नेशनल फोकस ग्रुप एन. सी.ई.आर.टी. नई दिल्ली द्वारा विकसित पोजीशन पेपर (position paper) में विशेष आवश्यकताओं से युक्त बालकों तथा अन्य सामान्य बालकों द्वारा समेकित शिक्षा व्यवस्था से जिस प्रकार लाभान्वित हुआ जा सकता है, उसका निम्न प्रकार वर्णन किया गया है–

विशेष आवश्यकताओं से युक्त बालकों को होने वाले लाभ (Advantages of CWSN)

(i) अपने अक्षमता रहित साथियों के साथ विद्यालय में पूरा दिन व्यतीत करने के द्वारा विशेष आवश्यकताओं से युक्त अथवा अक्षम बालकों को सामाजिक अन्त:क्रिया के ऐसे अनेक अवसर उपलब्ध होते हैं जो उन्हें पृथक्कीकरण की व्यवस्था में उपलब्ध नहीं हो सकते हैं। (Sasso, Simpson Novak, 1985)

(ii) विशेष आवश्यकता युक्त बालकों को व्यवहार का उपयुक्त मॉडल देखने को मिलता है, वे विशेष आवश्यकता रहित बालकों के सामाजिक रूप से स्वीकृत बालक का निरीक्षण और अनुकरण कर सकते हैं। (Brown *et al.* 1983, 1989a)

(iii) विशेष आवश्यकता युक्त बालकों के लिए समेकित व्यवस्था में अध्यापक अक्सर निष्पत्ति के उच्च स्तर विकसित करते हैं । (Brown *et al.* 1989, snell, 1987)

(iv) समेकित व्यवस्था में सामान्य एवं विशेष शिक्षा अध्यापक सभी विद्यार्थियों से उपयुक्त व्यवहार की आशा करते हैं।

(v) विशेष आवश्यकताओं से युक्त बालकों को उनकी आयु के अनुरूप व्यवहारिक या कार्यात्मक क्षमता से सम्पन्न करने हेतु ऐसी शैक्षणिक वस्तु का शिक्षण प्रदान किया जाता है जो पृथक्कीकरण व्यवस्था के पाठ्यक्रम का कभी भी एक अंग नहीं बन सकता। (जैसे विज्ञान, सामाजिक अध्ययन, गणित इत्यादि विषयों से युक्त अध्ययन सामग्री)

(vi) समेकित विद्यालयों में अध्ययन करने से अक्षमता युक्त बालकों की इस संभावना में वृद्धि हो जाती है कि वे आगे जीवनभर विभिन्न प्रकार की समन्वित व्यवस्थाओं में प्रतिभागी बने रहेंगे (Ryndak an Alper, 1996)

विशेष आवश्यकता रहित बालकों के लिए लाभ
(Advantages for Students without Special Needs)

(i) अक्षमता या विशेष शिक्षा की आवश्यकताओं से रहित विद्यार्थियों को समेकित शिक्षा व्यवस्था में इस प्रकार के बहुत से अवसरों की उपलब्धि होती है जिनमें वे अपने साथी अक्षमता युक्त या विशेश आवश्यकता युक्त बालकों के साथ अन्तःक्रिया करते हुए विविध अनुभवों की प्राप्ति कर सकें।

(ii) वे अपने अक्षम साथी बालकों हेतु अनुदेशन गतिविधियों के दौरान सहपाठी ट्यूटरों की भूमिका निभाने सम्बन्धी अनुभव प्रदान प्राप्त कर सकते हैं। (Salvin, 1990)

(iii) वे उनके साथ छुटटी और अन्य अवकाश के समय में खेलने के अवसर प्राप्त कर सकते हैं।

(iv) खेलकूद के मैदान में, भोजनावकाश के समय, बस में आते-जाते समय एक विशेष मित्र (Buddy) की भूमिका निभाने का अवसर प्राप्त कर सकते हैं।

(v) अपने अक्षम साथी विद्यार्थियों के सम्पर्क में आकार वे विभिन्न प्रकार के मानवीय गुणों, जैसे-सहनशीलता, धैर्य आदि को ग्रहण करने के साथ वैयक्तिक भेद और मानवीय विशिष्टताओं के बारे में काफी कुछ जान सकते हैं।

(vi) वे यह जान सकते हैं कि विशेष आवश्यकता युक्त और अक्षम बालकों में भी काफी कुछ सकारात्मक विशेषताएं और योग्यताएं पाई जाती हैं।

(vii) उन्हें विभिन्न प्रकार के मानवीय सेवा व्यवसायों जैसे-विशेष शिक्षा, स्पीच थेरेपी, शारीरिक थेरेपी, मनोरंजन थेरेपी तथा व्यवसायिक पुनर्वास के बारे में जानने और समझने के लिए उचित अवसर प्राप्त होते हैं। इन क्षेत्रों में अर्जित अपनी जानकारी के आधार पर इन्हें वे अपने व्यवसाय के तौर पर अपनाने की पहल कर सकते हैं।

(viii) समेकेतीकरण विशिष्ट शिक्षा आवश्यकताओं या अक्षमताओं से विहीन सामान्य बालकों के लिए इस प्रकार के अवसर प्रदान करता है जिनके माध्यम से वे विभिन्न प्रकार के व्यक्तियों के साथ सम्प्रेषण करने और उनके साथ उचित रूप से तालमेल बनाए रखने में कामयाब हो सके। इससे उन्हें विभिन्नताओं से युक्त समाज में पूरी तरह भाग लेने, विशेषकर उस अवस्था में जबकि वे बड़े होकर प्रौढ़ बनेंगे, उससे सम्बन्धित उत्तरदायित्व निभाने हेतु समेकित शिक्षा उचित आधार प्रदान करती है। (Ryndak and Alper. 1996)

इस प्रकार से हमारे देश के विद्यालयों में समेकित शिक्षा का प्रावधान अपने विभिन्न प्रकार के लाभ उपलब्ध कराने सम्बन्धी क्षमता को लेकर काफी महत्व रखता है। इससे जहाँ एक ओर विद्यालय जाने वाले सभी बालकों (अक्षम अथवा अक्षमता रहित बालकों) की प्रगति और कल्याण का रास्ता खुलता है, वहीं दूसरी ओर यही बात समाज और देश की प्रगति और विकास में भरपूर सहयोग देती हुई दिखाई देती है।

3

अक्षमता एवं समेकेतीकरण का ऐतिहासिक परिप्रेक्ष्य (Historical Perspectives of Disability and Inclusion)

विषय प्रवेश (Introduction)

सम्पूर्ण भूमण्डल पर विद्यालय जाने वाले बालकों की जनसंख्या का एक बड़ा भाग विशेष आवश्यकता या भिन्न आवश्यकता वाले बालकों का होता है। इन बालकों में विभिन्न क्षमताओं से युक्त ऐसे सभी बालकों को शामिल किया जा सकता है जिनमें शारीरिक, मानसिक, सामाजिक और संवेगात्मक क्षेत्रों में योग्यताओं और क्षमताओं की दृष्टि से काफी भिन्नताएं पाई जाती हैं। एक समेकित शिक्षा व्यवस्था में इनकी उपस्थिति हमें प्रतिभाशाली या सृजनात्मक, पिछड़े हुए या मन्दगति अधिगमकर्ता, शारीरिक या मानसिक रूप से विकलांग, सामाजिक रूप से अलग-थलग या संवेगात्मक रूप से अशान्त आदि रूपों में देखने को मिलती है। जब हम इन बालकों के लिए उनके शैक्षिक या समायोजन सम्बन्धी उपायों और कल्याण के ऐतिहासिक परिप्रेक्ष्य के संबंध में बात करते हैं तो प्राय: हमारी चर्चा का केन्द्रबिंदु अक्षमता युक्त बालकों की शिक्षा, समायोजन और कल्याण सम्बन्धी उपाय ही होते हैं। चूंकि बालकों का यह समूह ही उनकी आवश्यकताओं की पूर्ति को लेकर सबसे अधिक चुनौतीपूर्ण होता है इसलिए जब भी विशेष आवश्यकताओं या भिन्नताओं से युक्त बालकों के ऐतिहासिक परिप्रेक्ष्य पर ध्यान देने की बात आती है तो इसमें विभिन्न प्रकार की अक्षमताओं से युक्त व्यक्तियों के लिए समाज और दुनिया के विभिन्न स्थानों में किस प्रकार की देखभाल और कल्याण सम्बन्धी बातों का ध्यान रखा गया, उन्हीं की हम चर्चा करते हैं। उनसे सम्बन्धित इस ऐतिहासिक परिप्रेक्ष्य में मानवीय सभ्यता का उदय होने से लेकर जनतंत्रीकरण और उदारवाद के इस वर्तमान युग तक अक्षमों और विकलांगों की देखभाल और शिक्षा हेतु जो कुछ भी किया जाता रहा है उसे भलीभांति समझने हेतु हम इन्हें निम्न काल खण्डों में बांटना चाहेंगे-

A. समाप्त या परित्याग करने सम्बन्धी पृथक्कीकरण काल
   (The era of exclusion-extermination and abandonment)

B. मनोरंजन और इस्तेमाल की वस्तु बनाने सम्बन्धी काल
(The era of acceptance as a subject of amusement and use)

C. न्यायिक विभेदीकरण एवं जादू टोना सम्बन्धी काल
(The era of legal discrimination and witchcraft)

D. सहानुभूति एवं आश्रय सम्बन्धी काल-संस्थानीकरण
(The era of sympathy and asylum-institutionalization)

E. विशेष विद्यालयों के रूप में अलग प्रबंध करने सम्बन्धी काल
(The era of isolated setting-special schools)

F. विशेष कक्षाओं के रूप में सामान्य विद्यालयों में शिक्षा देने सम्बन्धी काल
(The era of segregated setting-special classes)

G. नियमित कक्षाओं के रूप में समेकित व्यवस्था अपनाने सम्बन्धी काल
(The era of inclusive setting regular classes)

इन उपरोक्त शीर्षकों के अंतर्गत अब हम भिन्न आवश्यकताओं से युक्त बालकों की देखभाल और शिक्षा से जुड़े हुए ऐतिहासिक तथ्यों की चर्चा पहले वैश्विक स्तर पर और फिर अपने देश के संदर्भ में करना चाहेगें।

भूमंडलीय या वैश्विक परिदृश्य

A. समाप्त या परित्याग करने सम्बन्धी पृथक्कीकरण काल (The Era of Exclusion-Extermination and Abandonment): अक्षम या अपंग बालकों से सम्बन्धित पूर्व इतिहास पूरी तरह से इन बालकों को मुख्यधारा से पूरी तरह हटाने या अलग करने का था और इसके लिए बहुत ही दर्दनाक तरीकों जैसे-जन्म होते ही उन्हें मार देना, गाड़ देना, जला देना, नदी में बहा देना और किसी न किसी प्रकार से उन्हें घर-परिवार और समुदाय से अलग कर देना, आदि को अपनाया जाता था। इस प्रकार का चलन विश्व की सभी सभ्यताओं में सभी जगह व्याप्त था। उदाहरण के लिए इस प्रकार के चलन या प्रथा के प्रभाव के बारे में निम्न बातें प्रस्तुत की जा सकती है-

1. यूनानी लोग अक्षम और अपाहिज शिशुओं को जन्म लेते ही मारने की प्रथा में संलग्न थे। उनकी इस प्रकार की प्रथा, जिसे वे बलि चढ़ाना या अर्पित करना (exposure) कहते थे के चलन के बारे में प्रसिद्ध इतिहासविद् मेरी डेल्कोर्ट (Meric Delcourt, 1938) ने निम्न प्रकार टिप्पणी की है:

> अक्षम या विकृत शिशुओं की बलि चढ़ाने या अर्पित करने से यहां तात्पर्य उन्हें आबादी से बाहर अज्ञात स्थान पर ले जाकर जमीन में गाड़ने या पानी में बहाने से था। परिणाम तो इन्हें मौत से आलिंगन कराना ही था परंतु इसे यूनानियों द्वारा बलि चढ़ाने या अर्पित करने का नाम देकर यह कहा जाता था कि इन्हें उन्हें पैदा करने वाले ईश्वर को वापिस किया जा रहा है। उनका जन्म अशुभ या दुर्भाग्य का सूचक माना जाता था और इसे ईश्वर का प्रकोप कहा जाता था। उनके साथ ऐसा व्यवहार इसलिये किया जाता है क्योंकि वे अमंगल के सूचक हैं। अपने कर्मों के कारण ही वे ईश्वर के कोप के पात्र हैं।

अक्षम या अपंग बालकों की हत्या को इस तरह उचित ठहराने के साथ ही एथेन्स तथा स्पार्टा निवासी यूनानी इनके अस्तित्व को इसलिये भी मिटाना चाहते थे कि वे "योग्य और सक्षम के ही जीवित रहने" के पक्षधर थे। वे अक्षम और अपंगों को समाज पर व्यर्थ का बोझ मानते थे। इसी संदर्भ में अरस्तू ने अपनी रचना पॉलिटिक्स (Politics) में एक ऐसा कानून बनाने की वकालत की जिससे किसी भी अपंग/अक्षम बालक को जीने के अधिकार से वंचित किया जाए। यूनान में इसी प्रकार के कानून और प्रथा की अनुपालना करते हुए अक्षम/अपंग बालकों की उनके माता-पिता द्वारा हत्या करने का पूरी तरह प्रचलन था।

2. रोम वासियों द्वारा भी अपंग/अक्षम बालकों के प्रति यूनानियों द्वारा अपनाई गई ऐसी प्रथाओं की ही अनुपालना की जा रही थी। इस बात के प्रमाण के सम्बन्ध में रोम के ईसा से 5 शताब्दी पूर्व उस समय प्रचलित "रोमन लॉ ऑफ टुएल्ब टेबल्स (Roman Law of Twelve Tables)" का उदाहरण दिया जा सकता है। इसके एक अनुच्छेद में निम्न प्रावधान निहित है।

पिता को परिवार में मिली अपनी अतुल्य शक्ति से यह अधिकार है कि वह ऐसे बालकों का जो किसी कारण से समाज पर बोझ हो जन्म के समय ही परित्याग कर दे, या उन्हें मार दे, क्षत-विक्षत कर दे और तीन वर्ष से कम के बालकों को बेच दे या फिर किसी भी वजह से अपनी पत्नी को तलाक दे दे।"

इस प्रकार की आजादी की अनुपालना करते हुए रोमवासियों में यह आम चलन था कि वे अपने अपंग बालकों को टाइवर (Tiver) नदी में फेंक दें या उस समय गलियों में बहने वाले सीवरों में मरने के लिए छोड़ दें। (Winzer, 1993, p. 14)

3. अपंग और अक्षम बालकों का इस प्रकार जघन्य एवं निर्दयी तरीकों से अस्तित्व समाप्त करने या उन्हें रास्ते से हटाने सम्बन्धी रिवाजों का प्रचलन मिस्त्र बेबोलियन तथा अन्य योरोपीय सभ्यताओं में भी था। उदाहरण के लिए जैसा कि (Bowen 1847) बोवन ने लिखा है "कार्थेज (carthage) में सूर्य को बलि चढ़ाने के रूप में अंधे बालकों को धीमी आंच में जलाया जाता था।"

इस प्रकार से अक्षम या अपंग बालकों के साथ किए जाने वाले व्यवहार के इस प्रारम्भिक काल में सभी देशों में इनके प्रति पूरी तरह का आक्रोश और क्रूरता ही झलकती थी क्योंकि उस समय समाज में यह धारणा प्रचलित थी कि ऐसे बालक समाज पर नितांत रूप से बोझ हैं या इनमें कोई शैतानी आत्मा, भूतप्रेत, चुडैल आदि का निवास है अथवा फिर ईश्वर इन्हें अपने कर्मों की सजा दे रहा है और इनसे इस धरती पर दुख और आफतों का पहाड़ टूट सकता है।

B. मनोरंजन और इस्तेमाल की वस्तु बनाने सम्बन्धी काल (The Era of Acceptance as a Subject of Amusement and Use): जो अपंग बालक इस प्रकार की निर्दयता पूर्ण चलन के साथ बच जाते थे या फिर अपने जन्म के बाद अपाहिज या अपंग बन जाते थे या समय के साथ-साथ समाज में आए बदलाव (जिसमें मानवता की दुहाई देकर ऐसी पाशविकता का विरोध किया जाने लगा) की वजह से जीवित

रह जाते थे, अब उनके प्रति एक नए दृष्टिकोण का विकास हुआ जिसमें उन्हें सामान्य बालक मानने से इंकार करते हुए उन्हें ऐसे रूप में स्वीकार करने का चलन प्रारम्भ हुआ जिनसे समाज में अपना मनोरंजन तथा अन्य प्रयोजनों हेतु उन्हें काम में लाया जाने लगा। इस प्रकार के प्रचलन के सम्बन्ध में निम्न बातें कहीं जा सकती हैं–

1. बहुत से अपंग बालकों को भिखारी, वैश्यावृत्ति अपनाने तथा गुलाम बनाने का प्रचलन शुरू हुआ। फैंच (French, 1932) के अनुसार, "बहुत से मानसिक विकलांगों को दासों के रूप में बेचा जाता था, उनसे भीख मंगवाई जाती थी या उन्हें दया के पात्र के रूप में इस्तेमाल किया जाता था। यही बात अंधे और सुनने में अक्षम बालकों के साथ भी की जाती थी। साथ ही उन्हें वैश्यावृत्ति की ओर भी धकेला जाता था।"

2. उपरोक्त तरीकों से उपयोग में लाने के साथ-साथ एक इस प्रकार का भी रिवाज था कि इन बालकों को आमोद-प्रमोद और मनोरंजन के साधन के रूप में भी इस्तेमाल किया जाए। लोग विशेषकर धनवान एक अक्षम या अपाहिज बालक को परिवार के मनोरंजन के लिए खरीद लेते थे। उदाहरण के लिए रोम के सम्पन्न परिवारों में, अपने घर परिवार तथा अतिथियों का मनोरंजन करने के लिए एक मानसिक रूप से पिछड़े व्यक्ति को एक मूर्ख के रूप में रखना प्रतिष्ठा का सूचक माना जाता था। इसी प्रकार बहुत से अन्य परिवार तथा सर्कस कम्पनियों जैसे मनोरंजन प्रतिष्ठानों द्वारा नाटे व्यक्तियों तथा अन्य प्रकार के अपंग और अपाहिज बालकों को प्रदर्शनीय वस्तुओं जोकर या मूर्खों की तरह रखने का प्रचलन था। डूरेंट, 1944 एवं कनेर 1964 (Durant ad Kanner) के अनुसार-अपंगों को मनोरंजन के साधन के रूप में इस्तेमाल करने का फैशन इस सीमा तक बढ़ गया था कि रोम में एक ऐसा बाजार लगने लगा जिसमें टांगों तथा भुजाओं रहित या तीन आंखों वाले, अधिक ऊंचाई और आकार या बौने या कुरूप और विकृत आकार के व्यक्तियों का क्रय-विक्रय होता था।

3. प्रदर्शनीय वस्तु के रूप में अपंग/अक्षम बालकों के शोषण का यह दौर काफी लम्बे समय तक चला। 16वीं शताब्दी में जर्मनी के हैमबर्ग में सिटी हॉल की एक मीनार जिसे मूर्ख पिंजरा (Idiot's cage) का नाम दिया गया था, मानसिक रूप से पिछड़े व्यक्तियों को प्रदर्शनीय वस्तु के रूप में रखने का उदाहरण यहां प्रस्तुत किया जा सकता है। यहां तक की वर्ष 1815 में भी इंग्लैंड के मां-बाप अपने बालकों को रविवार के दिन लंदन के बेथले-हेम चिकित्सालय (Bettlehem Hospital) में रखे गये उन मानसिक विकलांगों को दिखाने ले जाया करते थे जिन्हें सार्वजनिक मनोरंजन हेतु प्रदर्शित किया जाता था (Saffored philip adn safford, Eliza-both, 1966)

C. न्यायिक विभेदीकरण एवं जादू टोना सम्बन्धी काल (The Era of Legal Discrimination and Witchcraft):

1. मध्य कालीन समय में धार्मिक संस्था के रूप में चर्च के बढ़ते हुए प्रभाव ने विकलांगों के इलाज तथा उनके प्रति बनाए जा रहे दृष्टिकोण ने एक नई लहर पैदा कर दी। अब बाइबल लोगों के आचरण का आधार बन गई। इसके अनुसार प्रचलित विकलांगता को कानूनी तौर पर अपवित्रता या गन्दगी का दर्जा दे दिया गया। इस

सम्बन्ध में, जैसा कि स्ट्राइकर (Striker 1982, 1999 p. 24) ने लिखा है, घोषणा की गई "विकलांगों को वैश्याओं अथवा स्त्रियों का जो कि मासिक धर्म से अपवित्र हो जाती है, का दर्जा दिया जाना चाहिए। ईश्वर के निवास स्थान पर जाने हेतु किसी को भी दोष रहित (without defect) रहना चाहिए।

2. चर्च से तालमेल बनाते हुए योरोपीयन समाज के शासकों ने इस प्रकार के भेदभावपूर्ण कानूनी नियम बनाए जिनसे अपंग व्यक्तियों को अपने उत्तराधिकार से वंचित किया जा सके और उन्हें किसी भी न्यायालय का दर्जा खटखटाने, वसीयत करने, किसी सहमति पत्र या दस्तावेज पर हस्ताक्षर करने आदि से वंचित किया जा सके। उस समय के सर्वशक्तिशाली समझे जाने वाले शासकों और पादरियों ने मिल कर इस तरह अपंग व्यक्तियों को उनकी सामाजिक जिन्दगी में कोई भी भूमिका निभाने सम्बन्धी पाबंदी लगाकर उन्हें मजाक का विषय बना दिया था।

3. इसके अतिरिक्त इन दोनों शक्तियों ने मिलकर विकलांगों के प्रति एक और गहरी चाल चलकर इन्हें मायावी, चुड़ैल, प्रेतात्मा या जादूगरनी जैसी मान्यताएं देनी शुरू कर दी। और ऐसा कहकर 15वीं शताब्दी के आते-आते इनके खिलाफ खुला युद्ध छेड़ दिया। इन्हें इस प्रकार की मान्यता देकर प्रताड़ित करने का दौर योरोप की दुनिया में 18वीं शताब्दी तक चला तथा कम विकसित समाजों में उससे भी अधिक समय तक चलता रहा। इस प्रकार की विचारधारा ने लोगों के मन में यह विश्वास पैदा करने की कोशिश की कि जो बीमारियां या कष्ट आ रहे हैं उसका कारण बूढ़ी स्त्रियां, विधवाएं या कोई भी ऐसा व्यक्ति जो सामान्य से अलग हो या विकलांगों के रूप में इस पृथ्वी पर पाई जाने वाली बुरी आत्माएं, चुड़ैल, डाइन तथा जादू टोना करने वाली औरतें या व्यक्ति ही होते हैं। व्यक्तियों को इस प्रकार के नाम देते हुए ना जाने कितनी औरतों या विकलांग व्यक्तियों को प्रताड़ित किया गया या मारा गया होगा, यद्यपि यह संख्या ज्ञात नहीं है। परंतु हाँ, उनके साथ ऐसा हुआ यह निश्चित है। (Bromberg, 1975)

D. सहानुभूति एवं आश्रय सम्बन्धी काल-संस्थानीकरण (The era of Sympathy and Asylum-Institutionalization): धार्मिक संस्थाओं, चर्च आदि के प्रभाव सम्बन्धी दूसरे दौर में विकलांग बालकों को प्रताड़ित किये जाने वाली बातों पर रोक लगानी प्रारंभ हो गई। अब इन बालकों को ऐसी दुखी और अभागी आत्मा समझा जाने लगा जिन्हें परमात्मा ने उनके पापों के प्रायाश्चित हेतु सामान्य जीवन न जी पाने सम्बन्धी सजा दी है। इसलिये ये बालक सहानुभूति के ही पात्र हैं प्रताड़ना और मनोरंजन के नहीं। इसी कड़ी में कोन्टेनसाइनप्रथम (contancine-I) ने एक फरमान जारी करते हुये अपंग शिशुओं को निर्दयता से मारने, उन्हें गुलाम बनाने के लिये बेचने, उनसे भीख मंगवाने या मनोरंजन का विषय बनाने पर पाबंदी लगा दी। इसके अतिरिक्त ऐसे भी प्रावधान किये गये जिनसे गरीब माता पिता को अपनी संतान का भरण पोषण करने और औपचारिक रूप से गोद देने में सहायता मिले। इस प्रकार से पुर्नजागरण के दौर से गुजर रहे सम्पूर्ण यूरोप में इस समय विशेष के दौरान अपंग और अक्षम बालकों को सुरक्षा एवं आश्रय प्रदान करने के कुछ उचित प्रयास किये जाने लगे। सहानुभति

और आश्रय प्रदान करने के इन प्रयासों में अब विकलांग बालकों हेतु आश्रय स्थलों तथा संस्थाओं की स्थापना का सिलसिला भी शुरू हुआ। इस संबंध में योरोप में जो लेप्रोसी के लिए स्थापित संस्थान इस सम्बन्ध में काम कर रहे थे उन्हें ही प्राय: अपंगों विशेषतया मानसिक विकलांगों या विक्षिप्तों की आवश्यकताओं की पूर्ति हेतु काम में लाने की पहल की गई। यहां एक बात यह भी थी कि मानसिक तथा शारीरिक विकलांगों/अक्षमों को आश्रयों तथा संस्थाओं में रखे जाने का निर्णय केवल उनके कल्याण को ध्यान में रखकर ही नहीं लिया जा रहा था परंतु उसके पीछे यह बात भी काम कर रही थी कि ऐसा करने में समुदाय विशेष को इन बालकों द्वारा पहुंचाये जाने वाले सम्भावित नुकसान से भी बचाना था। इस तरह कारण चाहे जो भी रहे हो मानसिक तथा शारीरिक दोषों से युक्त अक्षम/अपंग व्यक्तियों को एक आश्रम/संस्था की चारदीवारी में बंद करके रखने की बात दुनिया के हर कोने में सभी समुदायों के अंतर्गत अपनायी जाने लगी। परिणामस्वरूप इस काल में एक बड़ी संख्या में विभिन्न प्रकार की संस्थाओं जिनमें मानसिक चिकित्सालय (जिन्हें पागलों का अस्पताल भी कहा जाता है) भी शामिल हैं की विभिन्न प्रकार के विकलांगों को आश्रय देने के रूप में स्थापना हुई और इन्हें सभी प्रकार की अक्षमताओं/अपंगताओं (मानसिक तथा शारीरिक) से निपटने का एक मात्र कारगर उपाय माना जाने लगा।

E. विशेष विद्यालयों के रूप में पृथक्कीकरण व्यवस्था अपनाने सम्बन्धी काल (The Era of Segregated Setting Special Schools): 16वीं शताब्दी में इटली में जन्में पुनर्जागरण आंदोलन ने 17वीं शताब्दी तक पूरे यूरोप में अपनी जड़े जमा ली और इससे पनपे विचारों ने विकलांगों तथा अक्षम व्यक्तियों के प्रति बने दृष्टिकोण में एक निश्चित सा परिवर्तन लाने का महान कार्य किया। परिणामस्वरूप अब यह माना जाने लगा कि वह भी इंसान हैं और इनको भी ईश्वर ने अपनी तरह से विभिन्न क्षमताओं/योग्यताओं से युक्त किया है। अगर इन्हें ध्यान में रखते हुये विशेष प्रकार से शिक्षा प्रदान की जाये तो ये भी समाज के ऊपर बोझ न बनकर काम के व्यक्ति सिद्ध हो सकते हैं। इस तरह पुनर्जागरण काल में विशेष शिक्षा प्रदान करने सम्बन्धी औचित्य को लेकर विकलांगों का विशेष विद्यालय स्थापित करने का एक सशक्त आधार बनता गया।

आगे जाकर 18वीं शताब्दी में इस प्रकार की विचारधारा को, एक और जोरदार समर्थक जिसे बौद्धिक आंदोलन (जिसे जागरूकता आंदोलन) (Enlightenment) के नाम से जाना जाता है के रूप में प्राप्त हुआ। इस आंदोलन के मुख्य प्रणेताओं जैसे रूसों, कांडिलक और विशेषकर डिडरॉट (Roussear, Condillac and Diderot) ने विभिन्न प्रकार की विकलांगताओं या अक्षमताओं जैसे दृश्य, श्रव्य-एवं मानसिक विकलांगता युक्त बालकों को विशेष शिक्षा प्रदान करने में पहल करने वाले मनीषियों को आवश्यक राह दिखाई। पुनर्जागरण तथा जागरूकता इन दोनों आंदोलनों के योगदान के फलस्वरूप अब यह अच्छी तरह से माना जाने लगा कि अक्षम/अपंग बालक भी भली भांति अधिगम और प्रगति कर सकते हैं। परिणामस्वरूप अब पूरे योरोप,

अमेरिका तथा कनाड़ा में विभिन्न प्रकार के अक्षम और अपंग बालकों के शिक्षण और प्रशिक्षण हेतु पृथक्कीकरण व्यवस्था को अपनाते हुए विशेष विद्यालयों की स्थापना की जाने लगी। अलग से विशेष विद्यालयों की स्थापना के पीछे मुख्य रूप से दो बातों ने कार्य किया-(i) अक्षम बालकों की आवश्यकताएं और समस्याएं सामान्य बालकों से बिलकुल अलग होती हैं, उन्हें अपने समायोजन और प्रगति हेतु विशेष प्रकार के वातावरण में विशेष शिक्षा और समायोजन की आवश्यकता पड़ती है और यह बात अलग-अलग प्रकार की अक्षमताओं से युक्त बालकों हेतु अलग-अलग प्रकार के विशेष विद्यालयों की स्थापना से ही फलीभूत हो सकती है। (ii) इस प्रकार के विद्यालय स्थापित करने के पीछे दूसरा मुख्य प्रयोजन यह भी था कि इससे अक्षमतारहित सामान्य बालकों को उस दुष्प्रभाव या हानि से बचाया जा सकता है जो अक्षम या विकलांग बालकों के साथ पढ़ने लिखने से हो सकती है। परिणामस्वरूप 18वीं शताब्दी के अंत तक सम्पूर्ण योरोप में अंधे, बहरे, गूंगे और मानसिक रूप से पिछड़े हुए बालकों की शिक्षा और प्रशिक्षण हेतु विशेष विद्यालयों की स्थापना की जाने लगी और इन बालकों को दी जाने वाली विशेष शिक्षा (Special education) को शिक्षा की एक शाखा के रूप में स्वीकार कर लिया गया।

F. विशेष कक्षाओं के रूप में सामान्य विद्यालय में शिक्षा देने सम्बन्धी काल (The Era of Integrated Setting—Special Classes): 20वीं शताब्दी के आगमन के साथ भिन्न आवश्यकताओं से युक्त अक्षम बालकों की शिक्षा सम्बन्धी इतिहास में एक नये युग का सूत्रपात हुआ जिसमें इनको विशेष विद्यालयों में शिक्षा देने के स्थान पर नियमित विद्यालयों में ही पृथक रूप से विशेष कक्षाओं में पढ़ाये जाने का चलन प्रारंभ हुआ। यह एक तरह से इन बालकों को विद्यालयों की मुख्य धारा में समाविष्ट (Integration) करने की ओर बढ़ाये जाने वाला एक महत्वपूर्ण कदम था। इसके पीछे मानवतावादी विचारधारा से उठने वाली वह लहर थी जिसमें सभी बालकों को (चाहे वह अक्षम/अपंग हो या अक्षमतारहित सामान्य बालक) शिक्षा के समान अवसर उपलब्ध कराने पर जोर दिया जा रहा था। इसके अतिरिक्त विकलांगो/अक्षमों हेतु ऐसी व्यवस्था अपनाने के पीछे अन्य निम्न प्रकार की बातें भी कार्य कर रही थी।

- बहुत से देशों में भिन्न आवश्यकताओं से युक्त बालकों (CWDN) को शिक्षा देना राज्य सरकार की जिम्मेदारी के रूप में स्वीकार किया जा चुका था। इस कार्य हेतु या तो बहुत बड़ी संख्या में अलग-अलग आकार की अक्षमताओं से जुड़े हुये बालकों के लिए अलग-अलग प्रकार के विशेष विद्यालयों की स्थापना करना आवश्यक था या फिर उनका किसी तरह पड़ोस के नियमित विद्यालयों में ही समावेशीकरण (integration) करने की आवश्यकता थी। माता-पिता भी अपने अक्षम बालकों को पड़ोस के नियमित विद्यालयों में शिक्षा देने की मांग कर रहे थे इसलिये दूसरे विकल्प का रास्ता ही इस प्रयोजन हेतु अच्छी तरह खुला था।
- अब यहाँ विद्यालयों के सामने भी एक चुनौती थी कि वे किस रूप में

अक्षम/विकलांग बालकों की शिक्षा का आयोजन सामान्य बालकों के साथ करें। इसके समाधान के रूप में उन्होंने उनके लिये अलग से विशेष कक्षाओं में शिक्षा प्रदान करने सम्बन्धी प्रावधान किया। इसी को उन्होंने ठीक समझा क्योंकि न तो अध्यापक और माता-पिता और न ही अक्षमता रहित सामान्य बालक अपने साथ एक ही कक्षा में अक्षम बालकों को शिक्षा देने के पक्षधर थे। उनके दृष्टिकोण से ऐसे करने से नियमित कक्षाओं के शैक्षिक वातावरण पर प्रतिकूल असर पड़ने का खतरा था। दूसरी और अक्षम/अपंग बालकों का उचित समायोजन और शिक्षा भी नियमित कक्षाओं में अच्छी तरह नहीं हो सकती थी क्योंकि उन्हें अपने समायोजन और शिक्षा हेतु विशेष प्रकार के प्रावधान चाहिये होते हैं जो नियमित कक्षाओं में सबके साथ सम्भव नहीं हो सकते। इसलिये इनके लिये अलग से विशेष कक्षाओं का आयोजन ही सही विकल्प समझा गया।

- भिन्न आवश्यकताओं से युक्त बालकों के परम्परागत प्रकारों के अलावा कुछ नए प्रकार या श्रेणियों (जैसे संवेगात्मक रूप से अशान्त बालक तथा अधिगम अक्षमाओं से युक्त बालक) का अस्तित्व प्रकाश में आने के साथ ही राज्य सरकारों और समुदाय के सामने इन बालकों की शिक्षा का प्रबंध करने सम्बन्धी समस्या खड़ी हो गई। क्योंकि इन नई श्रेणियों से सम्बन्धित बालकों को शिक्षा देने हेतु अलग से विशेष विद्यालय उपलब्ध नहीं हो सकते थे। इनकी शिक्षा का सबसे अच्छा विकल्प इसी बात में दिखाई दिया कि इन्हें नियमित विद्यालय में ही विशेष कक्षाओं की व्यवस्था कर शिक्षा दी जाए।

उपर्युक्त कार्यों के परिणाम स्वरूप भिन्नताओं से युक्त अक्षम बालकों के लिए 20वीं शताब्दी के प्रादुर्भाव के साथ ही नियमित सामान्य विद्यालयों में ही समावेशी करण करने के प्रयत्न शुरू हो गए। 1910 की समाप्ति तक अमेरिका सहित बहुत से पश्चिमी देशों में अक्षम/अपंग बालकों की शिक्षा हेतु सामान्य विद्यालयों में (सरकारी या सरकार द्वारा अनुदान प्राप्त) विशेष कक्षाओं का प्रावधान करके इन्हें नई प्रकार की पृथक्कीकरण व्यवस्था में शिक्षा देने का चलन प्रारंभ हुआ।

G. नियमित कक्षाओं के रूप में समेकित व्यवस्था अपनाने सम्बन्धी काल (The Era of Inclusive Settings-regular Classes): समेकित व्यवस्था अपनाने सम्बन्धी काल, जिसमें सभी प्रकार के बालकों (चाहे वे अक्षमता युक्त हो या अक्षमता रहित सामान्य बालक) को सामान्य विद्यालयों की नियमित कक्षाओं में एक साथ एक जैसी शिक्षा देने पर जोर दिया जाता है, अक्षम बालकों की शिक्षा सम्बन्धी इतिहास के नवीनतम अध्याय का प्रतिनिधि करता है। इस काल का प्रारंभ 1970 के दशक से माना जाता है जिससे विशेष कक्षाओं के प्रावधान के रूप में अक्षम बालकों को सामान्य विद्यालयों की मुख्यधारा में शामिल कर शिक्षा देने सम्बन्धी उत्साह फीका पड़ने लगा तथा उसे विविध शिक्षा-शास्त्रियों, अध्यापकों तथा माता-पिता द्वारा की

कुछ निम्न प्रकार की आलोचना का शिकार होना पड़ा।

- पृथक्कीकरण अथवा अलगाव की नीति की अनुपालना करती हुई अक्षम बालकों की शिक्षा हेतु की जाने वाली विशेष कक्षाओं की व्यवस्था उसी तरह अलगाववाद तथा पृथक्कीकरण को बढ़ावा दे रही है जिस प्रकार का अलगाव अक्षम बालकों को विशेष विद्यालयों में शिक्षा प्रदान करने में झेलना पड़ रहा है।
- जो बालक विशेष कक्षाओं में शिक्षा ग्रहण कर रहे होते हैं वे सामाजिक रूप से तिरस्कृत होने या समाज की नजरों में गिरे रहने से नहीं बच पाते। अक्षम बालकों या उनके माता-पिता को यह बताना मुश्किल हो जाता है कि वे अक्षमता रहित सामान्य बालकों के साथ नियमित कक्षाओं की बजाय विशेष कक्षाओं में अध्ययन क्यों कर रहे हैं।
- विशेष कक्षाओं में अध्ययन करते समय अक्षम बालकों को अपनी शिक्षा और व्यवहार हेतु किसी आदर्श चरित्र की उपलब्धि नहीं हो पाती जिसका अनुकरण कर उन्हें अपने समुदाय में एक समायोजित जीवन जीने में आसानी हो सके।
- विशेष विद्यालयों की अलगाववादी या पृथक्कीकरण व्यवस्था अक्षम या अपंग बालकों/व्यक्तियों को हेय दृष्टि से देखने या तिरस्कृत करने सम्बन्धी संस्कृति का ही पोषण करती है तथा इससे अक्षम तथा अक्षमता रहित बालकों/व्यक्तियों के बीच की दूरी और बढ़ती जाती है और उनमें एक दूसरे के प्रति नकारात्मक भाव ही ज्यादा उठते हैं।

नियमित विद्यालयों में विशेष कक्षाओं सम्बन्धी प्रावधान की इस प्रकार की आलोचनाओं के अतिरिक्त मानवाधिकार सम्बन्धी नई लहर ने जो सभी बालकों को समता और समानता के आधार पर शिक्षा सम्बन्धी उपयुक्त अवसर देने की बात कहती है, समेकेतीकरण (Inclusion) के पक्ष में एक जोरदार वातावरण तैयार करने में पूरी तरह मदद की है।

अन्तर्राष्ट्रीय स्तर पर समेकेतीकरण शिक्षा व्यवस्था सम्बन्धी अभियान को बहुत सारी अन्तर्राष्ट्रीय संस्थाओं जैसे यू.एन.ओ. तथा विश्व बैंक (World Bank) आदि से काफी प्रोत्साहन मिला है। इस दिशा में किये गये कुछ महत्वपूर्ण प्रयासों की चर्चा हम आगे कर रहे हैं।

(i) मानव अधिकारों की सार्वभौमिक घोषणा (1949) तथा बाल अधिकारों से सम्बन्धित संयुक्त राष्ट्र संघ सम्मेलन (1989) में स्वीकृत विचारों से प्रेरणा ग्रहण करते हुये यूनेस्को ने यह दावा किया कि मुख्यधारा की शिक्षा में शामिल होकर शिक्षा प्राप्त करना बालकों का मूलभूत मानवीय अधिकार है।

(ii) सभी के लिए शिक्षा विश्व सम्मेलन (The World Conference of Education for All) (जो मार्च 1990 में थाईलैंड के जोमटीन (Jomtien) स्थान पर आयोजित किया गया) में इस मूलभूत प्रनियम पर सहमति बनी कि सभी को

सीखने के अवसर मिलने चाहिये। अक्षमता/विकलांगता से पीड़ित बालकों तथा वयस्कों को शिक्षा के अधिकार से वंचित नहीं किया जा सकता और उन्हें मुख्यधारा युक्त शिक्षा व्यवस्था का अंग बनने का पूरा अधिकार है।

(iii) 1992 में अक्षमता युक्त व्यक्तियों के लिये शिक्षा के समान अवसर देने सम्बन्धी संयुक्त राष्ट्र संघ द्वारा प्रतिपादित मानव नियमों में खुलकर यह बात कही गई कि अक्षमता युक्त विद्यार्थियों को कम से कम अक्षमता रहित बालकों को प्रदत्त शैक्षिक संसाधनों की तो उपलब्धि कराई ही जानी चाहिए तथा राज्य सरकारों को शनैःशनैः विशेष शिक्षा सेवाओं को मुख्यधारा वाली शिक्षा में समावेशित करने के प्रयत्न करने चाहिये।

(iv) जून 1994 में स्पेन की सरकार द्वारा यूनेस्कों के सहयोग से सलामनका (Salamanca) में विशेष आवश्यकताओं से जुड़ी शिक्षा विषय पर आयोजित एक अन्तर्राष्ट्रीय सम्मेलन में एक कार्यवाही प्रारूप (Framework for action) तैयार करते हुये स्पष्ट रूप से यह घोषणा की कि राष्ट्रीय स्तर से लेकर स्थानीय स्तर तक सभी शिक्षा नीतियों में यह सुनिश्चित किया जाना चाहिये कि एक अक्षम/अपंग बालक को अपने उस पड़ोस के विद्यालय में ही शिक्षा प्राप्ति के अवसर मिले जिसे वह अपने अक्षम न होने सम्बन्धी स्थिति में उपलब्ध करने की स्थिति में था।

जनतांत्रिक व्यवस्था में आने वाली प्रगति लहर के परिणामस्वरूप या वैश्विक संस्थाओं के अपने प्रभाव के परिणामस्वरूप विश्व के अनेक राष्ट्रों ने अपनी शिक्षा व्यवस्था में समेकित शिक्षा की अवधारणा को एक मूल नीति बनाने के संबंध में आवश्यक कानूनी पहल करने को चेष्टा की। संयुक्त राज्य अमेरिका वह पहला देश था जिसने 1975 में अपने सभी प्रांतों में समेकेतीकरण को एक शिक्षा नीति बनाने सम्बन्धी संवैधानिक कदम उठाते हुए "एजूकेशन फोर ऑल हैन्डीकेप्ट एक्ट" जिसे अब "दी इनडिवीजुअल्स विद डिस्एवेलिटीज एजूकेशन एक्ट (The Individuals with Disabilities Education Act—IDEA)" कहा जाता है संबंधी कानूनी प्रावधान लागू किया। इसके एक महत्वपूर्ण अनुच्छेद में यह नियम बनाया गया है कि सभी प्रांतों की सरकार द्वारा अस्वीकृत न करने सम्बन्धी नीति को कठोरता से अनुपालना करते हुये सभी विद्यालयों में अक्षमतायुक्त बालकों को शिक्षा प्राप्ति के अवसरों की समुचित उपलब्धि हो।

दूसरे देशों द्वारा जिनमें भारत भी शामिल है, अपने देश के विद्यालयों में अक्षम/अपंग बालकों सहित सभी तरह के बालकों को शिक्षा के समान अवसर उपलब्ध कराने हेतु उपयुक्त संवैधानिक प्रावधानों के निर्माण के सम्बन्ध के उपयुक्त कदम उठाने के प्रयत्न किये है। एक अन्तर्राष्ट्रीय सम्मेलन में "2015 तक सार्वभौमिक प्राथमिक शिक्षा" सम्बन्धी विकासात्मक लक्ष्य को विश्व के राष्ट्रों द्वारा सर्वसम्मति से अपना मिशन बनाने की बात भी कहते हुये यह स्पष्ट कराने का प्रयत्न किया गया है कि इस लक्ष्य की प्राप्ति समेकेतीकरण नीति (Inclusion Policy) की भलीभांति

अनुपालना से ही संभव है। स्थिति की गंभीरता को सामने लाते हुये यूनेस्कों ने अपने अध्ययनों से यह अनुमान लगाया है कि विकसित देशों के 150 मिलियन अक्षम/अपंग बालकों में से मात्र 15 से 20% तक ही किसी भी तरह के विद्यालयों में शिक्षा ग्रहण कर रहे हैं शेष तभी लाभान्वित होंगे जब उन्हें पास के नियमित विद्यालयों की समेकित व्यवस्था का सहारा मिलेगा।

इस तरह सम्पूर्ण अवलोकन करते हुये संक्षेप में अंत में यही निष्कर्ष निकलता है कि अक्षम/अपंग बालकों के समायोजन तथा शिक्षा सम्बन्धी इतिहास में कई तरह के मोड़ और पड़ाव आये हैं। उनकी नितांत अवहेलना, प्रताड़ना, हत्या तथा उनके प्रति वहशी व्यवहार से शुरू होकर उन्हें पृथक्कीकरण वातावरण-विशेष विद्यालय तथा कक्षाओं में शिक्षा देने तथा अब समेकित शिक्षा व्यवस्था में लाभान्वित होने के कदम उठाना इसी प्रकार की ऐतिहासिक यात्रा की कहानी कहता नजर आता है। उनका भविष्य इसी समेकित व्यवस्था को ठीक प्रकार अपनाने में ही है यही बात अपंग और अक्षम बालकों के उचित समायोजन, शिक्षा और प्रगति के लिये विश्व के सभी देशों में व्यवहार रूप में अपनाई जा रही है।

भारतीय परिदृश्य (The Indian Scenario)

भारत में अक्षम बालकों की शिक्षा सम्बन्धी ऐतिहासिक परिप्रेक्ष्य का अवलोकन करने हेतु हम इसे दो मुख्य खण्डों-1947 में मिली आजादी से पूर्व तथा पश्चात में बांटना चाहेंगे।

स्वतंत्रता पूर्व-काल (Pre-independence Era)

अक्षम और विकलांगों के साथ उचित व्यवहार करने और इन्हें शिक्षा के उपयुक्त अवसर प्रदान करने की प्राचीन भारत में काफी गौरव पूर्ण परम्परा रही है। वैदिक काल में अष्टावक्र नामक प्रसिद्ध विद्वान का जिक्र आता है। इसके शरीर की संरचना और आकार-प्रकार काफी विचित्र और असामान्य था और बचपन से ही ये गंभीर शारीरिक अक्षमताओं के शिकार थे परंतु ये इतने बड़े विद्वान और चिन्तक इसीलिये बन पाये कि इनके साथ शैक्षिक सुविधाओं की प्राप्ति के सम्बन्ध में कोई भेदभाव या अन्याय नहीं हुआ।

प्राचीन भारत के ऋषि-मुनि, आचार्य तथा गुरु अपनी इस विशिष्टता के लिये विख्यात रहे हैं कि उन्होंने (एक दो अपवादों को छोड़कर जैसे गुरु द्रोणाचार्य ने एकलव्य के शूद्र होने से उसे अपने प्रशिक्षण से दूर रखा) सामाजिक विषमता, वर्ण जाति, अमीरी-गरीबी तथा अक्षम या अक्षमता रहित होने इत्यादि को लेकर अपने शिष्यों में कोई भेदभाव नहीं करते हुये सबको उनकी योग्यता और सामर्थ्य के अनुसार अच्छी से अच्छी शिक्षा प्रदान करने की पहल की। वे कर्म सिद्धांत पर आस्था रखते थे अतः उनका मत था कि अक्षम और अपंग बालकों को उनके इस जन्म में आगे बढ़ने और अच्छा कार्य करने के सभी आवश्यक अवसर मिलने चाहिये ताकि अपने

इस जन्म के अच्छे कार्यों के अच्छे परिणाम उन्हें दूसरे जन्म में उपलब्ध हो सके। और अगर गुरु लोग अपने शिष्यों के साथ ऐसे अच्छे काम करेंगे तो उन्हें भी उनके पुण्यों (बिना भेदभाव के अक्षमों की शिक्षा पर उचित ध्यान देना) का अच्छा फल अगले जन्म में अवश्य प्राप्त होगा। परंतु इस प्रकार की उदार परोपकारी भावना इतिहास के आगे के वर्षों में छू मंतर हो गई। यहां भी अक्षम और अपंग बालकों/व्यक्तियों की शिक्षा और उनके साथ किये गये व्यवहार में वहीं इतिहास दोहराया गया जिसकी व्याप्ति पूरे भूमंडल में थी।

परिणाम स्वरूप बाद में भारत में अक्षम/अपंग बालकों की अपनी देखभाल तथा शिक्षा के सम्बन्ध में जो इतिहास सामने आता है उसमें भी हमें वे ही पड़ाव देखने को मिलते हैं जिनकी चर्चा हमने भूमण्डलीय परिदृश्य (Global Scenario) में इसी अध्याय के प्रारम्भ में की है। उनकी भी हत्यायें हुई, निर्ममता और बर्बवरता का शिकार उन्हें भी होना पड़ा। बेचने, वेश्यावृत्ति करवाने, आमोद-प्रमोद की सामग्री बनाने, उनके ऊपर भूत प्रेत का साया होने तथा उन्हें बुरी आत्मा, चुडैल तथा घोर अनिष्टकारी मानने जैसी सभी भयानक बातें उनके साथ भी हुई। मानसिक विकलांगों को तो स्पष्ट रूप से विक्षिप्त और पागल का दर्जा देने का जोरदार प्रचलन था और उनके लिये यह माना जाता था कि कोई बुरी आत्मा उनके अंदर प्रवेश कर गई है और उनकी यह मानसिक हालत इसी वजह से है। इसमें ईलाज के लिये उन्हें गंभीर यातनायें दी जाती थी ताकि बुरी आत्मा परेशान होकर उनके अंदर से निकल जाये। जादू-टोना, झाड़-फूंक आदि से उनके इलाज करने की कोशिश करना (यह प्रथा आज भी अशिक्षित तथा पिछड़े समुदायों में लागू है) जैसी बातें भी आजादी से पूर्व भारत में पूरी तरह से व्याप्त थी। इसके बाद के समय में धीरे-धीरे यह बदलाव आया कि अक्षम/अपंगों को दया और सहानुभूति का पात्र समझा जाये और इनसे मानवोचित व्यवहार किया जाए। गौतम बुद्ध और जैन तीर्थांकर महावीर द्वारा दिये गये प्रवचनों, किये जाने वाले कार्यों तथा उनके द्वारा प्रतिपादित बौद्ध और जैन धर्म की शिक्षा में अक्षम/अपंग बालकों/व्यक्तियों की भलीभांति देखभाल तथा शिक्षा प्रबंधों के प्रमाण मिलते हैं। अशोक महान तथा राजा हर्षवर्द्धन (जिन्होंने बुद्ध धर्म के सिद्धांतों को आगे फैलाने का कार्य किया) ने इस बात के लिये भी नाम कमाया कि उनके द्वारा अपंग और बेसहारा लोगों के लिये चिकित्सालय, अनाथालय तथ आश्रमों की स्थापना की गई।

राज परिवारों तथा सरकारों द्वारा अपंग और अक्षम बालकों/व्यक्तियों की देखभाल और सुरक्षा तथा कल्याण हेतु दान देने और आश्रय स्थल बनाने सम्बन्धी कार्य मध्यकालीन युग तक भलीभांति चलते रहे। मुगलकाल के बादशाहों के समय में भी अक्षम/अपंग एवं गरीबों के प्रति इस प्रकार की सहानुभूति तथा देखभाल सम्बन्धी बातों के अच्छे प्रमाण मिलते हैं। साथ ही धार्मिक परम्पराओं ने इस कार्य में उचित योगदान किया। इस्लाम में अपने अनुयायियों को आवश्यक निर्देश दिये हैं कि वे गरीबों तथा अक्षमों/विकलांगों को दिल खोलकर शिक्षा तथा अनुदान दें।

मुगलकाल के इसी दौर में समकालीन मराठा शासकों तथा पेशवाओं जैसे शिवाजी तथा अहिल्या बाई ने भी अक्षमों/विकलांगों तथा गरीबों की सहायतार्थ काफी कल्याणकारी कार्य किये। परंतु फिर भी इस सम्बन्ध में जैसा कल्याणकारी कार्य अक्षमों या विकलांगों के लिये मध्यकालीन युग में किया जा रहा था वह केवल उनसे सहानुभूति, दया, दिखाने तथा कुछ सज्जन व्यक्तियों द्वारा अपनी सज्जनता का प्रदर्शन करने तक ही सीमित था। ऐसा यहां कुछ भी नहीं था जिनसे ऐसे ठोस प्रमाण प्राप्त हो जिनके आधार पर यह कहा जा सके कि अक्षम/विकलांग बालकों की शिक्षा तथा समायोजन हेतु विशेष विद्यालयों की स्थापना आदि को लेकर कुछ विशेष प्रावधान किये गये हो। इस तरह का सिलसिला भारत में ब्रिटिश राज्य के आगमन के बाद ही शुरू हुआ जिसे हम योरोप में जो कुछ इस सम्बन्ध में किया जा रहा था उसी का प्रतिफल समझ सकते हैं। ब्रिटिश शासन काल में अक्षम/विकलांग बालकों की शिक्षा के सम्बन्ध में ईसाई मिशनरीज तथा देश के अन्य दानदाता संगठनों/व्यक्तियों के सहयोग से जिस प्रकार के प्रयास किये गये उनका ऐतिहासिक ब्यौरा कुछ निम्न प्रकार से प्राप्त होता है।

(i) 1883 में बम्बई (मुम्बई) में देश का पहला विशेष विद्यालय (Special School) खुला जो श्रवण दोष से युक्त बहरे बालकों की शिक्षा के लिये था।

(ii) 1887 में अमृसर में पहला अंध विद्यालय स्थापित हुआ।

(iii) 1901 में मैसूर में पहले अंध तथा बधिर विद्यालय की स्थापना हुई।

(iv) 1906 में देश का पहला सरकारी विशेष स्कूल (the first government special school) "दी इमरसन इन्सटीट्यूट फॉर दी ब्लाइंड" लाहौर में स्थापित किया गया।

(v) 1934 में मानसिक विकलांगो/रोगियों की देखभाल तथा चिकित्सा हेतु रांची में मनोचिकित्सक सुविधायें उपलब्ध कराने का कार्य शुरू किया गया।

(vi) 1941 में मानसिक विकलांगों हेतु बम्बई (मुम्बई) में देश के पहले आवासीय विद्यालय की स्थापना हुई।

आजादी से पूर्व इस प्रकार से अक्षम/अपंग बालकों की शिक्षा हेतु यदा-कदा जहाँ तक कुछ प्रयत्न अवश्य होते रहे, परंतु जहाँ तक उपयुक्त ढंग से कुछ करने का प्रश्न है। ऐसा विशेष कुछ भी गुलाम भारत में नहीं हुआ। इसीलिये 1947 में जब भारत स्वतंत्र हुआ तो इतने बड़े देश में विशेष विद्यालयों की गिनती काफी नगण्य रही जिनमें 34 बधिर, 32 अंध तथा केवल 3 मानसिक रूप से पिछड़े बालकों के लिये थे।

स्वतंत्रता प्राप्ति के बाद का युग (Post Independence Era)

1947 में स्वतंत्रता प्राप्ति के पश्चात भारत में सभी बालकों जिनमें अक्षम भी शामिल हैं, की शिक्षा पर अच्छी तरह ध्यान केन्द्रित करने का प्रयास किया गया। इस दिशा

में अक्षम बालकों की शिक्षा हेतु जो विशेष प्रावधान किए गए उनके ऐतिहासिक विकास के परिप्रेक्ष्य में निम्न बातें मुख्य रूप से कही जा सकती हैं।

1. अपने संविधान में भारत ने 45वें अनुच्छेद (Article) में स्पष्ट रूप से यह प्रावधान रखा कि 14 वर्ष तक के सभी बालकों को सार्वभौमिक रूप से मुफ्त एवं अनिवार्य प्राथमिक शिक्षा उपलब्ध कराई जानी चाहिए।

2. इसमें अक्षमताओं की रोकथाम, शिक्षा तथा अक्षमों के पुनर्वास की तरफ ध्यान देने का प्रयास किया और इसके लिए अपनी पंच वर्षीय योजनाओं में विशेष बजट राशि को निर्धारित किया। संवैधानिक प्रावधान की पूर्ति करने के लिए अक्षमता रहित जनसंख्या में शिक्षा प्रसाद का कार्य जहाँ शिक्षा मंत्रालय (जिसे अब मानव संसाधन विकास मंत्रालय कहा जाता है) को सौंपा वहीं अक्षमता युक्त बालकों की शिक्षा और पुनर्वास के लिए भारत सरकार के सामाजिक कल्याण मंत्रालय को एक समन्वयन एजेंसी के रूप में चयनित किया गया।

3. सभी पक्षों में (in all aspects) और स्तरों पर शिक्षा के विकास के लिए सामान्य सिद्धांत एवं नीतियाँ तथा शिक्षा के राष्ट्रीय प्रारूप के बारे में सरकार को परामर्श देने के लिए भारतीय शिक्षा आयोग 1964-66 जिसे कोठारी आयोग के नाम से जाना जाता है, का गठन किया गया। उसमें स्पष्ट रूप से इस बात पर जोर दिया कि "सभी बालकों को अनिवार्य शिक्षा के बारे में संवैधानिक निर्देश में विकलांग बालक भी पूरी तरह से शामिल हैं। हालांकि अब तक इस क्षेत्र में बहुत कम काम किया गया है।"

अब तक पूरे देश में दृष्टिहीनों के 115 विद्यालय, बधिरों के 70 विद्यालय, मांसपेशीय विकलांगों के लिए 25 विद्यालय और मानसिक रूप से पिछड़े बालकों के लिए 27 विद्यालय थे। शिक्षा आयोग ने अनुभव किया कि ये सुविधाएं बहुत कम थी और इसीलिए सुझाव दिया कि साधारण विद्यालयों में अक्षमता रहित विद्यार्थियों के साथ अक्षमता युक्त विद्यार्थियों को मुख्यधारा से जोड़ने और समावेशीकरण के लिए प्रयोग किए जाए।

4. शिक्षा आयोग की इन सिफारिशों के क्रियान्वयन के विचार से भारत सरकार ने 1968 में शिक्षा की प्रथम राष्ट्रीय नीति की घोषणा की। अक्षम बालकों की शिक्षा के सम्बन्ध में इस नीति में निम्न मुख्य प्रावधान रखा गया।

"शारीरिक तथा मानसिक रूप से विकलांग बालकों के लिये उपलब्ध शैक्षिक सुविधाओं में वृद्धि की जानी चाहिये तथा इस प्रकार के समावेशी कार्यक्रमों के विकास हेतु प्रयत्न किये जाने चाहिये जिनसे विकलांग बालक नियमित विद्यालयों में शिक्षा प्राप्त कर सके।"

5. राष्ट्रीय शिक्षा नीति 1968 को भलीभांति लागू करने सम्बन्धी प्रयास में समाज कल्याण विभाग के तत्वाधान में विकलांग बालकों के नियमित विद्यालयों में प्रवेश को लेकर दिसम्बर 1974 में अक्षम/विकलांग बालकों हेतु समावेशी शिक्षा (Integrated Education for Disabled Child—IEDC) नाम से एक उपयोगी योजना प्रारम्भ की गई।

6. 1985 में एक बहु–चर्चित कार्यक्रम "जिला प्राथमिक शिक्षा कार्यक्रम" (District Primary Education Program-DPEP) नाम से प्रारम्भ किया गया। यह कार्यक्रम इस मूल अवधारणा पर आधारित था कि शिक्षा का सार्वभौमीकरण तभी सम्भव है जबकि इसमें अक्षम/अपंग बालकों को भी शामिल किया जाये।

7. अक्षम बालकों को दी जाने वाली समावेशी शिक्षा तथा पृथक्कीकरण/अलगाव परिस्थितियों में दी जाने वाली विशेष शिक्षा में दोनों बातें इस अवधि में साथ–साथ चलती रही। सरकार द्वारा दिये जाने वाले प्रोत्साहन का सहारा पाकर विशेष विद्यालयों (Special School) की स्थापना सम्बन्धी ज्यादा कार्य स्वेच्छिक संस्थानों द्वारा ही किया गया। जिससे परिणामस्वरूप 1980 तक वधिर, अंध तथा मानसिक विकलांग विद्यालयों की संख्या क्रमशः 180, 170 तथा 200 तक पहुँच गई।

8. अक्षम बालकों हेतु समावेशी शिक्षा (Integrated education for disabled) अभियान में ज्यादा तेजी तब अधिक दिखाई देने लगी जब नई राष्ट्रीय शिक्षा नीति–1986 में इसके लिये विशेष प्रावधानों को सामने लाया गया। इसमें निहित सैक्सन 4.9 में अक्षम/अपंग बालकों की शैक्षिक आवश्यकताओं के संदर्भ में उनके लिये समावेशी शिक्षा का सुझाव देते हुये उसके क्रियान्वयन हेतु निम्न सिफारिशें प्रस्तुत की गई।

(a) समावेशी शिक्षा का उद्देश्य शारीरिक तथा मानसिक विकलांगों को बराबर की सहभागिता के साथ समुदाय के सामान्य बालकों/व्यक्तियों के साथ समावेशित करने के प्रयत्न किए जाना है ताकि उन्हें उनकी सामान्य वृद्धि के रास्ते पर चलाने तथा जिन्दगी की चुनौतियों का साहस और विश्वास से सामना करने योग्य बनाया जा सके।

(b) जब भी सम्भव हो तो गामक अक्षमताओं तथा अन्य अल्प अक्षमताओं/अपंगताओं के शिकार बालकों की शिक्षा सामान्य बालकों के साथ ही होनी चाहिए।

(c) जहाँ तक सम्भव हो गम्भीर रूप से विकलांग बालकों को जिला मुख्यलयों में ही आवासीय विशेष विद्यालय उपलब्ध होने चाहिए।

(d) अक्षम/अपंगों में व्यवसायिक क्षमता विकसित करने हेतु उचित प्रबंध किये जाएंगे।

(e) विकलांग बालकों की विशेष कठिनाइयों से निपटने हेतु शिक्षकों, विशेषकर प्राथमिक शिक्षकों के लिए शैक्षणिक कार्यक्रमों को अच्छी तरह परिमार्जित किया जाएगा।

(f) हर सम्भव तरीके से अक्षम/अपंग बालकों की शिक्षा के लिए किए जा रहे शैक्षणिक प्रयत्नों को बढ़ावा दिया जाएगा।

नई शिक्षा नीति के क्रियान्वयन और अनुगमन हेतु कार्यकारी योजना (Plan of action—POA), 1992 का भी निर्माण किया गया। अक्षमता से युक्त देश के 15 मिलियन बालकों की देखभाल और शिक्षा सम्बन्धी वृहत् कार्य को सम्पन्न करने के परिप्रेक्ष्य में पी ओ ए (POA) में इस प्रकार के व्यवहारिक उपागम को अपनाते हुए

स्पष्ट रूप से यह कहा गया कि ऐसे अक्षम बालक जिन्हें सामान्य विद्यालयों में शिक्षा दी जा सकती हो उन्हें विशेष विद्यालय की बजाय आवश्यक रूप से सामान्य विद्यालयों में ही पढ़ाया जाए। पी ओ ए में अक्षम या अपंग बालकों के लिए जल्दी से जल्दी हस्तक्षेप और सेवाएं प्रदान करने पर जोर दिया और स्पष्ट रूप से यह कहा कि विशेष विद्यालयों में दी जाने वाली शिक्षा अक्षम बालकों को काफी महंगी पड़ती है इसलिए यह निश्चित किया जाना चाहिए कि केवल उन्हीं विद्यार्थियों को जिनकी आवश्यकताएं सामान्य विद्यालयों में पूरी नहीं हो सकती, विशेष विद्यालयों में भर्ती किया जाए। परंतु जैसे ही उनमें सम्प्रेषण और अध्ययन सम्बन्धी कौशलों का विकास हो जाए उन्हें सामान्य स्कूलों में समावेशित किया जाए।

9. नई राष्ट्रीय शिक्षा नीति 1986 में निर्धारित अक्षम बालकों का समावेशीकरण कर उन्हें मुख्यधारा में शामिल करने के क्रियान्वयन को लेकर भारत सरकार ने 1987 में अक्षमों के लिए समावेशित शिक्षा (Integrated Education for the Disabled IPCD) नामक प्रोजेक्ट की शुरूआत कर, सभी विद्यालयों से अपने समीप रहने वाले अक्षम बालकों को प्रवेश देने के लिए प्रोत्साहित किया।

10. नई शिक्षा नीति 1986 की संस्तुति के आधार पर भारत सरकार ने समाज कल्याण मंत्रालय के तत्वाधान में भारत पुनर्वास परिषद (Rehabilitation Council of India-RCI) की स्थापना की। इस संस्था को कुछ कानूनी जामा पहनाने के लिए भारत की संसद में 1992 में भारत पुनर्वास परिषद अधिनियम को मंजूरी दी। इस अधिनियम (Act) का उद्देश्य अक्षम व्यक्तियों की शिक्षा और पुनर्वास सम्बन्धित व्यवसायियों (विशेष शिक्षा अध्यापकों सहित) हेतु कितनी कम से कम योग्यता होनी चाहिये इसका निर्धारण सुनिश्चित करना था। इस एक्ट के अनुसार उनके लिये यह भी जरूरी कर दिया गया कि वे अपनी सेवायें अक्षम बालकों/व्यक्तियों को देने हेतु परिषद में अपना पंजीकरण करायें। इस प्रकार के कानूनी प्रावधानों से यह सुनिश्चित करने का प्रयत्न किया गया कि प्रत्येक अक्षम बालक को अच्छी तरह योग्य व्यवसायी से शिक्षा और समायोजन के अवसर प्राप्त हों। इस एक्ट में यह प्रावधान भी रखा गया कि जो व्यवसायी/शिक्षक बिना पंजीकरण के सेवायें देने का प्रयास करें उन्हें दंडित किया जा सके।

11. भारतीय परिदृश्य में अक्षम बालकों की शिक्षा और समायोजन सम्बन्धी ऐतिहासिक परिप्रेक्ष्य में एक काफी महत्वपूर्ण कदम 1995 में "अक्षम व्यक्तियों के लिये समान अवसर अधिकारों की सुरक्षा तथा पूर्ण प्रतिभागिता" नामक एक्ट को पारित करने के रूप में उठाया गया। इसके तहत अक्षम व्यक्तियों की शिक्षा और आर्थिक पुनर्वास से जुड़े हुये सभी पक्षों पर पूरा ध्यान देने का प्रयत्न किया गया। इस एक्ट के तहत यह प्रावधान किया गया कि वर्तमान कार्यरत सरकार तथा स्थानीय प्राधिकरण द्वारा यह सुनिश्चित किया जाए कि सभी अक्षम बालकों को 18 वर्ष की आयु तक समुचित परिवेश में मुफ्त अच्छी गुणवत्ता युक्त शिक्षा प्रदान की जाए। इसके तहत यह भी सुझाव दिया गया कि पाठ्यक्रम तथा मूल्यांकन प्रक्रिया में उचित सुधार

लाये जाए और परिवेश सम्बन्धी अवरोधक हटाये जाए ताकि समेकेतीकरण नीति को भलीभांति लागू किया जाए। इसमें अक्षम बालकों हेतु मुफ्त पुस्तकों तथा यूनीफॉर्म उपलब्ध कराने की बात की।

12. समेकित प्रणाली को व्यवहारिक जामा पहनाने के संदर्भ में इस प्रकार की सोच भी उभरकर आई कि इस व्यवस्था में बालक विशेष अधिगम में जिस प्रकार की कठिनाई का अनुभव करता है, वह बालक की वजह से नहीं बल्कि विद्यालय व्यवस्था में आई जाने वाली कमियों के कारण ही होती है। यही सोच जिला प्राथमिक शिक्षा कार्यक्रमों (DPEP) के तहत दी जाने वाली समेकित शिक्षा का मूलमंत्र बनी और 1997 में समेकित शिक्षा विधिवत रूप से इस कायक्रम में शामिल हो गई।

13. 1999 में भारत सरकार द्वारा "नेशनल ट्रस्ट फॉर वेलफेयर ऑफ पर्सन्स विद ऑटिज्म, सेरेब्रल पॉलसी, मेन्टल रिटार्डेशन एंड मल्टीपल डिसेबिलीटीस एक्ट" लाया गया। इस एक्ट का उद्देश्य राष्ट्रीय स्तर पर इसमें वर्णित अक्षम व्यक्तियों के अधिकारों की रक्षा और संरक्षण करना था।

14. सन् 2000 में भारत सरकार द्वारा सर्वशिक्षा अभियान चालू किया गया। इसमें 6–14 वर्ष के सभी बालकों को 2010 तक शिक्षित करने का लक्ष्य रखते हुए यह घोषणा की गई कि इस अभियान के द्वारा यह भी सुनिश्चित किया जाएगा कि विशेष आवश्यकताओं से युक्त सभी बालकों को चाहे वे किसी भी तरह की कितनी भी अक्षमता से युक्त क्यों न हो, उचित वातावरण में उपयुक्त प्राथमिक शिक्षा प्रदान की जाए।

15. 86वें संविधान संशोधन द्वारा 2002 में भारत सरकार ने एक नया आर्टिकल 21, A शिक्षा का अधिकार (Right to Education) जोड़ा। इसे भारतीय शिक्षा के इतिहास का काफी महत्वपूर्ण और क्रांतिकारी कदम माना जा सकता है।

16. 2005 में 86वें संविधान संशोधन को व्यवहारिक रूप देने के लिए भारत सरकार ने शिक्षा का अधिकार बिल पास किया जिससे आगे जाकर शिक्षा के अधिकार को एक कानूनी रूप देने का रास्ता खुला और फलस्वरूप भारतीय संसद द्वारा शिक्षा का अधिकार (RTE) अधिनियम 2009 में पारित किया गया। इस कानून के तहत यह प्रावधान किया गया कि सभी 6 से 14 वर्ष के बालकों (चाहे वे अक्षम हो या अक्षमता रहित सामान्य बालक हो) को समीप के विद्यालयों में शिक्षा के उपयुक्त अवसर प्रदान किए जाए।

17. इसी दौरान फरवरी 2006 में भारत सरकार ने अक्षम व्यक्तियों के लिए विशेष रूप से एक ठोस नीति (The National Policy for Persons with Disabilities) नाम से जारी की और इसके क्रियान्वयन का उत्तरदायित्व भारत सरकार के "सामाजिक न्याय एवं सशक्तीकरण मंत्रालय" को सौंपा। इस नीति में इस बात को पूरी मान्यता दी गई कि अक्षमताओं से युक्त व्यक्ति देश के लिए काफी मूल्यवान संसाधन है। और उनके लिए एक ऐसे वातावरण का सृजन होना चाहिए जो उन्हें विकास के उचित अवसर, उनके अधिकारों का संरक्षण तथा समाज में पूरी भागीदारी

निभाने में सहायता प्रदान करे। शिक्षा को सामाजिक और आर्थिक सशक्तीकरण का काफी प्रभावशाली साधन घोषित करते हुए इसमें यह भी सुनिश्चित किया गया कि अक्षमता से युक्त सभी बालकों को कम से कम 18 वर्ष की आयु तक समेकित शिक्षा व्यवस्था के तहत मुफ्त एवं अनिवार्य शिक्षा प्रदान की जाए। इसमें इस बात की भी समय सीमा निश्चित की गई कि अक्षमता से युक्त सभी बालकों को 2020 तक उचित पूर्व विद्यालय, प्राथमिक तथा माध्यमिक स्तर की शिक्षा की उपलब्धि होनी चाहिए और यह करने के लिए (i) विभिन्न अक्षमताओं से युक्त बालकों के हितार्थ विद्यालयों को बाधा रहित (barrier free) तथा उनमें प्राप्त सुविधाओं को इन बालकों की पहुँच वाला बनाया जाये तथा (ii) उनमें उपयुक्त शिक्षण अधिगम सामग्री तथा समर्थन सेवायें (support service) उपलब्ध कराई जाये।

उपरोक्त वर्णित अपनी विकास यात्रा के फलस्वरूप अक्षम बालकों की शिक्षा और समायोजन प्रयत्नों में स्वतंत्रता प्राप्ति के बाद काफी महत्वपूर्ण प्रगति हुई है। इस प्रगति की सम्पूर्ण झलक निम्न विवरण में संक्षेप रूप से प्राप्त हो सकती है।

(i) 1947 में स्वतंत्रता प्राप्ति के पूर्व जहाँ देश में कुछ गिने चुने विशेष शिक्षा (Special Education) विद्यालय ही थे वहीं अब लगभग 3500 ऐसे विद्यालय हैं जो विभिन्न प्रकार के अक्षम बालकों को विशेष शिक्षा प्रदान करने का कार्य कर रहे हैं। अक्षमता युक्त व्यक्तियों के लिये बनी राष्ट्रीय नीति 2006 के अस्तित्व में आने से विशेष विद्यालय स्थापना कार्य में काफी बढ़ोतरी हुई क्योंकि इसमें यह स्पष्ट प्रावधान किया गया कि "मानव संसाधन विकास मंत्रालय आवश्यकता को ध्यान में रखते हुये नये विशेष विद्यालयों की स्थापना करेगा।"

(ii) सहानुभूति, दया एवं दान का पात्र न होकर अक्षम बालकों की शिक्षा और पुनर्वास अब कानूनी तौर पर उन्हें यह सब कुछ प्राप्त होने का अधिकार बन गया है। समेकेतीकरण को अक्षम बालकों की शिक्षा हेतु एक विकल्प बनाये जाने के साथ ही अब इन बालकों का अपने पास के विद्यालयों में सामान्य बालकों के साथ शिक्षा के समान अवसर उपलब्ध करने का मार्ग अच्छी तरह प्रशस्त हो गया है।

(iii) अक्षमता युक्त बालकों/व्यक्तियों की शिक्षा समायोजन तथा पुनर्वास हेतु अब भारत में कई प्रभावशाली संवैधानिक प्रावधान कार्य चल रहे हैं जैसे–

- भारत पुनर्वास परिषद अधिनियम 1992 तथा इसका तत्कालीन संशोधन, 2000
- अक्षमता युक्त व्यक्ति (समान अवसर, अधिकारों का संरक्षण तथा पूर्ण सहभागिता) अधिनियम, 1995
- नेशनल ट्रस्ट फॉर वेलफेयर ऑफ परसन्स विद ऑटिज्म, सेरेबल पालसी, मेन्टल, रिटार्डेशन एण्ड मल्टीपिल डिसएबिलिटी एक्ट, 1999

- अक्षमता युक्त व्यक्तियों के लिए राष्ट्रीय नीति, 2006
- शिक्षा का अधिकार अधिनियम, 2009

(iv) कानूनी प्रावधान और संरक्षण प्रदान करने के अतिरिक्त भारत में विभिन्न प्रकार की अक्षमताओं से युक्त बालकों की शिक्षा और समायोजन हेतु उपयुक्त संसाधनीय संसाधनों को विकसित करने के प्रयत्न भी किये गये हैं। इस तरह के संस्थान और संसाधन केन्द्र स्थापित किये गये हैं जिन्हें अक्षम बालकों की शिक्षा और समायोजन हेतु एक अच्छे मॉडल (Model) तथा संसाधन केन्द्र के रूप में काम में लाया जा सके। इस सम्बन्ध में निम्न राष्ट्रीय संस्थानों तथा संगठनों का नाम ले सकते हैं।

- मानसिक विकलांग राष्ट्रीय संस्थान सिकन्दराबाद, (आन्ध्रप्रदेश)।
- अस्थि एवं मांसपेशीय विकलांग राष्ट्रीय संस्थान, कोलकता।
- अली यावर जंग राष्ट्रीय संस्थान (श्रवण दोष युक्त अक्षमों के लिए), मुम्बई।
- दृष्टि विकलांग राष्ट्रीय संस्थान, देहरादून।
- शारीरिक विकलांग पं. दीनदयाल उपाध्याय संस्थान, नई दिल्ली।
- राष्ट्रीय पुनर्वास, प्रशिक्षण एवं अनुसंधान संस्थान, कटक।
- बहुक्षमता युक्त व्यक्ति सशक्तीकरण राष्ट्रीय संस्थान, चैन्नई।
- इंडियन साइन भाषा अनुसंधान एंव प्रशिक्षण केन्द्र (ISLRTC) नई दिल्ली।
- कृत्रिम अंग निर्माण कॉरपोरेशन ऑफ इंडिया (ALMCOI), कानपुर।
- राष्ट्रीय विकलांग वित्तीय विकास कारपोरेशन (NHFDC), फरीदाबाद।
- इंडिया स्पाइनल इंजरी सेन्टर (ICIC) नई दिल्ली।

(v) हमारा देश कई अन्तर्राष्ट्रीय स्तर के ऐसे आपसी सहयोग संधियों के तथा सामूहिक घोषणाओं में अधिकृत साझीदार है जो अक्षम बालकों/व्यक्तियों की शिक्षा, समायोजन तथा प्रगति के प्रति वचनबद्ध हैं। उदाहरण के तौर पर यह एशिया पेसीफिक क्षेत्र में अक्षमता युक्त व्यक्तियों की समानता तथा पूर्ण सहभागिता घोषणा पत्र (Declaration on the full participation and equality of people with Disabilities in the Asia Pacific Region) से पूरी तरह प्रतिबद्ध है। इसी तरह बिवाको मिलेनियम फ्रेमवर्क (Biwako Millennium Framework) तथा सलामानाका कथन और कार्यवाही प्रारूप (Salamanaca Statement and Framework of Action), 1994 नामक अन्तर्राष्ट्रीय घोषणा और दस्तावेजों में प्रतिभागी बनकर अक्षम बालकों/व्यक्तियों के लिये उचित शिक्षा समायोजन तथा पुनर्वास हेतु भी पूरी तरह प्रतिबद्ध है। अपनी इस प्रतिबद्धता को निभाने हेतु भारत ने समेकेतीकरण को अक्षम बालकों की शिक्षा समायोजन तथा पुनर्वास हेतु एक मूल राष्ट्रीय नीति बनाने का निर्णय लिया है।

(vi) इस प्रकार से बालकों की शिक्षा के सार्वभौमिकीकरण (Universalization of child education) करने का कार्य जिस तरह अन्तर्राष्ट्रीय स्तर पर जोर

पकड़ता जा रहा है, उसी के अनुरूप भारत ने भी अक्षम बालकों की शिक्षा तथा समायोजन हेतु समेकेतीकरण को पूरी तरह अंगीकृत करने में पहल की है। इसी सम्बन्ध में मार्च 2005 में तत्कालीन मानव संसाधन एवं विकास मंत्री अर्जुन सिंह ने संसद में अक्षम बालक और युवाओं हेतु एक विस्तृत कार्य योजना का प्रारूप प्रस्तुत करते हुये घोषणा में सभी विद्यालयों में समेकित शिक्षा व्यवस्था लागू करते हुये 2020 तक उन्हें अक्षम सहयोगी वातावरण से युक्त करने की बात की। इसी क्रम में भारत सरकार द्वारा 2006 में अक्षम व्यक्तियों के लिये एक ठोस कार्यवाहक नीति बनाकर इस बात पर जोर दिया कि "अक्षमता युक्त व्यक्तियों को समेकित शिक्षा व्यवस्था के माध्यम से सामान्य शिक्षा प्रणाली की मुख्यधारा में शामिल किया जाना चाहिये।" 2009 में पारित शिक्षा के अधिकार अधिनियम (RTE Act, 2009) ने तो अब पूरी तरह स्पष्ट रूप से एक कानूनी अधिकार अक्षम बालकों को प्रदान ही कर दिया है कि वे अपने पास के विद्यालय में अक्षमता हीन सामान्य बालकों के साथ शिक्षा के उपयुक्त अवसर उपलब्ध कराये जिसके ऊपर उनका जन्म सिद्ध अधिकार है।

इस तरह से जहाँ तक भारतीय परिदृश्य में अक्षम/अपंग बालकों की शिक्षा और समायोजन सम्बन्धी ऐतिहासिक पृष्ठभूमि का प्रश्न है हम यह अच्छी तरह देख सकते हैं कि उनकी इस विकास यात्रा में भी वैसे ही पड़ाव आये हैं जैसे कि वैश्विक स्तर पर अन्य विकसित तथा अविकसित देशों में आये हैं। यहां भी अक्षम बालकों को बर्बरता तथा क्रूरता का सामना करना पड़ता, गुलामों की तरह बिकना, वैश्यावृत्ति में फंसना, मनोरंजन की सामग्री तथा दया और सहानुभूति का पात्र बनना पड़ा। इसके बाद उनकी शिक्षा और समायोजन हेतु पृथक्कीकरण (Separation and Segregation) समावेशीकरण (Integration) आदि विचारधाराओं का सहारा लेकर अलग विद्यालय तथा अलग कक्षाओं की व्यवस्था की गई और फिर अंत में उनके लिये समुचित समान अधिकारों की वकालत करते हुये समेकेतीकरण नीति पर चलने का मार्ग चुना गया। परिणामस्वरूप आज समेकेतीकरण शिक्षा व्यवस्था को पूरी तरह अपनाने का कानूनी रास्ता खुल चुका है परंतु व्यावहारिक रूप से इसे देश में अच्छी तरह लागू करने हेतु अभी बहुत कुछ करना बाकी है। इस दिशा में सरकारी एवं कानूनी प्रयासों के अतिरिक्त जनसाधारण का अपेक्षित सहयोग बहुत जरूरी है। सभी तरह से ऐसा अनुकूल वातावरण बनना चाहिए कि अक्षम बालकों के प्रति सकारात्मक दृष्टिकोण बने तथा उनकी भिन्न योग्यताओं और क्षमताओं में विश्वास पैदा हो। विद्यालयों में इस प्रकार का संसाधनीय ढांचा, उपयुक्त शिक्षण अधिगम, समेकित वातावरण तथा आपसी सहयोग का विकास होना चाहिए जिससे समेकेतीकरण का लाभ अच्छी तरह से अक्षम बालकों को मिल सके। आइये हम सब मिलकर अक्षम बालकों को सबके साथ चलाकर उनको अपनी अपनी क्षमताओं के अनुसार शिक्षा प्राप्त करने तथा जीवन में आगे बढ़ने में पूरी तरह अपना योगदान दे, इसी में उनकी तथा देश की भलाई निहित है।

4

अक्षमता या विकलांगता

अवधारणा, प्रकार, विशेषतायें तथा सम्बन्धित शैक्षिक आवश्यकतायें एवं अधिगम समस्यायें

(Disabilities: Concept, Types, Characteristics and Identification of the Educational Needs and Learning Problems)

विकलांगता या अक्षमता–अर्थ एवं अवधारणा

(Disabilities—Meaning and Concept)

विकलांगता के लिए अंग्रेजी में Disability पद का प्रयोग किया जाता है। यह शब्द अपंगता और अक्षमता (Impairment and Handicap) शब्दों से बहुत कुछ साम्य रखता है। इसीलिए शारीरिक वृद्धि और विकास की दृष्टि से किसी प्रकार की कमी या दोष से युक्त व्यक्ति के लिए हम प्राय: शारीरिक अपंगता, शारीरिक विकलांगता या शारीरिक अक्षमता आदि पदों का प्रयोग करते हुए देखते हैं। शरीर के किसी भी अवयव या भाग में दोष पाए जाने पर हम कहते हैं कि उसके शरीर में कोई खराबी है या वह व्यक्ति शारीरिक रूप से विकलांग है या अक्षम है। अत: इस प्रकार की कमी के लिए प्रयुक्त दोनों पदों क्षतिग्रस्ता (impairment), अक्षमता (disability) और विकलांगता (Handicap) में निहित अंतर और विभिन्नताओं का उचित प्रकार से अवबोध होने के उपरांत ही अक्षमता (Disability) के अर्थ और अवधारणा को भलीभांति समझा जा सकेगा।

इस सम्बन्ध में उपलब्ध साहित्य में इन तीनों पदों को विस्तृत रूप से परिभाषित किया गया है और उनमें अंतर भी बताया गया है। विश्व स्वास्थ्य संगठन (WHO) ने इस सम्बन्ध में जो प्रयास किया है यहां हम उसी का उल्लेख करके इन तीनों पदों में अंतर जानने का प्रयत्न करेंगे। विश्व स्वास्थ्य संगठन (WHO) ने अपने एक प्रकाशन "The International Classification of Impairment, Disabilities and Handicap" में 1980 में इन तीनों पदों को निम्न प्रकार से परिभाषित किया है:

- **क्षतिग्रस्तता या खराबी (Impairment):** क्षतिग्रस्तता या खराबी से तात्पर्य

किसी भी प्रकार की आधारभूत, संरचनात्मक, मनोवैज्ञानिक या शारीरिक न्यूनता या कमी से है। (Impairment is defined as a fundamental, structural, psychological or physiological deficit.)

- **अक्षमता (Disability):** अक्षमता एक ऐसी कार्यात्मक कमी के रूप में परिभाषित की जा सकती है जिसे व्यक्ति विशेष द्वारा किसी क्षतिग्रस्तता या खराबी के आ जाने के कारण अनुभव किया जाता है। (Disability is defined as the functional deficit that a person experiences as a result of impairment.)
- **विकलांगता (Handicap):** विकलांगता को एक ऐसी असुविधा या परेशानी के रूप में परिभाषित किया जा सकता है जिसे किसी व्यक्ति विशेष द्वारा अपनी किसी अक्षमता की वजह से विभिन्न सामाजिक परिस्थितियों में अनुभव किया जाता रहा है। (Handicap is defined as the disadvantage a person with disability experiences in various social setting as a result of that disability).

विश्व स्वास्थ्य संगठन (WHO) द्वारा प्रदत्त मार्ग दर्शन सम्बन्धी बातों के संदर्भ में हम इन तीनों पदों को और भी अधिक विशिष्ट रूप में समझने का प्रयत्न करते हैं-

1. अपने साधारण अर्थ में क्षतिग्रस्ता या खराबी हमारे शरीर की प्रणाली तथा मन की संरचना या कार्यप्रणाली में आ जाने वाली किसी क्षति, खराबी, कमी या असमान्यता की ओर संकेत करती है। इस प्रकार से क्षतिग्रस्तता एक व्यक्ति के जैविक या मानसिक स्तर में किसी प्रकार की कमी, गड़बड़ी या न्यूनता का प्रतिनिधित्व करती है जैसे-(हाथ या पैर का नुकसान होना, शरीर के किसी भाग को लकवा मार जाना, पोलियो का शिकार होना, किसी के दृष्टि या श्रवण तंत्र में दोष उत्पन्न हो जाना, स्नायु संस्थान में गड़बड़ी हो जाना, मस्तिष्क या रीढ़ की हड्डी में कोई संरचनात्मक असामान्यता आ जाना) आदि।

2. क्षतिग्रस्तता या खराबी हो जाने के कारण जब कोई व्यक्ति किसी भी कार्य को करने में असमर्थ महसूस करने लगता है तो ऐसी स्थिति में उसमें अक्षमता विकसित होने लगती है। उदाहरण के लिए आंखों या कानों की संरचना तथा कार्यप्रणाली को लेकर किसी क्षति या दोष के हो जाने पर व्यक्ति में देखने या सुनने सम्बन्धी अक्षमता विकसित होने लगती है। इसी प्रकार हाथ या पैर सम्बन्धित क्षति या खराबी व्यक्ति की चलने फिरने या कार्य करने सम्बन्धी क्रियाशीलता को सीमित कर देती है अर्थात् उसमें भली भांति कार्य करने सम्बन्धी अक्षमता विकसित कर देती है।

3. जहाँ क्षतिग्रस्तता (Impairment) अपनी प्रकृति के अनुरूप विशेष प्रकार की अक्षमता (Disability) को जन्म देती है वहीं अक्षमता आगे चलकर एक विशेष प्रकार की स्थिति को जन्म देती है जिसे विकलांगता (Handicap) के नाम से जाना जाता है। वास्तव में विकलांगता व्यक्ति के लिए ऐसी असुविधा या परेशानी है जो उसकी अक्षमता के कारण पैदा होती है। उदाहरण के लिए व्यक्ति के कान की आंतरिक संरचना एवं कार्यप्रणाली में कोई दोष होने के कारण व्यक्ति सुनने सम्बन्धी

क्षतिग्रस्तता (Learning Impairment) का शिकार हो जाता है, इस क्षतिग्रस्तता के कारण उसमें सुनने सम्बन्धी अयोग्यता विकसित होती है और उसमें श्रवण अक्षमता (Learning Disability) आ जाती है और ध्वनियों को सुनने सम्बन्धी या अक्षमता के कारण वह सुनने की दृष्टि से विकलांग (Learning Handicap) हो जाता है। जैसे-वातावरणजन्य परिस्थितियों में अन्त:क्रिया या पारस्परिक विचार विनिमय में अपने सुनने सम्बन्धी योग्यता के उपयोग में कठिनाई का अनुभव करता है। इस प्रकार से विकलांगता किसी दी गई परिस्थिति में वातावरण या कार्यात्मक मांग के अनुसार एक व्यक्ति की कार्य करने की अक्षमता को प्रकट करती है। यदि और भी ज्यादा स्पष्ट रूप से कहना चाहें तो विकलांगता एक व्यक्ति को अपने वातावरण में कार्य करने की अक्षमता का प्रभाव है। इससे उसे अपने सामाजिक कार्यों को करना एवं वातावरण के साथ समायोजित होना भी उसी रूप में सम्भव हो पाता है जितना वह अपनी किसी एक या अन्य अक्षमता या अपंगता की वजह से करने में समर्थ हो सकता है। परिणामस्वरूप शारीरिक अक्षमता या अपंगता का शिकार बालक व्हील चेयर (Wheel Chair) का उपयोग करने के उपरान्त भी अपने और अपने वातावरण के साथ उचित रूप से समायोजित होने में असहाय दिखाई दे सकता है। वह अपनी गति सम्बन्धी अक्षमता को अपने समाजीकरण में एक बहुत बड़ी बाधा मान सकता है। परिणामस्वरूप अपनी रुचि का व्यवसाय चुनने, विवाह बंधन में बंधने और यहां तक कि दिन प्रतिदिन के कार्यों के सम्पादन में भी उसके सामने समस्याएं खड़ी हो सकती है।

उपरोक्त की गई चर्चा के आधार पर हम यह निष्कर्ष निकाल सकते हैं कि इन तीनों पदो–क्षतिग्रस्तता, अक्षमता और विकलांगता में एक रेखीय सम्बन्ध है। (एक का असर दूसरी पर पड़ता है) जिसे निम्न रूप में प्रदर्शित किया जा सकता है–

क्षतिग्रस्तता या खराबी (Impairment)	—	अक्षमता (Disability)	—	विकलांगता (Handicap)

इस प्रकार का रेखीय संबंध हमें यह सोचने को बाध्य करता है कि क्षतिग्रस्तता सदैव अक्षमता को जन्म देती है और अक्षमता होने पर विकलांगता की स्थिति उत्पन्न होती है। परंतु यदि प्रयोगात्मक रूप से देखा जाए तो हर परिस्थिति में सदैव ही ऐसा नहीं होता है। यह सिद्ध करने के लिए हम निम्न कुछ उदाहरणों की सहायता ले सकते है:

(i) दृश्यात्मक या श्रवण सम्बन्धी क्षतिग्रस्तता सदैव अक्षमता को पैदा नहीं कर पाती है। किसी व्यक्ति की दृश्य या श्रवण योग्यता में क्षति या कमी को क्रमश: चश्में या श्रवण यन्त्र के प्रयोग द्वारा दूर किया जा सकता है और ऐसी स्थिति में यह क्षति कक्षा में अध्ययन करने वाले बालक को विकलांगता का शिकार नहीं बना पाएगी। हालांकि यह क्षति कुछ गतिविधियों या वातावरणीय आवश्यकताओं को पूरा करने में बालक

के मार्ग में बाधा खड़ी कर सकती है, जैसे- वह बालक उन गतिविधियों या खेलकूद सम्बन्धी क्रियाओं में भाग नहीं ले पाएगा, जिनमें चश्मे का लगाना या श्रवण यन्त्र का उपयोग करना एक बड़ी बाधा या असुविधा उत्पन्न करेगा। ऐसे बहुत से मामलों में प्रभावित बच्चे अपनी क्षतिग्रस्तता के कारण कठिनाई और असहजता का अनुभव स्वयं नहीं करते बल्कि कई बार ये समाज में व्याप्त नकारात्मक दृष्टिकोण और मिलने वाली सुविधाओं की कमी और अनुपस्थिति का परिणाम होती है जो उन्हें दूसरे सामान्य बालकों की तरह विद्यालय, खेल के मैदान तथा अन्य कार्यकारी परिस्थितियों में सहभागिता निभाने में बाधक बनती है।

(ii) जिस तरह यह जरूरी नहीं कि क्षतिग्रस्तता अक्षमता का कारण बने उसी तरह यह भी जरूरी नहीं कि हर समय अक्षमता विकलांगता का कारण बने । प्रत्येक विकलांग व्यक्ति के सम्बन्ध में यह देखा जाता है कि वे परिस्थिति के अनुसार विशिष्टता रखते है, जैसे एक अक्षमता युक्त व्यक्ति किसी एक परिस्थिति में विकलांगता का अनुभव करता है परन्तु किसी दूसरी में नहीं। इस बात को निम्न उदाहरणों से भलीभांति समझा जा सकता है-

(a) एक बालक व्हीलचेयर पर बैठा हुआ (मांसपेशियों तथा अस्थियों सम्बन्धी क्षति या अक्षमता के कारण) कक्षा में अध्यापक का व्याख्यान सुनते हुए या कक्षाकक्ष परिचर्चा में भाग लेते हुए विकलांगता का अनुभव नहीं करता है परन्तु वही बालक विज्ञान प्रयोगशाला में प्रयोग करते समय अथवा व्यवसायिक कोर्स की कक्षा में कार्य करते हुए विकलांगता का अनुभव कर सकता है।

(b) एक दृष्टिदोष युक्त बालक उन परिस्थितियों में जहाँ दृष्टि की जरूरत है, अपंगता का अनुभव कर सकता है, जैसे- एक अपरिचित जगह पर यात्रा करते समय, परन्तु जहाँ दृष्टि बहुत महत्वपूर्ण नहीं जैसे- गायन के समय या कोई संगीत वाद्य बजाते समय अक्षमता के होते हुए भी अपंगता का अनुभव नहीं करता है।

लेकिन चाहे स्वरूप कैसा भी क्यों न हो क्षतिग्रस्तता, अक्षमता और विकलांगता तीनों ही स्थितियों में आपस में एक सशक्त सम्बन्ध विद्यमान रहता है। व्यक्ति विशेष की अक्षमता तथा पुनर्वास प्रक्रिया के सम्बन्ध में इनकी सापेक्षिक स्थिति को दर्शाने हेतु National Institute of Health USA (1983) के (National Center for Medical Rehabilitation Research, NCMRR) ने एक अक्षमता या अपंगता प्रतिमान जिसे NCMRR प्रतिमान कहा जाता है, विकसित किया है। आइए इसके सम्बन्ध में संक्षेप में जाना जाए।

अक्षमता या अपंगता के इस प्रतिमान (देखिए चित्र संख्या 4.1) में अक्षमता सम्बन्धी विभिन्न अवयवों को एक पंचभुजी आकृति में संगठित किया गया है। इसमें इस बात पर जोर दिया गया है कि रेखीय अथवा क्रमबद्धीय सम्बन्ध होने की बजाय अक्षमता के अवयवों में जो सम्बन्ध पाया जाता है वह काफी जटिल होता है। अक्षमता से सम्बन्धित उनके पाँच अवयवों में विद्यमान सम्बन्धों को निम्न प्रकार से स्पष्ट करने का प्रयत्न किया गया है:

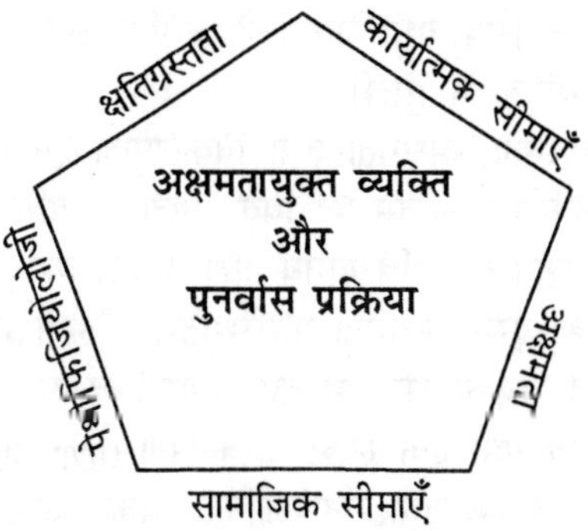

चित्र 4.1: अक्षमता का NCMRR प्रतिमान

(i) एक व्यक्ति में अक्षमता का विकास होने के लिए पेथोफिजियोलोजी शुरूआत का प्रारम्भिक पक्ष है। यह बुनियादी जैविक और मनोवैज्ञानिक बाधाओं से सम्बन्धित होता है।

(ii) क्षतिग्रस्तता नाम का द्वितीय अवयव इन बाधाओं के और भी ज्यादा सामान्यीकृत प्रभाव को प्रदर्शित करता है, जैसे- जन्म से पूर्व प्रतिकूल परिस्थितियों से पैदा होने वाली मस्तिष्क सम्बन्धी असमानताएँ, माँसपेशियों की सजगता तथा गामक नियन्त्रण सम्बन्धी सामान्यीकृत असमानता के रूप में प्रदर्शित हो सकती है (जैसे- क्षतिग्रस्तता)

(iii) कार्यात्मक सीमाएँ (Functional limitations) नाम का तीसरा अवयव एक विशिष्ट कौशल या सम्बन्धित कौशलों के उस समूह की ओर संकेत करता है, जिनका क्रियान्वयन नहीं किया जा सकता है और जो अक्सर (हमेशा नहीं) पहले से उपस्थित क्षतिग्रस्तता के परिणामस्वरूप हमारे सामने आता है।

(iv) अक्षमता (disability) नामक चौथा अवयव व्यक्ति विशेष द्वारा अपनी कार्यक्षमता में गिरावट या कमी आने सम्बन्धी उस व्यक्तिगत अनुभव की ओर संकेत करता है जो उसकी अपनी क्षतिग्रस्तता या कार्यात्मक सीमाओं, बाधाओं के फलस्वरूप अवतरित हुआ है (जैसे दृष्टि दोष वह कार्यात्मक बाधा है जो उसकी गतिमानता को क्षतिग्रस्त या उसमें खराबी ला सकती है और अपनी गामकता में इसी प्रकार की अक्षमता या अपंगता फिर व्यक्ति विशेष के द्वारा अनुभव की जा सकती है।

(v) अंत में पाँचवे अवयव के रूप में विकलांगता (Handicap) पद के इस प्रतिमान में सामाजिक सीमायें/बाधायें (Societal limitations) नाम देकर यह बताने की चेष्टा की है कि व्यक्ति विशेष की वृद्धि एवं विकास में परिवेश तथा सामाजिक प्रतिकूल परिस्थितियाँ कितनी बड़ी भूमिका निभाती हैं।

व्यक्ति क्षतिग्रस्तता तथा अक्षमता का शिकार होकर विकलांगता या असहाय अवस्था का अनुभव तभी करता है जबकि उसे परिवेश तथा समाज में उचित परिस्थितियां न मिलें।

इस प्रकार से क्षतिग्रस्तता, अक्षमता तथा विकलांगता इन तीन पदों के प्रयोग में लाने को लेकर आधुनिक मत अंतिम पद विकलांगता के परित्याग की बात कहता है क्योंकि इससे व्यक्ति विशेष की छवि खराब होती है और वह अनावश्यक रूप से हीन भावना से घिर जाता है। दूसरे अक्षमता परिस्थितिजन्य होती है। एक परिस्थिति उसे असहाय बना सकती है जबकि अन्य में वह समायोजित अनुभव कर सकता है। इन बातों के आधार पर अब यहाँ एक स्पष्ट परिकल्पना (hypothesis) उभर कर सामने आ सकती है। मूलभूत जैविक तथा मनोवैज्ञानिक विकार और गड़बड़ियाँ क्षतिग्रस्तता को जन्म देती हैं। क्षतिग्रस्तता कार्यात्मकता पर पाबन्दी लगाकर या उसे सीमित कर व्यक्ति को अक्षमता का शिकार बनाती है तथा इस अक्षमता के नतीजों का अहसास उसे सामाजिक सीमाओं या बाधाओं के माध्यम से होता है। अगर ये अनुकूल होती है तो वह अक्षमता के बावजूद भी समायोजित रहता है।

उपरोक्त विवेचन और व्याख्या के बाद अब हम अक्षमता (disability) पद को उसके निम्न रूप में परिभाषित करने का प्रयत्न कर सकते हैं।

अक्षमता से अभिप्राय: व्यक्ति विशेष की उस अवस्था या हालात से है जिसमें वह अपने वातावरण में भली-भाँति समायोजित होने और प्रगति करने में असमर्थता और असहजता का अनुभव किसी न किसी प्रकार की ऐसी क्षतिग्रस्ता से पीड़ित होने पर करता है जो उसके मन और शरीर सम्बन्धी तन्त्रों की संरचना ओर कार्यप्रणाली में आने वाली गड़बड़ियों, विकार तथा समस्याओं के कारण उत्पन्न होती है।

अक्षमता के विभिन्न प्रकार (Types of Disabilities)

अपने समायोजन, शिक्षा और विकास हेतु वांछित क्रियाशीलता के संदर्भ में बालकों को अपने अन्दर विद्यमान क्षतिग्रस्तता की वजह से जिस प्रकार की अक्षमताओं का सामना करना पड़ता है, उन्हें ध्यान में रखते हुए बालकों द्वारा सामना किए जाने वाली अक्षमताओं को निम्न विभिन्न श्रेणियों में विभाजित किया जा सकता है।

A. शारीरिक अक्षमताएँ: दृष्टि दोष सम्बन्धी अक्षमता, श्रवण दोषयुक्त अक्षमता, मांसपेशीय एवं अस्थि सम्बन्धी अक्षमता, वाक् दोष सम्बन्धी अक्षमता आदि।
B. मानसिक पिछड़ापन एवं स्नायुदोष युक्त मानसिक अक्षमताएँ
C. संवेगात्मक विकारों या गड़बड़ी से सम्बन्धित अक्षमताएँ
D. अधिगम अक्षमताएँ जैसे- डायसलेक्सिया और डिस्केल्कुलिया
E. मिश्रित प्रकार की अक्षमताएँ जैसे- बहु अक्षमताएँ

आगे हम प्रस्तुत अध्याय में इन विभिन्न प्रकार की अक्षमताओं में से कुछ प्रमुख अक्षमताओं के बारे में जानकारी प्राप्त करना चाहेंगे।

दृष्टिदोष युक्त अक्षमता–अर्थ, प्रकार और विशेषताएँ
(Visual Disability—Meaning, Types and Characteristics)

दृष्टि दोष युक्त अक्षमता एक व्यक्ति की उस अवस्था का बोध कराती है जिसमें वह अपनी आँख के दोष या क्षति से इस सीमा तक पीड़ित होता है कि वह अपने देखने सम्बन्धी योग्यता और प्रत्यक्षीकरण के मामले में अपने आपको अक्षम या अपंग समझने लगता है। यह अक्षमता या विकलांगता कम और दोषपूर्ण दृष्टि से लेकर बिल्कुल भी दिखाई न देने तक के एक सातत्य का प्रतिनिधित्व कर सकती है। दृष्टि के इस अन्तर के फलस्वरूप किसी एक या अन्य प्रकार की दृष्टि अक्षमता से पीड़ित बच्चों को अक्सर कई प्रकार के नाम या वर्गीकृत श्रेणियाँ प्रदान की जाती है, जैसे–आंशिक रूप से देखने योग्य, कम दृष्टि वाले बच्चे, पूर्ण रूप से अन्धे, वैध अन्धता (Legal blindness), आदि। आइए, दृष्टि दोष युक्त इन विभिन्न प्रकार की अक्षमताओं के स्तर और उनकी प्रकृति आदि के बारे में जानने का प्रयत्न किया जाए।

(i) **आंशिक दृश्यता** (Partial Sightedness): आंशिक दृश्यता एक ऐसी दृष्टि दोषयुक्त अक्षमता है, जिसमें व्यक्ति को वस्तुओं को देखने या प्रत्यक्षीकरण करने में इस प्रकार की दृष्टि सम्बन्धी समस्याओं का सामना करता है कि वह वस्तु उसे आंशिक रूप से दिखाई पड़ती है, अर्थात् वस्तु साफ-साफ दृष्टिगोचर नहीं होती है, धुंधली-धुंधली सी दिखाई देती हैं।

(ii) **कमजोर दृश्यता सम्बन्धी अक्षमता** (Low Vision Disability): इस प्रकार की अक्षमता में मध्यम से लेकर गहन दृष्टि सम्बन्धी क्षतिग्रस्तता पाई जाती है। सामान्य तौर पर जिन व्यक्तियों को सामान्य दूरी पर रखे गए समाचार पत्र या पुस्तकें पढ़ने में परेशानी खड़ी होती है या जिन्हें चश्में लगाकार भी पूरी तरह स्पष्ट दिखाई नहीं देता। इस प्रकार की दृष्टि अक्षमता युक्त व्यक्तियों को कमजोर दृश्यता सम्बन्धी अक्षमता वाले व्यक्ति कहा जाता है। इस प्रकार की दृष्टि सम्बन्धी कमजोरी का स्तर काफी बढ़ा हुआ भी रह सकता है तथा निम्न भी। इस प्रकार की अक्षमता युक्त व्यक्तियों में किसी भी कार्य को करने के लिए आवश्यक दृष्टि क्षमता विकसित करने के लिए कुछ सहयोगी उपकरणों (assistive devices) की आवश्यकता पड़ती है।

(iii) **कानूनी रूप में मान्य अन्धापन** (Legally Blindness): ऐसी दृष्टिदोष सम्बन्धी अक्षमता जिसे कानूनी रूप से मान्य अन्धापन का दर्जा दिया जाता है उसे निम्न प्रकार परिभाषित करने के प्रयत्न किये गये है। उन व्यक्तियों को कानूनी रूप से अन्धेपन का शिकार माना जाना चाहिये जिनकी दृष्टि सम्बन्धी क्षमता (visual activity) का प्रसार क्षेत्र चश्मा लगाकर किसी भी एक नेत्र में 20/200 से लेकर किसी भी प्रकार की कार्यवाहक दृष्टि क्षमता न होने या दृष्टि क्षेत्र 20 के कोण में या उससे भी कम रूप में सिमट जाने तक पाया जाता है। यहां 20/200 दृष्टि क्षमता से अभिप्राय: है कि एक सामान्य दृष्टि युक्त व्यक्ति जिस वस्तु को 200 फुट की दूरी से देख सकता है वह वस्तु उन्हें तभी दिखाई देती है जब उसे 20 फुट की दूरी पर लाकर दिखाया जाए। दृष्टि क्षेत्र के सिकुड़ जाने या सिमट जाने से अभिप्राय यह है कि पीड़ित व्यक्ति एक

सुरंग युक्त दृष्टि ही रख पाता है, उसके भीतर की चीजें ही वह देख पाता है उससे परे और आस-पास की चीजें उसे नहीं दिखाई देती हैं।

(Iv) **पूर्ण अन्धता** (Total blindness): ऐसी दृष्टि अक्षमता जिसे पूर्ण अन्धता माना जाता है इसमें पीड़ित व्यक्ति को कुछ भी दिखाई नहीं देता है। उसे किसी भी वस्तु का प्रत्यक्षीकरण नहीं होता है, वह तो स्पर्श कर या सुनकर किसी चीज का अनुभव करता है। इसीलिए ऐसा व्यक्ति केवल ब्रेललिपि (Braille Script) के द्वारा ही अधिगम कर सकता है या फिर अन्य दृश्यता रहित माध्यमों की सहायता से वे कुछ सीख सकते हैं।

दूसरे रूप में हम दृष्टि क्षतिग्रस्तता या अक्षमता को जन्म के समय से विद्यमान अक्षमता या जन्मोपरान्त बीमारी अथवा दुर्घटना के कारण आने वाले नेत्र दोष या अक्षमता, के रूप में वर्गीकृत कर सकते हैं। उन्हें दृष्टिदोष सम्बन्धी तकनीकी नामावली में कंजीनियल (congenial) और एडवेंटीशयस (Adventitious) नाम दिए जाते हैं।

दृष्टि अक्षमता युक्त बालकों के व्यवहार में दिखाई देने वाली विशेषताएँ (The Characteristics of Visual Impairments Visible in the Child's Behaviour)

किसी भी एक या दूसरे प्रकार की दृष्टि क्षतिग्रस्तता या अक्षमता से प्रभावित बच्चों के व्यवहार में निम्न प्रकार की व्यवहारात्मक विशेषताएँ देखने को मिलती हैं:

- बालक अक्सर आँख में दर्द, खिंचाव, खुजली या बेचैनी की शिकायत करता है।
- आंखों के बहुत नजदीक लाकर पुस्तक पढ़ता है।
- आंखों के सामने प्रतीत होते धब्बे या धुंधलेपन को हटाने की कोशिश करता है।
- आँखों को बहुत ज्यादा रगड़ता है।
- लगातार झुंझलाता रहता है।
- कुछ देखते समय एक आँख को बन्द करने या ढकने की कोशिश करता है।
- किसी चीज की तरफ देखते समय सिर को इधर उधर घुमाता है या झुकाता है।
- अच्छी तरह देखने के लिए आगे को झुकता है।
- पलकों को अत्यधिक मात्रा में झपकाता है।
- प्रकाश के प्रति अत्यधिक संवेदनशीलता ।
- महीन काम करने में कठिनाई का अनुभव करना (सूक्ष्म वस्तु को देखना या सुई में धागा पिरोना आदि)
- वस्तुओं से टकराना या उन पर पैर रख देना या ठोकर लगना।
- वस्तुओं को बेतरतीब से या वेढंगेपन से पकड़ना।
- श्यामपट पर लिखे हुए वाक्यों को पढ़ने में कठिनाई का अनुभव करना।
- पढ़ते समय पंक्ति या वाक्य पर ऊंगली रखते हुए आगे बढ़ना।

(*Source*: NCERT, 2014, Including Children with special needs, Primary stage)

श्रव्य अक्षमता–अर्थ, प्रकार एवं विशेषताएँ
(Hearing Disability—Meaning, Types and Characteristics)

श्रव्य अक्षमता व्यक्ति की उस अवस्था की ओर संकेत करती है जिसमें वह सुनने सम्बन्धी क्षतिग्रस्तता से पीड़ित होता है। यह श्रवण क्षतिग्रस्तता ऊँचा सुनने से लेकर पूर्ण बधिरता की स्थिति तक हो सकती है। जिसके कारण उन्हें दूसरों के साथ वार्तालाप करने या सूचनाओं का आदान प्रदान करने में परेशानी या असुविधा होती है। इस प्रकार की श्रवण सम्बन्धी क्षतिग्रस्तता से युक्त बालकों में उन बालकों को शामिल किया जाता है (i) जो कम या ऊँचा सुनते है परन्तु श्रवण उपकरणों की मदद से उन्हें सुनाई दे जाता है तथा (ii) पूर्ण रूप से बहरे जिन्हें श्रवण उपकरणों की सहायता से भी नहीं सुनाई देता।

उपरोक्त वर्णित वर्गीकरण के अतिरिक्त एक और प्रकार का वर्गीकरण जिसे चिकित्सीय वर्गीकरण (Medical Classification) नाम दिया जाता है उसके अनुसार श्रवण अक्षमता सम्बन्धी दोषों या क्षतिग्रस्तता को निम्न प्रकार वर्गीकृत किया जा सकता है।

1. *कन्डक्टिव श्रवण क्षति (Conductive Learning Loss)*: इस प्रकार की श्रवण सम्बन्धी क्षति बाहरी या मध्य कान में होने वाली बीमारियों या रूकावटों के कारण प्रकाश में आती है। इनकी वजह से श्रवण संचालन में बाधा पहुँचने से ध्वनि भीतरी कान तक नहीं पहुँच पाती है। इस प्रकार की श्रवण सम्बन्धी हानि या क्षति से सभी प्रकार के सुनने सम्बन्धी शक्ति की क्षमता पर असर पड़ता है परन्तु फिर भी यह प्रभाव अपने आप में अति गम्भीर नहीं होता। इस क्षति से ग्रस्त व्यक्ति को श्रवणयन्त्र लगाने से फायदा पहुँच सकता है और उसे औषधियों और ऑपरेशन की मदद से ठीक करने का प्रावधान भी रहता है।

2. *इन्द्रिय स्नायुविक श्रवण क्षति (Sensor-neural Learning Loss)*: इस प्रकार की श्रवण सम्बन्धी क्षति या नुकसान या तो भीतरी कान के नाजुक एन्द्रिक श्रवण कोशों अथवा ध्वनिवाहक नाड़ियों की क्षतिग्रस्तता के फलस्वरूप प्रकाश में आते हैं। इस प्रकार की श्रवण क्षति बहुत कम (Mild) से लेकर काफी ज्यादा (profound) तक हो सकती है। इससे व्यक्ति को दूसरों की अपेक्षा सुनने हेतु ऊँची तीव्रता युक्त ध्वनि की आवश्यकता होती है। बहुत तीव्र ध्वनि भी ऐसे व्यक्तियों को काफी अस्पष्ट और कम सुनाई देती है और इसी कारण कई बार ऐसे व्यक्तियों को श्रवण यन्त्र से भी लाभ प्राप्त नहीं होता।

3. *मिश्रित श्रवण क्षति (A Mix Learning Loss)*: इस प्रकार की श्रवण सम्बन्धी अक्षमता या क्षतिग्रस्तता से ऊपर वर्णित दोनों प्रकारों-कन्डक्टिव तथा सेन्सरीन्यूरल क्षतियों का मिश्रण रहता है यानी इस प्रकार की श्रवण क्षति या नुकसान के पीछे वे दोनों प्रकार की श्रवण समस्याएँ होती हैं जो (i) बाहरी या मध्य तथा (ii) आन्तरिक कान में होने वाले दोषों के कारण प्रकाश में आती हैं।

4. *केन्द्रीय श्रवण क्षति (Central Hearing Loss)*: इस प्रकार की श्रवण क्षतिग्रस्तता मस्तिष्क को संदेश ले जाने वाली केन्द्रीय स्नायुसंस्थान सम्बन्धी नाड़ी तन्त्र या

मस्तिष्क को पहुँचने वाली क्षति/आघात के कारण प्रकाश में आती है। इसका स्वरूप काफी गंभीर हो सकता है जिसकी परिणिति पूर्ण बधिरता में होती है।

उपरोक्त चिकित्सीय वर्गीकरण यद्यांप चिकित्सा की दृष्टि से काफी उपयोगी सिद्ध होता है परन्तु शिक्षा के क्षेत्र में इसका कोई विशेष उपयोग बालकों के समायोजन एवं शिक्षा हेतु नहीं किया जाता। यहाँ तो हमें एक ऐसा वर्गीकरण चाहिये जो उन्हें उनकी श्रवण अक्षमता या क्षतिग्रस्तता को काफी कम से लेकर काफी अधिक अक्षमता तक व्यक्त करने में सहायक बन सके। यहाँ हमें ध्वनि को सुनने सम्बन्धी एक इकाई जिसे डेसीबल (decibel-dB) कहते है उचित मदद कर सकती है। डेसीबल से तात्पर्य उस सुनने सम्बन्धी इकाई से है जो आवाज या ध्वनि की तीव्रता (ऊँचा होने) का मापन करती है । तकनीकी दृष्टि से जो बालक पारस्परिक संप्रेषण में 90 डेसीबल (decibels से अधिक तीव्रता वाली ध्वनि को भी नहीं सुन सकते उन्हें बहरे या बधिर (deaf) की संज्ञा दी जाती है उससे कम क्षतिग्रस्तता वाले सभी बालकों को ऊँचा सुनने सम्बन्धी श्रवण क्षतिग्रस्तता का शिकार माना जाता है। सरकारी सहायता प्राप्त करने या अपंग और अपाहिज श्रेणी के लाभ उन्हीं व्यक्तियों को दिये जाते हैं जिनकी श्रवण सम्बन्धी क्षतिग्रस्तता या नुकसान 60 डेसीबल या उससे अधिक हो। इस तरह 60 से लेकर 90 डेसीबल श्रवण क्षतिग्रस्तता के शिकार बालक जहाँ ऊँचा सुनने वाले बालक कहे जाते हैं तो 90 डेसीबल से अधिक क्षतिग्रस्तता के बालकों को बधिर या बहरे की संज्ञा दी जाती है।

यहाँ अब हम एक ओर बात स्पष्ट रूप से समझना चाहेंगे कि समेकित शिक्षा व्यवस्था में श्रवण दोषों से युक्त बालकों के समायोजन और शिक्षा को लेकर हम उन्हें दो मुख्य भागों में बाँटना चाहेंगे (i) बहरे बालक (deaf) तथा (ii) ऊँचा सुनने वाले बालक (Hard of Hearing), ताकि उनकी श्रवण अक्षमता और क्षतिग्रस्तता के स्तर के अनुसार उनकी उचित सहायता की जा सके।

जहाँ तक बहरे या बधिर बालकों का प्रश्न है, सुनने की दृष्टि से उनकी अक्षमता या क्षतिग्रस्तता से यहाँ पूरी तरह आशय यह है कि उनमें सुनने यानी अपनी श्रवणेन्द्रियों से लाभ उठाने की किसी भी प्रकार की क्षमता नहीं पाई जाती तथा साथ ही ऐसे बालकों का गूंगा होना भी आवश्यक होता है अगर उनका बहरापन जन्मजात हो।

इनकी तुलना में जिन्हें ऊँचा सुनाई देता है, उनकी इस अक्षमता का स्तर बढ़ा हुआ होने पर भी कही न कही ऐसी आशा बनी रहती है कि या तो इनका समयोचित उचित इलाज हो जायेगा या इन्हें श्रवण यंत्रों से ठीक सुनाई दे सकेगा अथवा किसी न किसी रूप में इनकी सुनने की थोड़ी बहुत क्षमता का इनके समायोजन तथा शिक्षा हेतु उपयोग किया जा सकेगा।

श्रवण अक्षमता, दोष तथा क्षतिग्रस्तता के शिकार बालकों की इन विशिष्टताओं तथा प्रकारों को आधार बनाकर ही उन्हें समेकित शिक्षा व्यवस्था में भलीभाँति समायोजित होने तथा शिक्षा के उचित अवसर प्रदान करने की योजना बनाई जाती है।

बालकों में संभावित श्रवण अक्षमता तथा क्षतिग्रस्तता सम्बन्धी लक्षण (Signs of Possible Learning Impairments in Children): निम्न प्रकार के लक्षणों तथा व्यवहारजन्य विशेषताओं की उपस्थिति हमें बालकों में पाई जाने वाली संभावित श्रवण अक्षमता तथा क्षतिग्रस्तता के बारे में सावधान कर सकती है।

- बालक धीमी आवाज के प्रति कोई अनुक्रिया नहीं करता है।
- बालक तीव्र ध्वनि के प्रति भी कोई अनुक्रिया व्यक्त नहीं करता है।
- बालक किसी ध्वनि के होने पर ध्वनि की दिशा में (बाएं या दाएं) उसी समय अपने सिर को घुमाता है, जिस कान से ध्वनि सुनाई देती है उसी तरफ अपने सिर को घुमाता है।
- बालक 6 से 8 माह की आयु होते होते अपने मुंह से बब-बब करना (बड़बड़ाना) बन्द कर देता है।
- बालक ध्वनि या शोर करने वाले खिलौनों जैसे- झुनझुना, घंटी, सीटी आदि ध्वनि करने वाले खिलौनों में कोई रुचि नहीं दिखाता है या बहुत कम रुचि दिखाता है।
- बालक 6 माह की आयु अथवा एक वर्ष की आयु होने पर भी सार्थक शब्दों, जैसे- मम्मी, पापा, डैडी, बाय-बाय आदि का प्रयोग करना शुरू नहीं कर पाता है।
- बालक सामान्य आदेशों आदि जैसे- बैठो, चलो आदि को तब तक नहीं समझ पाता है जब तक कि बात हाव भाव के साथ व्यक्त न की जाए।
- बालक आपके बोलते समय आपके चेहरे की तरफ देखना चाहता है ताकि वह आपके होंठो के संचालन को पढ़ सके, समझ सके।

(*स्त्रोत:* एन.सी. ई. आर. टी. (2014), इन्क्लूसिव चिल्डरेन विद स्पेशल नीड्स)

मानसिक अक्षमता-अर्थ, प्रकार और विशेषताएँ

(Mental Disability—Meaning, Types and Characteristics)

साधारण रूप से मानसिक मंदन (Mental Retardation) से तात्पर्य है किसी व्यक्ति या बालक की मानसिक योग्यताओं या क्षमताओं में पाई जाने वाली कमी या न्यूनता। मंदन अंग्रेजी शब्द रिटार्डेशन (Retardation) का हिंदी रूपांतर है। भौतिक विज्ञान (Physics) तथा गति विज्ञान (Dynamics) में दो पदों ऐसीलेरेशन (Acceleration) तथा रिटार्डेशन (Retardation) का प्रयोग किया जाता है। गति या वेग (Velocity) में होने वाली निरंतर वृद्धि को वेग वृद्धि (Acceleration) कहा जाता है जबकि उसमें होने वाली निरंतर कमी को वेग मंदन (Retardation) का नाम दिया जाता है। मनोविज्ञान में भी मानसिक वृद्धि एवं विकास की गति की न्यूनता तथा पाई जाने वाली कमी को दर्शाने के लिए मानसिक मंदन का प्रयोग, इसी तरह भौतिक तथा गति विज्ञान से ही लिया जान पड़ता है।

बालकों तथा बड़ों में व्याप्त मानसिक न्यूनता या बौद्धिक कमी को व्यक्त करने के लिए मानसिक मंदता के अतिरिक्त और भी अन्य शब्दों से मंद बुद्धिता (Mental or Intellectual Deficiency), मानसिक रूप से पिछड़ापन या मानसिक विकलांगता (Mental Disability or Handicapness) का सहारा लिया जाता है। नाम चाहे कोई भी लिया जाए, इस प्रकार मंदता के शिकार बालकों में एक बात पूरी तरह निश्चित रहती है कि उनकी बौद्धिक क्षमताएँ तथा योग्यताएँ सामान्य (Normal) बालकों की तुलना में बहुत अधिक न्यून तथा अविकसित होती हैं।

प्रश्न उठता है कि इस प्रकार के मानसिक मंदन की वास्तविक प्रकृति क्या होती है? इसे कैसे परिभाषित किया जा सकता है ? आगे की पंक्तियों में कुछ जानी मानी परिभाषाओं का सहारा लेकर हम यही करने का प्रयत्न करेंगे।

जे. डी. पेज (J.D. Page): मानसिक न्यूनता या मंदन व्यक्ति में जन्म के समय या बचपन से प्रारम्भ के वर्षों में पाई जाने वाली सामान्य से कम मानसिक विकास की ऐसी अवस्था है जो उसमें बुद्धि सम्बन्धी कमी तथा सामाजिक अक्षमता के लिए उत्तरदायी होती है।

("Mental Deficiency or Retardation is a condition or subnormal mental development present at birth or early childhood and characterized mainly by limited intelligence and social inadequacy.")—1976, p. 354.

अमेरिकन एसोसिएशन ऑफ मेंटल डेफीसिएंसी (American Association of Mental Deficiency): मानसिक मंदन से तात्पर्य विकास काल में दिखाई पड़ने वाली उल्लेखनीय औसत से नीचे की बौद्धिक कार्यक्षमता तथा इसी के साथ-साथ चलने वाली समाज की माँगों के साथ समायोजन में असमर्थता से है।

("Mental retardation refers to significantly sub-average intellectual functioning existing concurrently with deficits in adaptive behaviour and manifested during the development period")—1973, p. 326.

ब्रिटिश मेंटल डेफीसिएंसी ऐक्ट (British Mental Deficiency Act): मानसिक मंदन 18 वर्ष से पहले अतिरिक कारणों की वजह से अथवा बीमारी या चोट के कारण पैदा हुई एक ऐसी स्थिति है जिसमें व्यक्ति के मस्तिष्क का विकास या तो रूक जाता है या उसमें अपूर्णता आ जाती है।

(Mental Retardation is a condition of arrested or incomplete development of mind existing before the age of 18 years whether arising from inherent causes or induced by disease or injury")—1981, pp. 197-88.

इन परिभाषाओं का विश्लेषण करने के पश्चात् हम मानसिक मंदन के अर्थ एवं प्रकृति के बारे में कुछ निम्न परिणाम निकाल सकते हैं:

1. मानसिक मंदन मानसिक और दिमागी विकास की एक विशेष हालात या स्थिति को प्रकट करता है।

2. मानसिक मंदन के शिकार व्यक्ति को मानसिक रूप से अस्वस्थ या रोगी नहीं माना जाना चाहिए।
3. इसका सम्बन्ध मस्तिष्क या मानसिक शक्तियों के अधूरे या अपर्याप्त विकास से है।
4. मानसिक शक्तियों का विकास काल 18-19 वर्ष की आयु (किशोरावस्था की समाप्ति) तक माना जाता है। किसका विकास सामान्य से बहुत कम या अधूरा रहा, इसी बात को लेकर मानसिक मंदन से शिकार बालकों की पहचान की जाती है। इसी दृष्टि से मानसिक मंदन के दिखाई पड़ने का समय विकास काल ही है।
5. औसत से बहुत कम बौद्धिक क्षमता के साथ-साथ मानसिक मंदन की एक पहचान यह भी है कि इसके शिकार बालक या किशोर अपने तथा अपने परिवेश से समायोजित होने में काफी कठिनाई या असमर्थता अनुभव करते हैं।
6. मानसिक मंदता जन्मजात भी हो सकती है, इसके लिए उसका आंतरिक व्यक्तित्व भी जिम्मेदार हो सकता है तथा इसे बाह्य कारकों जैसे कोई गंभीर बीमारी अथवा चोट का परिणाम भी माना जा सकता है।

मानसिक मंदता के अर्थ और विशेषताओं से इस तरह परिचित हो जाने के बाद अब हम अपने आपको ऐसी स्थिति में पा सकते हैं कि मानसिक मंदन के शिकार (Mentally retarded) या मानसिक रूप से विकलांग बालक कौन होते हैं, इस बात को एक परिभाषित शब्दावली में व्यक्त कर सकते हैं। ऐसी एक परिभाषा कुछ निम्न रूप में रखी जा सकती है।

मानसिक मंदित या विकलांग बालक वे बालक होते हैं जिनमें मस्तिष्क की वृद्धि और विकास की दृष्टि से, काफी न्यूनताएँ, मंदन और औसतन कमियाँ पाई जाती हैं। जिनसे उनकी बौद्धिक क्षमताओं पर इस सीमा तक प्रतिकूल प्रभाव पड़ता है कि उन्हें अपने वातावरण के साथ समायोजित होने में इतनी अधिक परेशानियाँ आती हैं कि उन्हें अपने कल्याण तथा शक्ति के विकास हेतु विशेष देखभाल तथा शिक्षा-दीक्षा की जरूरत पड़ती है।

("Mentally retarded or disabled children are those children who suffer for the retarded subnormal or deficient growth and development of their brain affecting their intellectual capacities to the extent that they feel handicapped in their adaptation to the environment and thus require special care and provision for their welfare and development of their capacities.")

मानसिक रूप से पिछड़े बालकों के प्रकार
(Types of Mentally Challenged Children)

मानसिक मंदन या पिछड़ेपन के शिकार बालकों तथा किशोरों को उनकी मंदता या पिछड़ेपन के आधार पर निश्चित वर्गों में रखने के प्रयत्न किए गए हैं। इनमें से दो तरह के प्रयत्न–बुद्धिलब्धि को आधार बनाना तथा समायोजन क्षमता को आधार बनाना, अधिक चर्चित रहे हैं।

बुद्धिलब्धि के आधार पर वर्गीकरण (Classification Based on Intelligence Tests): व्यक्तियों को प्रतिभावान (Gifted), सामान्य बुद्धि (Normal) और सामान्य से कम बुद्धि वाला (Sub-normal) पोषित करने के लिए प्राय: हम बुद्धि परीक्षणों और बुद्धिलब्धि की धारणा का प्रयोग करते हैं। अगर टरमन (Terman) द्वारा दिए गए बुद्धिवर्गीकरण का अनुगमन किया जाए तो जिन व्यक्तियों की बुद्धिलब्धि 90 और 110 के मध्य होती है उन्हें सामान्य अथवा औसत बुद्धि कहा जा सकता है, फलस्वरूप जिनकी बुद्धि 90 से कम हो, उन्हें सामान्य से कम बुद्धि वाला (Sub & normal) कहा जाएगा। सामान्य से कम बुद्धि वाले व्यक्तियों को निम्न प्रकार से वर्गीकृत किया जा सकता है।

वर्ग (Class)	बुद्धिलब्धि (I.Q.)
महामूर्ख या जड़बुद्धि (Idiot)	25 से कम
मूढ़ (Imbecile)	25 से 50 तक
मूर्ख (Morons)	51 से 75 तक
सीमा पर और अल्प बुद्धि (Border line and the dull)	75 से 90 तक

उपरोक्त वर्गों (Classes) से सम्बन्धित सभी व्यक्ति (सीमा पर पाए जाने वाले कुछ व्यक्तियों को छोड़कर) जिन्हें जड़बुद्धि, मूढ़, मूर्ख और अल्पबुद्धि के नाम से जाना जाता है। मानसिक रूप से विकलांग या पिछड़े हुए (Mentally Disabled or Retarded Children) कहलाते हैं।

बुद्धिलब्धि के आधार पर किया हुआ उपरोक्त वर्गीकरण सभी के द्वारा निश्चित अथवा तय किया हुआ वर्गीकरण नहीं है। किस वर्ग की सीमा कितनी बुद्धिलब्धि से लेकर कितनी बुद्धिलब्धि तक मानी जाए, इस बारे में मनोवैज्ञानिकों में बहुत मतभेद हैं। लेकिन एक बात बिल्कुल निश्चित है कि सभी मंद-बुद्धि अथवा मानसिक रूप से पिछड़े बालकों (Mentally Retarded] or Mentally Handicapped) में सामान्य बालकों से कम बुद्धिलब्धि पाई जाती है अर्थात् इन बालकों की बौद्धिक योग्यताएँ और क्षमताएँ सामान्य बालकों की तुलना में बहुत कुछ अविकसित होती हैं।

समायोजित व्यवहार के आधार पर वर्गीकरण (Adaptive Behaviour as a Means of Classification): व्यक्तियों में मानसिक मंदन तथा उसकी श्रेणियों को तय करने के लिए उनके द्वारा प्रदर्शित समायोजन सम्बन्धी व्यवहार को आधार बनाने में निम्न दो बातों का ध्यान दिया जाता है।

(i) वे किस सीमा तक अपने व्यवहार में आत्मनिर्भरता का प्रदर्शन करते हैं।

(ii) व्यक्तिगत एवं सामाजिक उत्तरदायित्वों का वहन करने तथा अपने और अपने परिवेश की माँगों को पूरा करने के संदर्भ में वे किस सीमा तक सक्षम एवं सन्तुष्ट हैं।

समायोजित व्यवहार सम्बन्धी क्षमता और अक्षमता के निर्धारण के लिए कई प्रकार के परीक्षणों तथा मापन सामग्री का विकास किया गया है। जिन्हें सामाजिक परिपक्वता मापनी (Social Maturity Scale), समायोजित व्यवहार मापनी (Adaptive Behaviour Scale) आदि नाम दिए जाते हैं।

उपरोक्त दोनों आधार पर की जाने वाली मानसिक मंदता और विकलांगता की जाँच की अपनी-अपनी सीमाएँ हैं। इसलिए आजकल इन दोनों आधाारों को समन्वित करके मानसिक मंदन को वर्गीकृत करने के प्रयत्नों को अधिक समर्थन प्राप्त हो रहा है। इन प्रयत्नों के परिणामस्वरूप मानसिक मंदन से पीड़ित व्यक्तियों को अब महामूर्ख (Idiot), मूढ़ (Mild), मध्यम, (Morons) तथा अल्प बुद्धि (Dull) के रूप में वर्गीकृत न करके अल्प (Mild), मध्यम (Moderate), तीव्र (Severe) एवं गहन (Profound) मानसिक मंदन के रूप में वर्गीकृत किया जाता है।

मानसिक मंदन के इस आधुनिकतम वर्गीकरण को बुद्धिलब्धि की सीमाओं सहित निम्न प्रकार प्रस्तुत किया जा सकता है। यहाँ हम बिनेट (Binnet) तथा वैश्लर (Weshler) द्वारा निर्मित परीक्षणों से प्राप्त बुद्धिलब्धि-प्राप्तांकों का प्रयोग कर रहे हैं।

मानसिक मंदन के स्तर (Levels of Mental Retardation)

मंदन के स्तर (Levels of Retardation)	बुद्धिलब्धि सीमा (स्टैनफोर्ड बिने परीक्षण)	बुद्धिलब्धि सीमा (वैसलरकृत परीक्षण)
1. गहन मानसिक मंदन	20 से नीचे	25 से नीचे
2. तीव्र मानसिक मंदन	20 से 35	25 से 39
3. मध्यम मानसिक मंदन	36 से 51	40 से 54
4. अल्प मानसिक मंदन	52 से 67	55 से 69

मंदन के इन उपरोक्त विभिन्न स्तरों पर व्यक्तियों के व्यवहार तथा बौद्धिक क्षमता आदि के बारे में जानकारी निम्न वर्णन के आधार पर ली जा सकती है:

1. अल्प मानसिक मंदन (Mild Retardation): मानसिक मंदन से पीड़ित व्यक्तियों में से अधिकांश (लगभग 85%) इसी श्रेणी में आते हैं। मुख्य रूप से इनमें प्राय: निम्न विशेषताएँ पाई जाती हैं -

(i) इस श्रेणी का कोई युवक अथवा प्रौढ़ भी अपनी अल्प मानसिक मंदता के कारण एक सामान्य 10 वर्ष के बालक के बराबर भी बौद्धिक क्षमता नहीं रखता तथा सामाजिक समायोजन के क्षेत्र में भी वह 15 या 16 वर्ष के किशोर से आगे नहीं जा पाता ।

(ii) इस प्रकार के सभी व्यक्तियों का विकास बहुत ही धीमी गति से होता है। अपने विकास काल में वे चलने-फिरने, बातचीत करने, भोजन, मल मूत्र विसर्जन तथा अन्य सम्बन्धी सामान्य क्रियाएँ करने में भी सामान्य बालकों

की तुलना में पीछे रह जाते हैं। विद्यालयों में ऐसे बालकों की गिनती धीमी गति से सीखने वालों (Slow Learners) में होती है। उन्हें एक ही कक्षा को पास करने में कई-कई साल लग जाते हैं।

(iii) ऐसे व्यक्ति या बालक सामान्य (Averages) की तुलना में काम में काफी सुस्त तथा अपनी जिम्मेदारियों के प्रति लापरवाह पाए जाते हैं। संवेगात्मक रूप से ये काफी अस्थिर तथा अपरिपक्व होते हैं। इनमें निर्णय लेने की क्षमता का अभाव रहता है तथा सोचने-विचारने की शक्ति एवं दूरदर्शिता की भी कमी रहती है। इसी कारण इनके मार्ग से भटकने, बिगड़ने तथा समाज विरोधी कार्यों में फँसने या फँसा लिए जाने का खतरा भी अधिक ही रहता है।

(iv) मानसिक मंदन के अन्य स्तर की अपेक्षा इस स्तर के व्यक्तियों में मानसिक मंदन की तीव्रता उतनी नहीं होती कि वे अपने दिन प्रतिदिन के कार्य भी अपने आप न कर सकें अथवा उन्हें भौतिक एवं सामाजिक रूप से सुरक्षित रहने के लिए किसी के सहारे की जरूरत पड़े।

(v) अपने और अपने वातावरण से समायोजित होने की दृष्टि से भी इस श्रेणी के व्यक्तियों से काफी संतोषप्रद आशा रखी जा सकती है क्योंकि इनकी गिनती शिक्षित होने योग्य (Educable) व्यक्तियों में की जाती है। अगर शुरू से इनकी मानसिक मंदता के स्तर का उचित ज्ञान हो जाए तथा माँ-बाप और शिक्षक वर्ग द्वारा उचित व्यक्तिगत ध्यान दिया जाए तो इन्हें एक ऐसी सम्मानजनक सामान्य स्थिति तक शिक्षा दी जा सकती है कि जिससे ये सामाजिक तथा आर्थिक दृष्टि से आत्मनिर्भर बन सके।

2. मध्यम मानसिक मंदन (Moderate Mild Retardation): मानसिक मंदन से पीड़ित व्यक्तियों में से लगभग 10% व्यक्ति इस श्रेणी के अन्तर्गत आते हैं। इनकी मुख्य विशेषताओं का उल्लेख निम्न प्रकार किया जा सकता है:

(i) अपनी युवावस्था तथा प्रौढ़ावस्था में इस श्रेणी के व्यक्तियों की बौद्धिक क्षमता एक सामान्य 6 वर्ष के बालक के बराबर ही होती है।

(ii) शारीरिक रूप से दिखने में ये भद्दे (Unpresentable) ही लगते हैं। इनमें से अधिकांश किसी प्रकार की शारीरिक विकृति तथा गत्यात्मक समन्वय सम्बन्धी विसंगति (जैसे किन्हीं वस्तुओं को ठीक से नहीं पकड़ सकना, ठीक तरह चलना-फिरना, दौड़ भाग, उछलकूद नहीं कर सकना) से ग्रस्त पाए जाते हैं।

(iii) उनकी बौद्धिक क्षमताओं तथा मानसिक विकास का स्तर इतना कम होता है कि उन्हें अल्प मानसिक मंदन स्तर के बालकों की भाँति शिक्षित करने के लिए प्रयास लगभग निरर्थक ही सिद्ध होते हैं। इसलिए इन्हें प्रशिक्षण देने योग्य (Trainable) ही समझा जाता है और फलस्वरूप इन्हें आगे बढ़ाने में दो बातों का ध्यान रखा जाता है। एक तो इन्हें दिन प्रतिदिन के सामाजिक जीवन में

ठीक प्रकार समायोजित होने के लिए प्रशिक्षण दिया जाता है। वे अपने दिन प्रतिदिन के कार्य जैसे नहाना, कपड़े धोना, मंजन करना, शौचालय जाना, कपड़े पहनना, खाना खाना, आदि भलीभाँति कर सकें इसके लिए उन्हें प्रशिक्षित किया जा सकता है। दूसरे यह प्रयत्न किए जाते हैं कि वे अभ्यास और प्रशिक्षण से किन्हीं बुनियादी उद्योगों (Basic Craft) सम्बन्धी कुशलताओं का अर्जन कर लें ताकि उनकी रोजी-रोटी का कुछ साधन बन सके।

(iv) अगर विशेष व्यवस्था कर विशिष्ट प्रशिक्षण दिया जाए तो इसमें से कुछ बालक, थोड़ा बहुत लिखना-पढ़ना, बोलचाल की भाषा को ठीक तरह प्रयोग कर सकना आदि के योग्य हो जाते हैं। परन्तु उनसे इस दिशा में और विशेष अपेक्षा करना इनके और अपने समय तथा शक्ति का दुरुपयोग ही है। इनके लिए इतना ही बहुत है कि वे अपने दैनिक कार्यों को करने तथा सामाजिक जीवन को जीने सम्बन्धी आवश्यक आत्म निर्भरता प्राप्त कर लें। और इसके लिए भी उनके ऊपर ठीक तरह ध्यान देने और उचित प्रशिक्षण देने की आवश्यकता होती है।

3. तीव्र मानसिक मंदन (Severe Mental Retardation): मानसिक मंदन से पीड़ितो में से लगभग 3.5% इस श्रेणी में आते हैं। इस श्रेणी के मंदन के शिकारों में बालक तथा किशोर ही अधिकांश रूप से पाये जाते हैं। इनकी प्रमुख विशेषताओं का उल्लेख निम्न प्रकार किया जा सकता है

(i) इन बालकों तथा किशोरों का बौद्धिक विकास अधिक से अधिक 4 वर्ष के सामान्य बालक की भांति ही होता है।

(ii) ये चोट और बीमारियों के अधिक शिकार होते हैं अतः इनकी आयु प्रायः ज्यादा लंबी नहीं होती।

(iii) जन्म से ही इनके मानसिक विकास की दर बहुत ही कम होती है इसलिये इनमें भाषा तथा गत्यात्मक विकास (Language and Motor Development) नहीं के बराबर होता है।

(iv) शारीरिक अपंगता तथा संवेदना शक्तियों (Sensory Powers) की अक्षमता भी इनमें अधिकतर पाई जाती है। अपने परिवेश तथा चारों ओर की दुनिया में इनकी रुचि भी नहीं के बराबर ही होती है।

(v) अपने दिन प्रतिदिन के कार्यों जैसे नहाने-धोने, कपड़े पहनने, खाने-पीने शौच जाने आदि में ये काफी असमर्थता का अनुभव करते हैं।

(vi) ये न तो अल्प मानसिक मंदितों की तरह शिक्षित होने योग्य (Educable) होते हैं और न माध्यम मानसिक मंदितों की तरह प्रशिक्षित होने योग्य (Trainable) । यही कारण है कि इनमें से अधिकांश सारी उम्र दूसरों पर आश्रित ही बने रहते हैं।

(vii) इन्हें घर पर न रखकर मानसिक मंदन या विकलांगों के लिए विशेष रूप से स्थापित संस्थानों तथा बोर्डिंग हाउस में रखा जाना चाहिए ताकि मां बाप

का स्नेह तथा दूसरों की सहानुभूति इन्हें जीवन भर के लिए आश्रित तथा अपंग ही न बना दे। वहाँ के परिवेश में वे विशेषज्ञों की देख-रेख प्रयासों द्वारा आवश्यक शारीरिक आत्म निर्भरता ग्रहण कर सकते हैं, और संकेत तथा आसान भाषा सीखकर थोड़ा बहुत सामाजिक समायोजन कर सकते हैं। इन्हें शारीरिक परिश्रम (Manual Labour) सम्बन्धी कार्यों हेतु उचित प्रयास द्वारा अच्छी तरह तैयार किया जा सकता है। एक बार कार्य आ जाने पर ये पूरी शक्ति से, बिना ऊबे (Bore) हुए लगातार कर सकते हैं।

4. गहन मानसिक मंदन (Profound Mental Retardation): इस श्रेणी में मानसिक मंदन से पीड़ितों में से केवल 1.5% की ही गिनती होती है। इस दृष्टि से इस प्रकार के मंदन के शिकार पूरी जनसंख्या में बहुत ही कम मिलते हैं। इनकी प्रमुख विशेषताओं का उल्लेख निम्न प्रकार से किया जा सकता है:

(i) मानसिक मंदन के स्तर में मंदन की दृष्टि से यह काफी गंभीर तथा गहन स्तर होता है। अतः इससे पीड़ित बालकों में बहुत ही गंभीर रूप से मानसिक मंदन तथा विकलांगता पाई जाती है।

(ii) इस स्तर के बालक अधिक आयु तक नहीं जी पाते और जीते भी है तो उनकी बौद्धिक क्षमता का स्तर 2 वर्ष के सामान्य बालक के स्तर से अधिक नहीं पहुंचता।

(iii) इनका जीवन अपने लिये तथा दूसरों के लिये एक बोझ ही होता है। ये अपनी सामान्य जिंदगी नहीं जी सकते। दिन प्रतिदिन के सभी कार्यों में ये पूरी तरह दूसरों पर आश्रित रहते हैं। इन्हें अपने परिवेश के बारे में कोई विशेष चेतना भी नहीं होती। जहाँ बैठे हैं वहीं मल-मूत्र त्याग देना इनके लिये स्वाभाविक सी बात होती है।

(iv) इनकी हर समय विशेष देखभाल तथा सुरक्षा की आवश्यकता होती है। इनमें गत्यात्मक समन्वय तथा संतुलन की क्षमता विकसित न होने से चलने-फिरने तथा खड़े होने सम्बन्धी अक्षमता पाई जाती है। अतः इनके चोट खाने का खतरा भी काफी रहता है। दूसरे ये इतने नासमझ तथा अक्षम भी होते हैं कि साधारण भौतिक खतरों में भी अपनी सुरक्षा नहीं कर पाते। जैसे अगर आग लग गई है अथवा कोई नुकसान पहुंचाने वाला कीड़ा-मकोड़ा, सांप, बिच्छू पास में आ रहा है तो उससे ये अपना बचाव स्वयं नहीं कर सकते। वहीं बैठे या पड़े-पड़े हो-हो करते रहेंगे।

(v) ये हर प्रकार से मानसिक मंदन से पीड़ित बालकों के लिए विशेष रूप से बने संस्थानों (Institutions) में रखे जाने के लिए ही बने होते हैं। इन्हें घर पर रखने से इनका अहित ही होता है कल्याण नहीं, अतः अनावश्यक मोह त्यागकर उन्हें संस्थानों में भर्ती कराकर आवश्यक सहायता प्रदान करने के प्रयत्न किये जाने चाहिए।

माँसपेशीय या गत्यात्मक अक्षमता–अर्थ एवं प्रकृति
(Locomotor Disability—Meaning and Nature)

इस प्रकार की अक्षमता या विकलांगता का सम्बन्ध शरीर की मांसपेशीय गड़बड़ी या गत्यात्मक क्रियाशीलता में कठिनाई या समस्या उत्पन्न होने से होता है। इसमें व्यक्ति, चलते-फिरते अपने आप को संभालने या वस्तुओं को पकड़ने या इधर-उधर रखने में असमर्थता का अनुभव करता है। लोकोमोटर अक्षमता पद को परिभाषित करते हुए Rights of Persons with Disabilities Bill, 2012 में लिखा है:

"मांसपेशीय या गत्यात्मक अक्षमता से तात्पर्य" व्यक्ति विशेष की उन विशिष्ट गतिविधियों के सम्पादन सम्बन्धी अक्षमता से है जिसका सम्बन्ध उसके स्वयं के और वस्तुओं सम्बन्धी गत्यात्मकता से होता है और जो मांसपेशीय और अस्थि सम्बन्धी तथा/या स्नायु संस्थान के विकारों के कारण पैदा होती है।"

("Locomotor disability refers to a person's inability to execute distinctive activities associated with movement of self and objects, resulting from affrication of musculoskeletal and/or nervous system.")

–Rights of Person with Disabilities Bill, 2012

इस परिभाषा का विश्लेषण करते हुए स्पष्ट रूप से यह ज्ञात हो जाता है कि मांसपेशीय या गत्यात्मक अक्षमता के उत्पन्न होने के पीछे मुख्य रूप से दो कारण कार्य कर सकते हैं:

(i) या तो इस प्रकार की अक्षमता किसी एक या अन्य प्रकार की अस्थि और मांसपेशीय सम्बन्धी खराबियों अथवा विकारों, जैसे-हड्डियों और उनके जोड़ों या मांसपेशियों में कोई दोष या विकृति आ जाना, या शरीर के किसी अंग की अनुपस्थिति और उसके संचालन में आने वाले दोष।

(ii) दूसरे कारण के रूप में व्यक्ति की गत्यात्मकता में अवरोध तब पैदा हो सकते है जब वह किसी मस्तिष्क सम्बन्धी गड़बड़ी या विकार से ग्रस्त हो।

कारण चाहे कोई भी हो, पीड़ित व्यक्ति अपने शरीर के अंग प्रत्यंगों द्वारा की जाने वाली गत्यात्मक गतिविधियों के सम्बन्ध में काफी अक्षमता, असमर्थता और असुविधा का अनुभव करता है और इसीलिए लोकोमीटर अक्षमता अपनी प्रकृति और उसके परिणाम के सन्दर्भ में वस्तुत: एक प्रकार की शारीरिक गतितिधियों सम्बन्धी अक्षमता ही है।

माँसपेशीय या गत्यात्मक विकारों द्वारा उत्पन्न कार्यात्मक सीमाएं अथवा अवरोध (Functional Limitations Caused by Locomotor Disorders)

मांसपेशीय या गत्यात्मक विकारों की वजह से पीड़ित बालकों के सामने जो शारीरिक और कार्यात्मक समस्याएं पैदा होती है, वे अपने आप में काफी जटिल और भिन्न-भिन्न प्रकार की होती है। उनके द्वारा इस सम्बन्ध में अनुभव की जाने वाली

अक्षमताओं का स्वरूप भी भिन्न-भिन्न हो सकता है, जैसे-अस्थायी, क्षणिक, साधारण, गम्भीर, अतिगम्भीर, उत्तरोत्तर वृद्धि होने वाला या कुछ समय के लिए अपनी उपस्थिति दिखाना इत्यादि और ये वैयक्तिक होती हैं यानी हर पीड़ित व्यक्ति अलग-अलग रूप में अलग-अलग प्रकार की अक्षमता का अनुभव करता है। परंतु सामान्य रूप से अगर हम मोटे तौर पर देखें तो लोकोमोटर अक्षमता से पीड़ित बालकों को निम्न प्रकार की कार्यात्मक सीमाएं या बाधाओं से ग्रस्त पाया जाता है:

(i) माँसपेशीय नियंत्रण में कमी,
(ii) कमजोरी एवं थकावट महसूस करना,
(iii) (दर्द एवं कमजोरी के कारण) चलने-फिरने, वार्तालाप करने, देखने-सुनने, बोलने, इन्द्रियानुभव करने या कुछ समझने में परेशानी होना,
(iv) किसी छपी या लिखी वस्तु की पढ़ने में परेशानी,
(v) कोई जटिल या मिश्रित अंगसंचालन में (उठाने, ढकेलने आदि में) परेशानी,
(vi) माँसपेशियों के उपयोग में असमर्थता,
(vii) वस्तु को मरोड़ने या घुमाने/एंठने वाली गतिविधियों में पूर्ण असमर्थता या परेशानी,
(viii) शरीर के किसी एक भाग या अधिकांश भाग पर माँसपेशीय नियंत्रण का पूर्ण अभाव, (लकवाग्रस्तता),
(ix) वस्तुओं या अच्छी तरह से निर्मित उपकरणों या उत्पादनों को भी सहायक साधनों के अभाव में अपने आप संचालित करने में असमर्थता अनुभव करना (इसमें गतिशीलता में सहायक साधन जैसे बैसाखी, व्हीलचेयर तथा संप्रेषण में सहायक श्रवणयंत्र आदि शामिल हैं।)
(x) नियंत्रण स्थापित करने में बाधा अनुभव करना, जैसे-कितना आगे बढ़ना है, कहा रूक जाना है, अपनी गति या वस्तुओं को पकड़ने या संभालने पर नियंत्रण का अभाव तथा चलने या कम करने में डगमगा जाना इत्यादि।
(xi) सन्धियुक्त अंगसंचालन में सुविधा या अक्षमता महसूस करना और ऐसा करने में कष्ट का अनुभव करना तथा कार्य में गड़बड़ी हो जाना।
(xii) गत्यात्मक कार्यों को करने में अपने अंगों के छोटे होने, अनुपस्थित होने या उनके आकार में असामान्य वृद्धि होने की वजह से कठिनाई और अक्षमता का अनुभव करना।

अधिगम अक्षमताएँ-अर्थ, विशेषताएँ एवं प्रकार

(Learning Disabilities—Meaning, Characteristics and Types)

अर्थ एवं परिभाषा (Meaning and Definitions)

अधिगम की दृष्टि से अक्षम बालक वे बालक होते हैं जिनमें अधिगम या सीखने की दृष्टि से बहुत अधिक अक्षमता या कठिनाई देखने को मिलती है। प्रश्न यह उठता है

कि यह अधिगम अक्षमता या कठिनाईयाँ क्या होती है? वास्तव में इस प्रकार की अक्षमता से अभिप्राय: किसी ऐसी कठिनाई, मजबूरी तथा असमर्थता से होता है जिसका अनुभव पीड़ित व्यक्ति द्वारा अधिगम मार्ग पर आगे बढ़ने अथवा शैक्षिक दृष्टि से प्रगति करने के दौरान किया जाता है। यह उसी प्रकार की असमर्थता और असहाय जन्य परिस्थिति होती है जिसका सामना एक शारीरिक रूप से अपंग व्यक्ति द्वारा शारीरिक क्षमताओं के प्रदर्शन के दौरान और एक मानसिक रूप से विकलांग बालक द्वारा मानसिक शक्तियों के उपयोग के समय किया जाता है। इस प्रकार से अधिगम की दृष्टि से अक्षम बालकों द्वारा अधिगम के क्षेत्र में उसी प्रकार की बाधाओं और असुविधाओं का सामना करना पड़ता है जैसे कि एक शारीरिक रूप से विकलांग को शारीरिक और मानसिक क्रियाओं के संचालन में, मानसिक रूप से पिछड़े या विकलांग बालक को मानसिक और संज्ञात्मक क्रियाओं के संचालन में तथा संवेगात्मक रूप से कुसमायोजित व्यक्ति को सामाजिक तथा संवेगात्मक व्यवहार क्षेत्र में करना पड़ता है।

अधिगम अक्षमता को परिभाषित करते हुए प्रसिद्ध लेखक एस.ए. किर्क ने निम्न प्रकार से अपने विचार व्यक्त किए है-

अधिगम अक्षमता या अपंगता जैसी शब्दावली का प्रयोग उन बालकों के लिये नहीं होता जिन्हें सीखने सम्बन्धी अस्थायी या मामूली सी कठिनाइयों का सामना करना पड़ता है परंतु उन बालकों के लिये होता है जिनकी योग्यताओं और शैक्षिक क्षेत्रों की उपलब्धियों के बीच-बहुत अधिक असमानता या अंतर देखने को मिलता है और गहन अधिगम समस्याओं से युक्त यह असमानता या अंतर भी इस प्रकृति या स्तर का होता है कि जिसकी व्याख्या उनकी मानसिक विकलांगता, इन्द्रियजनक दोष, संवेगात्मक उथल-पुथल या अधिगम हेतु मिलने वाले अवसर तथा परिस्थितियों के अभाव के रूप में नहीं की जा सकती।

(The term learning disability is not meant to be used for children with minor or temporary difficulties in learning but with a severe discrepancy between ability and achievement in educational performance and the discrepancy described as learning disabilities with significant learning problems that can not be explained by mental retardation, sensory impairment, emotional disturbance or lack of opportunity to learn – S.A. Kirk, 1971)

इस प्रकार से हम देखते हैं कि अधिगम अक्षमता बालक की एक ऐसी स्थिति या दशा है, जिसमें वह अपने अधिगम पथ में अनेक प्रकार की बाधाओं और कठिनाइयों का अनुभव करता है। धीरे-धीरे उसकी अधिगम समस्या इतनी गम्भीर हो जाती है कि वह किसी एक या एक से अधिक संज्ञानात्मक क्षेत्रों से जुड़ी हुई अति विशिष्ट गहन अधिगम समस्याओं का शिकार हो जाता है। जिनके फलस्वयप उसमें निहित उसकी योग्यताओं तथा शैक्षणिक उपलब्धि में इतना अधिक अंतर देखने को मिलता है कि जिसकी पूर्ति हेतु तथा साथ में उनके उचित समायोजन तथा व्यवस्थापन के लिये भी उनके ऊपर विशेष रूप से ध्यान देने तथा आवश्यक उपचारात्मक कदम उठाने की

जरूरत महसूस होती है और जब ऐसा होता है तो ऐसे बालकों को ही अधिगम अक्षम या अपंग बालकों की औपचारिक संज्ञा दी जाती है।

***अधिगम अक्षम या अपंग बालकों की प्रकृति एवं विशेषतायें (Nature and Characteristics of Learning Disabled)*:** शिक्षा और मनोविज्ञान के क्षेत्र में होने वाले विभिन्न अनुसंधानों के आधार पर शिक्षा शास्त्रियों तथा मनोवैज्ञानिकों ने अधिगम अक्षम या अपंग बालकों की प्रकृति एवं विशेषताओं के बारे में जो बातें सामने रखी है उन्हें संक्षेप में निम्न प्रकार लिपिबद्ध किया जा सकता है–

1. अधिगम अक्षम या अपंग बालक किसी एक या अन्य कारणों के फलस्वरूप बहुत सी गहन अधिगम समस्या या विकास से ग्रस्त पाये जाते हैं।
2. उनकी यह अधिगम समस्यायें, कमियाँ तथा दोष दूसरों की दृष्टि में तब आते हैं जब इन बालकों को भाषायी कौशलों (सुनना, बोलना, पढ़ना, लिखना आदि) को अर्जित करने में अपनी असमर्थता व्यक्त करते देखा जाता है या फिर तर्क करने, चिन्तन करने, गणितीय योग्यता तथा सामाजिक कुशलताओं को अर्जित करने में बेहद परेशानी का सामना करते हुय देखा जाता है।
3. इन बालकों के व्यवहार में व्यग्रता (Hyperactivity) तथा अनावश्यक उत्तेजना देखने को मिल सकती है।
4. इनमें से अधिकांश को संवेगात्मक समस्याओं का शिकार पाया जाता है। चिन्तित और मूढ़ी व्यवहार भी इनकी एक विशेषता हो सकती हैं।
5. अधिगम अक्षमता या विकलांगता न तो शारीरिक रूप में बाहर से अपनी झलक दिखाती है और न इसका पता बुद्धि लब्धि के रूप में प्राप्तांकों से ही हो सकता है। इसलिये अधिगम की दृष्टि से अक्षम बालकों का हृष्ट पुष्ट होना, अच्छी देखने और सुनने की शक्ति रखना और सामान्य रूप से बुद्धिमान होना पूरी तरह संभव है।
6. अधिगम अक्षम या अपंग बालकों के लिये यह बात बिल्कुल सही है कि उन सभी में किसी न किसी प्रकार की बहुत गंभीर प्रकृति की असमर्थता या अक्षमता पाई जाती है जिसकी वजह से वे अधिगम अर्जन और शैक्षिक उपलब्धि में उसी प्रकार की कठिनाई या अक्षमता महसूस करते हैं जैसी कि एक शारीरिक और मानसिक रूप से विकलांग व्यक्ति को अपनी शारीरिक और मानसिक क्षमाओं के उपयोग को लेकर होती है।
7. अधिगम की दृष्टि से सभी अक्षम बालकों में जितनी अधिगम क्षमता होती है वे उससे काफी कम शैक्षणिक उपलब्धि का प्रदर्शन करते हैं प्राय: उनकी क्षमताओं तथा उपलब्धि के बीच काफी बड़ा अंतर देखने को मिलता है।

8. अधिगम अक्षमता से युक्त कई बालकों में चिन्ताजनक न्यूरोलोजीकल विकार तथा ई.ई.जी. अनियमिततायें (EEG Irregularities) देखने को मिल सकती है।
9. उनमें स्मृति, चिन्तन, अवधान, सामान्य अंग संचालन एवं नियंत्रण, प्रत्यक्षीकरण तथा गामक क्रियाओं के उचित संपादन सम्बन्धी दोष भी देखने को मिल सकते हैं।
10. इन बच्चों के संबंध में जो एक बात स्पष्ट रूप से सामने आती रहती है कि ये सीखते बहुत मुश्किल से है और दूसरे उन्हें शैक्षणिक कार्यों में स्वामित्य अर्जित करने में बहुत परेशानियों से गुजरना पड़ता है। सही अर्थों में इन्हें सीखने और सीखी हुई बातों का उपयोग करने में उतनी ही असहाय अवस्था, कठिनाई तथा अक्षमता से गुजरना पड़ता है जितना कि शारीरिक तथा मानसिक रूप से अपंग बालकों को शारीरिक तथा मानसिक क्षमता के कार्यों को संपादित करने में।
11. अधिगम सम्बन्धी अपनी न्यूनतम तथा अक्षमता के संदर्भ में उन्हें प्रायः निम्न व्यवहारगत विशेषताओं से युक्त पाया जाता है–
    (i) अभिप्रेरणा का अभाव (ii) ध्यान न दे पाना (iii) सामान्यीकरण क्षमता का अभाव (v) समस्या समाधान योग्यता का अभाव (v) सूचनाओं को व्यवस्थित कर उनसे लाभ उठाने सम्बन्धी अक्षमता तथा (vi) चिन्तन कौशल सम्बन्धी अक्षमता।
12. अधिगम अक्षम तथा अपंग कहे जाने वाले बालकों में अधिगम सम्बन्धी अक्षमता तथा कठिनाइयों का इतना अधिक गम्भीर रूप पाया जाता है कि उन्हें अपनी अधिगम समस्याओं तथा अक्षमताओं के उपचार के लिये आवश्यक रूप से उन पर उचित ध्यान देने, उनके लिये वांछनीय उपचारात्मक कदम उठाने तथा उन्हें अपने समायोजन हेतु पर्याप्त सहायता देने की समुचित व्यवस्था चाहिये। इस प्रकार की व्यवस्था के अभाव में उनका व्यवहार समस्यात्मक बन जाने तथा व्यक्तित्व को कुसमायोजन की दिशा में ले जाने की संभवनायें प्रबल हो जाती है।

अधिगम अक्षमता के प्रकार (Types of Learning Disabilities) : अपनी प्रकृति और विशेषताओं की दृष्टि से अधिगम अक्षमताएं अधिगमकर्ताओं की ऐसी अक्षमताएं और सामार्थ्यहीनता की ओर संकेत करती हैं जो उन्हें अपने अधिगम के किसी विशिष्ट क्षेत्र से सम्बन्धित कोई एक या अन्य बातों का अधिगम करने में अक्षम बना देती हैं या उनका अधिगम करने में उन्हें अनेक कठिनाइयों का सामना करना पड़ता है। अधिगम अक्षमता या अपंगता पद से जुड़ी हुई कठिनाइयां, अयोग्यताएं, अक्षमताएं विशेश रूप से और पूरी तरह से अपनी प्रकृति में संज्ञानात्मक होती है। ये शारीरिक रूप से अपंग या संवेगात्मक रूप से व्यग्र बालकों में पाई जाने वाली क्रियात्मक या भावात्मक प्रकृति की नहीं होती हैं। अधिगम अपंगता या अक्षमता से

पीड़ित या प्रभावित बालक के लिये ये अधिगम कठिनाइयाँ, अधिगम कार्य को बहुत ही कठिन और चुनौतीपूर्ण बना देती हैं।

इस अर्थ में अधिगमकर्ता जिस प्रकार की अधिगम अक्षमताओं से अपनी सामान्य कक्षा-कक्ष परिस्थितियों में अपने आप को ग्रस्त पाते हैं उन्हें मुख्यतया जिन विशेष वर्गों या प्रकारों में बांटा जा सकता है, वे है:

(i) डाइस्लेक्सिया (Dyslexia) भाषायी अधिगम अक्षमता।
(ii) डाइस्कैलकुलिया (Dyscalculia) गणित अधिगम में कठिनाई।

वे अधिकांश बालक जिन्हें अधिगम अक्षम बालकों की संज्ञा दी जाती है मुख्यत: इन्हीं दो प्रकार की अधिगम अक्षमताओं से युक्त पाए जाते हैं। इन अक्षमताओं से जूझते हुए बालकों को अपने समुचित समायोजन और शिक्षा हेतु बहुत उचित ध्यान एवं विशेष देखभाल की जरूरत पड़ती है। उनकी ये अधिगम अक्षमताएं क्या हैं, और इस प्रकार की अक्षमताओं से युक्त बालकों को उनके समायोजन तथा गुणवत्ता युक्त शिक्षा प्रदान करने हेतु क्या कुछ किया जाना चाहिए, इन बातों का ज्ञान उन अध्यापकों को अवश्य होना चाहिए जिन पर उनकी शिक्षा का उत्तरदायित्व है। आगे के पृष्ठों में हम इन दो प्रकार की अधिगम अक्षमताओं से संबंधित विभिन्न पहलुओं पर विस्तार से चर्चा करना चाहेंगे।

भाषायी अधिगम अक्षमता (Dyslexia)

अर्थ एवं परिभाषा (Meaning and Definition)

भाषायी अधिगम अक्षमता के लिए आंग्लभाषा में डाइस्लेक्सिया (Dyslexia) शब्द प्रयुक्त होता है। आंग्लभाषा में यह शब्द लैटिन तथा ग्रीक भाषा दोनों के मिले-जुले योगदान से प्राप्त हुआ है। ग्रीक से लिए गए उपसर्ग (prefix) डाइस (dys) का अर्थ होता है बुरी तरह (Badly) से या एक प्रकार का विकार तथा बाद के लैटिन भाषा के शब्दांश लेक्सिया (Lexia) लेक्सिस (Laxis) से लिया गया है जिसका अर्थ होता है शब्द सम्बन्धी (Pertaining to word) । इस तरह से शब्दोत्पत्ति की दृष्टि से 'डाइस्लेक्सिया' पद का अर्थ होता है-"शब्द या भाषा का मौखिक या लिखित रूप से संबंधित एक प्रकार का विकार या अक्षमता।"

इस प्रकार से डाइसलेक्सिया एक ऐसी अधिगम अक्षमता या विकार है जो एक विकासशील बच्चे को अपने दिन प्रतिदिन के अध्ययन, सम्प्रेषण या समायोजन में भाषा या शब्दों का प्रयोग करने में एक बड़ी समस्या उत्पन्न करता रहता है।

अपने व्यापक रूप में डाईसलेक्सिया एक विकासशील बच्चे को आवश्यक भाषायी कौशलों श्रवण, मौखिक अभिव्यक्ति अर्थात बोलना, पठन एवं लेखन आदि का अर्जन करने में कठिनाई पैदा करती है, परिणामस्वरूप बच्चे में भाषा या शाब्दिक प्रयोग सम्बन्धी योग्यता विकसित नहीं हो पाती है। डाइसलेक्सिया के द्वारा प्रदत्त इस अक्षमता के परिणामों पर दृष्टिपात करते हुए वर्ल्ड फेडेरशन आफ न्यूरोलोजिस्ट (World

Federation of Neurologist) ने डाइस्लेक्सिया के बारे में निम्न विचार प्रकट किए हैं-

"डाइसलेक्सिया बच्चों में एक ऐसा विकार या अक्षमता है, जिससे परंपरागत कक्षा-कक्ष अनुभवों के बावजूद वे अपनी बौद्धिक योग्यताओं के सापेक्ष में पठन, लेखन तथा शब्द-विन्यास सम्बन्धी भाषायी कौशलों का अर्जन करने में असफल पाये जाते हैं।

("A disorder in children who despite conventional classroom experience, fail to attain the language skills of reading, writing and spelling commensurate with their intellectual abilities.")

डाइसलेक्सिया का वर्गीकरण एवं प्रकार
(Classification and Types of Dyslexia)

डाइसलेक्सिया भाषा के अर्जन और उपयोग के परिप्रेक्ष्य में एक व्यक्ति की देखने, सुनने तथा क्रियात्मक क्षमता तक काफी कुछ प्रभावित करती है। इस दृष्टि से बालकों में पाई जाने वाली डाइसलेक्सिया को निम्न तीन वर्गों में विभाजित किया जा सकता है–

- **दृश्यात्मक डाइसलेक्सिया (Visual Dyslexia):** इस प्रकार में व्यक्ति विशेष को वर्ण और अंक उल्टे दिखाई देते हैं। फलस्वरूप उसे p को q, 9 को 7, M को W, पढ़ने और लिखने में कोई भेद नजर नहीं आता है। इसके अतिरिक्त उनमें संकेतों को उनके उपयुक्त क्रम में लिखने में भी अक्षमता पाई जाती है।
- **श्रवणात्मक डाइसलेक्सिया (Auditory Dyslexia):** इसमें पीड़ित व्यक्ति अक्षरों, शब्दों या वाक्यों की ध्वनि को अच्छी प्रकार सुनने की अपनी असमर्थता के कारण उनका उचित अर्थ समझने में कठिनाई का अनुभव करते हैं।
- **डाइसग्राफिया या काइनेस्थेटिक डाइसलेक्सिया (Dysgraphic or Kinesthetic Dyslexia):** इस अक्षमता से युक्त व्यक्ति या बालक एक पैन अथवा पैंसिल को अच्छी तरह पकड़ने और दिशा प्रदान करने में असमर्थता अनुभव करता है और इसके फलस्वरूप वह किसी कागज अथवा बोर्ड पर लिखने में अक्षम प्रतीत होता है।

गणितय अधिगत अक्षमता (Dyscalculia)

अर्थ एवं परिभाषा (Meaning and Definitions)

डाइस्केलकुलिया शब्द का उद्‌गम स्त्रोत ग्रीक और लैटिन भाषा है, इस शब्द में दो शब्द मिले हुए हैं। प्रथम शब्द 'dys' ग्रीक भाषा का है जिसका अर्थ है बुरी तरह से या काफी ज्यादा (badly) और दूसरा शब्द 'caclulia' लैटिन भाषा से लिया गया है, जिसका अर्थ है गिनना, गणना करना, गिनती करना (To count, calculate or compute)। इस प्रकार डाइस्केलकुलिया पद अपने शाब्दिक अर्थ में उस अवस्था, स्थिति या दशा

का बोध कराता है जो एक व्यक्ति की गणित विषय में गणना करने या गिनती करने की योग्यता को बुरी तरह प्रभावित करती है। अतः डाइस्केलकुलिया बुनियादी तौर पर डाइसलेक्सिया से एकदम भिन्न है। डाइसलेक्सिया में अधिगमकर्ता शब्दों को पहचानने या लिखने में कठिनाई का अनुभव करता है। इस अवधारणा को पूरी तरह से स्पष्ट करने के लिए हम "डिपार्टमेंट फॉर एजूकेशन एण्ड स्किल्स, यू.के. (Department for Education and Skills, U.K., 1999) द्वारा प्रदत्त निम्न परिभाषा पर ध्यान देना चाहेंगे:

"गणित सम्बन्धी अधिगम अक्षमता से अभिप्राय व्यक्ति विशेष की उस स्थिति या हालात में होता है जो उसकी अंकगणित कौशल अर्जन सम्बन्धी योग्यता को प्रभावित करती है। गणित सम्बन्धी अधिगम अक्षम विद्यार्थियों को आसानी से संख्या संप्रत्ययों को समझने में कठिनाई होती है, संख्याओं सम्बन्धी अंतः बोधात्मक क्षमताओं का अभाव होता है तथा उन्हें संख्या सम्बन्धी तथ्यों तथा प्रक्रियाओं के अधिगम में समस्याओं का सामना करना पड़ता है। अगर वे किसी प्रकार भी प्रश्न का सही उत्तर देने अथवा प्रश्न के हल हेतु सही तरीका प्रयोग में लाते हुये भी दिखाई देते हैं तो उनके द्वारा यह सब कुछ यंत्रवत (बिना कुछ भलीभांति जाने तथा सोचे समझे) और बिना आत्मविश्वास के ही किया जाता है।"

(A condition that affects the ability to acquire arithmetical skills Dyscalculia learners may have difficulty in understanding simple number concepts, lack an intuitive grasp of numbers and have problems learning number facts and procedures. Even if they produce a correct answer or use a correct method, they may do so mechanically and without confidence.)

यहाँ आगे यह कहना जरूरी है कि गणित सम्बन्धी अधिगम अक्षमता के क्षेत्र में होने वाले नवीन अनुसंधानों द्वारा इस बात को सामने लाया गया है कि गणित सम्बन्धी अधिगम अक्षम विद्यार्थी, मात्र संख्याओं से सम्बन्धित कठिनाइयों का ही सामना नहीं करते बल्कि वे गणित विषय के अध्ययन से सम्बन्धित गणित की सभी शाखाओं अंकगणित, बीज गणित, रेखागणित, त्रिकोणमिति, सांख्यिकी आदि से संबंधित मूलभूत तथ्यों, संप्रत्ययों, सिद्धांत तथा समस्या समाधान प्रक्रियाओं को अच्छी तरह समझने और व्यवहार में लाने में भी कठिनाई तथा समस्याओं का सामना करते दिखाई देते हैं। इस प्रकार की गणित सम्बन्धी अधिगम अक्षमता इन विद्यार्थियों के लिए एक बड़ी सिरदर्द बन जाती है। और बहुधा इसकी परिणति गणित विषय में अरुचि तथा गणित के अध्ययन के प्रति भय, घृणा तथा उससे कन्नी काटने के रूप में होती दिखाई देती है।

इस तरह निष्कर्ष रूप में गणित सम्बन्धी अधिगम अक्षमता को एक ऐसी विशिष्ट अधिगम अक्षमता के रूप में परिभाषित किया जा सकता है कि जो विद्यार्थियों के गणित सम्बन्धी अधिगम तथा उपलब्धियों को प्रतिकूल तथा नकारात्मक ढंग से प्रभावित करने के लिये उत्तरदायी मानी जाती है। और जिसकी पुष्टि विद्यार्थियों के निम्न व्यवहारगत लक्षणों से हो सकती है:

- गणित के प्रतीकों (symbols) तथा संख्याओं को शुद्ध रूप से लिखने सम्बन्धी असमर्थता।
- प्रतीकों के अर्थापन में कठिनाई।
- गिनने तथा गणित सम्बन्धी गणना कार्य करने में कठिनाई।
- गणित के मूलभूत तथ्यों को लम्बे समय तक याद रखने तथा याद की गई बातों को काम में लाने में कठिनाई।
- मूलभूत अंकगणितीय संक्रियाओं–जोड, घटाव, गुणा और भाग को ठीक तरह प्रयुक्त करने में कठिनाई।
- गणित के प्रश्नों और समस्याओं को हल करने सम्बन्धी क्रमबद्ध सोपान तथा विचार प्रक्रिया को सही तरीके से सीखने और अपनाने में कठिनाई। विशेषतया इबारत वाले (जिनके लम्बे लम्बे वाक्य हों) प्रश्नों और समस्याओं को ठीक तरह से हल करने में इन्हें काफी कठिनाई आती है।
- मूलभूत गणितीय अव़धारणाओं जैसे स्थानीय मान, धनात्मक और ऋणात्मक संख्यायें, तादाद तथा दिशायें, आयाम, दशमलव बिंदुओं के स्थान, समय का ज्ञान तथा मापन इकाइयों को आत्मसात करने में कठिनाई।

अक्षमतायुक्त बालकों की विशिष्ट आवश्यकताएं
(Special Needs of Children with Disabilities)

बालकों की अक्षमताएं अपने विभिन्न प्रकारों और उनकी प्रकृति अनुसार पूरी तरह से किसी एक तरीके या अन्य तरीके से उनकी कुछ विशेष आवश्यकताओं की संतुष्टि से जुड़ी होती है। अक्षमता युक्त बालकों द्वारा महसूस की जा रही इन आवश्यकताओं को सामान्यत: निम्न श्रेणियों में वर्गीकृत किया जा सकता है–

1. *अपनी अक्षमता/अक्षमताओं का बोध होने की आवश्यकता (The Need for the Awareness of One's Disability/Disabilities):* अक्षम बालकों की स्थिति के बारे में दूसरों को तथा उन्हें स्वयं अपने आपको जितनी जल्दी और ठीक तरह से उनमें निहित अक्षमाओं का बोध हो जाये उतना ही उनके लिये ठीक रहता है। कोई भी समस्या अनजाने में तथा उसका निराकरण समय रहते हुए न करने से जयादा विकराल रूप धारण कर सकती है। अत: अक्षम और अपंग बालकों को इस बात की नितांत आवश्यकता रहती है कि उनकी अक्षमताओं का सही समय पर उचित निदान कर लिया जाये तथा उसकी प्रकृति और गंभीरता के बारे में उचित जानकारी प्राप्त कर ली जाये। कई बार बालकों की अक्षमताओं के बारे में अगर सही जानकारी नहीं होती तो उन्हें अकारण ही गलत समझ लिया जाता है। उदाहरण के लिये अगर कोई बालक ऊँचा सुनता है तो अध्यापक के प्रश्न का उत्तर न देने पर या उसके किसी अनुदेशन का पालन न करने पर अध्यापक द्वारा उसके बारे में गलत धारणा बनाई जा सकती है जैसे–इसे कुछ समझ नहीं आता, क्या यह मानसिक रूप से अक्षम है या शैक्षिक या अधिगम की दृष्टि से अक्षम है अथवा यह अनुशासनहीन है आदि-आदि। जबकि

मूल समस्या उसके श्रवण दोष तथा श्रवण अक्षमता से ही जुड़ी होती है। इसलिये अक्षम बालकों की प्रथम और काफी महत्वपूर्ण आवश्यकता इस बात में निहित रहती है कि उनकी अक्षमताओं को उनकी सही प्रकृति तथा संभावित कारणों के सन्दर्भ में अच्छी तरह जाना जाये ताकि उसके आधार पर उन्हें अनुकूल विशेष सेवायें प्रदान करने की व्यवस्था की जा सके।

2. अपनी अक्षमताओं से निपटने की आवश्यकता (The Need for Coping with One's Disability): अक्षम या अपंग बालकों की यह एक बड़ी और प्रमुख आवश्यकता है कि उन्हें उनकी अक्षमताओं या अपंगताओं से निपटने में भली भांति सहायता प्रदान की जाये। इसके लिये सभी सम्भव उपचारात्मक तथा सुधारात्मक कदम उठाये जाने चाहिये। साथ ही उन्हें अपनी अपंगताओं या अक्षमताओं के साथ भली-भांति जीने की कला सिखाई जानी चाहिये ताकि वे अपने आपसे और अपने वातावरण के साथ ठीक प्रकार समायोजित रहते हुये जितना संभव हो अपने विकास और प्रगति की मंजिलें तय कर सकें। उदाहरण के लिये जो बालक अपनी दृश्यात्मक अक्षमता (Visual Disability) के कारण लिखने-पढ़ने में असमर्थता का अनुभव कर रहा है उसकी इस स्थिति में सबसे बड़ी आवश्यकता इसी बात को लेकर रहेंगी कि किसी भी तरह किसी भी प्रकार के भौतिक, चिकित्सीय तथा शैक्षिक उपाय अपना कर उसे ठीक प्रकार पढ़ने-लिखने में समर्थ बनाया जाए। यही बात दूसरे अन्य अक्षम या अपंग बालकों जो श्रव्यात्मक अपंगता, अधिगम अपंगता, मानसिक अपंगता, संवेगात्मक या सामाजिक अक्षमता आदि से पीड़ित होते हैं उनके लिये भी शत प्रतिशत उचित रहती है। सभी को अपनी अक्षमताओं को निर्मूल करने या उनके दुष्प्रभाव को कुछ न कुछ कम करने या उनके साथ जीने हेतु समायोजन की कला सीखने की आवश्यकताएँ होती है और इसकी पूर्ति उनके उचित कल्याण हेतु अवश्य ही होती रहनी चाहिये।

3. अपनी अक्षमताओं के साथ स्वीकार किये जाने की आवश्यकता (Need for Being Accepted with Their Disability): अक्षम या अपंग बालक अपने आप में जैसे भी हैं उन्हें उनकी अक्षमताओं तथा अपंगताओं सहित दूसरों के द्वारा स्वीकार किया जाना अक्षम बालकों के लिये काफी महत्वपूर्ण बात होती है। एक तरह से यह उनकी काफी महत्वपूर्ण आवश्यकता है। अधिकतर यही देखा जाता है कि उनकी अक्षमतायें या अपंगतायें उनके लिये अभिशाप बन जाती है और दूसरों के लिये उन्हें तिरस्कृत करने, कोसने, उनकी अपेक्षा करने, घृणा करने, दया करने या उनसे दूर भागने का एक बहाना। इस तरह अक्षमताओं और अपंगताओं को दूसरों के द्वारा यहां तक कि मां-बाप और निकट सम्बन्धियों के द्वारा भी कभी भी सहज रूप में नहीं लिया जाता। इसीलिये अक्षम और अपंग बालकों के लिये यह बात भी बहुत आवश्यक बन जाती है कि उनकी अक्षमताओं की उपेक्षा या उनसे घृणा न कर उन्हें सहज ढंग से दूसरों के द्वारा यह समझकर स्वीकार किया जाये कि इन अक्षमताओं तथा अपंगताओं को तो बालकों पर प्रकृति और वातावरण दोनों ने ही उनके ऊपर थोपा है, उसमें इन अभागों का कोई कसूर नहीं है।

4. उचित शैक्षिक अवसर उपलब्ध होने की आवश्यकता (Need for Getting Appropriate Educational Opportunities): अपने उचित विकास और प्रगति हेतु यूं तो सभी बालकों को उचित शैक्षिक अवसर उपलब्ध होने की आवश्यकता होती है परंतु अक्षमताओं या अपंगताओं से लैस बालकों के लिये इसका महत्व और भी अधिक हो जाता है। उन्हें अब विशेष रूप से संचरित, आयोजित तथा नियोजित ऐसी विशेष शिक्षा व्यवस्था और अवसर मिलने चाहिये जिनके माध्यम से उनकी अक्षमताओं एवं अपंगताओं का उपयुक्त ध्यान रखते हुये उन्हें वांछित रूप से वृद्धि एवं विकास को प्राप्त करने, अपनी रोजी-रोटी कमाने, समाज में समायोजित कर जीने, तथा जीवन में प्रगति की राह पर आरूढ़ रहने में यथोचित मदद मिल सके।

5. उनकी विशेष अधिगम क्षमताओं को ध्यान में रखने की आवश्यकता (Need for Satisfaction of their Special Learning Capacities): अक्षमताओं या अपंगताओं से पीड़ित बालकों में सामान्य बालकों की अपेक्षा अधिगम क्षमताओं की दृष्टि से बहुत भिन्नता पाई जा सकती है। इन बालकों में निःसंदेह ऐसे सभी बालक शामिल होते हैं जिन्हें अधिगम की दृष्टि से अक्षम, मानसिक रूप से अक्षम, आँखें, कान जैसी महत्वपूर्ण ज्ञानेन्द्रियों के उपयोग की दृष्टि से अक्षम, अधिगम के लिये महत्वपूर्ण सामाजिक संप्रेषण एवं संवेगात्मक संतुलन में अक्षम के नाम से जाना जाता है। ऐसे सभी बालकों को अधिगम अर्जन में विविध प्रकार की परेशानियों का सामना करना पड़ता है और इन सभी की यह प्रमुख आवश्यकता हर समय बनी रहती है कि उनकी अधिगम कठिनाइयों को ध्यान में रखते हुये उनके लिये विशेष प्रकार के शैक्षिक कार्यक्रमों तथा शिक्षण अधिगम विधियों को अपनाया जाये।

6. उचित मार्गदर्शन एवं परामर्श की आवश्यकता (Need for Proper Guidance and Counselling): अक्षम या अपंग बालकों को समयानुसार अपनी अक्षमताओं या अपंगताओं से भली भांति निपटने हेतु विशेष प्रकार के परामर्श एवं मार्गदर्शन सेवाओं की आवश्यकता पड़ती रहती है। अधिगम की दृष्टि से अक्षम बालक जहाँ इस बात के लिये मार्गदर्शन और परामर्श चाहते हैं कि वे पढ़ने-लिखने, तथा गणना कार्य में अपनी आधारभूत कमियों या अक्षमताओं का किस प्रकार निवारण करें, वहीं श्रव्य या दृष्टि अक्षम बालकों को इस बात के लिये परामर्श की आवश्यकता हो सकती है कि वे किस प्रकार अपनी बची खुची दृष्टि या श्रव्य क्षमता का उचित उपभोग करने हेतु उचित दृश्य-श्रव्य सहायक साधनों (चश्मे या श्रव्य-उपकरणों) को काम में लायें। इसी तरह एक संवेगात्मक रूप से अशांत एवं अक्षम बालक को ऐसी परामर्श एवं मार्गदर्शन सेवाओं की जरूरत हो सकती है जिसकी उसे अपने संवेगों पर नियंत्रण रखने तथा संवेगात्मक ऊर्जा के बहाव को एक उचित मार्ग प्रदान करने में उचित सहायता प्राप्त हो सके।

7. समान शैक्षिक अवसर उपलब्ध होने की आवश्यकता (Need for Getting Equal Educational Opportunities): अक्षमता या अपंगता से युक्त बालकों की एक प्रमुख आवश्यकता उन्हें अपने अन्य सक्षम या सामान्य साथी बालकों की तरह एक जैसे

समान शैक्षिक अवसरों की उपलब्धि है। उन्हें आगे जाकर उसी समाज में तथा परिस्थितियों में अपना जीवन जीना होता है जहाँ की दुनिया में क्षमतावान या सामान्य व्यक्तियों की ही संख्या ज्यादा होती है। उनके साथ सम्बन्ध बनाये रखना सामाजिक तथा संवेगात्मक व्यवहारिक क्रियायें करना आदि सभी बातें उन्हें नितांत स्वाभाविक रूप में ही चाहिये और ऐसी व्यवहार क्रियाओं के अधिगम और प्रशिक्षण की ही बात उनकी शिक्षा व्यवस्था में अपनायी जानी चाहिए। यह तभी संभव है कि जब अक्षम या अपंग बालकों को उन्हीं विद्यालयों तथा शैक्षिक परिस्थितियों में शिक्षा के अवसर बिना किसी भेदभाव के उपलब्ध कराये जायें जो उनके पास पड़ोस में सक्षम या सामान्य बालकों हेतु उपलब्ध रहते हैं। इस तरह अक्षम या अपंग बालकों की यह भी एक प्रमुख आवश्यकता बन जाती है कि उन्हें आम विद्यालयों में सभी अन्य बालकों की भांति (कुछ उपयुक्त अतिरिक्त व्यवस्थायें कर) समान शैक्षिक अवसरों की उपलब्धि कराई जाये।

8. *विशेष प्रकार के सहायक साधन, यंत्र एवं उपकरणों की उपलब्धि की आवश्यकता (Need for Special Aids, Equipments and Assistive Devices):* अक्षमता या अपंगता से युक्त बालकों को अपनी अक्षमता या अपंगता से निपटने हेतु (समायोजन तथा शिक्षा के संदर्भ में) विशेष प्रकार के शिक्षण-अधिगम सहायक साधनों, यंत्रों एवं उपकरणों की आवश्यकता पड़ सकती है। उदाहरण के लिये कम सुननेवाले बालकों को अपने कानों में ऐसे श्रव्य उपकरण लगाने की आवश्यकता होती है जो उन्हें सुनने में मदद कर सकें। जो अच्छी तरह देखने में असमर्थ हैं उन्हें ऐनक लगाने की आवश्यकता पड़ सकती है तथा जो चल फिर नहीं सकते उन्हें व्हील चेयर की जरूरत होती है। इसी तरह अधिगम अक्षमता से युक्त बालकों को भी अपनी अधिगम कठिनाइयों के निवारण हेतु विशेष प्रकार के शिक्षण-अधिगम सहायक साधनों, विधियों या युक्तियों का सहारा लेना पड़ सकता है। इसी कड़ी में जहाँ अन्धे बालकों की शिक्षा हेतु ब्रेल पद्धति का प्रयोग करना आवश्यक हो जाता है वहीं संवेगात्मक रूप से अशांत या अक्षम बालकों के समायोजन एवं शिक्षा हेतु हमें विशेष प्रकार की मनोवैज्ञानिक तथा शैक्षिक पद्धतियों के उपयोग की आवश्यकता रहती है। इस तरह अक्षमताओं या अपंगताओं का कोई भी रूप हो इनमें पीड़ित बालकों की उनके समायोजन तथा शिक्षा कार्य में सहायता देने हेतु विशेष प्रकार के साधनों, यंत्रों तथा उपकरणों की आवश्यकता पड़ती ही रहती है।

9. *प्रोत्साहन तथा वित्तीय सहायता की उपलब्धि की आवश्यकता (Need for Getting Incentives and Financial Assistance):* अक्षमता या अपंगता से ग्रस्त बालकों को अपनी अक्षमताओं, कमियों, दोषों तथा इनसे उत्पन्न विभिन्न समस्याओं से निपटने हेतु विशेष प्रकार के प्रोत्साहन उपायों तथा वित्तीय सहायता की आवश्यकता पड़ती है। भारत जैसे विकासशील देश में अपंग बालकों के लिये तो यह और भी सही है क्योंकि यहाँ अधिकांश माँ-बाप अपने इस प्रकार के बालकों के लिये चिकित्सा, औषधियों तथा सहायक उपकरणों (Assistive Devices) तथा शिक्षा-दीक्षा आदि पर

अक्षमतायुक्त बालकों की विशिष्ट आवश्यकताएँ

- अपनी अक्षमता/अक्षमताओं का बोध होने की आवश्यकता
- अपनी अक्षमताओं से निपटने की आवश्यकता
- अपनी अक्षमताओं के साथ स्वीकार किए जाने की आवश्यकता
- उचित शैक्षिक अवसर उपलब्ध होने की आवश्यकता
- उनकी विशेष अधिगम क्षमताओं को ध्यान में रखने की आवश्यकता
- उचित मार्गदर्शन एवं परामर्श की आवश्यकता
- समान शैक्षिक अवसर उपलब्ध होने की आवश्यकता
- विशेष प्रकार के सहायक साधन, यन्त्र एवं उपकरणों की उपलब्धि की आवश्कता
- प्रोत्साहन तथा वित्तीय सहायता की उपलब्धि की आवश्यकता
- जीवन में आत्मनिर्भर होकर कार्य करने की आवश्यकता

चित्र 4.2: अक्षमतायुक्त बालकों की विशिष्ट विशेषतायें
(Special Needs of Children with Disabilities)

जरूरी खर्चा करने में अपने आपको असमर्थ पाते हैं। इस परिस्थिति में अक्षम या अपंग बालकों की विशेष मांगों को पूरा करने हेतु यह आवश्यक हो जाता है कि समुदाय के व्यक्ति, गैर सरकारी संगठन तथा सरकारी संस्थायें एवं विभाग वांछित प्रोत्साहन एवं वित्तीय सहायता प्रदान करने के लिये आगे आयें। यह प्रोत्साहन तथा वित्तीय सहायता इन बालकों के लिये छात्रवृत्तियों, मुफ्त अधिगम सामग्री, मुफ्त

आवागमन के साधन, मुफ्त खान पान व्यवस्था आदि के रूप में दी जा सकती है। साथ ही उन विद्यालयों में इन बालकों के लिए उनित समागोजन, शिक्षा तथा प्रशिक्षण हेतु जिस प्रकार के भौतिक और मानवीय संसाधन चाहिए उनकी भलीभांति उपलब्धि प्रदान की जा सकती है।

10. जीवन में आत्मनिर्भर होकर कार्य करने की आवश्यकता (Need for Being Independent in Life Functioning): अक्षम बालकों को अपने जीवन की कार्यात्मक गतिविधियों के संचालन में आत्मनिर्भर होने की आवश्यकताओं को पूरा करने के लिए अपनी अक्षमताओं के कारण कुछ विशेष प्रकार के उपायों की जरूरत होती है। यह बात उन सभी अक्षम बालकों पर समान रूप से लागू होती है जो किसी एक या अन्य प्रकार के देखने, सुनने, बैठने, उठने, चलने, अधिगम करने या दैनिक जीवन या कार्यजगत सम्बन्धी अक्षमता, कमी या अभाव से पीड़ित होते हैं। प्रत्येक प्रकार के अक्षम बालक अपने दिन प्रतिदिन के सामाजिक और संवेगात्मक जीवन में ठीक प्रकार रोजी रोटी कमाने और आर्थिक रूप से आत्मसक्षम होकर समुदाय और देश के उपयोगी और समर्थ नागरिक होना चाहते हैं।

विभिन्न प्रकार के अक्षम या विकलांग बालकों की विशिष्ट शैक्षिक आवश्यकतायें तथा अधिगम समस्यायें एवं उनका निवारण

(Special Educational Needs and Learning Problems of the Different Types of Disabled Children and Their Redressals)

अब तक हमने सभी प्रकार के अक्षमतायुक्त बालकों की, उनकी शिक्षा और समायोजन के सम्बन्ध में, उनकी सामान्य आवश्यकताओं के बारे में चर्चा की है। परंतु समेकित शिक्षा व्यवस्था के अधिगम के सम्बन्ध में, अक्षमतायुक्त बालकों द्वारा महसूस की जाती हुई विशेष आवश्यकताओं की प्रकृति उनके रहन-सहन और अधिगम वातावरण में वे जिस प्रकार की क्षतिग्रस्तता और अक्षमता से पीड़ित होते हैं, उस की प्रकृति के अनुसार अलग-अलग प्रकार की होती है। इस सम्बन्ध में अब हम उनकी विशेष आवश्यकताओं की प्रकृति को जानने का प्रयास कर रहे है।

श्रवण क्षतिग्रस्तता अथवा अक्षमता (Hearing Impaired or Disabled): श्रवण दोष युक्त बालकों के द्वारा अनुभव की जाने वाली विशेष आवश्यकताएं उनकी श्रवण क्षतिग्रस्तता की प्रकृति और गम्भीरता के स्तर के अनुसार भिन्न-भिन्न प्रकार की होती हैं। इस प्रकार से वास्तव में यह एक वैयक्तिक मामला होता है। परंतु व्यवहारिक रूप में हम दो स्तरों पर इस बात का विश्लेषण कर सकते हैं अर्थात (a) पूर्ण बधिर बालक एवं (b) ऊंचा सुनने वाले बालक के द्वारा उनके समायोजन और शिक्षा के लिए महसूस की गई उनकी अधिगम आवश्यकताओं पर विचार करना।

पूर्ण बधिर बालकों की विशेष शैक्षिक आवश्यकताएं एवं अधिगम समस्याओं का निवारण

(The Special Educational Needs and Learning Problems of the Deaf Children and Their Redressal)

पूर्ण रूप से बहरे बालक मौखिक सम्प्रेषण में पूरी तरह से असमर्थ होते हैं। उनके अधिगम और प्रशिक्षण में मौखिक साधनों के उपयोग जैसे-श्रवण इन्द्रिय को उपयोग से कोई लाभ की प्राप्ति नहीं हो सकती। बल्कि उन्हें अपने सामाजिक परिवेश तथा विद्यालय की समेकित व्यवस्था में अपने समायोजन तथा रहन सहन में बहुत ज्यादा परेशानी और कठिनाइयों का अनुभव करते हुये पाया जाता है। उनकी परेशानी तब और भी गंभीर हो जाती है जब उनकी श्रवण क्षतिग्रस्तता के साथ-साथ गूंगापन भी आ जाता है। इस प्रकार के मामलों में वे किसी खतरे के समय या कठिनाई में अपनी सुरक्षा और सहायता के लिए किसी को पुकार भी नहीं सकते हैं। यही कारण है कि समेकित शिक्षा व्यवस्था में इन अक्षम बालकों को किसी एक या अन्य प्रकार के जीवन रक्षक कौशलों, समायोजन के तरीके और साधन, तथा अधिगम की विधियां और स्वरूप के बारे में निम्न प्रकार से शिक्षण और प्रशिक्षण प्रदान करने की अत्यधिक आवश्यकता है:

1. इन बालकों के सम्प्रेषण कार्य हेतु दृश्य सम्प्रेषण प्रारूपों जैसे सांकेतिक भाषा (Sign Language), उंगलियों की सहायता से वर्ण अभिव्यक्ति (Finger Spelling), हावभाव द्वारा विचारों की अभिव्यक्ति आदि तकनीकों का उपयोग किये जाने की आवश्यकता है। (जैसा कि आप टेलीविजन पर गूंगे और बहरों के लिए समाचार प्रस्तुति का कार्यक्रम देखते हैं उससे यह भलीभांति स्पष्ट हो जाता है कि बधिरों के सम्प्रेषण हेतु किस प्रकार से उन्हें हावभाव, अंग तथा ओंठों के संचालन आदि के अभ्यास द्वारा भाषा और विचारों को सम्प्रेषित करने के लिए योग्य बनाया जाए)।

2. इन बालकों के भाषा विकास के लिए दृश्य सम्प्रेषण से प्राप्त प्रशिक्षण की सहायता ली जा सकती है, तथा साथ ही अन्य इन्द्रियों (दृश्य इन्द्रिय, स्पर्श, स्वाद तथा घ्राण इन्द्रिय) के उपयोग द्वारा भी शब्दों, मुहावरों आदि का ज्ञान कराया जा सकता है। और मौखिक सम्प्रेषण के अन्य पक्षों के अधिगम के लिए विशेष प्रावधान करना चाहिए।

3. श्रवणेन्द्रिय बेकार हो जाने या उनमें दोष हो जाने से बालक की शारीरिक, मानसिक, सृजनात्मक योग्यताओं तथा शक्तियों में कोई फर्क नहीं पड़ता है। प्रकृति जब एक दरवाजा बन्द कर देती है तो उसकी भरपाई के लिए दूसरा दरवाजा ज्यादा अच्छी तरह खोल देती है। इस प्राकृतिक नियम के अनुसार जिनको सुनाई नहीं देता और जो बोल भी नहीं सकते उनके अन्दर दूसरी अन्य शक्तियाँ तथा गुण अच्छी मात्रा में आ जाते हैं। इसलिए इस सन्दर्भ में यह बहुधा पाया जाता है कि बहरे बालकों की

दृष्टि सम्बन्धी योग्यता बहुत बढ़ी-चढ़ी होती है। उनमें सौन्दर्यात्मक क्षमता और कलात्मक अभिव्यक्ति के गुण प्रचुर मात्रा में पाये जाते हैं। ऐसे बालकों को अपनी शक्तियों के विकास के अवसर अच्छी तरह अवश्य ही देने चाहिए। अतः बालकों के पाठ्यक्रम में हमें ऐसे विषय और क्रियाओं का समावेश करना चाहिए जो उन्हें कलात्मक और सौन्दर्यात्मक अनुभूति एवं विकास के अधिक से अधिक अवसर प्रदान करें। ये बालक अच्छे चित्रकार, मूर्तिकार, फैशन डिजाइनर, कुशल माली, शिल्पकार तथा कारीगर सिद्ध हो सकते हैं।

4. अच्छी तरह के कार्य अनुभवों, उद्योग विषयों एवं क्रियाओं को इनके पाठ्यक्रम का अनिवार्य अंग बनाया जाना चाहिए ताकि ये अपने सृजनशील व्यवहार और कर्मठता का समुचित उपयोग कर समाज के उपयोगी सदस्यों के रूप में अपने आपको प्रतिष्ठित कर सकें। रोजी-रोटी कमाने और व्यावसायिक निपुणता अर्जित करने की दृष्टि से भी हमें उनकी इस प्रकार की व्यावसायिक शिक्षा प्रशिक्षण को उनके पाठ्यक्रम का अनिवार्य अंग बनाना चाहिए।

5. आँखों से निरीक्षण करने, स्पर्श से अनुभव करने तथा जीभ से स्वाद चखने, कर्मेन्द्रियों से कार्य करने आदि की बात इनके गले अच्छी तरह उतरती है। अतः इनके पाठ्यक्रम में कानों से सुनने जैसे अनुभवों को छोड़कर अन्य दूसरे इन्द्रिय अनुभवों तथा क्रियाओं को विशेषरूप से स्थान दिया जाना चाहिए।

6. मूक और बधिर बच्चों की अधिगम तथा समायोजन सम्बन्धी आवश्यकताओं की पूर्ति के लिए सूचना एवं सम्प्रेषण तकनीकी (ICT) और कम्प्यूटर आधारित तकनीकी के विकसित साधनों का उपयोग भी किया जाना चाहिए। टेक्स्ट टेलीफोन (टेलीफोन पर फोन समाचार टाइप करने योग्य बनाना), ई-मेल समाचार तथा बेब टेक्स्ट सामग्री आदि की सुविधाओं को इन बच्चों की अधिगम एवं समायोजन आवश्यकताओं को पूरा करने के लिए उपयोग में लाना चाहिए।

A. ऊँचा सुनने वाले बालकों की विशेष शैक्षिक आवश्यकताएं एवं अधिगम समस्यायें और उनका निवारण

(The Special Needs of the Hard of Hearing Children and their Redressal)

जिन बालकों को कम सुनाई देता है या जिन्हें अधिक ऊँची धवनि ही सुनाई दे सकती है उनकी शिक्षा और समायोजन का कार्य पूर्ण बधिर बालकों की तुलना में अपेक्षाकृत सरल ही होता है। इन बालकों को थोड़ा प्रयास करके सामान्य विद्यालयों में सामान्य बालकों के साथ शिक्षा प्रदान की जा सकती है तथा सामान्य रूप से ही जीवन परिस्थियों में समायोजित भी किया जा सकता है। इस दिशा में निम्न बातें उनके अधिगम और समायोजन में सहायता कर सकती हैं:

1. सुनने में सहायता प्रदान करने के लिए श्रवण यन्त्रों (Auditory aids) के प्रयोग का इन्हें प्रशिक्षण दिया जाना चाहिए तथा नियमित रूप से इन्हें धारण करने की उनमें आदत बनाई जानी चाहिए। कई बार इन्हें शुरू की अवस्था में धारण करना अच्छे

परिणाम ला देता है और बालकों को सुनने सम्बन्धी अभ्यासों द्वारा बिना इनके प्रयोग किये हुए सुनाई देना प्रारम्भ हो जाता है।

2. इन बालकों के समायोजन में यह ध्यान रखा जाना चाहिए कि अपने श्रवण दोषों के कारण वे अनावश्यक रूप से कृपा या उपेक्षा के पात्र न बनाये जायें और न इन्हें बेचारा या असहाय समझा जाये। इनका लालन-पालन और शिक्षा-दीक्षा इस प्रकार होनी चाहिए कि किसी भी तरह इन्हें अपनी अक्षमता का बोध न हो।

3. इनको सुनने सम्बन्धी प्रशिक्षण प्रदान करने में विभिन्न प्रकार के श्रवण साधनों (Audio Aid) जैसे टेप रिकॉर्डर, रेडियो का प्रयोग किया जा सकता है। इनकी सहायता से उन्हें नियन्त्रित अवस्था में व सामान्य परिस्थितियों में जो आवाजें सुनाई देती हैं उनको सुनने तथा समझने सम्बन्धी अभ्यास अच्छी तरह कराया जा सकता है। दूसरे, इन श्रवण साधनों में आवाज को इच्छानुसार ऊँचा-नीचा किया जा सकता है और इसी के अनुसार उन्हें ऊँची आवाज को सुनते-सुनते कम ऊँची तथा धीमी आवाज को सुनने का प्रशिक्षण प्रदान करने का कार्य किया जा सकता है।

4. टेलीविजन का प्रयोग कर सुनने वालों को सुनने सम्बन्धी वांछित अनुभव तथा प्रशिक्षण प्राप्त करने में बहुत अच्छी तरह सहयोग दिया जा सकता है। बालक यहाँ ध्वनि के साथ बोलने वाले के हावभाव चेष्टाओं तथा होठों की गति (Movement of Lips) को भी भली-भाँति देखते हैं। वीडियो रिकार्डिंग तो इस दिशा में और भी उपयोगी सिद्ध हो सकती है। उनमें विभिन्न प्रकार की ध्वनियों के उच्चारण, होठों की गति और बनावट तथा धवनि की तीव्रता, गहनता और मंदेपन को इच्छानुसार बालक के सामने प्रशिक्षण हेतु प्रस्तुत किया जा सकता है। पुनरावृत्ति करके अभ्यास करने के अधिक अवसर भी दिये जा सकते हैं।

5. कम सुनने वालों में भाषा सम्बन्धी उस ज्ञान एवं कौशलों की कमी पाई जाती है जिनका सम्बन्ध सुनने-सुनाने से होता है। अत: उनकी शिक्षा में इस कमी को दूर करने के सभी संभव प्रयास किये जाने चाहिये। जैसे वे यह नहीं समझ पाते कि बोलते समय अपने सुर को कितना ऊँचा या नीचा रखना चाहिए। कभी वे बहुत जोर से बोलते हैं तो कभी इतना कम कि दूसरों को सुनाई नहीं देता। ऐसा इसलिए होता है क्योंकि वे स्वयं अपने सुर की ध्वनि को नहीं सुन पाते। उन्हें इस बात के लिए ही पूरी सुविधा तथा सहायता प्रदान की जानी चाहिए कि वे आदतन ही स्थिति के मुताबिक ऊँचा या नीचा बोल सकें। विशेष प्रयासों द्वारा उनकी बोलने सम्बन्धी भाषा त्रुटियों तथा उच्चारण त्रुटियों आदि को भी दूर करने के प्रयास किये जाने चाहिये। इन कामों में उनके द्वारा कानों में लगाने वाले श्रवण साधन तथा विभिन्न श्रवण-दृश्य साधनों की आवश्यकतानुसार सहायता ली जाती रहनी चाहिए।

6. अनुभवी मनोवैज्ञानिक तथा विशेषज्ञों की सेवाएँ भी बालकों के मनोविज्ञान सम्बन्धी श्रवण दोषों को दूर करने हेतु काम में ली जा सकती हैं। सभी अवस्थाओं में अध्यापक तथा माता-पिता द्वारा इस प्रकार के उत्साह एवं प्रोत्साहन युक्त परिवेश की सृष्टि की जानी चाहिये ताकि कम सुनने वाले बालकों को अपने श्रवण दोषों को

दूर करने तथा वे जैसे हैं उसी रूप में अपने आपको समायोजित करने में भरसक सहायता मिल सके।

7. शिक्षकों और श्रवण चिकित्सकों दोनों को आपस में मिलकर बालक को अपनी शेष बची हुई श्रवण शक्ति का जितना अधिक से अधिक हो सके, अपने समायोजन और शैक्षिक प्रगति के लिए उपयोग करने के बारे में सिखाना चाहिए।

8. मनोवैज्ञानिक कारणों से होने वाली श्रवण अक्षमता के लिए प्रभावित बालकों को अनुभवी परामर्शदाताओं की सहायता और सेवाएं प्राप्त करानी चाहिए। उनकी सेवाओं से इन बालकों को कुसमायोजन और गलत अपनाए हुए व्यवहार से तथा श्रवण क्षतिग्रस्तता के लक्षणों से छुटकारा दिलाया जा सकता है।

9. श्रवण अक्षमता युक्त बालकों की उनके उचित समायोजन और शैक्षिक विकास में सहायता करने के लिए उपयुक्त निम्न प्रकार की विशेष शैक्षिक सेवाओं और उपायों की सहायता भी ली जा सकती है-

- कक्षा तथा अन्य अधिगम परिस्थितियों में इन बालकों के बैठने की उचित व्यवस्था करना (जैसे कक्षा में सबसे आगे की प्रथम पंक्ति में बैठाना (अर्थात् अधयापक के नजदीक सीट उपलब्ध कराना) ।
- कक्षा में शिक्षण प्रक्रिया के दौरान मौखिक सम्प्रेषण के साथ-साथ श्यामपट लेखन, स्केचिंग, चार्ट, मानचित्र तथा अन्य दृश्य प्रस्तुतीकरण की नियमित रूप से सहायता लेना।
- अनुदेशनात्मक प्रक्रिया के दौरान चलचित्र, वीडियो आदि के प्रदर्शन का उपयोग करना चाहिए।
- लाउडस्पीकर अथवा माइक सिस्टम का उपयोग करना चाहिए।
- कक्षा में अध्यापक या वक्ता के भाषण या वक्तव्य को नोट करने वाले की व्यवस्था करना जिससे श्रवण अक्षम बच्चे उस वक्तव्य को पढ़कर पूरा फायदा उठा सके।
- जो बालक संकेत, अंग संचालन प्रारूप से सम्प्रेषण करते हों उनके लिए एक अनुवादक/अर्थापन करने वाले व्यक्ति द्वारा विशेषज्ञ सेवाएं प्रदान कर नियमित रूप से बोलने, भाषा तथा श्रव्य प्रशिक्षण दिलाना चाहिए।
- संकेत भाषा, स्पीच रीडिंग अर्थात् होंठो के संचालन को पढ़ना, अंग संचालन भाषा आदि सम्प्रेषण की वैकल्पिक विधियों के बारे में माता-पिता, शिक्षकों तथा सहपाठियों आदि के लिए प्रशिक्षण सुविधाएं प्रदान करना।
- श्रवण अक्षमों के सामाजिक-मनोवैज्ञानिक परिवेश के साथ उचित समायोजन के लिए समुचित परामर्श और थेरेपीयुक्त उपाय अपनाना।
- श्रवण अक्षम बालकों के लिए उपलब्ध सहायक आधुनिक उपकरणों का उपयोग जैसे-टेक्सट टेलीफोन, कम्प्यूटर सहाय या प्रबन्धित अनुदेशन और बहुमाध्य प्रस्तुतिकरण आदि।

B. दृश्य क्षतिग्रस्तता युक्त अक्षम बालक *(Visually Impaired and Disabled)*

दृष्टि क्षतिग्रस्तता युक्त बालकों में शिक्षा और समायोजन के लिए जो आवश्यकताएँ महसूस की जाती है वे उनकी दृश्य क्षतिग्रस्तता की गम्भीरता के स्तर के अनुरूप प्रत्येक बालक की, अलग-अलग होती हैं। फिर भी उनकी प्रशिक्षण और अधिगम जरूरतों को समझने के लिए तथा उनकी शिक्षा और समायोजन में उन्हें सहायता प्रदान करने के लिए इन बालकों को दो प्रमुख श्रेणियों में विभाजित करना ज्यादा उपयोगी रहेगा-(i) पूर्ण अन्धता या काफी ज्यादा अन्धे बालक और (ii) कम दृष्टि और आंशिक रूप से अन्धे बालक ।

आइए इन बालकों की, अपने रहने सहने और विद्यालय की समेकित व्यवस्था में समायोजन के लिए किस प्रकार की विशेष अधिगम आवश्यकताएं होती है और उनकी पूर्ति कैसे दी जा सकती है इस बारे में विचार करें।

अन्धे बालकों की विशेष शैक्षिक आवश्यकताएँ एवं अधिगम समस्यायें और उनका निवारण (The Special Educational Needs and Learning Problems of the Blind Children and their Redressal)

- इन्हें अपने दिन प्रतिदिन के आवश्यक कार्यों को अपने आप करने की जरूरत होती है। अपने कार्य करने के स्थानों पर आ जा सकें। जरूरत पड़ने पर सड़कों को पार कर सकें। इस दृष्टि से उन्हें बेंत के सहारे चलने, घूमने फिरने आदि का विशेष प्रशिक्षण देने का प्रबन्ध किया जाना चाहिए।
- विशेष उपकरणों एवं क्रियाओं द्वारा उन्हें विभिन्न पाठान्तर क्रियाओं हेतु भी प्रशिक्षण देने की व्यवस्था की जानी चाहिए। खेलकूद, व्यायाम तथा अभिनय आदि की शिक्षा और प्रशिक्षण देना इसी श्रेणी में आता है।
- अंधे बालकों में संगीत और कला के प्रति विशेष रुचि पाई जाती है। इस दृष्टि से उनकी शिक्षा में संगीत विषय और क्रियाओं को उचित स्थान दिया जाना चाहिए। कला की बारीकियों को ये नेत्रों की अपेक्षा सुनने तथा स्पर्श करने आदि से अच्छी तरह समझ सकते हैं। इसलिए इनके पाठ्यक्रम अनुभवों में श्रवण, और स्पर्श इन्द्रियों के उपयोग और प्रशिक्षण से सम्बन्धित क्रियाओं पर विशेष ध्यान दिया जाना चाहिए।
- इन्हें स्वावलाबी बनाने हेतु उद्योग क्रियाओं का प्रशिक्षण देना भी आवश्यक होता है। इस कार्य हेतु इनके पाठ्यक्रम में कार्य-अनुभवों एवं बुनियादी उद्योगों से सम्बन्धित कुशलताओं को विकसित करने की उपयोगी क्रियाओं को अवश्य ही लिया जाना चाहिए। उचित प्रशिक्षण द्वारा न ये केवल टेलीफोन बूथ संचालन जैसे काम आसानी से कर सकते हैं बल्कि कम्प्यूटर और दूसरी तरह के मशीनी उपकरणों का संचालन भी काफी अच्छी तरह से कर लेते हैं।

कम दृष्टि वाले या आंशिक रूप से दृष्टिदोष युक्त बालकों की विशेष शैक्षिक आवश्यकताएं एवं अधिगम समस्यायें और उनका निवारण

(The Special Educational Needs and Learning Problems of the Low Vision or Partially Blind Children and their Redressal)

1. इन बालकों की सर्वप्रथम और अत्यन्त महत्वपूर्ण आवश्यकता तो यह है कि इनको सुधारात्मक उपायों जैसे चश्मा लगाने के बारे में उचित रूप से प्रशिक्षित किया जाए जिससे वे सुरक्षित ढंग से, उसका उपयोग कर सकें और सही ढंग से उसकी देखभाल करने की उनको आदत पड़ जाए।

2. इन बालकों की दूसरी महत्वपूर्ण आवश्यकता यह है कि इन्हें अपनी बची खुची रोशनी का बुद्धिमानी पूर्वक उपयोग करने के बारे में शिक्षा और प्रशिक्षण प्रदान किया जाए। जहाँ तक सम्भव हो वे व्यर्थ के कार्यों में अपनी दृष्टि का दुरुपयोग न करें। इन बच्चों को कभी भी अनावश्यक रूप से पढ़ने और लिखने का कार्य न दिया जाए। इसी प्रकार अति सूक्ष्म कलात्मक कार्य, ज्यामितीय रचनाएँ, ड्राइंग और पेन्टिग, सुंई से किया जाने वाला कार्य जैसे कढ़ाई, सिलाई आदि, सूक्ष्म अवलोकन कार्य इन बालकों को नहीं देने चाहिए।

3. अपने अधिगम के सम्बन्ध में ये बच्चे अपनी कक्षाकक्ष और कार्य परिस्थितियों में भी कुछ परिवर्तन और सुधार चाहते हैं, जैसे कक्षा कक्ष में इन बच्चों को श्याममट्ट के पास की अग्रिम पंक्ति में बैठाने की व्यवस्था, कक्षा कक्ष में उचित प्रकाश की व्यवस्था आदि ।

4. इन सुविधाओं के साथ-साथ इन बच्चों को अपने समुचित समायोजन और शिक्षा के लिए समेकित कक्षा कक्ष व्यवस्था में निम्न प्रकार के उपाय अपनाने की भी जरुरत है:

(i) अध्यापक को शिक्षण प्रक्रिया के दौरान श्यामपट्ट पर लिखी जाने वाली बातों को मौखिक रूप से भी बोलना चाहिए।

(ii) किसी भी दृश्य सहायक साधन को कक्षा में प्रस्तुत करते समय उसके सम्बन्ध में मौखिक प्रस्तुतीकरण करना।

(iii) श्यामपट्ट पर लिखी बातों, चार्ट, मानचित्र आदि से सम्बन्धित अनुदेशनात्मक सामग्री के बारे में इन बालकों के प्रत्यक्षीकरण में कोई कठिनाई हो तो उसे तुरन्त दूर करने के लिए शिक्षक को वैयक्तिक ध्यान देना चाहिए।

(iv) दृश्य इन्द्रिय के अलावा अन्य इन्द्रियों के उपयोग से सम्बन्धित सामग्री का अधिक से अधिक उपयोग करना चाहिए जैसे ऑडियो कैसेट, रेडियो प्रसारण, टेप रिकार्डर आदि का उपयोग।

(v) बालकों को अतिरिक्त दृष्टि प्रदान करने वाले उपकरण उपलब्ध कराए जाने चाहिए जैसे- Hand lens, Magnifying glass आदि।

(vi) इन बच्चों के उपयोग के लिए बड़े-बड़े अक्षरों में छपी हुई पाठ्यसामग्री उपलब्ध करायी जानी चाहिए।

C. अस्थि एवं मांसपेशियों की क्षतिग्रस्तता या लोकोमोटर अक्षमता से पीड़ित बालकों की शैक्षिक आवश्यकताएं एवं अधिगम समस्यायें और उनका निवारण (Special Needs and Learning Problems Suffering from Orthopaedical Impairment or Locomotor Disabilities and their Redressal)

अस्थि एवं मासपेशियों की क्षतिग्रस्तता और लोकोमीटर अक्षमता से पीड़ित बालकों की अधिगम आवश्यकताएं, उनके सामान्य सहपाठियों से कोई भिन्न नहीं होती है जब तक कि उनकी अस्थि और मांसपेशीय क्षतिग्रस्तता का लोकोमोटर अक्षमता उनकी श्रवण क्षमता, दृष्टि और शारीरिक कार्यप्रणाली पर कोई नकारात्मक प्रभाव नहीं डाले। उनमें केवल यह अन्तर पाया जाता है कि वे अपने सामान्य साथियों की तुलना में अपने अंगसंचालन या गामक गतिविधियों की कार्यप्रणाली का उचित रूप से उपयोग करने में पूर्ण रूप से सक्षम नहीं होते हैं। परिणाम स्वरूप पढ़ने, लिखने और प्रयोगात्मक कार्य आदि से सम्बन्धित क्रियात्मक गतिविधियों को करने में वे अपने गामक अंगों का उपयोग ठीक प्रकार नहीं कर पाते हैं। यही कारण है कि अब यहां उन्हें विद्यालय की अपनी समेकित शिक्षा व्यवस्था में उचित समायोजन करने तथा शिक्षा प्राप्त करने के लिए विशेष देखभाल और प्रशिक्षण सम्बन्धी आवश्यकता होती है।

आइए अब यहाँ हम इन बालकों की इस प्रकार की कुछ अधिगम और समायोजन सम्बन्धी विशेष आवश्यकताओं और उनकी पूर्ति सम्बन्धी उपायों का विश्लेषण करने का प्रयास करते हैं।

इनकी शिक्षा व्यवस्था इस प्रकार किए जाने की आवश्यकता है जिससे इन्हें अपने प्रति विशेष अनुग्रह या देखभाल की बात का अनुभव न होने पाए ताकि इनमें बेकार के हीन भावों का पोषण न हो। हाँ इनको प्रदान किये जाने वाले अनुभवों एवं क्रियाओं को एक विशेषरूप से इस प्रकार संवर्धित (Enriched) करना जरूरी है कि जिससे इनकी विशेष आवश्यकताओं एवं कठिनाइयों का ध्यान रखकर इनको अपनी सीमाओं के अन्दर पूरी तरह आगे बढ़ने के समुचित अवसर प्राप्त हो सकें। इस दृष्टि से इनको प्रदान किये जाने वाले अधिगम अनुभवों, क्रियाओं तथा मार्गदर्शन में निम्न बातों को अवश्य ही ध्यान में रखा जाना चाहिए-

1. स्वावलम्बी (Independent) बनाने के प्रयत्नों से सम्बन्धित क्रियाएँ तथा अनुभव प्रदान किये जाने चाहिएं। उन्हें ऐसा प्रशिक्षण देना चाहिए ताकि वे अपने आप अपनी गति, बैठने-उठने, चलने-फिरने तथा अंग सचालन को अपनी तरह से पूर्ण विश्वास के साथ नियन्त्रित कर सकें। किन्हीं विशेष अंगों, यान्त्रिक साधनों, उपकरणों, जिनकी उन्हें अपनी विकलांगता सम्बन्धी कमी को पूरा करने के लिए आवश्यकता पड़ती हो उसके अच्छी तरह उपयोग करने में उन्हें काफी प्रवीण बना देना उनके पाठ्यक्रम का एक अभिन्न अंग होना चाहिए।

2. उनके पाठ्यक्रम में ऐसे अनुभव शामिल किये जाने चाहिएं जो उनमें अपनी शारीरिक कमजोरी या अपंगता के बावजूद उन्हें जीवन में सफल होने तथा आत्मविश्वास

से परिपूर्ण रहने में अधिक से अधिक सहायता कर सकें।

3. जिस बालक में जिस प्रकार की शारीरिक अक्षमता हो, उसको ध्यान में रखते हुए उसके लिए ऐसी अधिगम परिस्थितियों और अधिगम अनुभवों का निर्माण किया जाना चाहिए कि इनसे अपेक्षित अनुभवों के माध्यम से शिक्षण उद्देश्यों की प्राप्ति में भरपूर सहायता मिल सके। इसके लिए उसे विशेष सुविधाओं के प्रदान करने के पूरे प्रयत्न किये जाने चाहिए जैसे व्हील चेयर पर बिठाकर उपयुक्त जगह पर उसके बैठने का प्रबन्ध करना, उसके लिए उचित निरीक्षण एवं पर्यवेक्षण सुविधाएँ प्रदान करना, किसी कार्य को करने एवं वस्तुओं को संभालने में उसकी अपेक्षित सहायता करना या ऐसे प्रबन्ध करना जिससे वह स्वयं कुशलतापूर्वक अंग संचालन कर सके आदि।

4. इन बालकों के सर्वांगीण विकास हेतु विभिन्न पाठान्तर क्रियाओं को इनकी सुविधाओं की दृष्टि से आयोजित करना, इन्हें अपने जैसे बालकों के साथ खेल कूद या शारीरिक प्रतियोगिताओं में भाग लेने के अवसर देना, इनकी सृजनात्मक एवं कलात्मक अभिव्यक्ति के लिए पर्याप्त प्रोत्साहन तथा अवसर प्रदान करना आदि।

5. शारीरिक रूप से अपंग ये बालक इस प्रकार की कुछ ऐसी क्रियाओं, कार्यों तथा विषयों के ज्ञान में पर्याप्त कुशलता प्राप्त करने की क्षमता रखते हैं जिनमें उसकी शारीरिक अक्षमता आड़े नहीं आती हो। इस दृष्टि से इन बालकों की विशेष रुचियों, अभिवृत्तियों तथा अभिरुचियों का सूक्ष्म अध्ययन किया जाना चाहिए और फिर उसके आधार पर इन्हें इस प्रकार की सभी व्यक्तिगत और पाठ्यक्रम अनुभवों सम्बन्धी सहायता प्रदान की जानी चाहिए जिनसे इनको अपनी रुचियों और योग्यताओं का पोषण कर अपनी हीन भावना से मुक्ति पाने तथा मनोवैज्ञानिक रूप से अपनी कमी की क्षतिपूर्ति (Compensation of their inadequacies) का पूरा-पूरा अवसर मिल सके। पाठ्यक्रम में इस प्रकार के अनुभवों का औपचारिक और अनौपचारिक समावेश तथा समायोजन इन बालकों के कल्याण हेतु अवश्य ही किया जाना चाहिए।

6. समायोजन की दृष्टि से इन्हें उचित मात्रा में उचित चिकित्सा सहायता उपलब्ध कराने के प्रयत्न शुरू से ही किये जाने चाहिए। हो सकता है किसी की विकलांगता इस प्रकार की हो कि उसका मेडीकल इलाज संभव हो। किसी आपरेशन विशेष की सहायता से उसे दूर किया जा सकता हो या किन्हीं दवाइयों, विटामिन्स आदि की उचित मात्रा प्रदान किये जाने से उस दिशा में कुछ लाभ हो सकता हो। कई योगासन, जल, मिट्टी चिकित्सा आदि से भी अच्छे परिणाम निकल आया करते हैं। विकलांग बालकों पर उनका प्रयोग आवश्यकतानुसार किया जाना चाहिए। कृत्रिम अंगों का उपयोग इस दिशा में काफी प्रभावशाली सिद्ध हो सकता है। अतः विकलांग बालकों को इन अंगों को लगाने तथा उनसे अपना समायोजन करने में भरसक सहायता की जानी चाहिए।

7. बच्चों की शारीरिक विकलांगता या लोकोमोटर क्षतिग्रस्तता आदि की प्रकृति के अनुसार ही, उनके शिक्षण और प्रशिक्षण के तरीके को अपनाने और उसमें परिमार्जन करने की जरूरत है।

- जो बच्चे लिखने में कठिनाई महसूस करते है उन्हें लिखाई का काम कम देना चाहिए और लिखित परीक्षा की जगह मौखिक परीक्षण की व्यवस्था की जानी चाहिए। यदि जरूरत हो तो उन्हें अपना लिखित कार्य करने के लिए सामान्य से अधिक समय देना चाहिए।
- कक्षा-कक्ष में, कार्यशाला या प्रयोगशाला में उनकी विकलांगता की प्रकृति के अनुसार उनके बैठने के लिए बेन्च, कुर्सी, मेज की व्यवस्था की जानी चाहिए।

D. अधिगम अक्षमताओं जैसे डायसलेक्सिया और डायस्केलकुलिया से पीड़ित बच्चों की विशेष शैक्षिक आवश्यकताएं एवं अधिगम समस्यायें और उनका निवारण (Special Educational Needs and Learning Problems of Children Suffering from Learning Disabilities Like Dyslexia and Dyscalculia and their Redressal)

इन दोनों प्रकार की अधिगम अक्षमताओं से पीड़ित बच्चों की समेकित व्यवस्था में समायोजन और अधिगम सम्बन्धी विशेष आवश्यकताएं उनके भाषा और गणित के क्षेत्र में होने वाली विशिष्ट प्रकार की अधिगम अक्षमताओं के चारों ओर केन्द्रित होती हैं। डायसलेक्सिया से पीड़ित बच्चे भाषा के अर्जन में महत्वपूर्ण समस्याओं को प्रदर्शित करते हुए पाए जाते हैं, जैसे-पठन, लेखन, सुनने और बोलने में और इस प्रकार इन भाषायी कौशलों के विकास में सहायता प्राप्त करने की इनको गम्भीर विशेष आवश्यकता होती है। दूसरी तरह डिस्केलकुलिया से पीड़ित बच्चे को गणित की अवधारणाएँ और उनके अनुप्रयोग के अधिगम से सम्बन्धित समस्याओं से जूझना पड़ता है, अत: वे इन अधिगम कठिनाइयों से छुटकारा पाने के लिए सहायता प्राप्त करने की गहन आवश्यकता प्रदर्शित करते हुए पाए जाते हैं। इन दोनों प्रकार के बालकों की अधिगम आवश्यकताओं को पूरा करने से सम्बन्धित किए जाने वाले कार्य में उन सभी तरीकों और साधनों को शामिल करने की बात की जा सकती है जिनकी मदद से अपनी भाषा सम्बन्धी अक्षमता और गणित के विभिन्न सम्प्रत्ययों और कौशलों को ग्रहण करने सम्बन्धी अपनी अक्षमता के कारण बालकों को विभिन्न अधिगम स्तरों पर कठिनाई का अनुभव हो रहा है। सामान्यत: विभिन्न प्रकार की ऐसी अधिगम कठिनाइयों में बालकों की सहायता करने हेतु जो कुछ किया जाए, उसे निम्न रूप में सारांशित किया जा सकता है:

1. पठन कठिनाइयों के लिए (For Reading Difficulty)

(i) ध्वन्यात्मक मार्गदर्शन और अभ्यास प्रदान करना।

(ii) आदर्शपठन प्रस्तुत करना और बालकों से उसका अनुकरण करने के लिए कहना

(iii) पाठ्य सामग्री को समझने की कठिनाई को दूर करने के लिए दृश्य-श्रव्य सहायक साधन, कहानी कथन, विवरण आदि की सहायता लेना।

(iv) सहपाठी ट्यूटरिंग व्यूह रचना को अपनाना और पाठ्य सामग्री, गद्यांशों, प्रमुख शब्दों या अवधारणाओं आदि के नीचे रंगीन पेन्सिल से लाइन खींचकर उस पर धयान आकर्षित कराना ।

2. लेखन कठिनाइयों के लिए (For Writing Difficulty)

(i) वर्णों को उचित आकार में लिखने, सीधी रेखा में लिखने तथा इसके प्रस्तुतीकरण में स्पष्टता बनाए रखने के लिए पर्याप्त मात्रा में अभ्यास कराना।

(ii) सुलेख का एक आदर्श रूप प्रस्तुत करना और इसका उचित रूप में अनुकरण कराना।

(iii) वर्तनी (Spelling) सम्बन्धी त्रुटियों को दूर करने के लिए पर्याप्त मात्रा में अभ्यास कराना।

(iv) छोटे–छोटे लेखन अधिन्यास की आवृति एवं पुनरावृत्ति कराना, शब्द प्रक्रियाकरण, अक्षरविन्यास और व्याकरण की जांच के लिए कम्प्यूटर का उपयोग कराना और शब्दों की शुद्ध वर्तनी का अभ्यास कराना।

3. मौखिक सम्प्रेषण या बोलचाल की कठिनाइयों के लिए
(For Spoken Language or Oral Communication Difficulties)

(i) शुद्ध मौखिक बोलचाल का आदर्श प्रस्तुत करना और विद्यार्थियों से उपयुक्त उपकरणों का प्रयोग कर इसे रिकार्ड करने, फिर उसके साथ पुनः अभ्यास करने और स्वतः मूल्यांकन करने के लिए कहना।

(ii) संरचनात्मक भाषा कार्यक्रमों का उपयोग करना या विद्यार्थियों के मौखिक सम्प्रेषण में सुधार लाने के लिए भाषा प्रयोगशाला की सहायता लेना।

(iii) किसी चीज का वर्णन करने के लिए दृश्यात्मक सामग्री का प्रयोग करना, संकेतों और (Prompting) अनुबोधन की सहायता लेना जिनसे बालक को यह जानने में मदद मिले कि उसे कब और क्या बोलना है, प्रोत्साहन और बढ़ावा देने हेतु संगीत और लय का उपयोग करना, तथा बोलने और अवबोध हेतु उचित अभ्यास आदि व्यूह रचनाओं का उपयोग करना।

4. गणित में अधिगम कठिनाइयों के लिए
(For Learning Difficulties in Mathematics)

(i) गणितीय अवधारणाओं के शिक्षण अधिगम के दौरान कक्षाकक्ष में ध्यान में बाधा पहुंचाने वाले तत्वों को समाप्त करना या कम करने की कोशिश करना।

(ii) गणित की बुनियादी अवधारणाओं तथा सिद्धान्तों को स्पष्ट करने के लिए सम्बन्धित उदाहरण तथा असम्बन्धित उदाहरण प्रस्तुत करना।

(ii) गणित की आधारभूत अवधारणाओं और उनके अनुप्रयोग को समझाने के लिए स्थूल सहायक सामग्री और बहु-माध्य का उपयोग करना।

(iv) गणितीय गणना करने और समस्याओं का समाधान करने के सही तरीकों के अधिगम के लिए अपने स्तर पर अवसरानुकूल आदर्श व्यवहार प्रस्तुत करना तथा मॉडल के रूप में सहपाठियों का उपयोग करना।

E. मानसिक मंदन या अक्षमताओं से पीड़ित बालकों की विशेष शैक्षिक आवश्यकताएं एवं अधिगम समस्यायें और उनका निवारण

(Special Educational Need and Learning Problems of Children suffering from Mental Retardation or Disabilities and their Redressal)

मानसिक या बौद्धिक मंदता या अक्षमताओं से पीड़ित बच्चों की अधिगम और समायोजन सम्बन्धी विशेष आवश्यकताएं, उनकी अक्षमता की गम्भीरता या मानसिक पिछड़ेपन के स्तर के आधार पर अलग-अलग बालक की भिन्न-भिन्न होती हैं। अतः इन बालकों की विशेष आवश्यकताओं को अपनी समेकित शिक्षा व्यवस्था में इनकी मानसिक मंदता के स्तर को ध्यान में रखते हुए ही स्पष्ट करना चाहिए।

(a) तीव्र और गम्भीर मानसिक मंदता से पीड़ित बच्चे (Children Suffering from Severe and Profound Mental Retardation): गम्भीर (Profound) मानसिक मंदता से पीड़ित बच्चे अधिक आयु तक नहीं जी पाते और अगर जीते भी हैं तो उनका बौद्धिक स्तर दो वर्ष के सामान्य बालक से स्तर से अधिक नहीं पहुँच पाता है। इसलिए इनकी आवश्यकताएँ उनके माता पिता द्वारा उनकी देखभाल करने से ही सम्बन्धित होती है। एक दो वर्ष के बालक की तरह उनके पूरे जीवन (जो प्रायः एक छोटी अवधि का हो होता है) उनकी देखभाल करते हैं।

तीव्र (Severe) मानसिक मंदता से प्रभावित बच्चों की यह विशेषता होती है कि उनका बौद्धिक स्तर एक सामान्य चार वर्ष के बालक के बौद्धिक स्तर से ज्यादा नहीं होता है। अतः इनकी विशेष आवश्यकता केवल इस बात तक ही सीमित होती है कि ये अपने दिन प्रतिदिन के कार्यों और कुछ हाथ का कार्य किसी प्रकार से कर सकने में आत्मनिर्भर हो सकें। ये बालक विद्यालय की समेकित शिक्षा व्यवस्था में शामिल किए जाने योग्य नहीं होते हैं इसलिए इनको विशेष विद्यालयों या संस्थाओं या बोर्डिग हाउस में रखे जाने की सलाह दी जाती है।

(b) मध्यम मानसिक मंदन से पीड़ित बच्चे (Children Suffering from Moderate Mental Retardation): मध्यम मानसिक मंदता के शिकार बच्चों की बौद्धिक क्षमता बड़े होने पर भी एक सामान्य 6 वर्ष के बालक के बौद्धिक स्तर के समान रहती है। समेकित शिक्षा व्यवस्था में सामान्य प्रक्रिया द्वारा प्रदत्त शिक्षा और अनुभवों से वे कोई भी लाभ नहीं उठा सकते हैं। परन्तु उनमें उचित रूप से आयोजित प्रशिक्षण के द्वारा अपने दिन प्रतिदिन के जीवन से सम्बन्धित कार्यों को करने के लिए पर्याप्त आत्मनिर्भरता विकसित की जा सकती है। उन्हें हस्तशिल्प तथा व्यवसायिक गतिविधियों

के लिए भी प्रशिक्षण देने की व्यवस्था की जा सकती है। इस प्रकार अपनी अधिगम और समायोजन सम्बन्धी आवश्यकताओं की सन्तुष्टि के स्थान पर इन मध्यम मानसिक मंदन पीड़ित बच्चों को लगातार प्रोत्साहन, निर्देशित प्रशिक्षण के द्वारा अपने दिन प्रतिदिन के कार्यों को करने में आत्मनिर्भरता, सामाजिक समायोजन तथा उनकी बौद्धिक क्षमता पर कम दबाव डालने वाले व्यवसायिक कार्य करने में प्रशिक्षित किया जाना चाहिए।

(c) अल्प मानसिक मंदता से पीड़ित बच्चे (Children Suffering from Mild Mental Retardation): अल्प मानसिक मंदता के शिकार बालक अपने बौद्धिक स्तर तथा कार्यप्रणाली के सम्बन्ध में अपने उन साथियों, जो मध्यम, तीव्र और गम्भीर मानसिक मंदता से प्रभावित होते हैं, से काफी अच्छी स्थिति में होते हैं। फिर भी इनका बौद्धिक स्तर एक सामान्य 10 वर्ष के बौद्धिक स्तर से ज्यादा नहीं होता है। परन्तु उचित शिक्षा तथा प्रशिक्षण अनुभवों से इन्हें उपयुक्त ढंग से लाभान्वित किया जा सकता है। उनकी विशेष अधिगम आवश्यकताओं की पूर्ति के सन्दर्भ में ये बच्चे अपनी शिक्षा की तरफ समुचित देखभाल और ध्यानाकर्षण चाहते हैं जिससे कि वे कम से कम प्राथमिक स्तर की शिक्षा (पढ़ना, लिखना, गणित, सामान्य ज्ञान, पर्यावरण के बारे में समझ आदि) के शैक्षिक स्तर को प्राप्त कर सकें। जहाँ तक सम्भव हो सके वे स्वतन्त्र रूप से अपना जीवन व्यतीत करने के लिए कला, क्राफ्ट, व्यवसायिक गतिविधियों आदि में आवश्यक कुशलता प्राप्त कर सकें और खेलकूद, तथा अन्य सहपाठ्य गतिविधियों में भाग लेते हुए ठीक प्रकार से अपना सामाजिक समायोजन कर सकें और सामाजिक व आर्थिक दृष्टि से आत्मनिर्भर बन सकें।

5

समेकित व्यवस्था में सहायक और अनुकूलन तकनीकें (Assistive and Adaptive Technologies in Inclusive Set-up)

सहायक तकनीकी क्या है? (What is Assistive Technology?)

सहायक तकनीकी पद और सम्प्रत्यय अपने आप में काफी विशद और व्यापक होने के नाते ऐसी सभी सहायक (Assistive), अनुकूलित (Adaptive) तथा पुनर्वासीय व्यवस्थाओं, उपकरणों तथा सुविधाओं को उनके सभी प्रकार के चयन, प्रबंधन तथा उपयोग के संदर्भ में अपने में समाविष्ट करने का प्रयत्न करती है जिनके माध्यम से विकलांगता के साथ भली-भांति जीने और आगे बढ़ने में समुचित मदद मिल सके। इस तकनीकी की मदद से विकलांग व्यक्तियों में वह सब कुछ करने की सामर्थ्य आती है जिसे वह पहले करने में असमर्थ थे या जिसे करने में उन्हें बहुत परेशानी होती थी। इसके अतिरिक्त उन्हें इस सहायक तकनीकी की मदद से काम में सफलता प्रदान करने वाली एक तकनीकी विशेष के प्रयोग में उचित बदलाव लाने में भी आवश्यक सहायता उपलब्ध हो सकती है। जहाँ तक सहायक तकनीकी पद की कोई एक औपचारिक परिभाषा देने का प्रश्न है तो यहां हम संयुक्त राज्य अमेरिका में फैडरल लॉ "इनडिवीडुअल्स विद डिसएबीलिटी एजूकेशन एक्ट (Individuals with Disabilities Education Act-IDEA)" में दी गई निम्न परिभाषा को उद्धृत करना चाहेंगे।

"सहायक तकनीकी साधन या उपकरण से तात्पर्य किसी ऐसी वस्तु उपकरण या सृजित व्यवस्था से है जिसे चाहें बाजार से खरीदकर अथवा स्वयं ही परिमार्जित या निर्मित कर एक विकलांग बालक की कार्यात्मक क्षमताओं को बढ़ाने, यथास्थिति में बनाए रखने या उनमें यथोचित सुधार लाने हेतु प्रयुक्त किया जा सके।" ("Assistive technology device means any item, piece of equipment, or product system, whether acquired commercially or the self, modified or customized that is used to increase, maintain, improve the functional capabilities of a child with a disability.")

सहायक तकनीकी उपकरणों के उदाहरण के रूप में हम यहां जिन साधनों एवं उपकरणों का प्रमुख रूप से नाम ले सकते हैं वे हैं-

(i) स्क्रीन रीडर्स (Screen Readers): इलेक्ट्रॉनिक पाठ्य (Text) एक संगठित वक्तव्य (Synthesized speech) के रूप में सुनने के काम आता है। इसे दृष्टि सम्बन्धी अक्षमता से युक्त अंधे व्यक्तियों द्वारा सहायक तकनीकी उपकरण के रूप में काम में लाया जा सकता है।

(ii) स्पीच टू टेक्स्ट सॉफ्टवेयर (Speech to text Software): इस साधन की सहायता से व्यक्तियों को जो वह बोलते हैं उसे पाठ्य (Text) में बदलते रहने का कार्य किया जाता है।

(iii) टेक्स्ट टेलीफोंस (Text Telephones)।

(iv) एसीसिबिल की बोर्ड्स (Accessible Keyboards): विकलांगों को उनकी अवस्था के हिसाब से कुंजीपटल को प्रयोग में लाने की सुविधा इस उपकरण द्वारा प्रदान की जा सकती है।

(v) स्टैंडिंग फ्रेम्स (Standing Frames): अस्थि एवं मांसपेशी क्षमताओं से युक्त विकलांग व्यक्तियों के समायोजन में वे सहायक होते हैं।

(vi) बड़े प्रिंट (Large Print): बड़े प्रिंट तथा ब्रेललिपि इन दोनों का प्रयोग दृष्टि सम्बन्धी अक्षमता से युक्त विकलांग बालकों को सहायता पहुंचाने हेतु किया जाता है।

(vii) स्पीच रिकोग्नीशन सॉफ्टवेयर (Speech Recognition Software) आदि।

समेकित कक्षाकक्ष व्यवस्था में सहायक तकनीकी के प्रयोग सम्बन्धी उद्देश्य (The Objectives of Assistive Technology in Inclusive Class-room Set up)

सहायक तकनीक के प्रयोग से विकलांग या अलग तरह की योग्यताओं से युक्त बालकों को निम्न रूपों में सहायता मिलती है।

- समेकित कक्षाकक्ष, परिस्थितियों में अनुकूलित/समायोजित होने में सहायता करना।
- कक्षाकक्ष शिक्षण अधिगम में इस प्रकार की सामान्य गति और उपलब्धि स्तर पर पहुंचाने में सहायता करना जिसकी प्राप्ति किसी और तरीके से नहीं हो सकती है।
- ऐसे कार्यक्रम और गतिविधियों में भाग लेने में समर्थ बनाना जिनके दरवाजें प्राय: उनके लिए बंद रहते हैं।
- उन कार्यों में लगे रहने तथा उन्हें पूरा करने सम्बन्धी उनकी योग्यता और सामर्थ्य में वृद्धि करना जिन्हें सामान्य रूप से करते रहने में उन्हें असुविधा तथा परेशानी होती है।
- परिवेश में उपस्थित अन्य वस्तुओं तथा गतिविधियों की नजरअन्दाज करते हुए अपने अधिगम कार्यों पर एकाग्रचित और केन्द्रित होने में मदद करना।
- उनकी सम्प्रेषण योग्यताओं तथा कौशलों के विकास में सहायता करना।

- परिवेश को अच्छी तरह जानने और सूचना स्त्रोतों तक अच्छी तरह पहुंचाने में मदद करना।
- अपने अनुकूलन/समायोजन शिक्षा और विकास में सहायक तकनीकी (कम्प्यूटर तकनीकी सहित) को अच्छी से अच्छी तरह काम में लाने में मदद करना।
- सहपाठियों, विद्यालय के अन्य विद्यार्थियों शिक्षकों तथा अन्य विद्यालय कर्मियों के साथ उचित अन्तःक्रिया करने में सहायक होना।

सहायक तकनीकी एवं अनुकूलन तकनीकी
(Assistive Technology and Adaptive Technology)

सहायक तकनीकी एवं अनुकूलन तकनीकी इन दोनों को प्राय: सामानार्थी रूप में प्रयुक्त करने के प्रयत्न किए जाते हैं। परंतु ये दोनों भिन्न है। सहायक तकनीकी पद जैसा कि हम इसकी एक औपचारिक परिभाषा देने में पहले ही कह चुके हैं कि इससे अभिप्राय किसी ऐसी वस्तु उपकरण या सृजित व्यवस्था से है जिसे चाहे बाजार से खरीदकर या स्वयं ही परिमार्जित और निर्मित कर एक विकलांग बालक की कार्यात्मक क्षमताओं को बढ़ाने, यथास्थिति में बनाए रखने या उनमें यथोचित सुधार लाने हेतु प्रयुक्त किया जा सके। इसकी तुलना में अनुकूलन तकनीकी पद का उपयोग उन वस्तु, उपकरण या व्यवस्थाओं के लिए होता है, जिन्हें विशेष रूप से ऐसे विशेष व्यक्तियों को उनके अपने आप से तथा वातावरण से अनुकूलित/समायोजित होने में सहायता करना होता है। जिन्हें अपनी अक्षमताओं/विकलांगता की वजह से यह सब कुछ करने में परेशानी रहती है। इस तरह ये ऐसे उपकरण साधन और व्यवस्था का प्रतिनिधित्व करते हैं जिन्हें केवल अपंग/अक्षम व्यक्तियों की अक्षमता विशेष को लेकर उन्हें उनके अनुकूलन में सहायता करने हेतु काम में लाया जाता है। सहायक तकनीकी से जुड़े साधन, उपकरण और व्यवस्था तंत्रों के उद्‌देश्य, अनुकूलन तकनीकी उपकरणों/व्यवस्थाओं से कुछ अधिक व्यापक समझे जाते हैं। इन्हें अक्षम और सभी व्यक्तियों द्वारा अपनी अपनी कार्यकुशलता तथा क्षमताओं में वृद्धि करने या उनका भरपूर उपयोग करने हेतु समान रूप से प्रयोग किया जा सकता है। इस अर्थ में अनुकूलन तकनीकी को सहायक तकनीकी के एक विशेष भाग या अवयव के रूप में देखा जाना चाहिए जिससे विकलांग या अक्षम बालकों के अपने आप से तथा वातावरण से अनुकूलित/समायोजित होने हेतु काम में लाया जाता है तथा सहायक तकनीकी को ऐसे तकनीकी के रूप में जिससे उनके अनुकूलन में ही नहीं बल्कि शिक्षा और विकास सम्बन्धी सभी प्रकार के कल्याणकारी कार्यों के प्रभावशाली सम्पादन में यथोचित मदद मिलती है।

समेकित व्यवस्था में विभिन्न प्रकार के अक्षम या भिन्न प्रकार के सक्षम विद्यार्थियों के लिए सहायक एवं अनुकूलन तकनीकियां
(Assistive and Adaptive Technologies for varying Types of Disabled or Differently abled Students in the Inclusive Setup)

समेकित कक्षाकक्ष व्यवस्था में सभी विद्यार्थियों चाहे वे सामान्य हों या किन्हीं

अक्षमताओं से युक्त, सभी के अनुकूल/समायोजन शिक्षा और विकास हेतु उचित अवसर प्रदान करने का प्रावधान रहता है। इस कक्षा में इस तरह अपनी विभिन्न प्रकार की अक्षमताओं को लेकर ऐसे विद्यार्थी भी हो सकते हैं जो चलने फिरने में असमर्थ हो, जिन्हें अपने हाथ या पैरों के काम में लाने में परेशानी हो या उनमें इन अंगों सम्बन्धी कोई विकार या विकृति हो, दृष्टि या श्रवण सम्बन्धी अक्षमताएं हो, अधिगम अक्षमताओं (Learning Disabilities) के शिकार हों या मानसिक रूप से अक्षम अथवा पिछड़े हुए हों, सम्प्रेषण या बोलने सम्बन्धी अक्षमताओं से युक्त हो आदि आदि। इन प्रकार के सभी बालकों के लिये उपयुक्त सहायक एवं अनुकूलन तकनीकियों के उपयोग की बात अब यहां एक समेकित शिक्षा व्यवस्था में विशेष रूप से उभरकर सामने आ सकती है। क्या क्या किया जाए, इस सम्बन्ध में संक्षेप में निम्न उपायों पर अमल करना लाभप्रद रह सकता है।

1. भौतिक सुविधाओं तथा परिवेशजन्य बातों में सुधार लाकर आवश्यक अनुकूलन करना (Carryingout Essential Adaptation in Existing Material Facilities and Environmental Modification): बालकों की अक्षमताएं तथा विकलांगता यह मांग करती है कि उन्हें समेकित कक्षाकक्ष तथा विद्यालय व्यवस्था में समुचित रूप से अनुकूलित/समायोजित करने हेतु परिवेशजन्य बातों तथा परिस्थितियों एवं मिलने वाली भौतिक सुविधाओं में अपेक्षित परिवर्तन एवं परिमार्जन किए जाएं। इस सम्बन्ध में सामान्य रूप से निम्न बातों का उल्लेख किया जा सकता है–

(i) विद्यालय में उचित रेम्पों (Ramps) तथा आने जाने के रास्ते (Walk ways) का निर्माण एवं रख रखाव।

(ii) कक्षाकक्ष, प्रयोगशालाओं, कार्यशालाओं तथा अन्य कायकारी स्थलों में समुचित फर्नीचर तथा बैठने और कार्य करने की व्यवस्था जिसमें व्हील चेयर तथा स्टैंडिग फ्रेम्स आदि, विकलांग बालकों के लिए उपयुक्त स्थान तथा उचित उपायों का भी प्रावधान रहना चाहिए।

(iii) जिन बालकों को कम सुनाई देता है उनके लिए अध्यापक द्वारा आस-पास ही बैठने और कार्य करने की सुविधाएं प्रदान करना। इसी तरह दृष्टि सम्बन्धी न्यूनताओं से ग्रस्त बालकों को भी श्यामपट्ट या इंटरऐक्टिव व्हाइट बोर्ड के आस-पास ही स्थान देना।

(iv) पीने के पानी, प्रसाधन साधनों (मूत्रालय, शौचालय आदि), कॉमन हॉल, कैंटीन आदि की ऐसी व्यवस्था और उसमें ऐसा आवश्यक परिमार्जन जिससे सामान्य बालकों के साथ विकलांग बालकों को भी इन साधनों से लाभान्वित होने में कोई परेशानी न हो।

2. विकलांग बालकों को उनके आवश्यक अनुकूलन हेतु तकनीकी मोबाइल उपकरणों/साधनों से सुसज्जित करना (Equipping the Disabled with Essential Mobility Devices for Their Needed Adaptation): विकलांग बालकों को अपनी अक्षमताओं की वजह से अंग संचालन तथा इधर-उधर चलने-फिरने, काम करने और शिक्षण

अधिगम क्रियाओं में भाग लेने में असुविधा हो सकती है। इनकी इस क्रियाशीलता को बनाए रखने में निम्न प्रकार के अनुकूलन/सहायक तकनीकी साधन उपयुक्त मदद कर सकते हैं।

(i) उपयुक्त व्हील चेयर तथा वॉकर्स (Walkers) की व्यवस्था करना।

(ii) दृष्टि सम्बन्धी अक्षमताओं (Visually Impaired) से युक्त बालकों, विद्यार्थियों को लकड़ी या एल्यूमीनियम की बनी बेतो (Canes) अथवा इलैक्ट्रानिक ट्रेवल उपकरणों जैसे लेजर बीम केन (Laser beam canes) तथा सोनिक गाइड (Sonic Guide) का उपयोग करना सिखाना।

(iii) चश्मे लगे विद्यार्थियों को चश्मे की सहायता से आवश्यक रूप से क्रियाशील रहने में मदद करना तथा इसी प्रकार सुनने सम्बन्धी अक्षमता से युक्त बालकों की सुनने सम्बन्धी सहायक उपकरणों (Hearing Aids) का उचित ढंग से उपयोग करने में सहायता करना ताकि उनकी क्रियाशीलता में कोई अनावश्यक व्यवधान न आए।

3. समेकित कक्षाकक्ष व्यवस्था में विकलांग विद्यार्थियों के अध्ययन-अध्यापन में प्रयुक्त अनुकूलन और सहायक तकनीकी (Adaptive and Assistive Technology Used in Teaching Learning of the Disabled in an Inclusive Classroom Setup): समेकित कक्षा कक्ष व्यवस्था में विभिन्न प्रकार के अक्षम और विकलांग विद्यार्थियों को उनके अध्ययन अध्यापन में उचित सहायता प्रदान करने हेतु विविध प्रकार की अनुकूलन और सहायक तकनीकियों का प्रयोग किया जा सकता है। इसके अध्ययन में सहायक इस प्रकार के सहायक उपकरणों, विधियों तथा प्रक्रियाओं का उनकी विकलांगता के हिसाब से संक्षेप में निम्न प्रकार वर्णन किया जा सकता है–

(A) मांसपेशी एवं अस्थिदोषों में युक्त विकलांग बालक (Orthopaedically Impaired Children): वे बालक जिनके अंग-भंग होते हैं जैसे लूले-लंगड़े या शरीर की बनावट या रीढ़ की हड्डी के दोष के कारण जिन्हें चलने-फिरने, हाथ या पैर से क्रियाएं करने, पढ़ने-लिखने में परेशानी होती है, उनके अध्ययन-अध्यापन हेतु कुछ निम्न प्रकार के उपायों का अनुकरण करना लाभप्रद सिद्ध हो सकता है।

(i) जो विद्यार्थी पुस्तक या किसी प्रकार की मुद्रित या लिखित सामग्री को ठीक तरह पढ़ने योग्य नहीं होते उनके पढ़ने हेतु बोलने वाली पुस्तकें (Talking books) रिकार्ड की गई पाठ्य सामग्री (Text) तथा व्याख्यानों का प्रबन्ध किया जा सकता है। कम्प्यूटर स्क्रीन और व्हाइट बोर्डो का प्रबन्ध भी इन्हें अध्ययन सामग्री तक पहुंचने में मदद कर सकता है।

(ii) इन बालकों के लिए बुक होल्डर्स (Book holders), रीडिंग स्टैंड (Reading stands) का उनके बैठे-बैठे, खड़े-खड़े या तिरछी स्थितियों में रहने के हिसाब से प्रबन्ध किया जा सकता है।

(iii) पृष्ठ बदलने वाले साधन (Page turners), रबर बैंड़ (Rubber bands) तथा पेपर क्लिपों (Paper Clips) का प्रयोग किया जाता है जिससे उन्हें अपनी

जरूरत के मुताबिक पुस्तकों, नोट-बुकों को खोलने और खुली अवस्था में अपने पढ़ने हेतु बनाए रखने में सहायता मिले।

(iv) अपनी शारीरिक विकृतियों की वजह से इस प्रकार के बालकों की लिखित अनुक्रियाएं (Written responses) प्रदान करने में परेशानी होती है उनकी इन असुविधाओं को दूर करने हेतु-

- इन विद्यार्थियों की ऐसे पेन तथा पेंसिलों को काम में लाने के लिए कहा जा सकता है जिन्हें पकड़ना और काम में लाना उन्हें सुविधाजनक हो, या उन्हें ऐसा करने हेतु विशेष प्रकार के होल्डर्स (Holders) का उपयोग करने हेतु कहा जा सकता है। साथ के सामान्य सहयोगी भी उसे कक्षा नोट लेने तथा लिखित अनुक्रियाएं/उत्तर देने में सहायता कर सकते हैं।
- अक्षम विद्यार्थी को अपना दूसरा हाथ और यहां तक पैरों से भी लिखने के लिए प्रशिक्षित किया जा सकता है।
- वे लिखित अभिव्यक्ति हेतु कम्पयूटर, लैपटॉप, स्मार्टफोन का जिनमें तकनीक का उपयोग होता है, अपनी क्षमता के हिसाब से उपयोग कर सकते हैं।

(B) दृष्टि अक्षमताओं से युक्त विकलांग बालक (Visually Impaired Children): इन बालकों के कक्षाकक्ष अध्ययन-अध्यापन में सहायता हेतु निम्न उपाय अपनाए जा सकते हैं-

(i) जिन्हें कम दिखाई देता है उन्हें कक्षा में प्रदत्त अनुदेशन सामग्री को अच्छी तरह पढ़ने और देखने हेतु चीजों को बड़ा कर दिखाने वाले उपकरणों (Magnifiers), बंद परिपथ टेलीविजन (CCTV) तथा विशेष हार्डवेयर एवं सॉफ्टवेयर युक्त कम्प्यूटर एवं इलैक्ट्रानिक उपकरणों का प्रयोग करने में सिद्धहस्त बनाया जा सकता है।

(ii) प्रायः नेत्रहीन बालकों में सुनने की शक्ति अच्छी तरह विद्यमान पाई जाती है, उनकी इस विशेष क्षमता का लाभ उठाते हुए उनके शिक्षण अधिगम में ऐसी तकनीकी और उपकरणों का अधिक प्रयोग किया जा सकता है जो उन्हें दृश्य सामग्री पर आश्रित न कर श्रव्य सामग्री से अधिगम अनुभव अर्जित करने में सहयोग दें। अतः उनके लिए सिन्थेसिस स्पीच टेक्नोलॉजी (Synthesis Speech Technology) यानी लिखित शब्दों को वक्तव्य में बदलने की टेक्नोलॉजी का उपयोग किया जाना बेहतर सिद्ध हो सकता है। कम्प्यूटर और इलैक्ट्रानिक उपकरणों की सहायता से आज यह अच्छी तरह सम्भव है। इस तरह नेत्रहीन बालकों को लिखित पुस्तकों, टाइप तथा मुद्रित सामग्री आदि को अपने अध्ययन के लिए प्रयुक्त किया जाना सम्भव बनाया जा सकता है। आज ऐसे यांत्रिक उपकरण मौजूद हैं जो लिखित सामग्री को अक्षरशः बोली में बदलने की प्रक्रिया को सही अंजाम दे सकते हैं। कक्षाकक्षों में सामान्य बालकों के साथ इन्हें प्रयोग में लाने के लिए नेत्रहीन

बालकों को हैंडफोन्स की व्यवस्था की जा सकती है ताकि दूसरे बालकों को कोई बाधा पहुंचाए बिना आवश्यक अध्ययन में संलग्न रह सकें।

(iii) नेत्रहीन बालकों में एक और विशेषता उनकी स्पर्श क्षमता (Touch Capacity) को लेकर होती है। अध्ययन-अध्यापन हेतु ब्रेल (Braille) लिपि का प्रयोग उनकी इस प्रकार की क्षमता को ध्यान में रखकर किया जाता है। आज इस क्षेत्र में इस प्रकार की तकनीकी प्रगति हो गई है कि मुद्रित सामग्री को आसानी से ब्रेल लिपि में और ब्रेल लिखाई को मुद्रित लिखाई में बदला जा सकता है। अब नेत्रहीन बालक समेकित कक्षा के अन्य बालकों के साथ अपने लेक्चर नोट्स ले सकते हैं, परीक्षाएं दे सकते हैं तथा दिए जाने वाले गृहकार्य तथा प्रोजेक्टों को पूरा कर सकते हैं। उनके ब्रेललिपि में लिखे कार्य को अध्यापकों तथा अन्य सहपाठियों के द्वारा परिवर्तित मुद्रित रूप में अच्छी तरह पढ़ा और समझा जा सकता है। उनके लिए विशेष रूप से बने कुंजी पटल (Keyboard) तथा टच स्क्रीन की सुविधा हो जाने के कारण अब उनका कम्प्यूटर पर कार्य करना भी सम्भव हो गया है, वे पेन ड्राइव से अपनी फाइलें सेव कर सकते हैं और यहां तक कि प्रिंट कॉपी निकालकर अपने साथियों में बांट सकते हैं।

(iv) समेकित कक्षा व्यवस्था की अनुदेशन प्रणाली में सक्रिय भागीदारी निभाने के उद्देश्य से आज नेत्रहीन बालकों के लिए टच टेक्नोलॉजी पर आधारित ऐसे सॉफ्टवेयर उपलब्ध है जो उन्हें विषय विशेष के उचित अधिगम में समुचित सहायता कर सकें। उदाहरण के लिए संख्याओं में सम्बन्धित अधिगम जैसे गिनना, जोड़ना, घटाना, गुणा या भाग करने आदि गणितीय क्रियाओं में वे क्रेनर एबेकस (Cranner Abacus) का प्रयोग कर सकते हैं। यह विशेषतौर पर नेत्रहीन बालकों के लिए बना है जिसमें स्पर्श तकनीकी का प्रयोग होता है। इसी तरह अन्य विषयों के अध्ययन और अध्यापन हेतु विशेष रूप से निर्मित सहायक उपकरणों जैसे – (i) स्पीच प्लस टॉकिंग केल्कुलेटर (Speech Plus Talking Calculator), एमबोस्ड रिलीफ मानचित्र एवं डायग्राम (Embossed Relief Maps and Diagrams) , जिनमें उभरे अक्षर और आकृतियों का प्रयोग होता है (ii) टॉकिंग क्लॉक्स (Talking Clocks,) (iv) टॉकिंग थर्मामीटर एवं बैरोमीटर (Talking Thermometers and Barometers), (v) त्रिआयामी मॉडल (Three Dimensional Models), (vi) रेज्ड लाइन राइटिंग पेपर एवं ग्राफ पेपर (Raised Line Writing Paper and Graph Paper), (vii) स्पेलिंग एवं ग्रामर सहायक सामग्री (Spelling and Grammar Aids) तथा (viii) टॉकिंग बुक एवं डिक्शनरी (Talking Books and Dictionaries) आदि का उपयोग किया जा सकता है।

(C) श्रवण अक्षमताओं से युक्त बालक (Hearing Impaired Children): इन बालकों के शिक्षण अधिगम हेतु एक समेकित कक्षाकक्ष में अनुकूलित एवं सहायक तकनीकियों

को प्रयुक्त किए जाने के संदर्भ में निम्न उपाय किए जा सकते हैं-

(i) जिन्हें कम सुनाई देता हो ऐसे बालकों को समेकित कक्षाकक्ष व्यवस्था में इस प्रकार बिठाने का प्रबन्ध किया जाना चाहिए जिससे वे अध्यापक/अनुदेशन की कही हुई बातों को अच्छी तरह सुन सकें।

(ii) सुनने सम्बन्धी दोषों से ग्रस्त बालकों को जो कुछ कक्षाकक्ष में श्रवण सामग्री के रूप में प्रेषित किया जा रहा है उसे ठीक तरह समझने में साथी विद्यार्थियों से ही सहायता उपलब्ध कराई जा सकती है। वे अपने सहपाठियों से कक्षा नोट्स की भागीदारी भी कर सकते हैं तथा कक्षा के पश्चात अध्यापक तथा ट्यूटर द्वारा भी जो उन्हें स्पष्ट नहीं हुआ है, उसे स्पष्ट करने में सहायता की जा सकती है।

(iii) श्रवण अक्षमताओं से ग्रसित विद्यार्थियों की शिक्षण अधिगम प्रक्रिया में उचित भागीदारी निभाने हेतु उन्हें सुनने सम्बन्धी उपकरणों/साधनों (Hearing Aids) से लैस करने के प्रयत्न किए जाने चाहिए। आजकल इस प्रकार के सहायक श्रवण साधनों सम्बन्धी तकनीकी में काफी प्रगति हुई है। उदाहरण के तौर पर हम यहां कुछ निम्न प्रकार के उपायों की चर्चा करना चाहेंगे-

- एक आधुनिक श्रवण उपकरण जिसे वाइब्रो टेक्टाइल डिवाइस (Vibro-tactile device) नाम दिया गया है, उसमें एक माइक्रोफोन होता है जो कॉलर में क्लिक किया जाता है, एक इलैक्ट्रानिक ध्वनि ग्राहक (Sound receiver) होता है जो एक पॉकेट कैरियर के रूप में कमर में धारण किया जाता है तथा एक कलाई पर बन्धा वाइब्रेटर (Vibrator) होता है जो ध्वनि को पकड़ने के साथ ही क्रियाशील हो जाता है। अपने इस रूप में यह श्रवण उपकरण श्रवण अक्षमताओं से ग्रसित विद्यार्थियों को ध्वनियों का आभास कराने और उनके स्पीच रीडिंग कौशल (Speech Reading Skills), ध्वनियों को सुनने और उनकी अभिव्यक्ति भाषा की गुणवत्ता को बढ़ाने में आवश्यक मदद करता है।
- दूसरा सहायक श्रवण उपकरण (Assistive Listening device) जिसे एक समूह व्यवस्था जैसे समेकित कक्षाकक्ष में एक अध्यापक/वक्ता और श्रवण दोषों से युक्त बालकों के बीच रेडियो लिंक बनाने हेतु काम में लाया जाता है। एफ.एम. (FM) ध्वनि सयंत्र के नाम से जाना जाता है। कक्षाकक्ष व्यवस्था में संयत्र को काम में लाने के लिए अध्यापक को एक माइक्रोफोन ट्रांसमीटर (जो उसके द्वारा होठों के पास टांगा जाता है) द्वारा एक विशेष एफ.एम. ध्वनि तीव्रता (FM Frequency) के साथ अपने द्वारा कही जाने वाली बातों का प्रसारण करना होता है तथा विद्यार्थियों द्वारा अपने अपने ध्वनि ग्राहकों (Sound receivers) के द्वारा उस प्रसारित ऑडियों सामग्री को ग्रहण करना होता है। क्योंकि यहां कोई तार (Wire) या अलग से प्रयोग में लाए जाने वाले

एम्पलीफायरों (Amplifiers) का प्रयोग नहीं होता इसलिए अध्यापक और विद्यार्थी कक्षाकक्ष में कहीं भी गति कर सकते हैं या बैठे हो सकते हैं और इसे कमरे के भीतर या खुले में किसी भी शिक्षण अधिगम स्थिति में काम में लाया जा सकता है।

- उस परिस्थिति में जिसमें विद्यार्थियों को सुनने सम्बन्धी सहायक उपकरणों को प्रयोग में लाने से कोई फायदा नहीं होता, तर्जनी की सहायता लेकर उनके कान के भीतर कोकेला (Cochela) में एक इलैक्ट्रॉनिक उपकरण लगाना होता है। इससे कान के इस भीतरी भाग में स्थित उन तंत्रिकाओं (Nerves) को क्रियाशील बनाने में मदद मिलती है जो क्षतिग्रस्त नहीं है। इसके परिणामस्वरूप इन बालकों को सुनने लगता है। इस प्रकार की सर्जरी से आवश्यक श्रवण उपकरण को कान में स्थापित करना ठीक वैसा ही कार्य होता है जैसा कि हृदय रोगों में हृदय की क्रियाशीलता हेतु पेसमेकर को हृदय में स्थापित किया जाता है।

(vi) जब भी किसी फिल्म या वीडियो प्रजेंटेशन के माध्यम से अनुदेशन/निर्देशन या प्रशिक्षण देने का कार्य किया जाए तो दिखाई जा रही विषयवस्तु से सम्बन्ति कैप्शन्स (Captions) यानी थोड़े शब्दों में सार भी प्रदर्शित किया जाता रहना चाहिए ताकि श्रवण दोषों से युक्त बालकों को जो कुछ प्रस्तुत किया जा रहा है उसे समझते रहने में आसानी रहे। सुनने के स्थान पर वह देखने में अपना ध्यान केन्द्रित कर अनुदेशन प्रक्रिया में अच्छी तरह दृश्य सहायक सामग्री और पावर प्रजेंटेशन से भी जुड़ा रहे तो उससे बालकों को समेकित शिक्षा व्यवस्था में अन्य सभी बालकों की तरह ही अधिगम अवसर उपलब्ध रहते हैं।

(v) सम्प्रेषण के लिए श्रवण दोषों से युक्त बालकों को मोबाइल या स्मार्टफोनों पर मैसेजिंग (Messaging) फीचर का उपयोग करने के लिए कहा जा सकता है। वे अपनी बात मोबाइल या कम्प्यूटर की ई-मेल और चैटिंग व्यवस्था से दूसरों तक तथा दूसरों की अपने तक प्रेषित कर सकते हैं। अपने अध्यापकों के साथ आवश्यक सम्प्रेषण करने हेतु वे इन्हीं सुविधाओं का उपयोग कर सकते हैं, साथी विद्यार्थियों के साथ सामूहिक गतिविधियों जैसे समूह वार्तालाप, विचार विनिमय तथा प्रोजेक्ट आदि में भागीदारी निभा सकते हैं।

(vi) श्रवण अक्षमताओं से युक्त बालकों के लिए कम्प्यूटर जन्य ऐसी अनेक सेवाएं हैं जिनकी मदद वे समेकित शिक्षा व्यवस्था में अपने आपको अच्छी तरह समायोजित करते हुए अध्यापक अधिगम अनुभव अर्जित करते रह सकते हैं। जैसे-

- ऐसे अनेक सॉफ्टवेयर आज उपलब्ध है जिनकी मदद से वे विभिन्न विषयों से सम्बन्धित शिक्षण अधिगम सामग्री को उचित रूप से स्व-अधिगम या अध्यापकों के निर्देशन में ग्रहण कर सकते हैं।
- कम्प्यूटर तकनीकी से उन्हें इंटरऐक्टिव वीडियों तथा इंटरऐक्टिव व्हाइट बोर्डों की सेवाएं, ऑडियों प्रस्तुतीकरण को चित्रात्मक प्रदर्शन में बदलने की व्यवस्था तथा आपसी विचार विनिमय के लिए ऑनलाइन संदेश पट्टों (Message boards) की उपलब्धि सम्भव हो जाती है। साथी ही इंटरनेट और वेब पर सभी प्रकार के अनुदेशन, निर्देशन तथा प्रशिक्षण सामग्री का समयानुसार उपलब्धि का रास्ता भी खुल जाता है।

(D) वाक् दोषों या सम्प्रेषण अक्षमताओं से युक्त बालक (Children with Speech Disability or Communication Disorders): वे बालक जो वाक् दोषों या अक्षमताओं से ग्रस्त होते हैं जैसे हकलाना, तुतलाना या गूँगा होना अथवा जो अपने आपको बोलकर या लिखकर अच्छी तरह अभिव्यक्ति नहीं कर पाते उन्हें समेकित कक्षा व्यवस्था में समायोजित करने हेतु कुछ निम्न उपाय अपनाना ठीक रह सकता है।

(i) ऐसे बालकों की हंसी उड़ाना या उपेक्षा करना ठीक नहीं है, अध्यापक को अपने स्वयं के व्यवहार में तो यह बात डालनी ही चाहिए साथ ही कक्षा के अन्य विद्यार्थियों को भी सिखाना चाहिए कि वे इन बालकों के साथ सदैव मित्रतापूर्ण व्यवहार ही करें और इनकी कठिनाइयों को समझते हुए जहाँ आवश्यक हो उन्हें आवश्यक शिक्षण अधिगम अनुभव अर्जित करने में मदद करें।

(ii) इन बालकों के कक्षाकक्ष शिक्षण अधिगम में ऑगमेन्टेटिव एवं ऑल्टरनेटिव कम्यूनिकेशन टैक्नोलॉजी [Augmentative and Alternative Communication (AAC) Technology] का उपयोग काफी लाभप्रद रहता है। इस प्रकार की टैक्नोलॉजी अपने विविध रूपों में उपलब्ध रहती है और इसका मुख्य प्रयोजन सम्प्रेषण में कठिनाई अनुभव करने वाले विद्यार्थियों को उपयुक्त वैकल्पिक व्यवस्था/साधन प्रदान करना होता है ताकि वे आवश्यक सम्प्रेषण में रत रहकर वांछित शिक्षण अधिगम अनुभव अर्जित कर सकें। इस टैक्नोलॉजी को प्रयोग में लाने हेतु आज बहुत से उत्पाद, उपकरण, हार्डवेयर तथा सॉफ्टवेयर उपलब्ध हैं जिसमें सरल से सरल तकनीकी का उपयोग भी हो सकता है तथा कठिन से कठिन का भी। जैसे चार्ट या बोर्ड पर ऐसे चित्र उपलब्ध रह सकते हैं जिनकी मदद से एक बच्चा यह कह सके कि उसे जिस प्रकार की पेय, भोज्य और खेलने वाली वस्तुएं चाहिए, उसे कहां जाना है और अब क्या करना है या इस प्रश्न के जवाब में उसे यह वैकल्पिक उत्तर देना है आदि आदि दूसरी और इस प्रकार की तकनीकी में उच्च स्तरीय स्पीच जेनेरेटिंग डिवाइस (Speech Generating Device) भी हो

सकती है अथवा उपयुक्त सॉफ्टवेयरों से लैस कम्प्यूटर उपकरणों तथा स्पार्टफोनों का इस्तेमाल भी शामिल रहता है। जिस प्रकार की अक्षमता से बालक युक्त हो उन्हीं को ध्यान में रखते हुए हमें एक उचित उपकरण/साधन का चयन करना चाहिए।

(E) अधिगम अक्षमता से युक्त बालक (Learning Disabled Children): अधिगम अक्षमता से युक्त बालकों को समेकित शिक्षा व्यवस्था में अधिगम अनुभव अर्जित करने हेतु सहायक तकनीकी की काफी आवश्यकता रहती है उनकी अक्षमता के भी कई रूप हो सकते हैं इनमें सम्प्रेषणगत अक्षमता तथा लेखन, पठन एवं गणना क्रियाओं से सम्बन्धित कठिनाइयाँ शामिल रह सकती हैं। इन बालकों के समायोजन और शिक्षा हेतु निम्न प्रकार के उपाय लाभप्रद सिद्ध हो सकते हैं।

(i) भाषागत अधिगम कठिनाइयों तथा अक्षमताओं से निपटने के लिए ऑडियो रिकार्डिंग डिवाइस (Audio recording devices) का उपयोग किया जा सकता है। इनके उपयोग से बालकों के पठन, वाचन तथा सम्प्रेषण कौशलों के विकास में आवश्यक सहयोग मिल सकता है।

(ii) अधिगम अक्षमताओं से युक्त बालकों को उनके अधिगम अनुभवों को जितना रोचक और सजीव बनाया जाए उतना अच्छा रहता है। अत: मौखिक कथनों, भाषणों या निर्देशन की जगह अगर अनुदेशन में वीडियो या पॉवर प्वाइंट प्रेजेंटेशन को स्थान दिया जाता रहे तो ऐसे बालकों को अधिगम अनुभव अर्जित करने में आसानी रहती है। साथ ही भ्रमण पर ले जाना तथा खेल-खेल में शिक्षा देने जैसी बातें भी उनके अनुदेशन में काफी सहायक रहती है और ऐसा करने में कक्षा के अन्य बालकों की शिक्षा तथा अनुदेशन पर अनुकूल प्रभाव भी पड़ता है।

(iii) कक्षाकक्ष शिक्षण अधिगम में कम्प्यूटर अनुदेशन [Computer Assisted Instruction (CAS)] का प्रयोग भी यहां काफी लाभप्रद सिद्ध हो सकता है। इसके उपयोग से इन बालकों की पठन, लेखन, सम्प्रेषण, गणित, विज्ञान तथा अन्य प्रयोगात्मक विषयों में जुड़ी अधिगम अक्षमताओं के निवारण में काफी मदद मिल सकती है।

इस प्रकार से अगर प्रयत्न किया जाए तो हमारे पास अनुकूलन और सहायक तकनीकियों पर आधारित ऐसी बहुत सी सामग्री, उपकरण, साधन तथा व्यवस्थाएं हो सकती हैं जिनके उपयोग से हम एक समेकित कक्षाकक्ष व्यवस्था में विभिन्न प्रकार की अक्षमताओं/विकलांगता से ग्रस्त बालकों को उनके उचित समायोजन, शिक्षा तथा विकास के लिए समुचित अवसर प्रदान करने में सक्षम सिद्ध हो सकते हैं।

6

विभिन्न अक्षमताओं के अनुरूप अनुकूलन एवं समायोजन

(Adaptation and Accomodation according to Various Disabilities)

विषय प्रवेश (Introduction)

एक विद्यालय की समेकित व्यवस्था में भिन्न प्रकार की अधिगम आवश्यकताओं, योग्यताओं और सामर्थ्य से युक्त विभिन्न प्रकार के अधिगमकर्ताओं की उपस्थिति पाई जाती है, जहाँ विद्यालय में प्रदान किए जाने वाले अधिगम अनुभवों के द्वारा उनके समायोजन और कल्याण का कार्य किया जाता है। परंतु यह स्पष्ट तथ्य है कि इन विभिन्न अधिगमकर्ताओं में से बहुतों को लाभ नहीं मिल पाता है क्योंकि सभी के लिए एक सी बात (one fit to all sizes) का सिद्धांत हर जगह काम नहीं करता है। विभिन्नता युक्त अधिगमकर्ताओं की आवश्यकताओं को पूरा करने के लिए एक समुचित परिवर्तन या अनुकूलन बहुत जरूरी होता है ताकि उनकी अपनी योग्यताओं और क्षमताओं के अनुसार उनके अधिगम, विकास और तरक्की में सहायता की जा सके। इसलिए एक समेकित व्यवस्था में विभिन्न अधिगमकर्ताओं के लिए वह सब कुछ प्रदान करने में काफी लचीलापन लाना होगा जो उनकी क्षमताओं या अक्षमताओं, योग्यताओं या अयोग्यताओं, सामर्थ्य या सीमाओं के सम्बन्ध में उचित और अनुकूल हो। हम एक समेकित व्यवस्था के सभी विद्यार्थियों के लिए एक समान अनुदेशात्मक उद्‌देश्य, पाठ्यक्रम और सहपाठ्य अनुभव प्रस्तावित नहीं कर सकते हैं। जो भी लक्ष्य या उद्‌देश्य निर्धारित किए जाएं, अनुदेशन या अधिगम अनुभव प्रदान किए जाएं वे सब उनकी क्षमताओं और आवश्यकताओं के अनुसार विभिन्नता और लचीलेपन को प्रतिबिम्बत करने वाले होने चाहिए। संक्षेप में हम कह सकते हैं कि समेकित व्यवस्था में हमें अनुकूलन तथा समायोजन के सिद्धांत की अनुपालना करनी होगी, जैसे–बदलती हुई परिस्थितियों की मांग के अनुसार हमें शिक्षण अधिगम वातावरण में उपयुक्त परिवर्तन लाना होगा। विद्यालयों में चल रही शिक्षण अधिगम प्रक्रिया के सम्बन्ध में इस प्रकार का अनुकूलन तथा समायोजन तीन विभिन्न क्षेत्रों (i) अनुदेशनात्मक

उद्देश्यों में अनुकूलन एवं समायोजन (ii) प्रस्तावित पाठ्यक्रम में अनुकूलन और समायोजन तथा (iii) सहपाठ्य क्रियाओं के नियोजन और आयोजन में अनुकूलन तथा समायोजन की मांग करता है। आइए, एक समेकित विद्यालय व्यवस्था के विभिन्नता युक्त अधिगमकर्ताओं के लाभ के लिए किए जाने वाले इन सभी प्रकार के अनुकूलनों तथा समायोजनों के बारे में जानने की कोशिश की जाये।

अनुदेशनात्मक उद्देश्यों में अनुकूलन एवं समायोजन
(Adaptation and Accomodation in Instructional Objectives)

अनुदेशनात्मक उद्देश्य एक विद्यालय या एक कक्षा में अधिगमकर्ताओं के लिए किए जा रहे अनुदेशनात्मक कार्य का मार्ग निर्धारित करते हैं। ये उद्देश्य ही यह निश्चित करते हैं कि अधिगमकर्ताओं के लाभ के लिए शिक्षण अधिगम प्रक्रिया में क्या किया जाना है तथा उन्हें प्रदान किए जाने वाले पाठ्य एवं सहपाठ्य अनुभवों के द्वारा अधिगमकर्ताओं को कितनी उपलब्धि करनी है या क्या प्राप्त करना है, उसकी सीमा भी निर्धारित करते हैं। एक समेकित कक्षा के सभी प्रकार के विभिन्नता युक्त अधिगमकर्ताओं से समान स्तर की प्राप्ति या उपलब्धि की आशा नहीं कर सकते हैं। इसलिए हम अध्यापकों के लिए यह जरूरी है कि हम इन विभिन्नता युक्त अधिगम कर्ताओं के लिए, उनकी क्षमता या अक्षमता, सामर्थ्य या असमर्थता, योग्यता या अयोग्यता, आदि की प्रकृति के अनुसार विभिन्न अनुदेशनात्मक उद्देश्यों का निर्धारण करें। दूसरे शब्दों में, हमारे लिए यह जरूरी है कि हम नियमित विद्यालयों की साधारण व्यवस्था (Non-inclusive setup) के विशिष्टता रहित सामान्य या अक्षमता रहित विद्यार्थियों की सामान्य जनसंख्या के लिए निर्धारित/प्रस्तावित अनुदेशनात्मक उद्देश्यों में समुचित अनुकूलन तथा समायोजन की व्यवस्था करें। आइए देखते हैं कि यह क्यों और कैसे किया जा सकता है–

1. गत्यात्मक अक्षमता से पीड़ित बालक उन सभी प्रकार की गतिविधियों में संलग्न होने तथा वस्तुओं को सम्हालने और उनके साथ कार्य करने इत्यादि में कठिनाई महसूस करते हैं जिनके सम्पादन हेतु उनके अपने शरीर के अंगों के संचालन की आवश्यकता पड़ती है। उनके मामलों में विभिन्न विद्यालय विषयों के शिक्षण अधिगम सम्बन्धी अनुदेशनात्क उद्देश्यों का निर्धारण करने के लिए हमें इस प्रकार की सावधानी बरतनी चाहिए कि उनके लिए ऐसे अनुदेशनात्मक उद्देश्य निर्धारित ना कर दिए जाएं जो उनकी गामक सीमाओं अथवा कठिनाइयों की दृष्टि से अप्राप्य बन जाएं। प्रयोगशाला, प्रोजेक्ट और कार्यशाला गतिविधियों के परिप्रेक्ष्य में सदैव इस प्रकार के अनुदेशनात्मक उद्देश्य निर्धारित किए जाने चाहिए जिन्हें थोड़े बहुत बदलाव और सुधार के उपरांत गत्यात्मक या अस्थि और मांसपेशीय अक्षमतायुक्त विद्यार्थियों के लिए प्राप्त करना सुलभ हो जाए।

2. श्रव्य क्षतिग्रस्तता से पीड़ित बालक, विशेषकर बधिर बालक श्रव्य माध्यम से प्रस्तुत किए गए अधिगम अनुभवों का लाभ उठाने में असमर्थ होते हैं। इसी प्रकार

दृश्य क्षतिग्रस्तता से पीड़ित बालक विशेषकर अंधे बालक दृश्य अधिगम अनुभवों द्वारा प्राप्त होने वाले लाभों से वंचित रह जाते हैं। दोनों प्रकार के बालक क्रमशः श्रव्य और दृश्य इन्द्रिय पर निर्भर गतिविधियों और प्रदर्शन में संलग्न नहीं हो सकते हैं। अतः उनकी श्रव्य और दृश्य इन्द्रिय के उपयोग की सीमाओं को ध्यान में रखते हुए उनके लिए अनुदेशनात्मक उद्देश्यों को निर्धारित करते समय उपयुक्त अनुकूलन करना चाहिए। उदाहरण के लिए-श्रव्य अक्षमता युक्त बालकों से भाषा अवबोध और उच्चारण की शुद्धता और भाषा के प्रयोग में उसी स्तर के प्रदर्शन की आशा नहीं की जा सकती जैसी कि उनके अक्षमता रहित सामान्य सहपाठी करते हैं। इसलिए भाषा शिक्षण में हमें इनके लिए ऐसे अनुदेशनात्मक उद्देश्य निर्मित करने चाहिए जो उनकी महसूस की जा रही कठिनाइयों और सीमाओं के अनुकूल हो। इसी प्रकार अंधे बालकों को लिए, दृश्य इन्द्रिय के प्रयोग की प्रधानता वाले अधिगम अनुभवों से संबंधित अनुदेशनात्मक उद्देश्यों का निर्धारण करते समय हमें पूर्ण रूप से उनके उचित अनुकूलन पर ध्यान देना चाहिए। प्रयोगशाला कार्य, प्रोजेक्ट कार्य और कार्यशाला गतिविधियों से सम्बन्धित कार्यों और गतिविधियों में हमें इन बालकों की पूर्ण सहभागिता की आशा नहीं करनी चाहिए। यहां पर हमें उनकी असमर्थता या अक्षमता को ध्यान में रखते हुए उनके लिए अनुदेशनात्मक उद्देश्यों में जरूरी अनुकूलन करना चाहिए।

3. मानसिक पिछड़ेपन से पीड़ित बालक अपने अक्षमता रहित या अक्षमतायुक्त अन्य सहपाठियों के द्वारा प्रदर्शित बौद्धिक स्तर के समान अधिगम या प्रदर्शन नहीं कर सकते हैं। यहां मानसिक पिछड़ेपन के कुछ ऐसे मामले हो सकते हैं जहाँ हमें अनुदेशनात्मक उद्देश्यों में इस स्तर तक का अनुकूलन करना पड़ता है जिसमें शैक्षणिक उपलब्धि पर ध्यान न देकर केवल मात्र उन्हें दिन प्रतिदिन के कार्यों को करने और सामाजिक जीवन में समायोजित होने सम्बन्धी उचित अधिगम पर ही जोर दिया जाय। शिक्षा प्राप्ति योग्य मानसिक रूप से पिछड़े बालकों के लिए हम उनकी मानसिक आयु और बौद्धिक क्षमताओं के अनुसार अनुदेशनात्मक उद्देश्यों का निर्धारण कर सकते हैं, हम उनके अक्षमता रहित सहपाठियों से जो आशा करते हैं उसके अनुकूल नहीं।

4. डायसलेक्सिया और डिस्केल्कुलिया जैसी अधिगम अक्षमताओं से पीड़ित बालक कई प्रकार के शैक्षणिक कार्यों, खासकर गणित विषय में संख्याओं के विश्लेषण में और भाषा में अपने अधिगम, अवबोध और अपनी निष्पत्ति का प्रदर्शन करने में काफी गहन सीमाओं में प्रभावित होते हैं। इसलिए इन अधिगम क्षेत्रों से सम्बन्धित उपलब्धि स्तर तथा निष्पत्ति के लक्ष्य इन बालकों की क्षमताओं और कठिनाइयों की प्रकृति के अनुरूप समुचित रूप से परिवर्तित और परिमर्जित किए जाने चाहिए।

5. इसी प्रकार किसी एक या अन्य प्रकार की अक्षमता से युक्त बालकों के अलावा हम एक समेकित कक्षा में काफी योग्य प्रतिभावान और प्रतिभाशाली बालकों की

उपस्थिति भी देखते हैं। उन्हें अपने अक्षमतारहित अथवा अक्षमता युक्त औसत स्तर के सहपाठियों से अधिक अधिगम तथा ज्यादा प्रदर्शन की जरूरत होती है। उनके मामलों में, इस प्रकार हमें इन बालकों की किसी एक या दूसरे अधिगम या निष्पत्ति क्षेत्र में इनकी प्रतिभा या योग्यता स्तर के अनुसार इनके लिए उद्देश्यों की प्राप्ति और निष्पत्ति का स्तर ऊंचा करना ही होगा। इसी प्रकार समेकित कक्षा में मंदगति अधिगमकर्ता और शैक्षणिक रूप से पिछड़ेपन से युक्त बालकों की उपस्थिति भी पाई जाती है, इन बालकों के लिए किसी एक या दूसरे अधिगम क्षेत्र में मंदगति अधिगम या पिछड़ेपन की उनकी प्रवृत्ति के संबंध में इन बालकों से जिस प्रकार की आशा की जा सकती है उसी के अनुसार अनुदेशनात्मक उद्देश्यों में अनुकूलन करना होगा।

इस प्रकार से अनुदेशनात्मक उद्देश्यों के निर्धारण में हमें विभिन्नता लाने की कोशिश करनी चाहिए। यानी विभिन्न प्रकार के अधिगमकर्ताओं से उनके शैक्षणिक उपलब्धि और निष्पत्ति के बारे में उसी तरह की आशा रखी जानी चाहिए जो उन्हें किसी एक या अन्य अधिगम क्षेत्रों में अपने अधिगम, अवबोध तथा निष्पत्ति के संदर्भ में अपने में निहित क्षमताओं अथवा अक्षमताओं, समर्थता या कमियों के परिप्रेक्ष्य में उपयुक्त दिखाई देती हो।

पाठ्यक्रम में अनुकूलन तथा समायोजन
(Curriculum Adaptation and Accomodation)

समेकित शिक्षा व्यवस्था में विशेष आवश्यकता वाले बालकों के शिक्षण अधिगम के लिए पाठ्यक्रम तथा समायोजन नाम का यह शिक्षण शास्त्रीय उपागम इस सिद्धांत और धारणा पर आधारित है कि समेकित व्यवस्था में एक ही तरीके से समान अधिगम अनुभव प्रदान करके सभी विद्यार्थियों को लाभान्वित नहीं किया जा सकता है। सभी बातों का अधिगम करने और अवबोध करने की प्रत्येक विद्यार्थी की अपनी योग्यता और सीमाएं होती हैं। सभी अपनी योग्यता, शक्ति तथा सीमाओं के अनुसार ही अपनी अधिगम प्रगति के उच्च से उच्च स्तर को प्राप्त कर सकते हैं। एक निश्चित और बंधे बंधाए पाठ्यक्रम के प्रति विद्यार्थियों का अनुकूलन करने के बजाय एक समेकित कक्षा के भिन्न-भिन्न प्रकृति और जरूरतों के बालक तथा विशेष आवश्यकता वाले बालकों के अनुसार ही विद्यालय पाठ्यक्रम का अनुकूलन करने के लिए जरूरी प्रयत्न किए जाने चाहिए।

अपने व्यवहारिक और प्रयोगात्मक रूप में, एक समेकित शिक्षा व्यवस्था में किये जाने वाले पाठ्यक्रम अनुकूलन को एक ऐसी कार्यरत गत्यात्मक प्रक्रिया समझा जा सकता है जिसका लक्ष्य विशेष आवश्यकता वाले या विभिन्न योग्यताओं वाले बालकों सहित सभी अधिगमकर्ताओं की अधिगम तथा विकासात्मक जरूरतों को पूरा करने के लिए प्रस्तावित पाठ्यक्रम या अध्ययन कार्यक्रम (विद्यालय में चल रही अनेक प्रकार की गतिविधियों के द्वारा अधिगमकर्ताओं को प्रदान किए जाने वाले अधिगम अनुभवों की सम्पूर्णता) में परिवर्तन लाना तथा उनके अनुकूल बनाना है। इससे एक समेकित

विद्यालय के अध्यापकों तथा प्रशासकों को, सभी प्रकार की योग्यता वाले विद्यार्थियों को अपने विद्यालय में स्वीकार करने में सहायता मिलती है और इससे वे इस रूप में भी आश्वस्त हो जाते हैं कि उनके विद्यालय में प्रवेश लेने वाले सभी बालकों को अधिगम का पूरा अवसर मिले और वे अपनी योग्यताओं और क्षमताओं के अनुरूप अपनी अधिक से अधिक प्रगति कर सकें। फलस्वरूप एक समेकित शिक्षा व्यवस्था के पाठ्यक्रम अनुकूलन में इतनी विभिन्नता रखी जाती है कि वह समेकित व्यवस्था से सम्बन्धित सभी विद्यार्थियों की जरूरतों को पूरा कर सकता है। इस वैभिन्यीकरण में अधिगम अनुभवों के संगठन एवं मूल्यांकन, अवरोध मुक्त भौतिक वातावरण के साथ-साथ अधिगम वातारण की संरचना आदि सभी में भिन्नता रखने का प्रयत्न किया जाता है।

दूसरों शब्दों में केवल पाठ्यक्रम ही नहीं बल्कि इसके क्रियान्वयन में भी, समेकित व्यवस्था के सभी अधिगमकर्ताओं को प्राप्त होने वाले अधिगम अनुभवों के द्वारा सफलता प्राप्त करने के लिए, पर्याप्त अनुकूलन करने की जरूरत होती है। इस प्रकार के पाठ्यक्रम अनुकूलन पर प्रकाश डालते हुए एन.सी.टी.ई. (National Council of Teacher Education) ने अपने प्रकाशन (Including children with special needs-upper primary stage 2015) में लिखा है-

"पाठ्यक्रम अनुकूलन में, सभी विद्यार्थियों की जरूरतों को पूरा करने के लिए विभिन्नताएं शामिल हैं। पाठ्यवस्तु, शिक्षण प्रक्रिया, आकलन एवं मूल्यांकन और भौतिक वातावरण, सभी में परिवर्तन एवं परिमार्जन किया जा सकता है ताकि विद्यार्थियों को कक्षाकक्ष में सफलता प्राप्त करने में सहायता मिले। अध्यापकों के द्वारा चयनित गतिविधियों का प्रकार तथा समूह गतिविधियां सभी में लचीलापन होना चाहिए और इन सभी में लघुसमूहों या वैयक्तिक रूप से विद्यार्थी विशेष की पृष्ठभूमि प्रतिबिम्बत होनी चाहिए।"

("Curriculum adaptation involves differentiation to meet the needs of all students. The content, the teaching process, asessment and evaluation, and the physical environment may be modified to help students to achieve success in the classroom. The kind of activities chosen by the teacher, including group activities, must be flexible and reflect the background knowledge of small groups or individual students.")

एक समेकित व्यवस्था में अनुकूलन तथा समायोजन कैसे किया जाए?

(How to carryout Curriculum Adaptation and Accomodation in an Inclusive Set up ?)

जैसा कि ऊपर कहा गया है कि पाठ्यक्रम अनुकूलन में पाठ्यक्रम की पाठ्यवस्तु (पाठ्य एवं सहपाठ्य अनुभव) और इन अनुभवों को एक विशेष शिक्षण अधिगम वातावरण में क्रियान्वित करने के तरीके और ढंग सभी में परिवर्तन और परिमार्जन

करना शामिल होता है। इस सम्बन्ध में ही शैनेस आदि (De Schenes et al 1994) ने एक विद्यालय की समेकित व्यवस्था में प्रयुक्त करने की कोशिश करने के लिए नौ प्रकार के पाठ्यक्रम अनुकूलन का उल्लेख किया है । यहां हम उन्हें ही संक्षिप्त परिवर्तन के साथ पुनः प्रस्तुत कर रहे हैं-

पाठ्यक्रम अनुकूलन तथा समायोजन के नौ प्रकार (Nine Types of Curriculum Adaptation)

1. परिमाण या तादाद के संदर्भ में (In Term of Quantity): एक अधिगमकर्ता के लिए यह तय करना कि वह पाठ्यक्रम से सम्बन्धित कितनी विषयवस्तु को या उससे जुड़ी हुई गतिविधियों के अधिगम और क्रियान्वयन में स्वामित्य के लिए किए जाने वाले आंकलन से पहले पूरा करने की क्षमता का प्रदर्शन कर सकता है।

उदाहरण–सामाजिक अध्ययन पढ़ाने में एक अध्यापक यह तय कर सकता है कि अधिगमकर्ता विशेष सामाजिक अध्ययन सम्बन्धी कितने पदों का एक विशेष समय में अधिगम कर सकता है। उसकी इस क्षमता के मुताबिक ही अभ्यास क्रियाओं और वर्कशीट (Worksheet) पर कार्य करने का कार्य घटाया बढ़ाया जा सकता है।

2. समय के संदर्भ में (In Terms of Time): इस प्रकार के पाठ्यक्रम अनुकूलन में विद्यार्थियों के किसी कार्य के अधिगम कार्य को पूरा करने या परीक्षण लेने के समय के निर्धारण में घटत-बढ़त कर उचित अनुकूलन करने का प्रयत्न किया जाता है। जैसे-गणित विषय में एक दी हुई समस्या को हल करने में विद्यार्थियों की अपनी योग्यता के हिसाब से उसे कम या अधिक समय दिया जा सकता है। अथवा उन्हें गणित के किसी सम्प्रत्यय के अधिगम हेतु शिक्षक के द्वारा कम या अधिक समय दी जाने की बात की जा सकती है।

3. समर्थन के स्तर के संदर्भ में (In Terms of Level of Support): विद्यार्थी दिए जाने वाले कार्य में संलग्न रहे, इस सम्बन्ध में उसे प्रदान की जाने वाली व्यक्तिगत सहायता बढ़ाई जा सकती है, उसे पुनर्वलन प्रदान किया जा सकता है, या किसी विशेष कौशल के उपयोग द्वारा उसे आगे दिशा प्रदान की जा सकती है। इसके अतिरिक्त विद्यार्थी के साथ अन्तःक्रिया में वृद्धि करने और उसे परिवेश और स्थान सम्बन्धी संरचना के अनुकूलन में परिवर्तन लाने का कार्य भी किया जा सकता है, जैसे-कक्षा-शिक्षण अधिगम में साथी विद्यार्थियों की अधिक से अधिक सहायता लेना, शिक्षण सहायकों, सहपाठी ट्यूटरों इत्यादि की संख्या में वृद्धि करना, ताकि अधिगम कठिनाई से जूझ रहे बालकों के लिए उचित समर्थन जुटाया जा सकें। इस सम्बन्ध में इन अतिरिक्त समर्थकों द्वारा किस प्रकार की भूमिका निभाई जाएगी, उन्हें विद्यार्थियों से कैसे अंतःक्रिया करनी है और अधिगम वातावरण को कैसे अनुकूल बनाना है इत्यादि के बारे में जानकारी दी जा सकती है।

4. अदा के संदर्भ में (In Terms of Input): इस प्रकार के पाठ्यक्रम अनुकूलन में अनुदेशन किस रूप में, किस प्रकार अधिगमकर्ताओं को प्रदान किया जाए, उसे लेकर

अनुकूलन किया जाता है। उदाहरण के लिए यहां अध्यापक विभिन्न प्रकार की अलग अलग दृश्य सामग्री, बड़े रूप में पाठ्य सामग्री प्रस्तुत करना, अधिक स्थूल उदाहरणों को काम में लाना, बच्चों को करके सीखने के लिए क्रियात्मक कार्य प्रदान करना, विद्यार्थियों को सहकारी अधिगम में व्यस्त करना तथा पाठ को पढ़ाने से पहले उसमें प्रयुक्त पदावली या अवधारणाओं को स्पष्ट करना इत्यादि तरीके अपना सकता है।

5. कठिनाई के संदर्भ में (In Terms of Difficulty): इस प्रकार के अनुकूलन में विद्यार्थियों की अपनी समझ और कौशल अर्जन की क्षमता के अनुरूप ही उन्हें इस प्रकार की कठिनाई स्तर की समस्याएं हल करने, कौशल अर्जन करने और सीखने सम्बन्धी प्रक्रिया से गुजरने के बारे में निर्णय लिया जाता है उदाहरण के लिए यहां अब इस प्रकार का अनुकूलन करते समय अध्यापक कुछ विद्यार्थियों को गणित सम्बन्धी गणना हेतु गणन तंत्र (Calculator) के उपयोग की अनुमति दे सकता है, किसी काम को कैसे किया जाए, इसे करने सम्बन्धी निर्देशन और प्रक्रिया को उनके लिए सरल बना सकता है तथा उनकी कठिनाई स्तर के हिसाब से ही कार्य करने के नियमों में परिवर्तन ला सकता है।

6. प्रतिफल के संदर्भ में (In Terms of Output): विद्यार्थियों से अनुदेशन के पश्चात् किस प्रकार की अनुक्रिया या प्रतिफलों की आशा की जा सकती है, इसके इस अनुक्रिया करने के तरीके में पर्याप्त अनुकूलन प्रदान करना। उदाहरण के लिए जो बालक लिखित रूप में उत्तर देने में कठिनाई अनुभव करते हैं, उन्हें मौखिक रूप से उत्तर देने के लिए कहा जा सकता है, जो मौखिक रूप से उत्तर नहीं दे सकते उन्हें अपनी अनुक्रिया लिखित रूप में अभिव्यक्ति करने के लिए कहा जा सकता है और जो इन दोनों रूपों से अनुक्रिया व्यक्त नहीं कर सकते उन्हें किसी कार्य को करने के माध्यम से अनुक्रिया व्यक्त करने का अवसर दिया जा सकता है।

7. सहभागिता के संदर्भ में (In Terms of Participation): किसी कार्य में अधिगमकर्ता जिस सीमा तक सक्रिय रूप में भाग ले सकता है उसके अनुसार पाठ्यक्रम में परिवर्तन लाना। उदाहरण के लिए भूगोल की एक कक्षा में एक अक्षम बालक को ग्लोब पकड़ने के लिए कहा जा सकता है जबकि दूसरे विद्यार्थी उसमें प्रदर्शित विभिन्न स्थानों की स्थिति बताने का प्रयत्न कर सकते हैं। एक अलग थलग हुए विद्यार्थी को एक समूह विशेष का नेतृत्व करने का अवसर दिया जा सकता है, जिस बालक को लिखित में अनुक्रिया करने में कठिनाई हो रही है उसके लिए उभरी हुई रेखा युक्त पेपरशीट उपयोग में लाने की अनुमति दी जा सकती है।

8. विकल्प युक्त लक्ष्यों के संदर्भ में (In Terms of Alternate Goals): कक्षा में समान विषयवस्तु का शिक्षण करते समय शिक्षण अधिगम प्रक्रिया के लक्ष्यों और प्रतिफल सम्बन्धी आशाओं का अनुकूलन करना परंतु यह कार्य अधिकतर उन्हीं अक्षम बालकों के लिए किया जाता है जो तीव्र और गहन अक्षमता के शिकार हो। उदाहरण के लिए एक सामाजिक अध्ययन कक्षा में एक अक्षम बालक के मानचित्र में स्थित राज्य विशेष का रंग बताने के लिए कहा जा सकता है जबकि अन्य

विद्यार्थियों को नक्शे पर स्थित विभिन्न राज्यों को इंगित कर और उनकी राजधानी का नाम बताने के लिए कहा जा सकता है।

9. वैकल्पिक पाठ्यक्रम (या कार्यात्मक पाठ्यक्रम) के संदर्भ में (In Terms of Substitute Curriculum/Functional Curriculum): इस प्रकार के अनुकूलन में विद्यार्थियों को उनकी क्षमताओं और योग्यताओं के अनुसार उनके वैयक्तिक उद्देश्यों की प्राप्ति हेतु अलग अलग प्रकार का अनुदेशन और अध्ययन सामग्री प्रदान की जाती है। परंतु यह बात केवल उसी अवस्था में होती है जबकि अपनी गम्भीर क्षतिग्रस्तता या अक्षमता के कारण विद्यार्थी सामान्य पाठ्यक्रम से लाभान्वित होने में कठिनाई महसूस करते हों।

उदाहरण के लिए-भाषा सम्बन्धी शिक्षण अधिगम के दौरान निर्धारित पाठ्यक्रम की अनुपालना न कर, एक मानसिक रूप से पिछड़े हुए (गहन मानसिक मंदन का शिकार) बालक को अब एक वैकल्पिक अध्ययन को लेकर दैनिक क्रियाओं के सम्पादन सम्बन्धी आवश्यक कौशल जैसे खाने के लिए चम्मच पकड़ना, वस्त्र पहनना इत्यादि का प्रशिक्षण दिया जा सकता है।

पाठ्यक्रम अनुकूलन के प्रकारों के वर्गीकरण के लिए अन्य उपागम (Another Approach for Classifying the Types of Curriculum Adaptation)

इस सम्बन्ध में राष्ट्रीय शैक्षिक अनुसंधान एवं प्रशिक्षण परिषद (NCERT) ने अपने प्रकाशन (Meeting special needs in school—A Manual 2007: 51) में दो प्रकार के पाठ्यक्रम अनुकूलन उदाहरण सहित प्रदान किए हैं। आइए, समेकित शिक्षा अवस्था में पाठ्यक्रम अनुकूलन की इस कार्यविधि से परिचित होने के लिए उसके बारे में जानने की कोशिश करते हैं।

A. बहुस्तरीय पाठ्यक्रम अनुदेशन की स्वीकृति देने वाला पाठ्यक्रम अनुकूलन (Curriculum Adaptation Allowing Multilevel Curriculum Instructions): किसी एक पाठ्यक्रम गतिविधि या क्षेत्र के विभिन्न स्तर हो सकते हैं जैसे-एक क्रिया विशेष को सम्पन्न करने के लिए अनेक विकल्प हो सकते हैं अथवा इसके कठिनाई के भिन्न-भिन्न स्तरों के कई अवयव हो सकते हैं। इसलिए एक समेकित कक्षा में चल रहे एक सामान्य पाठ्यक्रम कार्यक्रम या क्रिया से सम्बन्धित किसी एक या दूसरे प्रकार के अवयव के अधिगम में अधिगमकर्ताओं को लगाए रखने के लिए प्रयत्न किये जा सकते हैं। ये प्रयत्न भिन्न-भिन्न क्षमताओं या योग्यताओं और आश्यकताओं के अनुसार, उनके उपयुक्त अधिगम और प्रगति के लिए पाठ्यक्रम के अनुकूलन में सहायता कर सकते हैं। पाठ्यक्रम अनुकूलन की इसी व्यवस्था को "बहुस्तरीय पाठ्यक्रम अनुदेशन (Multi level curriculum instruction)" नाम दिया गया है। गियनग्रीको, क्लोनिंगर और साल्सआईवर्सन (Giangreco, Cloninger and Salcelverson, 1998) ने इस व्यवस्था को निम्न बातों में परिभाषित किया है-बहुस्तरीय पाठ्यक्रम अनुदेशन से अभिप्राय इस प्रकार के शिक्षण से है जिसमें विभिन्न योग्यताओं वाले

अधिगमकर्ताओं के समूह किसी एक साझे क्रियात्मक कार्य या शैक्षणिक गतिविधि पर कार्य करते हुए उसी एक पाठ्यक्रम क्षेत्र से सम्बन्धित अधिगम प्रतिफलों के लक्ष्यों को व्यक्तिगत रूप से अपने अपने ढंग से या प्रारूप में उपलब्ध करने का प्रयत्न करते रहते हैं।

उदाहरण 1. विज्ञान की एक समेकित कक्षा व्यवस्था में वस्तुओं के तैरने का सिद्धांत प्रकरण का शिक्षण करते हुए जहाँ अधिकांश विद्यार्थी इस लक्ष्य की प्राप्ति हेतु अध्ययनरत रहते हैं कि वस्तुओं के तैरने और डूबने के पीछे क्या कारण है वही अक्षमता युक्त कुछ विद्यार्थियों का शिक्षण लक्ष्य यहां केवल यह समझना रह सकता है कि तैरने और डूबने सम्बन्धी अवधारणा क्या है? और दोनों में क्या अंतर है?

उदाहरण 2. एक समेकित कक्षा में "भिन्न संख्याओं का गुणा" प्रकरण का शिक्षण करते हुए जहाँ कुछ विद्यार्थी भिन्न संख्याओं के गुणा से सम्बन्धित कठिन प्रश्नों का अभ्यास कार्य करने में व्यक्त होते हैं वहीं कुछ विद्यार्थियों को भिन्न संख्याओं की सरल समस्याओं का हल करने के लिए अधिन्यास दिया जा सकता है तथा वहीं अन्य विद्यार्थी बहुत सी समस्याओं को काफी सीमित संख्या में हल करने की कोशिश कर रहे होते हैं क्योंकि गणना कार्य पूरा करने के लिए उन्हें बहुत ज्यादा समय की जरूरत पड़ती हैं।

B. विभिन्न पाठ्य अनुभवों को साथ-साथ प्रस्तुत करने सम्बन्धी पाठ्यक्रम अनुकूलन (Curriculum Adaptation Allowing Curriculum Overlapping): इस प्रकार के पाठ्यक्रम अनुकूलन में विद्यार्थी जिस प्रकार के पाठ्यक्रम अनुभवों के अर्जन में अपने शिक्षण अधिगम के दौरान व्यस्त रहते हैं, वे एक जैसे नहीं रहते, बल्कि प्रत्येक विद्यार्थी की योग्यता एवं क्षमता के अनुसार वे अलग-अलग किस्म के हो सकते हैं। परंतु ऐसा करते हुए भी उनका क्रियान्वन समेकित कक्षा व्यवस्था में चल रही किसी एक साझी गतिविधि के रूप में ही सम्पन्न किया जाता है और इसी साझी शैक्षिक या क्रियात्मक गतिविधि के माध्यम से विद्यार्थी अपने स्वयं के प्रयत्नों से अपने लिए उचित शैक्षिक लक्ष्यों की प्राप्ति में जुटे रहते हैं।

उदाहरण 1. एक सामाजिक अध्ययन की समेकित शिक्षा व्यवस्था के समूह में सामाजिक अध्ययन विषय की एक इकाई पर कार्य करते हुए जहाँ अधिकांश बालक सामाजिक अध्ययन के उद्देश्यों की प्राप्ति में संलग्न रह सकते हैं वही अधिगम अक्षमताओं से युक्त कुछ विद्यार्थी उन विशेष सम्प्रेषण कौशलों के विकास में संलग्न रहते हुए पाए जा सकते हैं जिन्हें विकसित करने हेतु सामाजिक अध्ययन के अध्यापक द्वारा विशेष प्रकार के अधिगम अनुभवों का सृजन किया गया है।

उदाहरण 2. भाषा शिक्षण की एक समेकित कक्षा व्यवस्था में व्यक्तिगत रूप से शब्दों के उच्चारण सम्बन्धीं अभ्यास हेतु (इन शब्दों का चयन अध्यापक या विद्यार्थी किसी के भी द्वारा किया जा सकता है) एक यह प्रावधान किया जा सकता है कि विद्यार्थियों के विभिन्न समूह अपने मानसिक स्तर, ज्ञान और अनुभव के आधार पर भिन्न भिन्न संख्या में शब्दों के उच्चारण का अभ्यास करें। इसके साथ यहां यह

प्रावधान भी किया जा सकता है कि कुछ बच्चों को अधिक शब्दों के उच्चारण और कुछ को कम शब्दों के उच्चारण का अभ्यास करने में लगाया जाए। यानी दूसरे शब्दों में अपनी कक्षा के स्तर के मुताबिक जितने शब्दों का सही उच्चारण करना उन्हें सिखाना है, उससे उनका लक्ष्य कम या अधिक हो सकता है।

सहपाठ्य क्रियाओं में अनुकूलन तथा समायोजन
(Adaptation and Accomodation in Co-curricular Activities)

सहपाठ्य गतिविधियों का आयोजन, विद्यालय वातावरण में अधिगमकर्ताओं को प्रदान किए जाने वाले अधिगम अनुभवों का एक अनिवार्य अवयव है। इसलिए एक समेकित विद्यालय अपनी समेकित व्यवस्था से सम्बन्धित विभिन्नतायुक्त अधिगमकर्ताओं का आयोजन करता हुआ देखा जा सकता है। इन गतिविधियों को निम्न प्रकार से वर्गीकृत किया जा सकता है-

1. शारीरिक गतिविधियों के रूप में बालकों के खेल, क्रीड़ाएं, स्पोर्टस, शारीरिक व्यायाम, योगासन तथा अन्य यौगिक क्रियाएं, ड्रिल एवं परेड आदि।
2. सांस्कृतिक गतिविधियां जैसे-नृत्य, नाटक, संगीत क्रियाएं, फैन्सी ड्रेस प्रदर्शन, विद्यालय बैंड आदि।
3. साहित्यिक गतिविधियां जैसै-वाद विवाद, भाषण प्रतियोगिता, सेमीनार, सिम्पोजियम, कविता पाठ, कहानी एवं निबंध लेखन प्रतियोगिता, क्विज प्रतियोगिता आदि।
4. सामाजिक एवं नागरिक गतिविधियां जैसे-सामाजिक, धार्मिक एवं राष्ट्रीय उत्सवों का आयोजन, राष्ट्रीय सेवा योजना एवं नेशनल केड्टू कोर्प्स गतिविधियां, स्काउट एवं गाइडिंग, सामुदायिक भोजन, स्वच्छता सप्ताह का आयोजन आदि।
5. बहुउद्देशीय या बहुविध गतिविधियाँ जैसे-पर्यटन, क्षेत्रभ्रमण, प्रदर्शनियों और मेलों का आयोजन, विभिन्न प्रकार के प्रोजेक्टरों पर कार्य करना, विभिन्न विषयों के क्लब या समितियां आदि।

अक्षमतायुक्त बालकों सहित भिन्न-भिन्न आवश्यकताओं वाले अधिगमकर्ताओं के सर्वांगीण विकास और प्रगति के लिए कई तरह से योगदान देने और उन्हें बहुमूल्य अनुभव प्राप्त करने तथा लाभ कराने के लिए विद्यालय का समेकित वातावरण बहुमूल्य अवसर प्रदान करता है। इस प्रकार के अनुभवों को प्राप्त करने में अक्षमतायुक्त बालकों का समेकेतीकरण करने सम्बन्धी कार्य काफी चुनौतीपूर्ण है। जिसका सामना अध्यापकों को सहपाठ्य क्रियाओं को आयोजित करने तथा विभिन्न प्रकार की अक्षमताओं से युक्त बालकों को इन क्रियाओं में भाग लेने के दौरान करना पड़ सकता है। अक्षमताओं से पीड़ित बालकों द्वारा किसी एक या दूसरी प्रकार की क्षतिग्रस्तता या अक्षमता के द्वारा उपलब्ध सीमाओं के परिप्रेक्ष्य में किसी एक या अन्य प्रकार की सहपाठ्य गतिविधि के आयोजन में समुचित अनुकूलन का अनुप्रयोग करने

की जोरदार आवश्यकता अब यहां उभरकर सामने आती है।

सहपाठ्य क्रियाओं के आयोजन में इस प्रकार का वांछित अनुकूलन करते समय निम्न बातों को ध्यान में रखना लाभदायक रहेगाः

1. सहपाठ्य क्रियाओं में भाग लेने के लिए किसी गतिविधि का चयन करने में अक्षमतायुक्त बालकों की सहायता की जानी चाहिए जिससे वे ऐसी गतिविधि का चयन कर सकें जिसमें अपने अक्षमतारहित सहपाठियों के साथ अपनी क्षतिग्रस्तता या अक्षमता के कारण उत्पन्न कार्यात्मक सीमाओं के रहते हुये वे प्रभावशाली ढंग से भाग ले सके।

2. किसी एक अन्य सहपाठ्य गतिविधि से सम्बन्धित कार्य करने के तरीके और साधनों में समुचित परिवर्तन, सुधार और अनुकूलन करना चाहिए। जिससे बालक अपनी क्षतिग्रस्तता या अक्षमता के प्रकार के आधार पर भाग ले सकें-

- गत्यात्मक या अस्थि अथवा मांसपेशिय अक्षमतायुक्त बालकों तथा श्रव्य और दृश्य क्षतिग्रस्तता युक्त बालकों को इस प्रकार के साधन, उपकरण और सामग्री उपलब्ध कराई जाए जिसकी सहायता से वे अपनी क्षतिग्रस्तता या अपने ऐन्द्रिक या शरीर के अंगों की गतिहीनता या क्रिया हीनता के कारण उत्पन्न सीमाओं और अवरोधों पर विजय प्राप्त कर सकें। ये साधन या उपकरण इन अक्षमतायुक्त बालकों को खेल और स्पोर्ट सम्बन्धी गतिविधियों, साहित्यिक, सांस्कृतिक एवं सामाजिक गतिविधियों आदि में अपनी स्वयं की रूचि तथा समेकित व्यवस्था की मांग के अनुसार भाग लेने में सहायता कर सकते हैं।
- सहपाठ्य गतिविधियों में सहभागिता के कठिनाई स्तर की प्रकृति का इस प्रकार से निर्धारण और अनुकूलन किया जाए जो बौद्धिक रूप से अक्षम या मानसिक रूप से विकलांग बालकों को किसी एक या अन्य सहपाठ्य गतिविधि में ठीक प्रकार से भाग लेने में सहायता करे। उदाहरण के लिए ऐसी अनेक खेलकूद सम्बन्धी गतिविधियां हैं जो उनके मानसिक पिछड़ेपन के स्तर के अनुसार प्राप्त बौद्धिक क्षमताओं के उपयुक्त मानी जा सकती हैं।
- यहां पर गेम्स, स्पोर्टस, विभिन्न क्रीड़ाओं सहित ऐसी सहपाठ्य गतिविधियों का आयोजन करना और उनके लिए सभी ऐसी जरूरी सुविधाएं प्रदान की जानी चाहिए जो सभी भिन्न प्रकार के अक्षमता युक्त बालकों की जरूरतों के अनुसार उपयुक्त हों। उदाहरण के लिए अवरोध मुक्त वातावरण, सीमाओं से युक्त साधनों और खेल की सामग्री सहित ऐसे इंडोर गेम्स आयोजित किए जाने चाहिए जिनमें विद्यालय की समेकित व्यवस्था के अन्तर्गत अक्षमतायुक्त बालक आसानी से भाग ले सकें। विद्यालय में इस प्रकार की सहायक और अनुकूलित तकनीकी उपकरणों का प्रबंध किया जाना चाहिए जिनकी सहायता से अक्षमतायुक्त बालक किसी भी एक या अन्य सहपाठ्य गतिविधि में व्यक्तिगत रूप से अकेले या सामूहिक रूप से भाग ले सकें। प्रोन्नत तकनीकी

साधनों के आविष्कार तथा अक्षमतायुक्त बालकों की सहपाठ्य क्रियाओं में सहभागिता में सफलता प्राप्त करने की दृढ़ इच्छा शक्ति और संघर्ष के कारण हम देख सकते हैं कि आज वे काफी चुनौतीपूर्ण विभिन्न प्रकार की सहपाठ्य गतिविधियों में भाग ले रहे हैं और सफलता प्राप्त कर रहे हैं, जैसे-अंधे बालक क्रिकेट खेल रहे हैं तथा भाला फेंक, गोला फेंक आदि खेलकूद क्रियाओं में अपनी कौशल को प्रदर्शित कर प्रान्तीय, राष्ट्रीय और अन्तर्राष्ट्रीय स्तर पर विभिन्न खेलकूद प्रतियोगिताओं में देश को गौरवान्वित कर रहे हैं।

इस प्रकार से यदि सहपाठ्य गतिविधियों के आयोजन के तरीकों और साधनों के समुचित अनुकूलन के प्रति उचित ध्यान दिया जाए तो समेकित विद्यालय व्यवस्था में अक्षमतारहित सामान्य सहपाठियों के साथ अक्षमायुक्त या भिन्न आवश्यकताओं वाले विद्यार्थी, सहपाठ्य गतिविधियों में सक्रिय रूप से भाग लेकर अपने उचित समायोजन तथा सर्वांगीण विकास के संदर्भ में पूरा-पूरा लाभ प्राप्त कर सकते हैं।

7

अन्तर्राष्ट्रीय घोषणाओं तथा अधिवेशनों में अक्षम या विकलांगों हेतु शैक्षिक प्रावधान

(Educational Provisions for the Disabled in International Declaration and Convention)

विषय प्रवेश (Introduction)

मानव अधिकारों की घोषणा और मानवतावादी दर्शन के प्रभाव के फलस्वरूप सम्पूर्ण विश्व में यह आवाज बुलन्द होने लगी कि अक्षम व्यक्तियों के साथ मानवीय व्यवहार किया जाए और उनका एकान्तवास समाप्त किया जाए तथा उनकी शिक्षा और विकास के लिए पृथक्कीकरण की नीतियों तथा प्रावधानों का त्याग किया जाए। इस प्रयोजन को पूरा करने के लिए वैश्विक समाज तथा राष्ट्रों ने समय-समय पर संयुक्त राष्ट्र संघ के तत्वावधान में अन्तर्राष्ट्रीय सभाओं और सम्मेलन का आयोजन किया। जिसके परिणामस्वरूप अक्षम व्यक्तियों की शिक्षा हेतु विभिन्न प्रकार की नीतियों और धारणाओं को बनाने, उद्‌गारों की घोषणा करने तथा कार्यवाही प्रारूपों को अंजाम देने सम्बन्धी कार्य किए गए। इस अध्याय में यहाँ हम अपना ध्यान जिन दो विशेष प्रयासों पर केन्द्रित करना चाहेंगे, वे हैं-

(i) सलामानाका कथन और कार्यवाही प्रारूप, 1994 और

(ii) अक्षमतायुक्त व्यक्तियों के अधिकारों पर आयोजित संयुक्त राष्ट्र अधिवेशन 2006

सलामानाका कथन और कार्यवाही प्रारूप, 1994

(Salamanaca Statement and Framework of Action 1994)

"अक्षमों की शिक्षा के लिए सलामानाका कथन और कार्यवाही प्रारूप (1994)" के नाम से एक अन्तर्राष्ट्रीय घोषणा और दस्तावेज प्रस्तुत किया गया। यह घोषणा और दस्तावेज विशिष्ट आवश्यकताओं से जुड़ी हुई शिक्षा विषय पर आयोजित अन्तर्राष्ट्रीय सम्मेलन जो जून 1994 में सम्पन्न हुआ, उसमें जो सहमति बनी उसका परिणाम था। इस सम्मेलन में विश्व के 92 देशों (जिसमें भारत ने भी भाग लिया) और 25 अन्तर्राष्ट्रीय संगठन से जुड़े हुए 300 प्रतिभागियों ने भाग लिया और इसे यूनेस्कों तथा शिक्षा और विज्ञान मंत्रालय, स्पेन ने मिलकर आयोजित किया।

7 से 10 जून तक, चार दिन चले हुए इस सम्मेलन की कार्यवाही में जो प्रस्ताव पास हुए और रिपोर्ट बनी वह एक कथन और कार्यवाही प्रारूप के ऐसे स्वरूप के रूप में सामने आए जिसे विशेष आवश्यकताओं से युक्त विशेषकर अक्षम बालकों की शिक्षा और कल्याण हेतु, समेकित शिक्षा नीति के क्रियान्वयन हेतु काम में लाया जा सके। हम आगे इस दस्तावेज से सम्बन्धित विचारों को संक्षेप में प्रस्तुत करने जा रहे हैं:

सलामानाका सम्मेलन में अनुमोदित प्रस्ताव (The Salamanaca Statement)

1. इस सम्मेलन में शामिल हुए सभी डेलीगेट्स यह विश्वास करते हुए कहना चाहते हैं कि- शिक्षा प्रत्येक बालक का मौलिक अधिकार है। हर एक विद्यार्थी में अपनी अनोखी विशेषताएँ, रुचियाँ, योग्यताएँ और अधिगम आवश्यकताएं पाई जाती हैं। शिक्षा व्यवस्था और कार्यक्रम इस प्रकार के होने चाहिए कि वे विभिन्न प्रकार के बालकों की विशेषताएं और आवश्यकताओं की पूर्ति में सहायक हो सकें। सभी प्रकार के विभिन्न आवश्यकताओं से युक्त बालकों की शिक्षा जिनमें अक्षम बालक भी शामिल हैं, एक ही प्रकार की शिक्षा यानी समेकित शिक्षा व्यवस्था के अन्तर्गत नियमित विद्यालयों में होनी चाहिए, ताकि सभी प्रकार के अलगाव और भेदभाव को दूर करते हुए एक समेकित समाज की स्थापना में शिक्षा पूरी तरह भागीदारी निभा सके। इस प्रकार की व्यवस्था से सभी को शिक्षा प्रदान करने का उद्देश्य, मितव्ययी ढंग से कुशलतापूर्वक प्राप्त किया जा सकता है।

2. हम विश्व के सभी देशों की सरकारों से आग्रह करते हैं कि :

- वे अपनी शिक्षा व्यवस्था में इस प्रकार के सुधार करें और वित्तीय नीतियां तथा इस प्रकार के साधनों का प्रबन्ध करें जिससे सभी बालकों को, चाहे उनमें किसी भी प्रकार के व्यक्तिगत अन्तर और समस्याएँ पाई जाती हों, विद्यालय में प्रवेश देकर समान शिक्षा के अवसर दिए जाएँ। इसको कानूनी मान्यता प्रदान कर ऐसे प्रबन्ध किए जाएँ कि नियमित विद्यालयों में समेकित शिक्षा प्रदान करने की नीति को अच्छी तरह लागू किया जाए।
- समेकित शिक्षा कार्यक्रम को ठीक ढंग से क्रियान्वित करने के लिए माता-पिता, समुदाय तथा अक्षम व्यक्तियों से सम्बन्धित संगठनों से सहयोग लेने के कार्य को प्रोत्साहित किया जाना चाहिए और सभी प्रकार के आवश्यक योजना निर्माण तथा क्रियान्वयन कार्यों, जिनसे विशिष्ट शिक्षा की आवश्यकताएं पूरी होती हैं, उनमें इनकी साझीदारी भी बनाई जानी चाहिए।
- समेकित शिक्षा में इस बात का भी ध्यान रखा जाना चाहिए कि अक्षम बालकों की जल्दी पहचान तथा उन्हें समय पर उसका उपचार मिल सके और साथ ही उनके रोजगार सम्बन्धी अवसरों को भी ध्यान में रखा जाना चाहिए।
- समेकित विद्यालयों की आवश्यकताओं को ध्यान में रखते हुए शिक्षकों के सेवाकालीन और पूर्व-सेवाकालीन प्रशिक्षण के लिए प्रयत्न किए जाने चाहिए।

3. हम अन्तर्राष्ट्रीय संस्थाओं जैसे- यूनेस्को, यूनीसेफ, संयुक्त राष्ट्र विकास कार्यक्रम तथा विश्व बैंक से अपील करते हैं कि:

- वे समेकित शिक्षा और विद्यालयों से सम्बान्धित उपागमों और कार्यक्रमों को अपनी स्वीकृति और प्रोत्साहन प्रदान करते हुए विशेष आवश्यकताओं से जुड़ी हुई इस शिक्षा को तकनीकी सहयोग और नेटवर्क प्रदान करें। साथ ही उसके लिए जिस प्रकार की धनराशि की जरूरत हो, उससे सम्बन्धित फंड भी सृजित करें ताकि समेकित शिक्षा और विद्यालय कार्यक्रम को सभी देशों में लागू करने का कार्य भलीभांति पूरा किया जा सके।
- विशेषकर यूनेस्को (UNESCO) से हम यह आग्रह करते हैं कि वह अपने विधि कार्यक्रम और गतिविधियों के द्वारा विशिष्ट आवश्यकताओं से युक्त बालकों की शिक्षा को प्राथमिकता दें। इसके लिए आवश्यक फंड् प्रदान करें, शैक्षणिक नेतृत्व प्रदान करे तथा इस सम्बन्ध में अध्यापक शिक्षा को एक नई दिशा प्रदान करने का प्रयत्न करे।

अन्त में हम स्पेन की सरकार और यूनेस्को का इस कान्फ्रेन्स के आयोजन हेतु धन्यवाद करना चाहते हैं। और उनसे यह आग्रह करते हैं कि वे इस कथन (Statement) को और उसके साथ जुड़े हुए कार्यवाही प्रारूप पर विश्व समुदाय का ध्यान केन्द्रित करने के लिए पूरा-पूरा प्रयत्न करें तथा आगे होने वाले अन्तर्राष्ट्रीय सम्मेलनों के जरिए इसे उपयुक्त दिशा प्रदान करने का प्रयत्न करें।

कार्यवाही प्रारूप (Framework for Action)

विशिष्ट आवश्यकताओं से युक्त बालकों (CWSN) की जरूरतों को पूरा करने के लिए जो कुछ इस दस्तावेज में कहा गया है। उसे प्रस्तावना सहित निम्न तीन भागों तथा उपभागों में बाँटा जा सकता है।

I. विशिष्ट आवश्यकताओं से युक्त बालकों की शिक्षा के बारे में नयी सोच (New Thinking in special needs education)

II. राष्ट्रीय स्तर पर कार्यवाही करने सम्बन्धी दिशा निर्देश (Guidelines for action at the national level)

   A. नीतियाँ तथा संगठन (Policy and organization)
   B. विद्यालय कारक (School factors)
   C. शिक्षा प्रदान करने वाले व्यक्तियों की नियुक्ति तथा प्रशिक्षण (Recruitment and Training of educational personnel)
   D. बाह्य सहायक/समर्थक सेवायें (External support services)
   E. प्राथमिकता क्षेत्र (Priority areas)
   F. सामुदायिक परिप्रेक्ष्य (Community perspectives)
   G. संसाधन आवश्यकतायें (Resource requirements)

III. क्षेत्रीय तथा अन्तर्राष्ट्रीय स्तर पर कार्यवाही करने सम्बन्धी दिशा निर्देश (Guidelines for action at the regional and international level)

दस्तावेज में उल्लेख किये उपरोक्त तीन आयामों में से हम यहाँ पहले दो आयामों से सम्बन्धित उन बातों की ही विशेष रूप से चर्चा करना चाहेंगें जिनका सम्बन्ध विद्यालय में अध्ययन कर रहे विशिष्ट बालकों की आवश्यकताओं को ध्यान में रखकर उन्हें सामान्य बालकों के साथ समान रूप से अच्छे से अच्छे शैक्षिक अवसर उपलब्ध कराने से है।

विशिष्ट आवश्यकताओं से युक्त विद्यालयी बालकों की शिक्षा के बारे में नई सोच (New Thinking In Special Needs Education for School Children)

(i) विशिष्ट आवश्यकताओं से युक्त बालकों (CWSN) की शैक्षिक प्रगति और उनका सामाजिक समावेशीकरण समेकित विद्यालयों में समेकित शिक्षा व्यवस्था के अन्तर्गत ही अच्छी तरह संभव है क्योंकि इन्हीं विद्यालयों द्वारा सभी बालकों को उनकी शिक्षा और प्रगति हेतु समान अवसर देने तथा पूरी भागीदारी निभाने की बात अच्छी तरह की जा सकती है। यह काम केवल शिक्षकों तथा विद्यालय स्टाफ के द्वारा नहीं किया जा सकता। विशिष्ट आवश्यकताओं से युक्त बालकों को समेकित विद्यालयों में शिक्षा तथा विकास के समान अवसर प्रदान करने में साथी विद्यार्थियों, माता-पिता, परिवार तथा स्वयं सेवी संस्थाओं का आवश्यक सहयोग भी जरूरी है और इसके लिये समाज के सदस्यों में यह लगन जगाई जानी चाहिये कि वे इस कार्य हेतु आगे आयें।

(ii) समेकित विद्यालय जिस आधारभूत सिद्धान्त पर कार्य करते हैं वह यह है कि सभी बालकों की शिक्षा जहाँ तक हो सके एक साथ ही हो चाहे उनमें किसी भी तरह की विभिन्नतायें हों और वे अधिगम सम्बन्धी किसी भी प्रकार की कठिनाई का अनुभव कर रहे हों। इसलिये समेकित विद्यालयों से यह अपेक्षा की जाती है कि वे अपने विद्यार्थियों की विभिन्न प्रकार की आवश्यकताओं की पूर्ति के संदर्भ में उनकी अलग-अलग अधिगम शैलियों तथा अधिगम अर्जन की रफ्तार को ध्यान में रखकर पाठ्यक्रम सम्बन्धी अनुभवों, शिक्षण विधियों तथा व्यूहरचनाओं, संसाधनों के उपयोग तथा समुदाय की भागीदारी को इस रूप में सुनिश्चित करें कि सभी बालकों को गुणवत्ता युक्त शैक्षणिक अनुभवों की बिना किसी भेदभाव के अच्छी तरह उपलब्धि हो सके।

(iii) समेकित विद्यालयों में विशिष्ट आवश्यकताओं से युक्त बालकों को विशेष रूप से वह सभी प्रकार का बाहरी सहयोग समर्थन (Extra support) मिलना चाहिये जो उन्हें अपने प्रभावपूर्ण शिक्षा की उपलब्धि हेतु चाहिये। समेकित शिक्षा व्यवस्था द्वारा ही विशिष्ट आवश्यकताओं से युक्त बालकों (CWSN) को दूसरे सामान्य बालकों के समीप आने तथा उनसे उचित समायोजन तथा सामन्जस्य बिठाने के अवसर मिलते हैं। इसलिये उन बालकों की शिक्षा अनिवार्य रूप से सामान्य बालकों के साथ ही नियमित विद्यालयों में ही होनी चाहिये। विशिष्ट आवश्यकताओं से युक्त बालकों (CWSN) को विशिष्ट विद्यालयों या विशिष्ट कक्षाओं में शिक्षा प्रदान करने की बात केवल उन्हीं थोड़े बहुत बालकों के बारे में ही सोची जानी चाहिये जिनकी शैक्षिक या सामाजिक आवश्यकताओं की पूर्ति नियमित विद्यालय कक्षा-कक्षों में नहीं हो पाती

हो या उस अवस्था में जब ऐसा करना बालक विशेष अथवा दूसरे बालकों की भलाई एवं कल्याण हेतु आवश्यक हो।

(iv) ऐसे देश जिनमें विशिष्ट क्षतिग्रस्ताओं या अक्षमताओं (impairments or disabilities) से युक्त बालकों की शिक्षा हेतु विशिष्ट विद्यालयों (Special schools) के रूप में एक उपयुक्त संगठित व्यवस्था विद्यमान है, उसका समुचित लाभ उठाया जाना चाहिये। इन विशिष्ट विद्यालयों की सेवायें तथा संसाधनों का उपयोग समेकित विद्यालयों के उचित संचालन में किया जा सकता है। विशिष्ट विद्यालयों में कार्यरत स्टाफ अक्षम बालकों की पहचान तथा उनकी विशिष्ट अक्षमताओं के उचित निदान में अपेक्षित विशेषज्ञता रखता है इसका लाभ नियमित विद्यालयों की समेकित शिक्षा व्यवस्था में उठाया जा सकता है। विशिष्ट विद्यालय नियमित विद्यालयों के स्टाफ के प्रशिक्षण तथा संसाधन केन्द्रों के रूप में प्रयुक्त किये जा सकते हैं तथा विभिन्न प्रकार की अक्षमताओं से युक्त बालकों के उपयुक्त समायोजन तथा उनकी योग्यताओं के अनुरूप उन्हें सर्वांगीण विकास के अवसर प्रदान करने में जो भी विशिष्ट तरीके, विधियाँ, साधन तथा तकनीकी ज्ञान एवं कौशल काम में लाया जा सकता है उसकी भी समुचित जानकारी इन विशिष्ट विद्यालयों की कार्यप्रणाली से प्राप्त हो सकती है। अतः उनको बन्द करने की बात न सोचकर इस तरह साधन सम्पन्न बनाने का प्रयत्न करना चाहिये कि वे नियमित विद्यालयों में समेकित शिक्षा व्यवस्था को ठीक प्रकार लागू करने में महत्वपूर्ण भागीदारी निभा सकें।

(v) जिन देशों में विशिष्ट विद्यालय प्रणाली विद्यमान नहीं है या थोड़े बहुत विशिष्ट विद्यालय ही सीमित रूप में अपना कार्य कर रहे हैं। उन देशों को अपना पूरा ध्यान समेकित विद्यालय व्यवस्था को सुदृढ़ बनाने में लगा देना चाहिये। ताकि बड़े पैमाने पर सभी बालकों और युवकों को शिक्षा देने सम्बन्धी उद्देश्यों की पूर्ति की जा सके। उन्हें समेकित विद्यालय व्यवस्था के सुचारू रूप से क्रियान्वयन हेतु अधयापक प्रशिक्षण कार्यक्रमों पर पूरा ध्यान देना चाहिये ताकि ऐसे अध्यापक तैयार हो सके जो समेकित शिक्षा व्यवस्था की कार्यप्रणाली और उत्तरदायित्वों को वहन करने की क्षमता रखते हों तथा साथ ही इन विद्यालयों की सहायता हेतु उचित संसाधन केन्द्रों की व्यवस्था पर भी ध्यान देना चाहिये ताकि अध्यापकों तथा अन्य स्टाफ को आवश्यक परामर्श, निर्देशन, समर्थन एवं सामग्री की उपलब्धि होती रहे।

राष्ट्रीय स्तर पर कार्यवाही हेतु मार्गदर्शन

(Guidelines for Action at the National Level)

A. नीतियाँ एवं संगठन (Policy and Organization)

इस सम्बन्ध में की गई मुख्य सिफारिशें निम्न हैं :

(i) शिक्षा के क्षेत्र में अक्षम बालकों को शिक्षा के समान अवसर प्रदान किये जायें, यह सुनिश्चित करने हेतु कानून प्रावधानों की व्यवस्था करना तथा साथ ही स्वास्थ्य, सामाजिक कल्याण, व्यवसायिक प्रशिक्षण तथा रोजगार

क्षेत्रों में भी ऐसे समानान्तर तथा पूरक कानूनी प्रावधानों की व्यवस्था करना जिनसे शिक्षा सम्बन्धी उपरोक्त प्रावधानों को व्यावहारिक रूप से प्रभावी बनाने तथा क्रियान्वयन में सहायक सिद्ध होने की भूमिका निभाई जा सके।

(ii) सभी स्तरों (राष्ट्रीय स्तर से स्थानीय स्तर तक) पर ऐसी शिक्षा नीतियाँ बनाना जिनसे यह सुनिश्चित किया जा सके कि अक्षमता से युक्त कोई भी बालक अपने पड़ोस के विद्यालय (यानी वह विद्यालय जिसमें वह अपने अक्षमता युक्त नहीं होने की अवस्था में प्रवेश लेने का इच्छुक या अधिकारी होता) में प्रवेश ले सके। यहाँ यह अपवाद हो सकता है कि जो अक्षम बालक जिनकी समायोजन तथा शिक्षा सम्बन्धी विशेष आवश्यकताओं की पूर्ति नियमित विद्यालयों की समेकित शिक्षा व्यस्था में नहीं हो सकती उनके लिये विशेष विद्यालयों की शिक्षा का भी प्रावधान होना चाहिये।

(iii) परन्तु समेकेतीकरण की नीति के अच्छी तरह क्रियान्वयन में विशेष विद्यालयों की थोड़ी बहुत आवश्यक उपस्थिति कभी आड़े नहीं आनी चाहिये। सभी अवस्थाओं में अधिकतर यही कोशिश होनी चाहिये कि अक्षम बालकों को भी नियमित विद्यालयों में सामान्य बालकों के साथ ही शिक्षा के समान अवसर उपलब्ध कराये जाएँ ताकि सभी के लिये शिक्षा का राष्ट्रीय मिशन पूरा किया जा सके। उन मामलों में भी जहाँ अक्षम/अपंग बालकों की शिक्षा सम्बन्धी विशेष आवश्यकताओं की पूर्ति हेतु उन्हें विशिष्ट विद्यालयों (Special schools) में भेजने की बात की जाती है उनकी शिक्षा का पूरी तरह पृथक्कीकरण (Segregation) नहीं होना चाहिये। उन्हें आंशिक रूप से सामान्य बालकों के साथ विभिन्न प्रकार के समायोजन तथा सामाजिक अनुभव साँझा करने के अवसर अवश्य प्रदान किये जाने चाहिये।

B. विद्यालय कारक (School Factors)

नियमित विद्यालयों को समेकित शिक्षा सम्बन्धी आवश्यकताओं की पूर्ति हेतु पूरी तरह साधन सम्पन्न बनाने हेतु निम्न बातों पर ध्यान दिया जाना चाहिये।

- विद्यालय पाठ्यक्रम को बालकों की आवश्यकताओं के अनुसार ढालना न कि यह आशा करना कि बालक, पाठ्यक्रम के अनुसार शिक्षा प्राप्त करें।
- नियमित पाठ्यक्रम (कोई अलग पाठ्यक्रम नहीं) के संदर्भ में विशिष्ट आवश्यकताओं से युक्त बालकों (CWSN) को अतिरिक्त अनुदेशन, शिक्षण सहायता (Support) प्रदान करना।
- सर्वांगीण विकास हेतु किये जाने वाले विद्यालय कार्यक्रमों में पूरी तरह अपनी भागीदारी निभाने में विशिष्ट आवश्यकताओं से युक्त बालकों (CWSN) की सहायता करना।
- सतत् रूप में आवश्यक प्रतिपुष्टि प्रदान करने हेतु निर्माणात्मक मूल्यांकन (Formative evaluation) को नियमित मूल्यांकन प्रक्रिया का अभिन्न अंग बनाना।

- विशिष्ट आवश्यकताओं से युक्त बालकों (CWSN) की सहायता प्रदान करने (Support) सम्बन्धी उपायों का इस तरह स्तरीकरण करना कि नियमित कक्षा शिक्षण में कम से कम सहायता पहुँचाने से लेकर विद्यालय में चल रहे अन्य कार्यक्रमों में आवश्यक अतिरिक्त सहायता भी उपलब्ध हो सके और जहाँ आवश्यक हो वहाँ विशिष्ट शिक्षा अध्यापकों, विशेषज्ञों तथा अन्य बाहरी विशिष्ट स्टाफ की मदद ली जा सके।
- विद्यालय पाठ्यक्रम सम्बन्धी आवश्यकताओं की उचित पूर्ति तथा विशिष्ट आवश्यकताओं से युक्त बालकों (CWSN) को उनके संप्रेषण, गति और गायन सम्बन्धी क्रियाओं तथा अधिगम में उचित सहायता करने हेतु उचित एवं खर्चे की दृष्टि से सुलभ तकनीकी की व्यवस्था करना।

C. शिक्षा देने वाले व्यक्तियों की नियुक्ति एवं प्रशिक्षण
(Recruiting and Training of Educational Personnel)

इस सम्बन्ध में मुख्य रूप से निम्न बातें की जानी चाहिये :

(i) पूर्व सेवा प्रशिक्षण कार्यक्रमों द्वारा सभी शिष्य अध्यापकों (प्राथमिक तथा माध्यमिक दोनों स्तरों के) की अक्षमता के प्रति सकारात्मक अभिवृत्ति विकसित करने और यह बताने का प्रयत्न किया जाना चाहिये कि स्थानीय उपलब्ध सहायक/समर्थन सेवाओं द्वारा क्या कुछ अर्जित किया जा सकता है। इन प्रशिक्षणार्थियों को जो ज्ञान और कौशल प्रदान किये जाते हैं उनमें बालकों की विशेष आवश्यकताओं का आकलन करने, पाठ्यक्रम सामग्री को आवश्यकतानुसार ढालने, सहायक तकनीकी का उपयोग करने, शिक्षण क्रिया का विभिन्न क्षमताओं से मुक्त बालकों की शैक्षिक आवश्यकताओं के अनुसार वैयक्तीकरण करने तथा अच्छी शिक्षण सम्बन्धी बातों को सीखने सम्बन्धी बातें शामिल रहनी चाहियें। जिन विद्यालयों में इन प्रशिक्षणार्थियों को शिक्षण प्रशिक्षण अभ्यास कराया जाना है उनमें समेकित शिक्षा व्यवस्था होनी चाहिये ताकि वे वह सीख सकें जिसकी उन्हें आगे जाकर जरूरत पड़नी है।

(ii) सभी अध्यापकों के लिये सेवाकालीन प्रशिक्षण की उचित व्यवस्था की जानी चाहिये और इसे दूरवर्ती शिक्षा तथा अन्य स्व-अनुदेशन तकनीकों के उपयोग से अच्छी तरह समर्थित किया जाना चाहिये।

(iii) नियमित विद्यालयों में शिक्षण हेतु अध्यापकों के जो प्रशिक्षण कार्यक्रम चलाये जाते हैं उन्हें इस तरह संवर्धित किया जाना चाहिये कि अध्यापक प्रशिणार्थियों को समेकित शिक्षा व्यवस्था में अपने कर्तव्यों को निभाने हेतु आवश्यक ज्ञान और कौशलों की प्राप्ति हो सके। जो प्रशिक्षणार्थी इन संवर्धित कार्यक्रमों कोर्सों को पूरा करते हैं उन्हें अतिरिक्त योग्यता वाली डिग्री या सर्टीफिकेट प्रदान किये जाने चाहिये।

(iv) विशिष्ट अध्यापकों (Special teachers) का प्रशिक्षण इस प्रकार संगठित किया जाना चाहिये कि वे विभिन्न परिस्थितियों में कार्य करते हुये विशिष्ट शिक्षा प्रदान करने वाले कार्यक्रमों के संपादन में अपनी भूमिका ठीक प्रकार निभा सकें। प्रारम्भिक दौर में इनके प्रशिक्षण में सभी प्रकार की अक्षमताओं से युक्त बालकों की शैक्षिक आवश्यकताओं की पूर्ति को लक्ष्य बनाया जाना चाहिये। इसके पश्चात् उन्हें किसी एक या अधिक अक्षमताओं/विकलांगताओं से युक्त बालकों को शिक्षा प्रदान करने के संदर्भ में विशेषज्ञता अर्जित कराने में सहायता की जानी चाहिये।

(v) आज की शिक्षा प्रणालियों में (उन प्रणालियों को भी शामिल करके जो अक्षमताओं से युक्त विद्यार्थियों को उत्तम शैक्षिक सेवायें प्रदान करने के लिये जानी जाती हैं) इन विद्यार्थियों को अनुकरणीय मॉडल प्रदान करने को लेकर एक बड़ी कमी देखने को मिलती है। विशिष्ट आवश्यकताओं से युक्त विद्यार्थियों को उन प्रौढ़ अक्षमों (adult with disabilities) से अन्त:क्रिया करने के अवसरों की जरूरत है जिन्होंने जिन्दगी में सफलता पायी है। उनके पद चिन्हों पर चलते हुये वे अपनी जीवनशैली तथा आकांक्षाओं को वास्तविक आशाओं से युक्त धरातल पर आसीन करके आगे बढ़ सकते हैं। इसके अतिरिक्त अक्षमताओं से युक्त विद्यार्थियों को उचित प्रशिक्षण प्रदान किये जाने चाहिये और उनके सामने ऐसे उदाहरण प्रस्तुत करने चाहियें जिनमें उन्हें अपनी अक्षमताओं से निपटने और अपने जीवन में आगे बढ़ने की प्रेरणा और सीख मिले। शिक्षा व्यवस्थाओं में इसलिये ऐसे योग्य अध्यापकों तथा शिक्षा प्रदान करने वाले व्यक्तियों की नियुक्ति की जानी चाहिये जो अक्षम/विकलांग हो। विशिष्ट आवश्यकताओं से युक्त बालकों की शिक्षा हेतु उस क्षेत्र में विद्यमान उन अक्षम व्यक्तियों को भी शामिल करने का प्रयत्न करना चाहिये जिनकी गिनती सफल व्यक्तियों में की जाती है।

D. बाह्य समर्थन और सहयोग (External Support Services)

इस सम्बन्ध में निम्न बातें उपयोगी सिद्ध हो सकती हैं :

(i) सामान्य नियमित विद्यालयों को सहायता, सहयोग तथा मागदर्शन प्रदान करने में अध्यापक शिक्षा संस्थान तथा विशिष्ट विद्यालयों के संसाधन तथा स्टाफ उचित भूमिका निभा सकते हैं। विशिष्ट विद्यालयों के संसाधन तथा सेवाओं का उपयोग विशेष रूप से विशिष्ट आवश्यकताओं से युक्त विद्यार्थियों के लिये समेकित शिक्षा व्यवस्था के अन्तर्गत उपयुक्त सहायता एवं अवसर प्रदान करने के लिये किया जा सकता है। अध्यापक शिक्षा संस्थानों तथा विशिष्ट विद्यालयों के द्वारा ऐसे उपयुक्त तरीके, विधियाँ तथा सामग्री प्रदान करने का कार्य नियमित विद्यालयों के लिये किया जाता है जिनके द्वारा उन्हें

अपनी नियमित कक्षाओं में उचित अनुदेशन कार्य हेतु अपने स्टाफ के आवश्यक प्रशिक्षण प्राप्त हो सके।

(ii) स्थानीय स्तर पर बहुत सी संस्थायें, विभाग तथा व्यक्ति अक्षम/विकलांग व्यक्तियों की शिक्षा और कल्याण कार्यों में अपना सहयोग प्रदान करने का कार्य करती हुई दिखाई दे सकती हैं। इन सभी में पारस्परिक समन्वय और तालमेल बिठाने के प्रयास किये जाने चाहियें। इन संगठनों और व्यक्तियों में परामर्श देने वाले अध्यापकों, शिक्षा मनोवैज्ञानिकों, स्पीच एवं व्यवसायिक थेरेपिस्ट, इत्यादि का नाम लिया जा सकता है। एक क्षेत्र विशेष में अगर कुछ विद्यालयों द्वारा एक क्षेत्रीय समूह के रूप में अगर मिलकर कार्य किया जाये तो वे अपने विशिष्ट व्यक्तिगत संसाधनों को भी एक दूसरे के लिये संसाधन स्रोत का कार्य करने में प्रयोग कर सकते हैं। उनमें से कोई एक, एक विशेष प्रकार की अक्षमता से युक्त विद्यार्थियों के शिक्षा और समायोजन हेतु संसाधन स्रोतों की उपलब्धि कर सकता है तो दूसरे अन्य अक्षमताओं से युक्त विद्यार्थियों की। इस प्रकार एक क्षेत्रीय समूह में विद्यालय एक दूसरे से सहयोग करते हुये उपलब्ध सेवाओं और संसाधनों का मिलजुलकर सही उपयोग कर सकते हैं।

E. प्राथमिकता क्षेत्र (Priority Areas)

(i) पूर्व बाल्यावस्था शिक्षा (Early Childhood Education): समेकित विद्यालयों की सफलता इस बात पर काफी कुछ निर्भर करती है कि जितनी जल्दी हो इस बात का निदान और आकलन हो सके कि बालकों में किस प्रकार की अक्षमतायें और शैक्षिक आवश्यकताओं की उपस्थिति है। इसलिये 6 वर्ष तक के बालकों हेतु पूर्व बाल्यावस्था देखभाल एवं शिक्षा कार्यक्रमों को ठीक तरह से लागू करने की आवश्यकता है ताकि बालकों की आज की विद्यालय शिक्षा हेतु वांछित तैयारी की जा सके। इन कार्यक्रमों का गरीब व्यक्तियों, परिवारों तथा समुदायों के लिये काफी बड़ा महत्व है क्योंकि इसकी मदद से ही उनके बालकों में पनपने वाली अक्षमताओं (disabilities) को अधिक गंभीर होने पर अंकुश लगता है। इस स्तर पर आयोजित पूर्व विद्यालय या बाल्यावस्था शिक्षा कार्यक्रम भी समेकेतीकरण के सिद्धांत (Principle of Inclusion) पर आधारित होने चाहियें तथा उनमें पूर्व विद्यालय शिक्षा तथा पूर्व बाल्यावस्था स्वास्थ्य देखभाल से सम्बन्धित गतिविधियों का समन्वय रहना चाहिये।

(ii) लड़कियों की शिक्षा (Girl's Education): लड़की होने के साथ अक्षमता का भी शिकार होना लड़कियों के ऊपर दुहरे वज्रपात का कार्य करता है। इसलिये इस बात की बहुत अधिक जरूरत है कि विशिष्ट आवश्यकताओं से युक्त लड़कियों की शिक्षा और प्रशिक्षण हेतु विशेष प्रयास किये जायें। विद्यालय शिक्षा के अवसर दिये जाने के अतिरिक्त ऐसे सभी प्रबन्ध उनके लिये किये जाने चाहियें कि उन्हें आवश्यक सूचनायें तथा परामर्श की बराबर उपलब्धि होती रहे और वे ऐसे अनुकरणीय मॉडलों

के भी सम्पर्क में रहे जो उन्हें आवश्यक रूप से सही दिशा में अभिप्रेरित कर भविष्य में एक जिम्मेदार महिला के रूप में अपने जीवनयापन में सहायक बना सकें।

(iii) प्रौढ़ जीवन के लिए तैयारी (Preparation for Adult Life): विशिष्ट आवश्यकताओं से युक्त बालकों को विद्यालय शिक्षा से इस प्रकार सहायता मिलनी चाहिये कि वे अपने आगामी प्रौढ़ जिन्दगी को बिना दूसरों के ऊपर बोझ बने हुये अच्छी तरह जी सकें। इस कार्य हेतु विद्यालयों को उन्हें आर्थिक रूप से स्वावलम्बी बनाने और दिन प्रतिदिन के जीवनयापन सम्बन्धी आवश्यक कौशलों के अर्जन में पूरी-पूरी सहायता करनी चाहिये। उन्हें विशेषकर इस बात के लिये ऐसा प्रशिक्षण प्रदान किया जाना चाहिये जो प्रौढ़ जीवन जीने के लिये आवश्यक सामाजिक एवं संप्रेषण कौशलों तथा प्रौढ़ व्यक्ति से जो उम्मीदें की जाती हैं उन पर खरा उतरने में सहायक हो।

F. सामुदायिक परिप्रेक्ष्य (Community Perspectives)

इस सम्बन्ध में निम्न बातों पर ध्यान दिया जाना ठीक रह सकता है :

(i) माता-पिता की भागीदारी (Parents partnership): विशिष्ट आवश्यकताओं से युक्त बालकों की शिक्षा माता-पिता तथा शिक्षा देने वाले व्यवसायी व्यक्तियों की पारस्परिक भागीदारी से ही ठीक प्रकार फलीभूत हो सकती है। विद्यालय और समाज के बीच उचित तालमेल रहना चाहिये इस प्रकार का सकारात्मक दृष्टिकोण माता-पिता के लिये बनाये रखना इस दिशा में काफी महत्वपूर्ण रहता है। विद्यालय और माता-पिता दोनों का ही एक लक्ष्य होता है विशिष्ट आवश्यकताओं से युक्त बालकों को उनके सर्वागीण विकास में मदद करना। इसके लिये उनके बीच अच्छी साझीदारी रहनी चाहिये ताकि माता-पिता और अध्यापक दोनों को ही अपने उत्तरदायित्वों को निभाने में एक दूसरे का साथ मिल सके। विद्यालय को विशिष्ट आवश्यकताओं से युक्त बालकों की अक्षमताओं, कठिनाइयों तथा विशिष्टताओं के बारे में जो भी जानकारी या आकलन निष्कर्ष प्राप्त होते रहें उनसे माता-पिता को समय-समय पर परिचित कराते रहना चाहिये तथा माता-पिता द्वारा इस दिशा में जो आगे किया जाना है उससे भी उन्हें अवगत कराने तथा यह सब करने के लिये आवश्यक प्रशिक्षण प्रदान कराने का उत्तरदायित्व भी विद्यालयों द्वारा निभाया जा सकता है। यही बात माता-पिता के लिये भी हैं उन्हें भी अपने बालकों की क्षमताओं व अक्षमताओं, विशिष्टताओं, अधिगम तथा समायोजन कठिनाइयों से सम्बन्धित सूचनायें प्रदान करने का प्रयत्न करना चाहिये। समेकित शिक्षा व्यवस्था के उचित संचालन में इस प्रकार के आपसी सहयोग तथा समझदारी का पूरा-पूरा योगदान रहता है।

(ii) सामुदायिक साझेदारी (Community Participation): समुदाय विशेष जहाँ विद्यालय स्थित है, को विद्यालय की उद्देश्य पूर्ति में सहायक बनने के लिये उचित रूप से प्रेरित किया जाना चाहिये। समुदाय के विभिन्न संगठनों तथा संस्थानों को विद्यालय के प्रबन्ध तथा निर्णय लेने सम्बन्धी कार्यों में उचित प्रतिनिधित्व देना इस बात में काफी सहायक सिद्ध हो सकता है। समुदाय विशेष को भी विद्यालयों के साथ

उपयुक्त साझीदारी निभाने हेतु एक जिम्मेदार प्रणाली विकसित करने का प्रयत्न करना चाहिये। उनके इस सहयोग तन्त्र में नागरिक प्रशासन, शिक्षा तथा स्वास्थ्य, विभागों तथा सामाजिक नेतृत्व एवं स्वयं सेवा संगठनों के प्रतिनिधियों को शामिल किया जा सकता है और वे सब मिलकर स्थानीय तौर पर समेकित विद्यालय को आवश्यक सहयोग प्रदान करने का कार्य कर सकते हैं।

(iii) लोक चेतना (Public Awareness): देश में शिक्षा सम्बन्धी नीतियां बनाने वालों को सभी स्तरों (विद्यालय स्तर सहित) पर यह विश्वास दिलाना चाहिये कि वे समेकेतीकरण को लागू करने के प्रति पूरी तरह प्रतिबद्ध हैं और इसके लिये पहल इस बात से की जानी चाहिये कि विशिष्ट आवश्यकताओं से युक्त बालकों (CWSN) के प्रति समाज समुदाय एवं विद्यालय के सभी वर्गों (विद्यार्थी, अध्यापक तथा व्यापक स्तर पर जनसाधारण वर्ग) का सकारात्मक दृष्टिकोण बना रहे। इस सम्बन्ध में जन सम्पर्क साधनों (समाचार पत्र-पत्रिकायें, फिल्म तथा दूरदर्शन चैनलों आदि) के द्वारा काफी महत्वपूर्ण भूमिका निभाई जा सकती है। अक्षमों के प्रति किसी भी प्रकार के दुराग्रह को समाप्त करने के साथ-साथ इन साधनों द्वारा नियोक्ताओं को भी ऐसा दृष्टिकोण विकसित करने में सहायक सिद्ध होना चाहिये कि वे अपने संस्थानों में अक्षम/अपंग व्यक्तियों की नियुक्ति के लिये आगे आयें। मीडिया जनसाधारण को यह जानकारी भी प्रदान कर सकता है कि अब सभी बालकों को अधिक पास के विद्यालय में समान शिक्षा प्राप्त करने का अधिकार है और उनके अक्षम बालकों को भी अब नियमित विद्यालयों के सक्षम बालकों के साथ समान शिक्षा के अवसर उपलब्ध हैं तथा वहाँ उनके समग्र विकास पर पूरा ध्यान दिया जायेगा। इससे सम्बन्धित उदाहरण देकर भी मीडिया जनसाधारण में समेकित शिक्षा व्यवस्था के प्रति विश्वास जमाने में अपना योगदान दे सकता है।

G. संसाधन आवश्यकतायें (Resource Requirement)

इस सम्बन्ध में कार्यवाही प्रारूप में निम्न रूप में टिप्पणी की गई है। विश्व के देशों को इस बात को पूरी तरह स्वीकार कर चलना चाहिये कि समेकित विद्यालय के समुचित विकास द्वारा ही 'सबके लिये शिक्षा' सम्बन्धी उद्देश्य की पूर्ति संभव है। इस तथ्य को उन्हें अब एक महत्वपूर्ण सरकारी नीति के तहत सामने रखकर राष्ट्रीय विकास के एक एजेन्डे के रूप में देश की जनता के सामने रखना चाहिये। ऐसा करने से ही उन्हें समेकित शिक्षा व्यवस्था को ठीक प्रकार लागू करने हेतु उपयुक्त वातावरण एवं संसाधनों की प्राप्ति हो सकती है। उपयुक्त वातावरण एवं संसाधनों की उपलब्धि से फिर आगे का मार्ग सहज हो सकता है। चाहे अतिरिक्त संसाधन जुटाने हों या उपलब्ध संसाधनों का सही उपयोग करना हो दोनों ही कामों के लिये सामुदायिक या राष्ट्रीय स्तर पर अपेक्षित राजनीतिक इच्छा शक्ति तथा लगन की आवश्यकता है। जबकि समुदायों द्वारा समेकित विद्यालयों के विकास में महत्वपूर्ण भूमिका निभाई जा सकती है परन्तु साथ ही चीजों के प्रभावपूर्ण एवं शीघ्र समाधान हेतु अपेक्षित सरकारी

सहयोग, समर्थन एवं प्रोत्साहन भी बराबर बना रहना काफी आवश्यक है।

अक्षम व्यक्तियों के अधिकार विषय पर आयोजित संयुक्त राष्ट्र अधिवेशन, 2006 में शैक्षिक प्रावधान (Educational Provisions in UN-Conventions on the Rights of Persons with Disabilities (UNCRPD), 2006)

'अक्षम व्यक्तियों के अधिकार' विषय पर 2006 में आयोजित संयुक्त राष्ट्र अधिवेशन सम्बन्धी दस्तावेज अक्षम व्यक्तियों की शिक्षा समायोजन तथा कल्याण के संदर्भ में एक काफी उपयोगी अन्तर्राष्ट्रीय दस्तावेज है। यह दस्तावेज इस अधिवेशन में शामिल राष्ट्रों की परस्पर सहमति से निर्मित प्रस्तावों का प्रतिफल है। इस दस्तावेज का प्रारम्भ प्रस्तावना (preamble) से हुआ है और इसमें शामिल अनुच्छेदों (Articles) की संख्या 50 है। इसमें अक्षम/विकलांग बालकों के लिये शैक्षिक प्रावधानों के रूप में जो कुछ कहा गया है उसका सम्बन्ध अनुच्छेद 24 (Article 24) से है। अनुच्छेद 1 में अक्षम व्यक्तियों के अधिकारों के सम्बन्ध में आयोजित इस अधिवेशन के वृहत उद्देश्य को स्पष्ट करने का प्रयत्न किया गया है। यहाँ हम पाठकों की जानकारी हेतु अनुच्छेद 1 तथा 24 में वर्णित बातों को उनके मूल रूप में प्रस्तुत करने जा रहे हैं।

अनुच्छेद-1 (Article-1)

उद्देश्य: इस अधिवेशन/सम्मेलन का उद्देश्य अक्षमताओं से युक्त सभी व्यक्तियों को सभी प्रकार के मानवीय अधिकारों तथा मूलभूत स्वतन्त्रताओं का दायरा बढ़ाने, उनकी सुरक्षा करने तथा उन्हें अपने अधिकारों का पूरी तरह से समान रूप से उपभोग करने तथा उनके अपने सम्मान को बनाये रखने में उनकी सहायता करना है।

अक्षमताओं में युक्त व्यक्तियों से हमारा यहाँ अभिप्राय: उन व्यक्त्यों से है जो लम्बे समय से शारीरिक, मानसिक, बौद्धिक या इन्द्रियजनित क्षतिग्रस्तताओं (impairments) के शिकार हैं तथा जिन्हें विभिन्न प्रकार के अवरोधों की वजह से समाज में दूसरों के साथ उन्हीं की तरह अन्त:क्रिया करने तथा प्रभावपूर्ण ढंग से साझीदारी निभाने में कठिनाइयों का सामना करना पड़ता है।

अनुच्छेद-24 - शिक्षा (Article 24 - Education)

1. इस सम्मेलन में शामिल सभी देश अक्षमता से युक्त व्यक्तियों के शिक्षा प्राप्त करने सम्बन्धी अधिकार का अनुमोदन करते हैं। बिना किसी भेदभाव के तथा समान अवसरों की उपलब्धि सहित शिक्षा प्राप्त करने सम्बन्धी, इस अधिकार का उपभोग करने सम्बन्धी उद्देश्य की पूर्ति के लिये शिक्षा के सभी स्तरों पर (जीवन पर्यन्त सीखने तक) समेकित शिक्षा व्यवस्था निम्न लक्ष्यों की प्राप्ति हेतु अपनायी जानी चाहिये।

   (a) मानवीय क्षमता का पूर्ण विकास तथा आत्म-सम्मान को बनाये रखने में सहायता करना तथा मानव अधिकारों, मूलभूत स्वतन्त्रताओं तथा मानव-मानव की विभिन्नताओं के प्रति आदर भाव को बढ़ावा देना।

(b) अक्षमताओं से युक्त व्यक्तियों को अपने व्यक्तित्व, प्रतिभा, सृजनात्मकता तथा मानसिक एवं शारीरिक योग्यताओं का अधिक से अधिक विकास करने के अवसर देना।

(c) अक्षमताओं से युक्त व्यक्तियों को मुक्त समाज (free society) में प्रभावपूर्ण ढंग से साझीदारी निभाने के योग्य बनाना।

2. इस अधिकार की प्राप्ति कराने हेतु विश्व की सरकारें यह सुनिश्चित करेंगी कि:

(a) अक्षमताओं से युक्त व्यक्तियों को उनकी अक्षमताओं की वजह से सामान्य शिक्षा प्रणाली से बाहर न रखा जाये और अक्षमताओं से युक्त बालकों को उनकी अक्षमताओं की वजह से मुफ्त और अनिवार्य प्राथमिक शिक्षा या माध्यमिक शिक्षा से लाभान्वित होने से वंचित नहीं किया जाये।

(b) अक्षमताओं से युक्त व्यक्ति अपने समुदाय (जिसमें वह रहते हैं) के अन्य व्यक्तियों के साथ ही समानता के आधार पर समेकित व्यवस्था की गुणवत्ता युक्त मुफ्त प्राथमिक शिक्षा का लाभ उठा सकें।

(c) व्यक्तिगत आवश्यकताओं की पूर्ति यथासंभव औचित्यपूर्ण तरीके से करने के प्रयत्न किये जायें।

(d) अक्षमताओं से युक्त व्यक्तियों को अपनी प्रभावी शिक्षा हेतु सामान्य शिक्षा में ही अपेक्षित सहायता/समर्थन उपलब्ध हो।

(e) शिक्षण–अधिगम परिवेश में प्रभावपूर्ण वैयक्तिक सहायक/समर्थन उपायों (Support measures) की इस प्रकार की उपलब्धि कराई जाये जिससे पूर्ण समेकेतीकरण (full inclusion) के लक्ष्य से तालमेल बिठाते हुये शैक्षणिक और सामाजिक विकास को अधिक से अधिक ऊँचाई तक पहुँचाया जा सके।

3. दुनिया के सभी देश अक्षमताओं से युक्त व्यक्तियों को शिक्षा क्षेत्र में पूरी और समान भागीदारी निभाने तथा समुदाय में सदस्य के रूप में भूमिका का निर्वाह करने के लिये आवश्यक जीवन एवं सामाजिक कौशलों के अर्जन में सहायता करेंगे। इस कार्य हेतु उनके द्वारा निम्न प्रकार के सार्थक उपाय किये जायेंगे।

(a) ब्रेल लिपि (Braille Script) के सीखने, वैकल्पिक लिपियों तथा प्रारूपों को उपयोग में लाने, वैकल्पिक साधनों तथा प्रारूपों को संप्रेषण हेतु प्रयुक्त करने तथा चलने–फिरने और गतिशीलता से जुड़े काम करने सम्बन्धी कौशलों का प्रशिक्षण देने सम्बन्धी सुविधाओं तथा सहपाठियों एवं सहायक मित्रमंडली से आवश्यक सहयोग लेने आदि को प्रोत्साहित करना ।

(b) सांकेतिक भाषा (Sign language) से अधिगम सम्बन्धी सुविधायें प्रदान करना तथा बधिर समुदाय (deaf community) की भाषायी पहचान को बढ़ावा देना।

(c) यह सुनिश्चित करना कि अक्षमता युक्त व्यक्तियों तथा विशेषकर नेत्रहीन, बधिर और नेत्रहीन-बधिरों को शिक्षा की उपलब्धि, अधिक से अधिक उपयुक्त ऐसी भाषा तथा सम्प्रेषण प्रारूप (जो वैयक्तिक और शिक्षण अधिगम परिस्थिति की दृष्टि से उपयुक्त हो) में दी जाये जिससे उनका अधिक से अधिक शैक्षिक तथा सामाजिक विकास हो सके ।

4. इस अधिकार की उपलब्धि सुनिश्चित करने हेतु देश की सरकारें ऐसे सभी उचित उपाय करेंगी कि जिनके फलस्वरूप ऐसे अध्यापकों (जिनमें अक्षमता से युक्त व्यक्ति भी शामिल रहेंगे) की नियुक्ति हो जो सांकेतिक भाषा, ब्रेल लिपि में माहिर हों तथा ऐसे शिक्षक प्रशिक्षित करेंगी जो सभी स्तरों पर शिक्षा प्रदान करने की सामर्थ्य रखते हों। अध्यापकों के प्रशिक्षण कार्यक्रम में इस बात का ध्यान रखा जायेगा कि प्रशिक्षण उपरान्त अध्यापकों में अक्षमता युक्त व्यक्त्यों की शिक्षा हेतु उपयुक्त दृष्टिकोण एवं जागरूकता पनप सके तथा वे उन कौशलों से युक्त हो सकें जो उन्हें उपयुक्त विधियों, वैकल्पिक संप्रेषण साधनों, शिक्षा तकनीकों तथा सहायक सामग्री विभिन्न प्रकार की अक्षमताओं से युक्त व्यक्तियों के शिक्षण हेतु चाहिये।

8

अक्षम या विकलांगों हेतु अधिनियमों एवं नीतियों में शैक्षिक प्रावधान (Educational Provisions for the Disabled in Acts and Policies)

विषय प्रवेश (Introduction)

विश्व समुदाय तथा राष्ट्रों ने अपने विभिन्न अन्तर्राष्ट्रीय सम्मेलनों, अधिवेशनों तथा समझौतों के माध्यम से बिना किसी भेदभाव के सबके लिये समान शिक्षा अवसरों के अधिकार पर मुहर लगाई है। सालामानका कथन तथा कार्यवाही प्रारूप 1994 तथा अक्षमता युक्त व्यक्तियों के अधिकार सम्बन्धी संयुक्त राष्ट्र अधिवेशन-2006 में (जिसकी चर्चा हमने इसी पुस्तक के सातवें अध्याय में अभी की है) स्पष्ट रूप से यह सिफारिश की गई है कि अक्षम बालकों की शिक्षा अन्य बालकों के साथ बिना किसी भेदभाव के उनके निवास के निकटतम विद्यालय में समेकित शिक्षा व्यवस्था के अन्तर्गत ही हो। विश्व के देशों से इन दस्तावेजों में यह अपील की गई है कि वे इस सम्बन्ध में आवश्यक कानूनी प्रावधान अपने-अपने देशों के संविधान में लायें। फलस्वरूप जो राष्ट्र इस प्रकार के अन्तर्राष्ट्रीय समझौतों से जुड़े हुये हैं (भारत भी उनमें एक प्रमुख अग्रणी देश है) उन्होंने अपने-अपने देशों में इस प्रकार के संवैधानिक प्रावधान सृजित करने के प्रयत्न किये हैं जिनसे अक्षम बालकों की शिक्षा, समायोजन तथा सर्वांगीण विकास हेतु समेकित शिक्षा व्यवस्था को अपनाने में उचित पहल की जा सके तथा साथ ही सभी स्तरों और अवस्थाओं से सम्बन्धित अक्षम/विकलांग व्यक्तियों की शिक्षा और कल्याण का मार्ग प्रशस्त हो सके। इस अध्याय में हम समय-समय पर भारत सरकार द्वारा इस प्रकार के किये गये प्रयासों, उसके द्वारा निर्मित शिक्षा नीतियों तथा संवैधानिक प्रावधानों की चर्चा करना चाहेंगे।

राष्ट्रीय शिक्षा नीति-1968 में अक्षम व्यक्तियों की शिक्षा (Education of the Disabled in NPE—1968)

भारत सरकार द्वारा 1968 में निर्मित राष्ट्रीय शिक्षा नीति का मुख्य प्रयोजन देश में प्रचलित शिक्षा के स्तर में गुणवत्ता लाने तथा देश के सभी नागरिकों को शैक्षिक

सुविधायें उपलब्ध कराना था। इसी संदर्भ में अपने अक्षम/अपंग नागरिकों को देश के अन्य नागरिकों की तरह समान शैक्षिक सुविधायें उपलब्ध कराने तथा विद्यालय शिक्षा प्रणाली को इस दिशा में उचित कारगर बनाने के संदर्भ में इस राष्ट्रीय शिक्षा नीति दस्तावेज के खंड 4 में निम्न प्रकार से टिप्पणी की गई है।

"शारीरिक और मानसिक रूप से विकलांग बालकों को मिलने वाली शैक्षिक सुविधाओं का विस्तारीकरण किया जाना चाहिये तथा इस प्रकार के समावेशी कार्यक्रम (Integrated Programme) विकसित करने के प्रयत्न किये जाने चाहिये कि विकलांग बालक नियमित विद्यालयों में ही अपनी पढ़ाई कर सकें।"

राष्ट्रीय शिक्षा नीति, 1986 में अक्षम व्यक्तियों की शिक्षा

(Education of the Disabled in NPE, 1986)

भारतीय संसद द्वारा 1986 में अपने बजट सत्र (budget session) में आवश्यक चर्चा के बाद राष्ट्रीय शिक्षा नीति-1986 को अपनाने पर अपनी मुहर लगाई। नई राष्ट्रीय शिक्षा नीति के इस दस्तावेज में अक्षम/अपंग व्यक्तियों के लिये शिक्षा का क्या स्वरूप होगा, इसकी चर्चा खंड IV में दिये गये विकलांग (Handicapped) शीर्षक के अन्तर्गत की गई है। जो कुछ इस शीर्षक के तहत दस्तावेज में प्रस्तुत किया गया है उसे उसके मूल रूप में हम आगे दे रहे हैं।

विकलांग (Handicapped)

4.9. विकलागों को शिक्षा सुविधायें उपलब्ध कराने में उद्देश्य यही होना चाहिये कि सभी प्रकार के शारीरिक और मानसिक रूप से विकलांगों को समुदाय के अन्य सामान्य सदस्यों के साथ बराबर की साझीदारी निभाते हुये उनका आवश्यक समावेशीकरण किया जा सके ताकि उनकी सामान्य वृद्धि एवं विकास का मार्ग प्रशस्त हो और वे अपनी जिन्दगी को साहस और विश्वास के साथ जीयें। इस सम्बन्ध में निम्न उपाय अपनाये जाने चाहिये।

(i) जहाँ संभव हो वहाँ लोकोमोटर अक्षमताओं से युक्त बालकों (children with locomotor disabilities) तथा अन्य अल्प अक्षमों (mild handicaps) की शिक्षा दूसरों के साथ एक जैसी ही होनी चाहिये।

(ii) गंभीर रूप से विकलांग बालकों (Severely handicapped children) की शिक्षा हेतु जिला मुख्यालयों (district headquarters) पर होस्टल की सुविधाओं से लैस विशेष विद्यालयों की स्थापना होनी चाहिये।

(iii) विकलांगों को व्यवसायिक प्रशिक्षण प्रदान करने हेतु उचित प्रबन्ध किये जाने चाहियें।

(iv) विकलांग बालकों की विशिष्ट कठिनाइयों से निपटने हेतु शिक्षक प्रशिक्षण कार्यक्रमों (विशेषतया प्राथमिक कक्षाओं के शिक्षक प्रशिक्षण के संदर्भ में) में आवश्यक सुधार किये जाने चाहियें।

(v) सभी संभावित तरीकों से स्वयं सेवी स्तर (Voluntary level) पर विकलांगों की शिक्षा हेतु किये जाने वाले प्रयत्नों को प्रोत्साहित किगा जाना चाहिये।

कार्यवाही कार्यक्रम-1992 के तहत विकलांगों की शिक्षा (Education of the Disabled in POA—1992)

राष्ट्रीय शिक्षा नीति की अनुपालना के संदर्भ में जो कार्यवाही कार्यक्रम-1992 दस्तावेज तैयार किया गया है वह मानव संसाधन मंत्रालय भारत सरकार के शिक्षा विभाग द्वारा उपलब्ध वेबसमूह पर भलीभाँति उपलब्ध है। इस दस्तावेज में राष्ट्रीय शिक्षा नीति द्वारा निर्देशित जो भी प्रयत्न विकलांगों की शिक्षा और समायोजन हेतु किये गये है उनकी समीक्षा करते हुये आगे की दिशा निर्धारित करने के प्रयत्न किये गये हैं। उसका वर्णन इस दस्तावेज के चतुर्थ खंड में विकलांगों की शिक्षा शीर्षक के तहत किया गया है। यह वर्णन जिन 15 विभिन्न उपशीर्षकों के अन्तर्गत किया गया है उसका सार संक्षेप, वर्तमान स्थिति तथा आगे की जाने वाली कार्यवाही या उठाये जाने वाले कदमों के रूप में नीचे प्रस्तुत किया जा रहा है।

खण्ड-4: विकलांगों की शिक्षा (Education of the Handicapped)

1. वर्तमान स्थिति (Present Situation)

- वर्तमान विद्यालय व्यवस्था में लगभग 12.59 मिलियन अक्षम बालकों की शिक्षा के अवसर मिल रहे है जिनमें से लगभग 14 मिलियन को व्यावसायिक प्रशिक्षण की आवश्यकता है।
- *पूर्व बाल्यावस्था देखभाल तथा शिक्षा (Early childhood care and Education/ECCE)* स्कीम की सेवाओं द्वारा 2 मिलियन अक्षम बालकों को शिक्षा प्राप्त करने में सक्षम बनाये जाने की आवश्यकता है।
- 1991-92 की समाप्ति तक लगभग 30000 अक्षम बालक आई ई डी सी (Integrated Education for Disabled Children) स्कीम के तहत विशेष लाभ अर्जित कर रहे थे। इसके अतिरिक्त अल्प अक्षमताओं (mild disabilities) से पीड़ित लगभग 60000 बालक विशेष लाभों की प्राप्ति के साथ संसाधन सहयोग समर्थन प्राप्त कर रहे थे। अक्षमताओं से युक्त बहुत से बालक विभिन्न विशेष विद्यालयों (लगभग 1035) में भी शिक्षा लाभ अर्जित कर रहे थे।
- पी.आई.ई.डी. (The Project Integrated Education for Disabled) एक प्रदर्शन के तौर पर 10 राज्यों तथा केन्द्र शासित प्रदेशों (हर राज्य के किसी एक ब्लॉक में) में कार्यरत है। इन ब्लॉकों के सामान्य विद्यालयों में अक्षम बालकों की 90% जनसंख्या शिक्षा प्राप्त कर रही है।
- संसाधन शिक्षकों को बहु श्रेणीय प्रशिक्षण (multi-category training) नवाचार प्रभावपूर्ण सिद्ध हुआ है। इसे रीजनल कॉलेज ऑफ एजुकेशन (चार),

विशिष्ट शिक्षा कोसों को संचालित करने वाले विश्वविद्यालयों तथा गैर-सरकारी संगठनों के द्वारा आयोजित प्रशिक्षण कार्यक्रमों द्वारा क्रियान्वित किया जा रहा है।

- प्रत्येक जिला शिक्षा एवं प्रशिक्षण संस्थान (DIET) में एक संसाधन केन्द्र स्थापित किया गया है जो प्राथमिक शिक्षकों के प्रशिक्षण तथा उन्हें व्यावहारिक ज्ञान प्रदान करने का कार्य कर रहे हैं। 102 डाइट्स के स्टाफ को एन. सी. ई. आर. टी. द्वारा अभी तक आवश्यक प्रशिक्षण प्राप्त करने का सौभाग्य मिल चुका है।
- समाज कल्याण मंत्रालय ने विशिष्ट विद्यालयों के लिये प्रशिक्षित मानव संसाधन उपलब्ध कराने तथा इनके स्तर में सुधार लाने हेतु राष्ट्रीय विकलांग संस्थानों (National Institutes for the Handicapped) तथा गैर सरकारी स्वयं सेवी संगठनों (NGOs) की मदद से अपेक्षित उपाय प्रारम्भ कर दिये है।
- श्रम मंत्रालय विकलांगों के लिये 17 व्यवसायिक पुनर्वास केन्द्रों (VRCs) का प्रबंधन करने तथा उन्हें रोजगार दिलाने सम्बन्धी सहायता प्रदान करने का कार्य कर रहा है। सितम्बर 1991 तक इस स्कीम के अन्तर्गत 66,000 अक्षम व्यक्तियों को पुनर्वास सम्बन्धी लाभ प्राप्त हो चुका है। औद्योगिक प्रशिक्षण संस्थानों (ITIs) में प्रवेश तथा एप्रेन्टिस ट्रेनिंग स्कीम की अनुपालना में 3% सीटे अक्षम विद्यार्थियों के लिये सुरक्षित की गई हैं और अभी तक यह सीटें नियमित रूप से भरी जाती रही हैं।
- विशिष्ट विद्यालयों तथा आई ई डी सी (IEDC) स्कीम के मूल्यांकन ने कुछ विशेष बातों को प्रकाश में लाया है। न तो केन्द्रीय और न राज्य स्तर पर विकलांगों की शिक्षा हेतु सामान्य विद्यालय प्रणाली को अभी तक ठीक प्रकार से गति मिली है। विभिन्न योजनाओं जैसे सी बी आर (CBR), डी आर सी (DRC), ई सी सी ई (ECCE), अनौपचारिक शिक्षा, प्रौढ़ शिक्षा, व्यवसायिक एवं तकनीकी शिक्षा आदि को उनके इकट्ठे और सामूहिक प्रयास द्वारा विकलांगों की शिक्षा हेतु काम में नहीं लाया जा रहा है। कुछ राज्यों ने तो आई ई डी सी (IEDC) स्कीम को लागू ही नहीं किया और कुछ बेमन से इसे अपने यहाँ चला रहे हैं। ग्रामीण क्षेत्रों में गैर-सरकारी संगठनों (NGOs) का सहयोग नहीं मिल रहा है। विशेष विद्यालयों के स्तर में सुधार लाने की जरूरत हैं। बहु-अक्षमताओं/विकलांगताओं से युक्त बालकों की शिक्षा हेतु सुविधाओं के विस्तार की आवश्यकता है। उनकी अक्षमताओं की जल्दी से जल्दी पहचान और उनका उपचार किया जाना, उनके लिए उपयुक्त शिक्षण व्यवस्था जुटाने के लिये अति आवश्यक है। यह कार्य भी अभी शुरू होने को बाकी है। सभी अक्षम/विकलांगों हेतु शिक्षा अवसरों की उपलब्धि का लक्ष्य तब तक पूरा नहीं हो सकता जब तक इस सम्बन्ध में पूरे जोर शोर से आवश्यक उपाय नहीं किये जाते।

2. राष्ट्रीय शिक्षा नीति पुनर्वीक्षण (NPE Review Perspective): पी.ओ.ए. (1992) में राष्ट्रीय शिक्षा नीति अक्षमों/विकलांगों की शिक्षा के संदर्भ में जो विचार रखे गये थे उनका पुनर्वक्षण करते हुये कुछ अधिक व्यावहारिक बनने की आवश्यकता पर जोर देते हुये कहा गया कि अक्षमता से युक्त वह बालक जो सामान्य विद्यालय में शिक्षा प्राप्त कर सकता है उसे सामान्य विद्यालय में ही शिक्षा प्राप्त करानी चाहिये, विशेष विद्यालय में नहीं। वे बालक भी जिन्हें अपनी विशिष्ट अधिगम एवं समायोजन आवश्यकताओं की पूर्ति हेतु विशेष विद्यालयों में प्रविष्ट किया जाता है उन्हें फिर जब वे कुछ आवश्यक कौशलों जैसे दिन-प्रतिदिन की जिन्दगी जीने सम्बन्धी कौशल, संप्रेषण कौशल तथा मूलभूत शैक्षणिक कौशल आदि का अर्जन कर लें तब वापिस सामान्य विद्यालयों की शिक्षा में ले आना चाहिये।

3. लक्ष्य (Targets): यद्यपि शिक्षा के समान अवसर प्रदान करने की दृष्टि से सभी अक्षम बालकों को दूसरे बालकों की तरह ही गुणवत्ता युक्त शिक्षा सुविधायें उपलब्ध कराई जानी चाहियें। परन्तु आठवीं पंचवर्षीय योजना में उपलब्ध आर्थिक संसाधनों को ध्यान में रखते हुये अक्षम बालकों की शिक्षा हेतु निम्न लक्ष्य निर्धारित किये जाने चाहियें।

(i) उन बालकों हेतु जो सामान्य प्राथमिक विद्यालयों में शिक्षा प्राप्त कर सकते हैं
   (a) 9वीं पंचवर्षीय योजना के अंत तक सार्वभौमिक पंजीकरण
   (b) पाठ्यक्रम समायोजन एवं अनुकूलन तथा विशिष्ट आवश्यकताओं सम्बन्धी शिक्षण के माधयम से अधिगम के न्यूनतम स्तर की उपलब्धि

(ii) उन बालकों हेतु जिन्हें सामान्य विद्यालयों की विशिष्ट कक्षाओं या अलग विशेष विद्यालयों में पढ़ाये जाने की आवश्यकता है
   (a) 9वीं पंचवर्षीय योजना की समाप्ति तक सार्वभौमिक पंजीकरण
   (b) उनके अपनी क्षमता के मुताबिक अधिगम स्तर की उपलब्धि सुनिश्चित करना।

(iii) अन्य बालकों की तरह ही इन बालकों के विद्यालय छोड़ने की दर में कमी लाना।

(iv) संसाधनों के उचित उपयोग एवं सहयोग से अक्षम बालकों को माध्यमिक तथा उच्च माध्यमिक स्तर की शिक्षा सुलभ कराना तथा इन बालकों (विशेषकर बौद्धिक/ मानसिक रूप से अक्षम) के व्यावसायिक प्रशिक्षण हेतु विशेष उपाय करना।

(v) कक्षाकक्ष सम्बन्धी विशिष्ट आवश्यकताओं की पूर्ति के संदर्भ में पूर्व सेवा तथा सेवाकालीन अध्यापक प्रशिक्षण कार्यक्रमों (जिनमें पूर्व-विद्यालय स्तर के अध्यापकों के प्रशिक्षण कार्यक्रम भी शामिल हैं) में आवश्यक सुधार लाना।

(vi) अक्षमता युक्त व्यक्तियों की शैक्षिक एवं व्यवसायिक प्रशिक्षण आवश्यकताओं की पूर्ति के संदर्भ में प्रौढ़ एवं अनौपचारिक शिक्षा कार्यक्रमों में सुधार लाना।

4. क्रियान्वयन व्यूह रचनायें (implementation Strategies):

- सबके लिये प्राथमिक शिक्षा (Universal Elementary Education—UEE) में काम आ रही क्षेत्र तथा जनसंख्या आधारित सूक्ष्म योजना तकनीकें इस अक्षम समूह के लिये भी सार्थक हैं। सबके लिये प्राथमिक शिक्षा तथा प्रौढ़ शिक्षा हेतु सभी स्तरों (केन्द्रीय, राज्य, जिला, ब्लोक तथा प्रोजेक्ट) पर किया गया नियोजन इस वर्ग के बालकों की शैक्षिक आवश्यकताओं की पूर्ति कर सकता है।
- शैक्षिक नियोजनकर्ताओं तथा प्रशासकों और पूर्व सेवा तथा सेवाकालीन शिक्षक के प्रशिक्षण में अक्षमता युक्त बालकों की शिक्षा भी एक महत्वपूर्ण अवयव के रूप में शामिल रहेगी। डाइट (Diets), शिक्षक प्रशिक्षण संस्थान (CTEs) तथा आई ए एस ई (IASEs) जो इस कार्य को अंजाम दे रहे हैं, उन्हें इस बात की ओर कुछ अधिक ध्यान देना होगा। राज्य शैक्षिक अनुसंधान एवं प्रशिक्षण परिषदों (SCERTs) को सशक्त बनाने की योजना में, जैसा कि आई ई डी सी (IEDC) का विचार है, विकलांगों की शिक्षा हेतु विशेष कोष्ठ स्थापित किये जाने चाहियें।
- ऑपरेशन ब्लैक बोर्ड के तहत प्रदान की जाने वाली सामग्री में इन बालकों की विशिष्ट आवश्यकताओं पर ध्यान दिया जाना चाहिये। विद्यालयों की इमारत में निर्माण के समय वे सभी आवश्यक उपाय किये जाने चाहियें जो अक्षम बालकों को समायोजन हेतु चाहियें ताकि भविष्य में किसी भी प्रकार के तोड़-फोड़ या सुधार की जरूरत न रहे। उन जिलों में विशेष विद्यालय खोले जाने चाहिये जहाँ पर अभी कोई ऐसी सुविधा नहीं है। बाह्य सहायता प्राप्त सभी शिक्षा प्रोजेक्टों, जो चल रहे हैं अथवा चलाये जाने हैं, में विकलांगों की शिक्षा एक महत्वपूर्ण अवयव के रूप में शामिल रहनी चाहिये।

5. अक्षम बालकों हेतु समावेशी शिक्षा (Integrated Education for Disabled Children IEDC): अक्षम बालकों की सामान्य विद्यालयों में पंजीकरण सम्बन्धी संख्या 8वीं पंचवर्षीय योजना की समाप्ति तक 50,000 तक पहुँच सकती है। 10000 ऐसे बालकों का जो अल्प अक्षमताओं (mild disabilities) के शिकार हैं अतिरिक्त रूप से शिक्षण सुविधायें जुटाने का भी प्रयास इस दौरान किया जायेगा। इस लक्ष्य की प्राप्ति हेतु निम्न प्रकार के कदम उठाने की आवश्यकता है:

(i) पर्याप्त मात्रा में संसाधनों को प्रदान किया जाना।

(ii) बह्य सहायता प्राप्त बेसिक शिक्षा प्रोजेक्टों में अक्षमों की शिक्षा को एक महत्वपूर्ण अंग बनाना।

(iii) केन्द्रीय पोषित योजनाओं-ऑपरेशन ब्लैक बोर्ड, शिक्षा का व्यवसायीकरण तथा अनौपचारिक शिक्षा में अक्षम बालकों की शिक्षा हेतु उचित प्रावधान करना।

(iv) विभिन्न योजनाओं जैसे समुदाय आधारित पुनर्वास, ई सी सी ई (ECCE),

वी आर सी (VRCs) और आई ई डी सी (IEDC) के क्रियान्वयन में उचित तालमेल रखना ताकि खर्चे पर नियन्त्रण रखते हुये लाभ पहुँचाने का दायरा बढ़ाया जा सके। इसके लिये विभिन्न मंत्रालयों तथा विभागों जैसे स्वास्थ्य, समाज कल्याण, शिक्षा, महिला एवं बाल विकास तथा श्रम आदि में आपसी समन्वयन तथा तालमेल की जरूरत पड़ेगी।

(v) गैर सरकारी संगठनों (NGOs) को अक्षम बालकों के लिये समावेशी शिक्षा (IEDC) के क्रियान्वयन हेतु (विशेष कर ग्रामीण क्षेत्रें में) प्रोत्साहित करना होगा। जो स्वयं सेवी संगठन अन्य शैक्षिक गतिविधियों में संलग्न है उन्हें अक्षम बालकों की शिक्षा में भी कार्य करने हेतु प्रोत्साहित किया जायेगा तथा उनकी इस क्षेत्र में प्रवीणता को भी बढ़ाने के प्रयत्न किये जायेंगे।

6. विशेष विद्यालय (Special Schools): शिक्षा नीति 1986 में जिला स्तर पर विशेष विद्यालयों की स्थापना की बात कही गई थी। परन्तु संसाधनों की कमी के कारण जिला मुख्यालयों में नये विशेष विद्यालय स्थापित करने में मुश्किलें आ रही हैं। समाज कल्याण मंत्रालय ने अब ऐसे 240 जिलों की पहचान की है जिनमें किसी भी प्रकार की विशेष विद्यालय सम्बन्धी सुविधा नहीं है। 9वीं पंचवर्षीय योजना की समाप्ति तक इन जिलों में भी विशेष विद्यालयों की स्थापना की जायेगी।

7. व्यावसायिक प्रशिक्षण (Vocational Training):

- श्रम मंत्रालय द्वारा क्राफ्ट्समैन ट्रेनिंग स्कीम (CTS)—एप्रेन्टिसशिप ट्रेनिंग स्कीम तथा अलग से चल रहे व्यावसायिक पुनर्वास केन्द्रों (VRCs) द्वारा विकलांगों को व्यावसायिक प्रशिक्षण दिया जा रहा है। औद्योगिक प्रशिक्षण संस्थानों (ITIs) में ऐसे विद्यार्थियों को जो विकलांग होते हुये भी इनमें आवश्यक प्रशिक्षण प्राप्त करने हेतु अभिरुचि तथा सामर्थ्य रखते हैं, 3% सीटें आरक्षित हैं। राज्यों और केन्द्र शासित प्रदेशों को इस आरक्षण व्यवस्था को अच्छी तरह लागू करने के निर्देश दिये गये हैं जो 8वीं योजना की समाप्ति तक चलते रहेंगे। 17 व्यावसायिक पुनर्वास केन्द्र (VRCs) आठवीं पंचवर्षीय के दौरान अनेक विकलांगों को प्रशिक्षण देने का काम करते रहेंगे। औद्योगिक प्रशिक्षण संस्थानों में कार्यरत अनुदेशनकर्ता विकलांगों की विशिष्ट आवश्यकताओं की पूर्ति के सम्बन्ध में आवश्यक जानकारी और प्रशिक्षण प्राप्त करेंगे। यह बात इन अनुदेशनकर्ताओं (instructors) के प्रशिक्षण कार्यक्रम में विशेष रूप से शामिल की जायेगी। विकलांगों को उनके उचित समायोजन में सहायता पहुँचाने हेतु उनके द्वारा प्रयोग में लाये जाने वाले सहायक उपकरणों को अच्छी तरह फिट करने और देखभाल सम्बन्धी व्यवस्था को भी प्रभावी बनाया जायेगा।
- समाज कल्याण मंत्रालय के तहत कार्य करने वाले सभी राष्ट्रीय विकलांग संस्थानों द्वारा विकलांगों को व्यावसायिक प्रशिक्षण प्रदान करने के प्रयत्न विधिवत चलते रहेंगे।

- मानव संसाधन मंत्रालय के शिक्षा विभाग द्वारा भी विकलांगों को शिक्षा एवं प्रशिक्षण देने वाले स्वयं सेवी संगठनों को प्रोत्साहित करने का कार्य किया जायेगा। व्यावसायिक शिक्षा केन्द्रीय संस्थान (Central Institute of Vocational Education-CIVE) द्वारा शिक्षक प्रशिक्षण सामग्री तथा अन्य संसाधनों द्वारा विकलांगों हेतु चलाये जा रहे व्यवसायिक प्रशिक्षण कार्यक्रमों में उचित सहायता की जायेगी।

8. शिक्षकों को जानकारी एवं प्रशिक्षण प्रदान करना (Orientation and Training of Teachers)

- 8वीं पंचवर्षीय योजना के अंत तक स्थापित सभी जिला एवं प्रशिक्षण संस्थानों (DIETs) में अक्षम बालकों की शिक्षा हेतु एक संसाधन केन्द्र तथा प्रशिक्षित स्टाफ की व्यवस्था होगी। उनके द्वारा अक्षम बालकों की समावेशी शिक्षा (IEDC) कार्यक्रम को सफल बनाने हेतु अध्यापकों के लिये जानकारी तथा प्रशिक्षण प्रदान करने का कार्य भी किया जायेगा। उनके इस प्रशिक्षण कार्यक्रम (सैद्धान्तिक तथा प्रयोगात्मक) में उन्हें एस सी ई आर टी (SCERTs) का भी सहयोग प्राप्त होगा। इसी प्रकार का क्रियान्वयन 250 सी टी ई (CTEs) तथा 50 आई ए एस ई (IASEs) द्वारा भी सम्पन्न होगा।
- विद्यालयों में कार्यरत सभी अध्यापकों की ऑरियेन्टेशन (Orientation) कार्यक्रमों द्वारा अक्षम बालकों को शिक्षा प्रदान करने सम्बन्धी बातों से जागरूक कराया जायेगा। आई ई डी सी (IEDC) स्कीम के तहत जिस क्षेत्र में इस स्कीम का क्रियान्वयन हो रहा है उस क्षेत्र के विद्यालयों के सभी अध्यापकों को इस प्रकार की जानकारी और प्रशिक्षण प्राप्त करना अनिवार्य होगा। साथ ही प्राचायों तथा शैक्षिक प्रशासकों को भी इस सेवा-प्रशिक्षण से गुजरना होगा। प्रशिक्षण प्राप्त करने वालों की संख्या को ध्यान में रखते हुये इन्दिरा गाँधी नेशनल ओपन यूनीवर्सिटी तथा एन सी ई आर टी को इस प्रकार के क्रेडिट कोर्सों का नियोजन करने को कहा गया है जो सामान्य शिक्षकों को अक्षम बालकों की विशेष आवश्यकताओं की पूर्ति में सहायक बने। इसके अतिरिक्त एनसीईआरटी द्वारा आईईडीसी (IEDC) के स्टाफ को प्रशिक्षण प्रदान करने का उत्तरदायित्व निभाना होगा। संसाधन अध्यापकों को बहु श्रेणीय प्रशिक्षण (multi-category training) प्रदान करने का कार्य के यू.जी.सी. (UGC) द्वारा समर्पित कार्यक्रमों के माध्यम से बढ़ावा दिया जायेगा।

9. शैक्षिक प्रशासकों का प्रशिक्षण (Training of Educational Administrations): शैक्षिक प्रशासकों को अक्षम बालकों की आवश्यकताओं से परिचित कराने तथा आवश्यक प्रशिक्षण देने का कार्य एन सी ई आर टी तथा नेपा (NIEPA) दोनों के आपसी सहयोग से किया जायेगा। इगनू (IGNOU) द्वारा इस कार्य हेतु दूरवर्ती शिक्षा में विशेष प्रकार के कोर्सों का नियोजन किया जायेगा।

10. विशिष्ट अध्यापक (Special Teachers) : राष्ट्रीय विकलांगता संस्थानों (NIHs) तथा उनके क्षेत्रीय प्रशिक्षण केन्द्रों का जिस विकलांगता (जैसे श्रवण, दृष्टि, बौद्धिक, शारीरिक आदि) से सम्बन्ध है उस विकलांगता से सम्बन्धित विशिष्ट अध्यापकों के प्रशिक्षण का सामर्थ्य विकसित किया है। नये विशिष्ट विद्यालयों के स्टाफ को प्रशिक्षित करने के साथ-साथ इस समय जो अध्यापक बिना प्रशिक्षण प्राप्त किये हुये ही विशिष्ट विद्यालयों में कार्य कर रहे हैं उनके प्रशिक्षण सम्बन्धी कार्यों को भी पूरा किया जाए। इसके साथ ही विशिष्ट अध्यापकों की सेवाकालीन प्रशिक्षण सुविधायें भी इस प्रकार नियोजित की जायेंगी कि चार वर्ष बाद हर अध्यापक को तीन सप्ताह का कोर्स करने की सुविधा हो।

11. शैक्षिक एवं व्यावसायिक (Educational and Vocational Guidance Personnel): वर्तमान शैक्षिक एवं व्यावसायिक निर्देशन एवं परामर्शदाताओं को अक्षम बालकों तथा उनके माता-पिता को आवश्यक निर्देशन एवं परामर्श देने हेतु उपयुक्त प्रशिक्षण प्रदान किया जाना चाहिये। उनके पूर्व सेवा प्रशिक्षण कार्यक्रमों में भी इसे प्रमुख स्थान देने का प्रयत्न किया जाना चाहिये। इस प्रकार के सेवाकालीन प्रशिक्षण कार्यक्रमों के उचित नियोजन एवं आयोजन में एन सी ई आर टी तथा सभी राष्ट्रीय विकलांग संस्थानों द्वारा उचित भूमिका निभाई जानी चाहिये।

12. विषय वस्तु एवं प्रक्रिया (Content and Process): अक्षम/विकलांग बालकों की शिक्षा हेतु उनके पाठ्यक्रम में लचीलापन होना काफी जरूरी है। दूसरी ओर इन बालकों की विशेष आवश्यकताओं की पूर्ति तभी संभव है जब बालकेन्द्रित शिक्षा उपागम काम में लाया जाये। पाठ्यक्रम के समायोजन तथा शिक्षण विधियों और सामग्री को आवश्यक रूप से अनुकूलित करने हेतु इसलिये सभी आवश्यक कदम उठाना काफी जरूरी है। इस सम्बन्ध में उचित कार्यवाही निम्न प्रकार होगी:

(i) बालकेन्द्रित शिक्षा (कक्षा कक्ष की विशिष्ट आवश्यकताओं की पूर्ति सहित) सम्बन्धी एन.सी.ई.आर.टी. द्वारा निर्मित दिशा निर्देश 1993 के मध्य तक उपलब्ध करा दिये जायेंगे।

(ii) दृष्टि एवं श्रवण विकलांगों हेतु प्राथमिक स्तर के पाठ्यक्रम तथा अनुदेशन सामग्री सम्बन्धी अनुकूलन के लिये दिशा निर्देश तैयार हो चुके हैं। इन्हें शिक्षकों को उपलब्ध करा दिया जायेगा । उच्च प्राथमिक तथा माध्यमिक विद्यालय स्तर का कार्य जल्दी ही प्रारम्भ कर 1994 के अन्त तक समाप्त कर लिया जायेगा।

(iii) अल्प अक्षमताओं से युक्त बालकों को न्यूनतम स्तर तक अधिगम उपलब्धि कराने की बात जहाँ जैसी जरूरत होगी वैसी ही अतिरिक्त सहायता, संसाधन तथा वैकल्पिक अधिगम सामग्री के माध्यम से सुनिश्चित की जायेगी।

(iv) परीक्षा परिषदों (Board of Examinations) द्वारा विकलांग बालकों की परीक्षा लेने सम्बन्धी कार्य में परिस्थिति अनुसार उचित अनुकूलन/समायोजन व्यवस्था अपनाई जायेगी ।

(v) बधिर बालकों (deaf children) हेतु एक से अधिक भाषाओं का अध्ययन अनिवार्य नहीं होगा।

(vi) विकलांग बालकों को विज्ञान और गणित के शिक्षण की या तो उपलब्धि नहीं होती या वे इनके स्थान पर आसान वैकल्पिक विषय चुन लेते हैं। परन्तु इस दिशा में राष्ट्रीय विकलांग संस्थानों (NIHS) तथा एन सी ई आर टी को ऐसे विशेष प्रयास करने चाहियें कि इस प्रकार की उचित कार्यवाही की जाये कि इन बालकों को भी ऐसे महत्वपूर्ण विषयों के अध्ययन के उचित अवसर प्राप्त हो सकें।

(vii) कक्षाओं में विद्यार्थियों की संख्या अधिक होने तथा बहु श्रेणीय शिक्षण की उपस्थिति के परिप्रेक्ष्य में अक्षम बालकों को उनकी शिक्षा में उचित सहयोग देना अध्यापकों को काफी कठिन होता है। उनकी अक्षमताओं के विभिन्न प्रकारों को देखते हुये व्यक्तिगत रूप से अक्षम बालकों को उनकी शिक्षा में मदद करने हेतु एन सी ई आर टी द्वारा शिक्षण पैकेज तैयार करने चाहियें जिनकी उपलब्धि 1993 की समाप्ति तक हो जानी चाहिये।

(viii) राष्ट्रीय विकलांग संस्थानों (NIHs) तथा एन सी ई आर टी द्वारा विशेष अधिगम सहायक सामग्री तथा उपकरण जैसे ब्रेल पुस्तकें, ब्रेल किट, दृश्य-श्रव्य सहायक सामग्री का विकास किया जायेगा तथा विद्यालयों को इनकी उपलब्धि कराई जायेगी।

13. जनमाध्य का उपयोग (Use of Mass Media):

- रेडियो तथा टेलीविजन दोनों को ही अपने काफी सीमित रूप में अक्षम बालकों की शिक्षा हेतु उपयोग में लाया जा रहा है। केन्द्रीय शिक्षा प्रौद्योगिकी संस्थान (CIET), राज्य शिक्षा प्रौद्योगिकी संस्थानों (SIETs), राष्ट्रीय विकलांग संस्थानों (NIHs) तथा अन्य संगठनों को इस प्रकार के अनेक कार्यक्रम विकसित करने चाहियें जिनको नियमित रूप से रेडियो/दूरदर्शन पर प्रसारित किया जा सके। मानव संसाधन विकास मंत्रालय (MHRD) को इन कार्यक्रमों के प्रसारण को उचित समय प्रदान करने हेतु सूचना एवं प्रसारण मंत्रालय की सहायता लेनी चाहिये।
- केन्द्रीय शिक्षा प्रौद्योगिकी संस्थान, राज्य शिक्षा प्रौद्योगिकी संस्थानों तथा राष्ट्रीय विकलांग संस्थानों द्वारा ऐसे सोफ्टवेयर भी विकसित करने चाहिये जो मल्टीमीडिया तथा कम्प्यूटर उपकरणों में प्रयुक्त हो सकें तथा जिनकी रेडियो टेलीविजन पर प्रसारित होने की जरूरत न पड़े। इन सॉफ्टवेयरों को डाइट (Diets) तथा अन्य प्रशिक्षण केन्द्रों तथा विकलांग व्यक्तियों के लिये काम करने वाली स्वयं सेवी संस्थाओं को भी उपलब्ध कराया जाना चाहिये।
- जागरूकता हेतु राज्यों को अपने जन संपर्क विभागों की सेवायें लेनी चाहियें। समाचार पत्र तथा मैगजीनों में लिखे जाने वाले लेख भी विकलांगों के प्रति सकारात्मक अभिवृत्ति का निर्माण करने तथा उन्हें शिक्षा हेतु उचित रूप से

अभिप्रेरित करने में महत्वपूर्ण भूमिका निभा सकते हैं। क्या कुछ किया जा रहा है तथा विकलांगों को इन कार्यक्रमों से कैसे लाभ उठाना चाहिये ऐसी बातों से सम्बन्धित जागरूकता तथा विकलांगों की शिक्षा में सहायक पैकेज (जिन्हें एन सी ई आर टी तथा राष्ट्रीय विकलांग संस्थानों द्वारा विकसित किया जा सकता है) मीडिया को प्रदान किये जाने चाहिये तकि उनके द्वारा उनके लेखन तथा प्रसारण का कार्य किया जा सके।

14. विशिष्ट अधिगम सामग्री और सहायक साधनों की उपलब्धता (Availability of special learning material and aids): अभी तक सभी बालकों को ब्रेल लिपि में लिखी अधिगम सामग्री उपलब्ध नहीं है। यही बात अन्य उपकरणों जैसे ब्रेल, स्लेट, टेलर फ्रेम (Taylor Frame) इत्यादि की उपलब्धता को लेकर है। स्पीच तथा श्रवण विकलांगों हेतु भाषा प्रशिक्षण सामग्री की क्षेत्रीय भाषाओं में उपलब्धि नहीं है। राष्ट्रीय दृष्टि विकलांग संस्थान (NIVH), राष्ट्रीय मानसिक विकलांग संस्थान (NIMH), राष्ट्रीय शैक्षिक अनुसंधान एवं प्रशिक्षण परिषद (NCERT) द्वारा इस प्रकार की सामग्री की उपलब्धता सुनिश्चित कराने के प्रयत्न किये जाने चाहियें।

15. निगरानी एवं मूल्यांकन (Monitoring and Evaluation): अक्षम व्यक्तियों के लिये किये जाने वाले शैक्षिक कार्यक्रमों की उचित निगरानी एवं मूल्यांकन हेतु विश्वसनीय सूचना भंडार की प्राप्ति काफी आवश्यक है। इस उद्देश्य की पूर्ति हेतु जिला शिक्षा अधिकारी कार्यालय को अन्य संस्थानों के सहयोग से अपने जिले से सम्बंधित विभिन्न प्रकार की सूचनायें एकत्रित करने का प्रयास करना चाहिये जैसे अक्षमता/विकलांगता लिंग तथा आयु वर्ग के हिसाब से जिले में अक्षम/विकलांग व्यक्तियों की संख्या आई ई डी सी (IEDC), विशिष्ट विद्यालयों, औद्योगिक प्रशिक्षण संस्थानों, वी आर सी (VRCs) आदि से लाभ अर्जित करने वालों की संख्या और पहचान, विशिष्ट और संसाधन अध्यापकों की संख्या, उनकी शिक्षा तथा वेतन मान और बजट का उपयोग आदि। मानव संसाधन विकास मंत्रालय (MHRD) तथा एन सी ई आर टी द्वारा किये सर्वेक्षणों के माध्यम से भी इस प्रकार की सूचनायें एकत्रित करने का कार्य किया जा सकता है।

- मानव संसाधन विकास मंत्रालय (MHRD) तथा समाज कल्याण मंत्रालय को अक्षम बालकों की समावेशी शिक्षा (IEDC) तथा विशिष्ट विद्यालय कार्यक्रमों के अन्तर्गत इस प्रकार की बजट राशि का भी प्रावधान रखना चाहिये जिससे वे उपयुक्त सूचनाओं का संग्रह कर नियमित रूप से भेजते रहें। राज्य तथा केन्द्रीय स्तर पर अक्षम बालकों/व्यक्तियों की शिक्षा हेतु चलाये जा रहे कार्यक्रमों के उचित अनुगमन हेतु अन्तः विभागीय समितियाँ बनाई जानी चाहियें। इसके अतिरिक्त मानव संसाधन विकास मंत्रालय, एन सी ई आर टी, रीजनल कॉलेज ऑफ एजूकेशन तथा फील्ड ऑफीसर के द्वारा नियमित रूप से निरीक्षण कार्य भी सम्पन्न होना चाहिये ताकि फील्ड में जो कुछ हो रहा है उसका सही चित्र सामने आता रहे।

- मानव संसाधन विकास मंत्रालय तथा समाज कल्याण मंत्रालयों द्वारा विभिन्न प्रकार के मूल्यांकन अध्ययन भी विभिन्न भौगोलिक क्षेत्रों में कराये जाने चाहियें और इनमें बाह्य एजेन्सियों, अक्षम व्यक्तियों की शिक्षा और पुनर्वास से सम्बन्धित कार्य करने के प्रयास किये जाने चाहियें।

अक्षमता युक्त व्यक्ति अधिनियम-1995 में अक्षम बालकों की शिक्षा

(Education of the Students with Disabilities in PWD Act,1995)

अक्षम व्यक्ति (समान अवसर, अधिकार संरक्षण एवं पूर्ण भागीदारी) अधिनियम 1995 भारतीय संसद द्वारा निर्मित अधिनियम है। यह अक्षमताओं से युक्त व्यक्तियों (विद्यालयों में पढ़ने वाले अक्षम बालकों सहित) को उनकी शिक्षा, समायोजन तथा कल्याण हेतु वैधानिक सहायता एवं संरक्षण प्रदान करने का कार्य करता है। इसके अतिरिक्त इसके द्वारा उन्हें वह कानूनी सहायता मिल सकती है जिसके माध्यम से वे जिस नियमित विद्यालय में शिक्षा प्राप्त कर रहे हैं वहाँ अन्य सामान्य विद्यार्थियों के साथ समेकित शिक्षा व्यवस्था के अन्तर्गत अध्यापन करते हुये विद्यालय की सभी गतिविधियों में अपनी पूरी भागीदारी निभाने के समान अवसर प्राप्त करने सम्बन्धी अधिकार का संरक्षण कर सकें।

अपने लिखित दस्तावेजी रूप में (जिसका प्रकाशन भारत सरकार के विधि, न्याय एवं कंपनी मामलों से जुड़े हुये मंत्रालय द्वारा किया गया है) इस अधिनियम में निम्न 14 अध्यायों का समावेश है।

अध्याय 1. प्रारम्भिक (Preliminary)

अध्याय 2. केन्द्रीय समन्वय समिति (The Central Coordination Committee)

अध्याय 3. राज्य समन्वयन समिति (The State Coordination Committee)

अध्याय 4. अक्षमताओं से बचाव और उनका शीघ्र निदान (Prevention and Early Detection of Disabilities)

अध्याय 5. शिक्षा (Education)

अध्याय 6. रोजगार (Employment)

अध्याय 7. सकारात्मक कार्यवाई (Affirmative Action)

अध्याय 8. भेदभाव न किया जाना (Non - Discrimination)

अध्याय 9. अनुसंधान और जनशक्ति विकास (Research and Manpower Development)

अध्याय 10. अक्षम व्यक्तियों के लिये बनी संस्थाओं को मान्यता (Recognition of Institutions for Persons with Disabilities)

अध्याय 11. गंभीर अक्षमताओं से युक्त व्यक्तियों के लिये संस्थान (Institution for Persons with Severe Disabilities)

अध्याय 12. अक्षमता युक्त व्यक्तियों हेतु मुख्य आयुक्त और आयुक्त (The Chief Commissioner and Commissioners for Persons with Disabilities)

अध्याय 13. सामाजिक सुरक्षा (Social Security)
अध्याय 14. मिश्रित या प्रकीर्ण (Miscellaneous)

जहाँ तक अक्षमताओं से युक्त बालकों की शिक्षा और हित चिन्तन की बात है तो यह इस दस्तावेज के अध्याय चार तथा पाँच में अच्छी तरह प्रस्तुत कर दिया गया है। बाकी के अध्याय सामान्य रूप से सभी अक्षम/विकलांग व्यक्तियों की शिक्षा, रोजगार, पुनर्वास तथा अन्य सभी प्रकार के हित चिन्तन के लिये हैं। यहाँ हम प्रमुख रूप से विद्यालय शिक्षा से सम्बन्धित होने के कारण अक्षम बालकों को अक्षमताओं का शिकार होने से बचाने तथा उनका शीघ्र ही पता लगाने के साथ-साथ अक्षम बालकों को उचित शिक्षा अवसर उपलब्ध कराने सम्बन्धी बातों पर ही अधिक ध्यान देना चाहेंगे और इसी कारण हम इस अधिनियम दस्तावेज के इन दोनों बातों से सम्बन्धित अधयाय चार तथा पाँच की सामग्री को ज्यों की त्यों प्रस्तुत कर रहे हैं।

अध्याय 4: अक्षमताओं से बचाव और उनका शीघ्र निदान
(Prevention and Early Detection of Disabilities)

अपनी आर्थिक सामर्थ्य और विकास की सीमाओं के भीतर समुचित सरकारें और स्थानीय प्राधिकारी, अक्षमताओं की आवृत्ति के निवारण की दृष्टि से–

(क) अक्षमताओं की आवृत्ति के कारण से सम्बन्धित सर्वेक्षण, अन्वेषण और अनुसंधान करेंगे या करवाएंगे;
(ख) अक्षमताओं का निवारण करने की विभिन्न पद्धतियों का संवर्धन करेंगे;
(ग) जोखिम वाले मामलों को पहचानने के प्रयोजन के लिए वर्ष में कम से कम एक बार सभी बालकों की जाँच करेंगे;
(घ) प्राथमिक स्वास्थ्य केन्द्रों में कर्मचारियों को प्रशिक्षण देने की सुविधाओं की व्यवस्था करेंगे;
(ङ) साधारण स्वच्छता, स्वास्थ्य और सफाई के प्रति जागरूकता अभियानों को प्रायोजित करेंगे या करवाएंगे और जानकारी प्रसारित करेंगे या करवाएंगे :
(च) माता और संतान की प्रसव-पूर्व, प्रसवकालीन और प्रसव-पश्चात् देखरेख के लिए उपाय करेंगे :
(छ) विद्यालय पूर्व, विद्यालयों, प्राथमिक स्वास्थ्य केन्द्रों, ग्राम-स्तर के कार्यकर्ताओं और आंगनवाड़ी कार्यकर्ताओं के माधयम से जनता को शिक्षित करेंगे :
(ज) अक्षमताओं के कारणों और अपनाए जाने वाले निरोधात्मक उपायों पर, टेलीविजन, रेडियो और अन्य जन संपर्क साधनों के माध्यम से जन साधारण के मध्य जागरूकता पैदा करेंगे।

अध्याय 5: शिक्षा (Education)

1. समुचित सरकारें और स्थानीय प्राधिकारी:
(क) यह सुनिश्चित करेंगे कि प्रत्येक अक्षम बालक को अट्ठारह वर्ष की आयु प्राप्त कर लेने तक, उचित वातावरण में निःशुल्क शिक्षा प्राप्त हो सके;

(ख) अक्षमता से युक्त विद्यार्थियों का सामान्य विद्यालयों में एकीकरण के संवर्धन का प्रयास करेंगे;

(ग) उनके लिए जिन्हें विशेष शिक्षा की आवश्यकता है, सरकारी और प्राइवेट सेक्टर में विशेष विद्यालयों की स्थापना में ऐसी रीति से अभिवृद्धि करेंगे कि जिससे देश के किसी भी भाग में रह रहे अक्षमता से युक्त बालकों की ऐसी विद्यालयों तक पहुँच हो;

(घ) अक्षमता से युक्त बालकों के लिए विशेष विद्यालयों को व्यावसायिक प्रशिक्षण सुविधाओं से सज्जित करने का प्रयास करेंगे।

2. समुचित सरकारें और स्थानीय प्राधिकारी, अधिसूचना द्वारा निम्नलिखित के लिए स्कीमें बनाएंगे अर्थात्

(क) ऐसे अक्षमता से युक्त बालकों की बाबत, जिन्होंने पांचवी कक्षा तक शिक्षा पूरी कर ली है, किन्तु पूर्णकालिक आधार पर अपना अध्ययन चालू नहीं रख सके हैं, अंशकालिक कक्षाओं का संचालन करना;

(ख) सोलह वर्ष और उससे ऊपर की आयु समूह के बालकों के लिए क्रियात्मक साक्षरता की व्यवस्था के लिए विशेष अंश कालिक कक्षाओं का संचालन करना;

(ग) ग्रामीण क्षेत्रों में उपलब्ध जनशक्ति का उपयोग करके उन्हें समुचित अधिविन्यास शिक्षा देने के पश्चात् अनौपचारिक शिक्षा प्रदान करना;

(घ) खुले विद्यालयों या खुले विश्वविद्यालयों के माध्यम से शिक्षा प्रदान करना;

(ङ) क्रियात्मक इलेक्ट्रानिक या अन्य संचार साधनों के माध्यम से कक्षा और परिचर्चाओं का संचालन करना

(च) प्रत्येक नि:शक्त बालक के लिए उसकी शिक्षा के लिए आवश्यक विशेष पुस्तकों और उपकरणों की नि:शुल्क व्यवस्था करना।

3. समुचित सरकारें, ऐसी कई सहायक युक्तियों, शिक्षा सहाय यंत्रों और विशेष शिक्षण सामग्री या ऐसी अन्य वस्तुओं को, जो किसी नि:शक्ति बालक को शिक्षा में समान अवसर प्रदान करने के लिए आवश्यक हों, डिजाइन और उनका विकास करने के लिए अनुसंधान करेंगी या सरकारी और गैर सरकारी अभिकरणों द्वारा अनुसंधान करायेंगी।

4. समुचित सरकारें पर्याप्त संख्या में, शिक्षक प्रशिक्षण संस्थान स्थापित करेंगी और नि:शक्तता में विशेषज्ञता वाले शिक्षक प्रशिक्षण कार्यक्रम का विकास करने के लिए, राष्ट्रीय संस्थाओं और अन्य स्वैच्छिक संगठनों को सहायता प्रदान करेगी जिससे कि नि:शक्त बालकों के लिये विद्यालयों और एकीकृत विद्यालयों के लिए अपेक्षित प्रशिक्षित जनशक्ति की उपलब्धि हो सके।

5. पूर्वगामी उपबंधों पर प्रतिकूल प्रभाव डाले बिना समुचित सरकारें अधिसूचना द्वारा, एक व्यापक शिक्षा स्कीम तैयार करेंगी, जिसमें निम्नलिखित के लिए उपबंध होगा, अर्थात

(क) नि:शक्त बालकों के लिए परिवहन सुविधाएं या उनके माता-पिता या अभिभावकों को वैकल्पिक प्रोत्साहन, जिससे कि उनके नि:शक्ति बालक विद्यालयों में जा सके;

(ख) व्यावसायिक और वृतिक देने वाले विद्यालयों, महाविद्यालयों या अन्य संस्थानों से वास्तु-विद्या-सम्बन्धी बाधाओं को हटाना;

(ग) विद्यालय जाने वाले नि:शक्त बालकों के लिए पुस्तकों, वर्दियों और अन्य सामग्री को प्रदान करना;

(घ) नि:शक्त विद्यार्थियों को छात्रवृत्ति देना;

(ङ) नि:शक्त बालकों के पुनर्वास की बाबत उनके माता-पिता की शिकायतों को दूर करने के लिए समुचित मंच स्थापित करना;

(च) दृष्टिहीन विद्यार्थियों और कमदृष्टि वाले विद्यार्थियों के फायदे के लिए एकदम से गणितीय प्रश्नों को हटाने के लिए परीक्षा पद्धति में उपयुक्त परिवर्तन करना;

(छ) नि:शक्त बालकों के फायदे के लिए पाठ्यक्रम की पुन: संरचना करना;

(ज) श्रवण शक्ति के ह्रास वाले विद्यार्थियों के फायदे के लिए उनके पाठ्यक्रम के भाग के रूप में केवल एक भाषा का प्रावधान बनाने हेतु पाठ्यक्रम की पुन:संरचना करना।

6. सभी शिक्षा संस्थाएं, नेत्रहीन विद्यार्थियों या कम दृष्टि वाले विद्यार्थियों के लिए लेखकों की व्यवस्था करेंगी या करवाएंगी।

आरसीआई अधिनियम-92 में अक्षमता युक्त बालकों की शिक्षा और हितचिन्तन (Education and Welfare of the Children with Disabilities in RCI Act—1992)

रिहेबिलिटेशन कॉन्सिल ऑफ इंडियन अधिनियम (RCI Act) - 1992 एक ऐसा अधिनियम या वैधानिक दस्तावेज है जिसे भारतीय संसद द्वारा पारित किया गया है। इसका उद्देश्य पुनर्वास व्यवसायियों (Rehabilitation professionals) के प्रशिक्षण का नियमन (regulation) करने तथा एक केन्द्रीय रिहैबिलिटेशन रजिस्टर को बनाये रखने में सहायक रिहैबिलिटेशन कॉन्सिल ऑफ इंडिया के गठन और उसके उचित रूप में कार्य करते रहने सम्बन्धी कानूनी प्रावधानों से है।

दस्तावेज के रूप में इस अधिनियम को भारत के राजपत्र असाधारण (Gazette India Extra-ordinary) में विधि, न्याय एवं कंपनी मामलों से जुड़े मंत्रालय द्वारा कराया गया है। इसमें मुख्य रूप से तीन अध्याय हैं- प्रारम्भिक (Preliminary), रिहैबिलिटेशन कॉन्सिल ऑफ इंडिया (Rehabilitation Council of India) तथा परिषद के कार्य (Functions of Council) वर्तमान संस्करण में 2000 में किये गये संसोधनों का भी उल्लेख हैं। परन्तु जहाँ तक अक्षमताओं से युक्त बालकों की शिक्षा तथा पुनर्वास का प्रश्न है, अध्याय तीन में परिषद के कार्यों (Functions of the Council) की चर्चा

ही यहाँ अपना विशेष महत्व रखती है। अत: हम यहाँ उसी को उसके संक्षिप्त सार रूप में प्रस्तुत करने जा रहे हैं।

अध्याय 3: परिषद के कार्य (Functions of the Council)

1. भारत के किसी विश्वविद्यालय तथा अन्य संस्थान से प्राप्त शैक्षिक योग्यताएं जो परिषद की नियमावली के अन्तर्गत आती हैं, ऐसी योग्यताओं से युक्त व्यक्तियों को पुनर्वास व्यवसायियों (Rehabilitation Professionals) के लिए स्वीकार किया जाएगा।

2. परिषद की नियमावली में शामिल योग्यताएँ ही व्यक्ति विशेष को एक प्रोफेशनल के रूप में पंजीकृत कर परिषद द्वारा रखे गये रजिस्टर में उसकी प्रविष्टि करा सकेंगी। कोई भी ऐसा व्यक्ति जो परिषद की नियमावली के अनुसार निर्धारित योग्यता नहीं रखता और जिसका नाम परिषद के द्वारा रखे गये रजिस्टर में दर्ज नहीं है उसे इस अधिनियम के तहत यह अनुमति नहीं है कि वह

(a) किसी सरकारी या स्थानीय या अन्य प्राधिकरण द्वारा चलाये जा रहे संस्थान में पुनर्वास प्रोफेशनल का उत्तरदायित्व निभाये।
(b) पुनर्वास प्रोफेशनल के रूप में भारत में कहीं भी प्रेक्टिस करे।
(c) किसी भी कानूनी आवश्यकता को पूरा करने वाले ऐसे सर्टीफिकेट पर हस्ताक्षर करें जिसमें एक पुनर्वास प्रोफेशनल के हस्ताक्षरों की जरूरत हो।
(d) भारतीय गवाही अधिनियम, 1872 की धारा 45 के अन्तर्गत विकलांगों से सम्बन्धित किसी मामले में भारत के किसी न्यायालय में विशेषज्ञ के रूप में अपनी गवाही दे।

3. भारत में कोई विश्वविद्यालय या संस्थान जो पुनर्वास व्यवसायियों से सम्बन्धी व्यक्तियों को निर्धारित योग्यता का सर्टीफिकेट देता है उसे परिषद को समय-समय पर यह सूचना देनी होगी कि ऐसी योग्यता का सर्टीफिकेट पाने के लिये किस प्रकार के अध्ययन कोर्स तथा परीक्षा प्रणाली से गुजरना होगा, किस आयु में इस प्रकार की पढ़ाई तथा परीक्षा पास की जा रही है और इस योग्यता सम्बन्धी सर्टीफिकेट की उपलब्धि किस प्रकार की बातें पूरी करने पर परीक्षार्थी को हो सकेगी, इत्यादि।

4. परिषद् किसी विश्वविद्यालय या संस्थान जहाँ पुनर्वास प्रोफेशनलों के रूप में प्रेक्टिस करने हेतु शिक्षा ही दी जा रही है उनके निरीक्षण हेतु उतने निरीक्षकों की नियुक्ति करेगी जितनी कि स्थिति विशेष में आवश्यक हो। ऐसी नियुक्तियाँ विश्वविद्यालय या संस्थानों द्वारा ली जाने वाली परीक्षा कार्यों के निरीक्षण हेतु भी की जायेंगी। इस निरीक्षण के आधार पर परिषद् उस डिग्री या सर्टीफिकेट कोर्स को पुनर्वास प्रोफेशनल विशेष के लिये निर्धारित योग्यता मानने सम्बन्धी सिफारिश केन्द्रीय सरकार को करेगी।

5. उपरोक्त कार्य हेतु निरीक्षकों की नियुक्ति तथा उनके द्वारा प्रदत्त निरीक्षण रिपोर्ट को उपयोग में लाने के अतिरिक्त परिषद् द्वारा दर्शकों (visitors) की भी नियुक्ति कर

उनकी रिपोर्ट भी इस कार्य हेतु काम में लाई जायेगी। निरीक्षणों की रिपोर्ट की एक कापी परिषद् निरीक्षण किये गये संस्थान या विश्वविद्यालय को भेजेगी। परन्तु दर्शकों (visitors) की रिपोर्ट गोपनीय (Confidential) होगी उसे सम्बन्धित संस्थान विश्वविद्यालय में नहीं भेजा जायेगा परन्तु केन्द्रीय सरकार के माँगने पर वह उसे प्रस्तुत की जायेगी।

6. निरीक्षकों या दर्शकों की रिपोर्ट के परिप्रेक्ष्य में अगर परिषद् यह अनुभव करती है कि (i) विश्वविद्यालय या संस्थान में चल रहे अध्ययन कोर्स तथा ली जाने वाली परीक्षा या किसी परीक्षा में विद्यार्थियों से अपेक्षित प्रवीणता, या (ii) स्टाफ, उपकरण, स्थान, प्रशिक्षण तथा अन्य अनुदेशन एवं प्रशिक्षण सम्बन्धी वहाँ उपलब्ध सुविधायें परिषद् के द्वारा निर्धारित मानदन्डों पर खरी नहीं उतरती तो परिषद् इस पर अपनी संस्तुति केन्द्रीय सरकार को भेजेगी। केन्द्रीय सरकार इसके आधार पर सम्बन्धित विश्वविद्यालय/संस्थान से एक निश्चित अवधि के भीतर अपना स्पष्टीकरण देने को कहेगी। स्पष्टीकरण आने या समयावधि समाप्त होने के उपरान्त केन्द्रीय सरकार अगर जरूरत समझती है तो आगे इसकी जाँच-पड़ताल करायेगी या फिर उस पर उचित कार्यवाही कर विश्वविद्यालय/संस्थान तथा परिषद को सूचित करेगी।

7. परिषद् भारतीय विश्वविद्यालयों या संस्थानों द्वारा जो डिग्री कोर्स कराया जा रहा है उसके लिये न्यूनतम शिक्षा स्तर निर्धारित करेगी।

8. परिषद के सदस्य सचिव द्वारा किसी व्यक्ति के द्वारा किये गये निवेदन (निर्धारित फार्मेट में) की प्राप्ति पर उसका नाम रजिस्टर में दर्ज किया जायेगा बशर्ते कि इस बात की सन्तुष्टि हो जाये कि वह व्यक्ति परिषद द्वारा निर्धारित पुनर्वास योग्यता (Rehabilitation qualification) रखता है।

9. कोई भी व्यक्ति जिसका नाम परिषद द्वारा रखे गये रजिस्टर में दर्ज है वह देश के किसी भी भाग में पुनर्वास प्रोफेशनल के रूप में प्रेक्टिस कर सकता है।

10. परिषद द्वारा पुनर्वास प्रोफेशनल (जो विकलांगों के पुनर्वास हेतु अपनी सेवायें प्रदान करते हैं) हेतु उनके चाल-चलन, तौर-तरीके तथा आचार-विचार सम्बन्धी आचार संहिता निर्धारित की जा सकती है। इस आचार-संहिता में जिस प्रकार के नियम बनाये जायेंगे उनका उल्लंघन करने वाले व्यक्तियों पर परिषद द्वारा उचित कार्यवाई की जा सकती है और उनका नाम रजिस्टर से हटाया जा सकता है।

11. किसी व्यक्ति के नाम को किसी कारणवश रजिस्टर से हटा देने पर वह व्यक्ति (उस अवस्था को छोड़कर जब उसका नाम इसलिये हटाया गया है कि वह पुनर्वास सम्बन्धी सेवायें देने सम्बन्धी आवश्यक योग्यतायें नहीं रखता) निर्धारित तरीके से केन्द्रीय सरकार के इस फैसले के विरुद्ध 30 दिन की समयाविधि में अपील दायर कर सकता है और इस अवस्था में केन्द्रीय सरकार द्वारा लिया गया फैसला अंतिम होगा।

12. सदस्य सचिव का यह उत्तरदायित्व होगा कि वह इस रजिस्टर की इस अधिनियम के प्रावधानों के तथा समय-समय पर परिषद द्वारा जारी आदेशों के तहत अच्छी तरह देखभाल करे और उसमें होने वाले परिवर्तनों को सरकारी गजट (Official

Gazette) में प्रकाशित कराता रहे। इस रजिस्टर में की गई प्रविष्टियाँ भारतीय गवाही अधिनियम 1872 के तहत सार्वजनिक दस्तावेज के रूप में मान्य होंगी।

13. इस अधिनियम के तहत दी जाने वाली सजा के संदर्भ में किसी भी अदालत की सुनवाई की इजाजत नहीं है (केवल उस मामलों को छोड़कर जब परिषद द्वारा अधिकृत व्यक्ति द्वारा ही लिखित में कोई शिकायत दर्ज कराई हो)।

14. इस अधिनियम के तहत की गई या की जाने वाली कर्तव्य निर्वाह सम्बन्धी किसी भी कार्यवाही के संदर्भ में केन्द्र सरकार, परिषद, सभापति, सदस्यों, सदस्य सचिव या परिषद के किसी अफसर/कर्मचारी पर न्यायालयों में कोई भी मामला दर्ज नहीं कराया जा सकेगा।

15. सभापति, सदस्यगण, सदस्य-सचिव, अधिकारीगण तथा परिषद के अन्य कर्मचारी इस अधिनियम के तहत अपने-अपने कर्तव्यों का निर्वाह करते हुये भारतीय दंड संहिता की धारा 21 के तहत सार्वजनिक सेवाकर्ता (public servant) माने जायेगे।

16. केन्द्र सरकार, नोटीफिकेशन जारी कर इस अधिनियम के प्रयोजनों की पूर्ति हेतु कभी भी कोई नियम बना सकती है।

17. परिषद केन्द्र सरकार की पूर्व अनुमति लेकर इस अधिनियम के उद्देश्यों की पूर्ति हेतु, नोटीफिकेशन जारी कर कोई भी नियम निम्न बातों को लेकर निर्धारित कर सकती है।

(a) परिषद की सम्पत्ति का प्रबन्धन
(b) परिषद के हिसाब-किताब का ब्योरा रखना और उसका ऑडिट
(c) परिषद के सदस्यों का त्याग पत्र या इस्तीफा
(d) सभापति (chairperson) की शक्तियाँ और कर्तव्य
(e) इस अधिनियम की धारा 7 उपधारा (3) के अन्तर्गत किये जाने वाले कार्यों हेतु बनाये गये नियम।
(f) धारा 7 के अन्तर्गत गठित कार्यकारी समिति तथा अन्य समितियों की कार्यप्रणाली।
(g) धारा 8 की उपधारा (1) के तहत सदस्य-सचिव के द्वारा उपभोग की जाने वाली शक्तियां तथा कर्तव्य।
(h) निरीक्षकों तथा दर्शकों (Visitors) की योग्यतायें, नियुक्ति, शक्तियाँ तथा कर्तव्यों और उनके द्वारा निरीक्षण हेतु अपनाई जाने वाली प्रक्रिया।
(i) मान्यता प्राप्त पुनर्वास योग्यता (Recognized rehabilitation qualification) प्रदान करने हेतु किसी विश्वविद्यालय/संस्थान के पाठ्यक्रम, शिक्षण या प्रशिक्षण अवधि, परीक्षा के विषय तथा इस परीक्षा में अर्जित प्रवीणता स्तर (standard of proficiency) के बारे में जारी नीटीफिकेशन।
(j) पुनर्वास प्रोफेशनलों के अध्ययन या प्रशिक्षण के सम्बन्ध में आवश्यक स्टाफ, उपकरण, स्थान, प्रशिक्षण तथा अन्य सुविधाओं के बारे में निर्णय लेना।

(k) परीक्षाओं का आयोजन, परीक्षकों की योग्यतायें तथा इन परीक्षाओं में बैठने की शर्त ।

(l) पुनर्वास प्रोफेशनलों (rehabilitation professions) के व्यावसायिक चाल चलन तथा तौर तरीके का स्तर एवं आचार संहिता की अनुपालना।

(m) इस अधिनियम के तहत अपना पंजीकरण कराने हेतु दिये गये प्रार्थना पत्र में उल्लेखित विवरण (particulars) तथा योग्यताओं से सम्बन्धी प्रमाण।

(n) किसी व्यक्ति का नाम रजिस्टर से हटाये जाने पर उसके द्वारा कब और कैसे आगे अपील की जाये।

(o) इस अधिनियम के तहत अपना नाम रजिस्टर कराने हेतु प्रार्थना पत्र (applications) भेजने तथा रजिस्टर से नाम हटने के विरुद्ध अपील दायर करने की फीस के सम्बन्ध में

(p) परिषद का कोई भी अन्य निर्धारित या निर्धारित किया जाने वाला विषय।

शिक्षा के अधिकार अधिनियम–2009 में अक्षमतायुक्त बालकों की शिक्षा (Education of the Children with Disability in RTE Act—2009)

शिक्षा का अधिकार अधिनियम–2009 भारतीय संसद द्वारा पारित एक ऐसा वैधानिक और कानूनी दस्तावेज है जिसे 6 वर्ष से लेकर 14 वर्ष की आयु के सभी बालकों को मुफ्त एवं अनिवार्य शिक्षा प्राप्त करने सम्बन्धी अधिकार प्रदान करने हेतु बनाया गया है। इस अधिनियम को 26 अगस्त 2009 में भारत के राष्ट्रपति द्वारा अनुमोदित किया गया तथा 27 अगस्त 2009 को इसका भारतीय सरकार के गजट में प्रकाशन हुआ। इस अधिनियम की अनुपालना करने का दायित्व भारत सरकार के विधि एवं न्याय मामलों के मंत्रालय को सौंपा गया है। तथा इसकी विधिवत अनुपालना 1 अप्रैल 2010 से प्रारम्भ हो चुकी है। एक लिखित दस्तावेज के रूप में आर.टी.ई. अधिनियम–2009 निम्न सात अध्यायों में विभक्त है।

अध्याय 1. प्रारम्भिक (Preliminary) (इस अध्याय में अधिनियम) में शामिल पदावली को कानूनी अर्थ प्रदान किये गये हैं।

अध्याय 2. मुफ्त एवं अनिवार्य शिक्षा का अधिकार (Right to Free and Compulsory Education)

अध्याय 3. समुचित सरकार, स्थानीय प्राधिकरण तथा माता-पिता के दायित्व (Duties of Appropriate Government, Local Authorities and parents)

अध्याय 4. विद्यालयों तथा अध्यापकों के उत्तरदायित्व (Responsibilities of Schools and Teachers)

अध्याय 5. पाठ्यक्रम तथा प्राथमिक शिक्षा का पूरा होना (Curriculum and Completion of Elementary Education)

अध्याय 6. बालकों के अधिकारों का संरक्षण (Protection of Rights of Children)

अध्याय 7. मिश्रित या प्रकीर्ण (Miscellaneous)

दस्तावेज के अन्तिम भाग में एक अनुसूची (Schedule) प्रदान की गई है जिसमें इस बात का उल्लेख है कि इस अधिनियम के तहत एक विद्यालय के संचालन में किस प्रकार के मानदन्ड तथा स्तर की अपेक्षा की जाती है।

इस अधिनियम के सभी प्रावधानों की विस्तृत जानकारी हेतु पाठकों को यह सलाह दी जाती है कि वे भारत सरकार के विधि एवं न्याय मंत्रालय की वेबसाइट पर जाकर इन्टरनेट के जरिये इस लिखित दस्तावेज के सभी 13 पृष्ठों में वर्णित सामग्री का अध्ययन करें या भारत सरकार के प्रकाशन विभाग से इसकी मुद्रित प्रति उपलब्ध करें। यहां हम उनके लाभार्थ कुछ उन मुख्य प्रावधानों का ही आगे उल्लेख कर रहे हैं जिनका सम्बन्ध अक्षमतायुक्त बालकों की शिक्षा से है।

1. बालकों को निःशुल्क एवं अनिवार्य शिक्षा प्राप्त करने का अधिकार (Rights of Child to Free and Compulsory Education): 6-14 वर्ष तक के प्रत्येक बच्चे को अपने नजदीकी विद्यालय में निःशुल्क तथा अनिवार्य प्राथमिक शिक्षा (प्रथम कक्षा से आठवीं कक्षा तक) प्राप्त करने का कानूनी अधिकार प्रदान कर दिया गया है। यहां यह बात भी स्पष्ट कर दी गई है कि :-

(i) किसी भी बालक को किसी भी प्रकार की फीस या अन्य प्रकार का ऐसा खर्च वहन नहीं करना होगा जो उसे उसकी प्राथमिक शिक्षा ग्रहण करने तथा उसे पूरा करने में वाधक सिद्ध होता है। (यानी उन्हें न तो स्कूल फीस देनी होगी और न ही यूनीफार्म, पुस्तकों, मिड डे मील तथा ट्रांसपोर्टेशन पर खर्च करना होगा)

(ii) अक्षमता से युक्त किसी भी बालक (जो अक्षम/निःशक्त व्यक्तियों के समान अवसर, संरक्षण तथा पूरी भागीदारी अधिनियम 1995 की धारा 2 के अन्तर्गत आते हैं) को अपने अक्षमता रहित अन्य साथी बालकों की तरह ही निःशुल्क एवं अनिवार्य प्राथमिक शिक्षा प्राप्त करने का अधिकार होगा ।

2. जिन बालकों की प्राथमिक शिक्षा में प्रविष्टि नहीं हुई है या जो 14 वर्ष तक प्राथमिक शिक्षा पूरी नहीं कर पाते, उनके लिये विशेष प्रावधान (Special Provision for Children not admitted to, or who have not completed Elementary Education upto 14 Years): जब कोई बालक 6 वर्ष से अधिक आयु का होने पर भी किसी विद्यालय में दाखिला न ले तो उसे उसकी आयु के अनुरूप उचित कक्षा में प्रवेश दिया जायेगा और ऐसे बच्चे या अन्य बच्चे जो 14 वर्ष की आयु की समाप्ति तक प्राथमिक शिक्षा पूरी नहीं कर पाते वे तब तक निःशुल्क शिक्षा पाने के अधिकारी होगे जब तक उनकी प्राथमिक शिक्षा यानी कक्षा 8 तक की पढ़ाई पूरी नहीं हो जाती। उस अवस्था में जब बालक को अधिक आयु होने की वजह से उस कक्षा में प्रवेश दिया जाता है जो उसकी आयु के अनुरूप होगा उस अवस्था में उसे उस विशेष

प्रक्षिशण या सुविधा प्राप्ति का भी अधिकार है जो उसे उसकी पिछली कमी को पूरा कर अन्य बालकों के साथ अध्ययन कर सकने की स्थिति में लाये।

3. अन्य विद्यालय में स्थानान्तरण होने का अधिकार (Right of Transfer to other School): अगर किसी विद्यालय में प्राथमिक शिक्षा को पूरा करने सम्बन्धी प्रावधान नही है, तब एक बालक को किसी अन्य विद्यालय (विशिष्ट श्रेणी/वर्ग जैसे अल्पसंख्यक तथा जिन्हें किसी प्रकार का सरकारी अनुदान प्राप्त नही है को छोड़कर) में प्रवेश पाकर अपनी प्राथमिक शिक्षा समाप्त करने का अधिकार होगा। यही बात तब भी लागू रहेगी जब किसी बालक को किसी कारण विशेष की वजह से अपने ही राज्य या जिले के अन्य विद्यालय में स्थानान्तरण होने की आवश्यकता पड़ जाये।

4. समुचित सरकार या स्थानीय प्राधिकरण की विद्यालय स्थापना सम्बन्धी जिम्मेदारी (Duty of Appropriate Government or Local Authority to Establish a School): इस अधिनियम का प्रावधानों की अनुपालना के सन्दर्भ में सरकार तथा स्थानीय प्राधिकारीगण की यह जिम्मेदारी बनती है कि वे अपने क्षेत्राधिकार के भीतर जहाँ विद्यालय नहीं है, इस अधिनियम के प्रभावी होने के तीन वर्ष के भीतर अपने क्षेत्राधिकार की सीमाओं में विद्यालय स्थापित करेंगे।

5. वित्तीय तथा अन्य उत्तरदायित्वों की साझीदारी (Sharing of Financial and other Responsibilities): इस अधिनियम की उचित अनुपालना हेतु जिस प्रकार के वित्तीय साधनों, फंड आदि की जरूरत हो उसे केन्द्र तथा राज्य सरकार द्वारा मिल जुलकर पूरा किया जायेगा।

6. माता पिता तथा अभिभावकों का दायित्व (Duty of Parents and Guardians)

(i) प्रत्येक माता-पिता/अभिभावक की यह जिम्मेदारी है कि वे अपने (6-14 वर्ष) बालकों को नजदीकी विद्यालय में प्राथमिक शिक्षा उपलब्ध कराने हेतु दाखिला दिलायें।

(ii) 6 वर्ष से पूर्व अपने बालकों को पूर्व स्कूल शिक्षा प्राप्ति में पहल करें जिसकी व्यवस्था करना सरकार का दायित्व है।

7. सरकार द्वारा पूर्व-विद्यालय शिक्षा की व्यवस्था करना (Appropriate Government to Provide for Pre-School Education): तीन साल से बड़े बालकों को प्राथमिक शिक्षा हेतु तैयार करने तथा उन्हें पूर्व बाल्यावस्था देखभाल तथा शिक्षा प्रदान करने के उद्देश्य से सभी बालकों को 6 वर्ष की आयु तक समुचित सरकार द्वारा पूर्व विद्यालय शिक्षा प्रदान करने की व्यवस्था की जायेगी।

8. निःशुल्क तथा अनिवार्य प्राथमिक शिक्षा उपलब्ध कराने में विद्यालय का उत्तरादायित्व (Extent of School's Responsibility for Free and Compulsory Education)

इस अधिनियम के तहत–

(a) वह विद्यालय इस अधिनियम के तहत जिसे समुचित सरकार या स्थानीय प्राधिकरण द्वारा स्थापित, पोषित और प्रबन्धित किया जा रहा है उसके द्वारा

अपने यहाँ प्रवेश पाने वाले सभी बालकों को नि:शुल्क तथा अनिवार्य प्राथमिक शिक्षा का प्रबन्ध करना होगा।

(b) ऐसे गैर सरकारी विद्यालय जिन्हें सरकार से अनुदान प्राप्त होता है उन्हें एक निश्चित अनुपात में अपने यहाँ प्रवेश पाने वाले बालकों को नि:शुल्क तथा अनिवार्य शिक्षा की व्यवस्था करनी होगी। इस अनुपात का निर्धारण उनका जो वार्षिक खर्च होता है और उन्हें वर्ष में जो अनुदान राशि प्राप्त होती है उसके आधार पर होगा। कम से कम 25% प्रविष्ट विद्यार्थियों को तो उन्हें नि:शुल्क तथा अनिवार्य प्राथमिक शिक्षा का प्रावधान करना ही होगा।

(c) ऐसे गैर सरकारी विद्यालय जो कोई भी सरकारी अनुदान नहीं लेते अथवा जो विशिष्ट श्रेणी या वर्ग (जैसे केन्द्रीय विद्यालय, सैनिक स्कूल, नवोदय विद्यालय हैं या अल्प संख्यक वर्ग द्वारा चलाये जा रहे हैं) से सम्बन्धित हैं उन्हें कक्षा एक में जितने बच्चे उसमें दाखिल किये जाने हैं उसके 25% कोटे में ऐसे बालकों को प्रवेश देना होगा जो कमजोर तथा पिछड़े वर्ग (अक्षमता युक्त बालक भी इनमें शामिल हैं) के हैं और नजदीकी क्षेत्र से सम्बन्धित हैं। उन्हें मुफ्त एवं अनिवार्य प्राथमिक शिक्षा प्रदान करने का उत्तरदायित्व उन्हें निभाना होगा।

अगर इन (a), (b) तथा (c) में वर्णित विद्यालयों में पूर्व प्राथमिक या पूर्व विद्यालय शिक्षा का प्रावधान है तो उन्हें उपरोक्त नियमावली के तहत उनके पूर्व विद्यालय शिक्षा के दरवाजे भी खुले रखने होंगे।

9. प्रवेश के लिये किसी प्रकार की कैपीटेशन फीस तथा स्क्रीनिंग प्रक्रिया का न होना (No Capitation Fee and Screening Procedure for Admission)

(i) कोई भी विद्यालय या व्यक्ति विद्यालय में प्रवेश हेतु किसी भी प्रकार की कैपीटेशन फीस नहीं लेगा तथा प्रवेश हेतु किसी भी प्रकार की ऐसी प्रक्रिया को नहीं अपनायेगा जिसमें बालक या उसके माता पिता का टेस्ट/साक्षात्कार आदि की व्यवस्था हो ।

(ii) कोई भी विद्यालय या व्यक्ति जो उपरोक्त नियम का उल्लंघन करेगा–

(a) केपीटेशन फीस लेते हुये पाया जायेगा वह दण्ड का भागीदार होगा तथा इस कार्य हेतु उस पर जितनी केपीटेशन फीस ली है उससे 10 गुणा जुर्माना किया जा सकता है।

(b) जो स्क्रीनिंग/परीक्षण प्रक्रिया का उपयोग बालक के प्रवेश हेतु करेगा उसे प्रथम बार नियम उल्लंघन करने पर 25000 रु तक तथा बाद में ऐसा करने पर प्रत्येक बार 50000 रु तक का जुर्माना किया जा सकता है।

10. प्रवेश के लिये आयु प्रमाण (Proof of Age for Admission)

(i) प्राथमिक शिक्षा हेतु बालक के विद्यालय में प्रवेश के समय उसकी आयु का निर्धारण जन्म प्रमाण पत्र तथा अन्य ऐसे साक्ष्यों के आधार पर होगा जो कानूनी रूप से इस कार्य हेतु प्रयोग में लाये जा रहे हैं।

(ii) परन्तु किसी भी अवस्था में आयु के प्रमाण की उपस्थिति में उसे विद्यालय में नि:शुल्क तथा अनिवार्य प्राथमिक शिक्षा के अधिकार प्राप्ति से रोका नहीं जायेगा।

11. प्रवेश हेतु किसी पर रोक नहीं लगाना (No Denial of Admission): सामान्यतया एक बालक को एक विद्यालय में शैक्षणिक वर्ष शुरू होने के समय या उस समय तक प्रवेश देने की प्रक्रिया चालू रहेगी जब तक प्रवेश सम्बन्धी नियम इजाजत देते हैं। परन्तु ऐसी अवधि समाप्त होने के बाद भी किसी भी विद्यालय द्वारा किसी बालक के प्रवेश को इन्कार नहीं किया जायेगा। परन्तु प्रवेश अवधि की समाप्ति के बाद प्रवेश पाने के लिए इस कार्य में विद्यालय द्वारा उसे उचित सहायता उपलब्ध कराई जायेगी।

12. बालक को कक्षा में रोकने तथा विद्यालय से निष्कासित करने पर रोक (Prohibition of Holding back and Expulsion): विद्यालय में प्रविष्ट किसी भी विद्यार्थी को किसी भी कक्षा में रोके रखने अर्थात कक्षा 8 तक फेल करने पर रोक रहेगी। इसके अतिरिक्त किसी भी बालक को प्राथमिक शिक्षा पूरी किये बिना (8 वी कक्षा पास करने तक) विद्यालय से निष्कासित नहीं किया जायेगा।

13. बालकों को शारीरिक दण्ड तथा मानसिक प्रताड़ना देने पर रोक (Prohibition of Physical Punishment and Mental Harassment to Child): प्राथमिक शिक्षा प्राप्त कर रहे किसी भी बालक को विद्यालय के किसी भी प्रकार के शारीरिक दण्ड या मानसिक प्रताड़ना से नहीं गुजरना होगा। उनसे ऐसा व्यवहार करने वालों के साथ अनुशासनात्मक कार्यवाही की जायेगी।

14. मान्यता सर्टीफिकेट के बिना किसी विद्यालय को खोलने पर रोक (No School to be Established without Obtaining Certificate of Recognition): इस अधिनियम के लागू होने के उपरान्त सरकारी विद्यालयों के अलावा कोई भी विद्यालयों को मान्यता सटीफिकेट प्राप्त करने के बिना नही खोल सकेगा और न पहले से स्थापित विद्यालयों को आगे चलने दिया जायेगा (जब तक वे मान्यता प्राप्त न कर ले) । इस प्रकार की मान्यता प्राप्त करने हेतु विद्यालयों को निर्धारित मानदण्डों पर खरा उतरना अनिवार्य होगा।

15. विद्यालय प्रबंध समिति (School Management Committee): प्रत्येक विद्यालय को (विशिष्ट श्रेणी/वर्ग में शामिल या अल्पसंख्यक वर्ग के विद्यालयों को छोड़कर) एक विद्यालय प्रबन्ध समिति का गठन करना होगा जिसमें स्थानीय समुदाय चुने हुये प्रतिनिधि बालकों के माता पिता तथा विद्यालय में कार्यरत स्टाफ के चुने हुये प्रतिनिधि आदि को सदस्यों के रूप में स्थान दिया जायेगा।

16. विद्यालय विकास योजना (School Development Plan): प्रत्येक विद्यालय समिति, विद्यालय विकास योजना निर्धारित मानदण्डों के आधार पर बनायेगी। इस प्रकार की निर्मित योजना ही सरकार या स्थानीय निकायों से अनुदान प्राप्ति का आधार बनेगी।

17. अध्यापकों की नियुक्ति हेतु योग्यतायें एवं सेवा शर्त (Qualifications for Appointment, Terms and Condition of Teacher's Services)

(i) कोई भी ऐसा व्यक्ति जो केन्द्र सरकार द्वारा अधिकृत किसी शैक्षणिक प्राधिकरण (Academic Authority) द्वारा निर्धारित योग्यताओं (जिनको अच्छी तरह सार्वजनिक किया जायेगा) को पूरा करता हो, शिक्षक के रूप में नियुक्त किया जा सकता है।

(ii) अध्यापकों को मिलने वाले वेतन, भाड़े तथा सेवा शर्तों का भलीभाँति निर्धारण किया जायेगा।

18. अध्यापकों के दायित्व तथा उनकी शिकायतों का निवारण (Duties of Teachers and Redressal of Their Grievances)

(i) एक अध्यापक से विद्यालय में निम्न दायित्वों को निभाने की आशा की जा सकती है।

(a) विद्यालय में नियमित रूप से आना और समय की पाबन्दी का ध्यान रखना।

(b) इस अधिनियम में किये गये प्रावधानों के अनुरूप पाठ्यक्रम के क्रियान्वयन तथा समय से पूरा होने में योगदान देना।

(c) प्रत्येक बालक की अधिगम योग्यता का आकलन कर जैसी आवश्यकता हो उसके अनुरूप उन्हें अतिरिक्त अनुदेशन/सहायता देने का प्रयत्न करना।

(d) माता पिता तथा अभिभावकों के साथ नियमित रूप से मीटिंग करना तथा उन्हें बालकों को उनकी उपस्थिति सम्बन्धी नियमितता, अधिगम क्षमता, अधिगम प्रगति तथा अन्य सार्थक सूचनायें प्रदान करना।

(e) ऐसे सभी दायित्वों का निर्वाह करना जो उन्हें सोंपे जाते हैं।

(ii) अपने दायित्वों को ठीक प्रकार न निभाने पर एक अध्यापक के प्रति इन नियमों के तहत (जो उसके ऊपर निर्धारित सेवा शर्तों के अनुसार लागू होते हैं) अनुशासनात्मक कार्यवाही की जायेगी।

(iii) अध्यापकों की सभी शिकायतों का मौजूद नियमों के तहत निवारण किया जायेगा।

19. अध्यापक विद्यार्थी अनुपात (Teacher-Pupil Ratio): इस अधिनियम के लागू होने के 6 महीने के भीतर समुचित सरकार तथा स्थानीय प्राधिकरण यह सुनिश्चित करेंगे कि सभी विद्यालयों में अध्यापक-विद्यार्थी अनुपात उसी रूप में रखा जाये जैसा कि इस अधिनियम के शिड्यूल में दर्शाया गया है।

20. अध्यापकों की सेवायें गैर शैक्षणिक कार्यों हेतु लेने पर पाबन्दी (Prohibition of Deployment of Teachers for Non-educational Purposes): अध्यापकों की सेवायें गैर शैक्षणिक कायों के लिये नहीं ली जायेगी। हाँ इसमें जनसंख्या गणना, आपदाकाल में बचाव कार्य तथा स्थानीय निकायों/राज्य विधान सभा/संसद आदि के चुनाव के समय उनकी ड्यूटी लगाना अपवाद रहेंगे।

21. अध्यापकों द्वारा प्राइवेट टयूशन करने पर प्रतिबन्ध (Prohibition of Private Tuition by Teachers): कोई भी अध्यापक/अध्यापिका किसी भी प्रकार के प्राइवेट ट्यूशन करने या प्राइवेट शिक्षण गतिविधियों के संचालन में हिस्सा नहीं लेगा।

22. पाठ्यक्रम विकास एवं मूल्यांकन प्रक्रिया (Curriculum Development and Evaluation Procedure): प्राथमिक शिक्षा हेतु पाठ्यक्रम विकास का कार्य तथा मूल्यांकन प्रक्रिया का निर्धारण समुचित सरकार के चिन्हित शैक्षिक प्राधिकरण (Academic Authority) के द्वारा किया जायेगा जिसे नोटिफिकेशन के जरिये सार्वजनिक करना होगा।

23. बालकों की शिक्षा के अधिकार की अनुपालना की देखभाल (Monitoring of Child's Right to Education): इस कार्य हेतु बालकों के संरक्षण हेतु निर्मित राष्ट्रीय आयोग या राज्य आयोग द्वारा जैसा कि जिस परिस्थिति में जरूरत होगी, निम्न प्रकार के दायित्व निभाये जायेंगे:

(a) इस अधिनियम के द्वारा प्रदत्त या इस अधिनियम में शामिल संरक्षण प्रावधानों की जाँच और पुनर्वीक्षण करना और उनके प्रभावपूर्ण क्रियान्वयन हेतु उपाय सुझाना।

(b) बालकों को नि:शुल्क तथा अनिवार्य शिक्षा प्रदान किये जाने के सन्दर्भ में की जाने वाली शिकायतों की जाँच पड़ताल।

(c) बालकों के अधिकार अधिनियम के संरक्षण हेतु बनाये गये उपरोक्त आयोग की धारा 15 तथा 24 के तहत उपयुक्त कदम उठाना।

अक्षमताओं से युक्त व्यक्तियों के लिए निर्मित राष्ट्रीय नीति—2006 में अक्षम बालकों की शिक्षा (Education of The Children with Disability in National Policy for Persons with Disabilities—2006)

राष्ट्रीय स्तर पर अक्षमताओं से युक्त व्यक्तियों की देखभाल, शिक्षा तथा पुनर्वास हेतु एक विस्तृत दस्तावेज या नीति वक्तव्य के निर्माण की आवश्यकता को ध्यान में रखते हुये 2006 में अक्षमताओं से युक्त व्यक्तियों के लिये राष्ट्रीय नीति का निर्धारण हुआ। विधिवत रूप से इस राष्ट्रीय नीति दस्तावेज को 10 फरवरी 2006 को भारत सरकार के सामाजिक न्याय एवं अधिकारिता मंत्रालय (Ministry of Social Welfare and Empowerment) द्वारा जारी किया गया।

यह दस्तावेज निम्न चार मुख्य खण्डों में विभक्त है:

A. विषय प्रवेश (Introduction)

B. राष्ट्रीय नीति कथन (National Policy Statement)

C. हस्तक्षेप के मुख्य क्षेत्र (Principal Areas of Intervention)

D. क्रियान्वयन की जिम्मेदारी (Responsibility for Implementation)

विषय प्रवेश में अक्षमताओं से युक्त व्यक्तियों की देखभाल, शिक्षा तथा पुनर्वास हेतु जो भी प्रावधान उपलब्ध हैं और इस दिशा में जो प्रयास भारत में किये गये हैं उनकों संक्षेप में बताते हुये नि:शक्त या अक्षम व्यक्तियों के लिये एक राष्ट्रव्यापी नीति बनाने की आवश्यकता पर जोर दिया गया है।

राष्ट्रीय नीति कथन या राष्ट्रीय नीति गति दस्तावेज नामक दूसरे खण्ड में उन सभी क्षेत्रों से सम्बन्धित आवश्यक विवरण हैं जिनको लक्ष्य बनाकर नि:शक्त या अक्षम व्यक्तियों के लिये यह राष्ट्रीय नीति बनाई गई है। इस सम्बन्ध में निम्न क्षेत्रों सम्बन्धी विवरण पर ध्यान केन्द्रित किया गया है:

I. विकलांगता निवारण (Prevention of Disabilities)
II. पुनर्वास उपाय (Rehabilitation Measures)
(a) भौतिक पुनर्वास (b) शैक्षिक पुनर्वास (c) आर्थिक पुनर्वास
III. अक्षमता युक्त या विकलांग महिलायें (Women with Disabilities)
IV. अक्षमता युक्त या विकलांग बालक (Children with Disabilities)
V. बाधामुक्त परिवेश (Barrier Free Environment)
VI. विकलांगता प्रमाण पत्र (Issue of Disability Certificates)
VII. सामाजिक सुरक्षा (Social Security)
VIII. गैर सरकारी संगठनों को बढ़ावा देना (Promotion of Non-government Organization)
IX. अक्षमता या विकलांग व्यक्तियों के बारे में नियमित सूचना संग्रहण (Collection of Regular Information on Persons with Disabilities)
X. अनुसंधान (Research)
XI. खेल-कूद, मनोरंजन तथा सांस्कृतिक जीवन (Sports, Recreation and Cultural Life)
XII. अक्षम या विकलांग व्यक्तियों के सम्बन्ध में विद्यमान अधिनियमों में संशोधन (Amendments to Existing Acts Dealing with the Persons with Disabilities)

हस्तक्षेप के मुख्य क्षेत्र नामक तृतीय खण्ड में अक्षम/विकलांग व्यक्तियों (बालक भी इनमें शामिल हैं) की देखभाल, शिक्षा तथा पुनर्वास हेतु आवश्यक बातों की चर्चा निम्न शीर्षकों के तहत की गई है।

I. निवारण, शीघ्र पहचान और हस्तक्षेप या उपचार (Prevention, Early Detection and Intervention)
II. पुनर्वास कार्यक्रम (Rehabilitation Programs)
III. मानव संसाधन विकास (Human Resource Development)
IV. अक्षमता युक्त व्यक्तियों की शिक्षा (Education of Persons with Disabilities)
V. रोजगार (Employment)
VI. बाधामुक्त परिवेश (Barrier-Free Environment)
VII. सामाजिक सुरक्षा (Social Protection)
VIII. अनुसंधान (Research)
IX. खेल कूद मनोरंजन तथा सांस्कृतिक गतिविधियां (Sports, Recreation and Cultural Activities)

कार्यन्वयन की जिम्मेदारी नामक चौथे खण्ड में इस राष्ट्रीय नीति के क्रियान्वयन से सम्बन्धित उन बातों की चर्चा हैं जो इसमें होने वाली प्रगति सम्बन्धी जानकारी और उससे आवश्यक पृष्ठपोषण प्राप्त करते रहने सम्बन्धी उपायों पर प्रकाश डालते हैं।

परन्तु जहाँ तक प्रस्तुत अध्याय में आगे की जाने वाली चर्चा की बात है हम यहाँ केवल उन बातों पर ही ध्यान केन्द्रित करना चाहेंगे जो इस राष्ट्रीय नीति में नि:शक्त या अक्षम व्यक्तियों की शिक्षा के सन्दर्भ में कही गई हैं। हम यहाँ इस राष्ट्रीय नीतिगत दस्तावेज (हिन्दी रुपान्तरण) में उनकी शिक्षा हेतु जो कुछ कहा गया है उसे मूल रूप में प्रस्तुत कर रहे हैं।

अक्षमताओं से युक्त व्यक्तियों की शिक्षा
(Education of Persons with Disabilities)

यह सुनिश्चित किया जायेगा कि प्रत्येक अक्षम/विकलांग बालक की वर्ष 2020 तक स्कूल पूर्व, प्राथमिक व माध्यमिक स्तर की शिक्षा के लिये उपयुक्त पहुँच हो। इस सम्बन्ध में निम्नलिखित बातों का उचित ध्यान रखा जायेगा।

(i) स्कूलों (भवनों, प्रवेश मार्गों, शौचालयों, खेल के मैदानों, प्रयोगशालाओं पुस्तकालयों, आदि) को सभी प्रकार के विकलांग बच्चों के लिए बाधामुक्त बनाना तथा उनकी इन स्कूलों तक पहुँच हो;

(ii) शिक्षण का माध्यम और उसकी पद्धति को अधिकांश विकलांगता दशाओं के लिए उपयुक्त रूप से अनुकूल बनाया जाएगा;

(iii) तकनीकी/अनुपूरक/विशेषीकृत शिक्षा व्यवस्था स्कूल में ही अथवा एक सामान्य केन्द्र पर, जहां कुछ स्कूल आसानी से जा सकें, उपलब्ध करायी जाएगी;

(iv) अध्यापन/शिक्षण औजार और सहायक यन्त्र जैसे शैक्षिक खिलौने, ब्रेल टाकिंग, ई. पुस्तकालयों, ब्रेल लाइब्रेरियों एवं टाकिंग लाइब्रेरियों, संसाधन कक्षों आदि की स्थापना करने के लिए सुविधाओं का विस्तार करने हेतु प्रोत्साहन दिए जाएंगे;

(v) राष्ट्रीय मुक्त विद्यालयों और दूरस्थ शिक्षा कार्यक्रमों को लोकप्रिय बनाया जाएगा तथा उनका विस्तार देश के अन्य भागों में किया जाएगा;

(vi) विकलांग व्यक्तियों द्वारा आपसी बातचीत के लिए संकेत भाषा, वैकल्पिक व अभिवृद्धि सम्बन्धी संप्रेषण माध्यमों को मान्यता दी जाएगी, इन्हें मानकीकृत किया जाएगा और लोकप्रिय बनाया जाएगा;

(vii) विकलांगता क्षेत्रों की सुविधा की दृष्टि से विद्यालयों को ऐसी जगहों पर बनाया जाएगा जहां से यात्रा दूरी कम हो। विकल्प के तौर पर, समुदाय, राज्य एवं गैरसरकारी संगठनों की सहायता से व्यवहार्थ यात्रा प्रबन्ध किए जाएंगे;

(viii) माता-पिता अध्यापक परामर्श तथा शिकायत निवारण प्रणाली, स्कूलों में स्थापित की जाएगी;

(ix) प्राइमरी, माध्यमिक और उच्चतर शिक्षा स्तर पर विकलांग बालिकाओं की संख्या और शिक्षा जारी रखने की वार्षिक समीक्षा करने के लिए पृथक व्यवस्था होगी;

(x) अनेक विकलांग बच्चों, जो समावेशी शिक्षा प्रणाली में शामिल नहीं हो सकते हैं, को विशेष स्कूलों से शैक्षिक सेवाएं मिलती रहेगी। विशेष स्कूलों को प्रौद्योगिकीय विकास पर आधारित समुचित रूप से रिमोडल्ड व रिऑरियंटिड किया जाएगा। ये स्कूल मुख्यधारा की समावेशी शिक्षा में शामिल होने के लिए विकलांग बच्चों को तैयार करने में सहायता भी करेंगे;

(xi) कुछ मामलों में, विकलांगता (इसके प्रकार और गम्भीरता), निजी परिस्थितियों और प्राथमिकताओं के स्वरूप के कारण गृह आधारित शिक्षा प्रदान की जाएगी;

(xii) विभिन्न विकलांगताओं वाले बच्चों के लिए पाठ्यक्रम और मूल्यांकन पद्धति का विकास किया जाएगा जिसमें उनकी क्षमताओं को ध्यान में रखा जाएगा। गणित की पढ़ाई, केवल एक भाषा सीखना आदि जैसी कुछ रियायत देकर परीक्षा पद्धति में सुधार किया जाएगा। जिससे कि उसे विकलांगों के अनुकूल बनाया जा सके। इसके अतिरिक्त, अधिक समय, कैलकुलेटर का प्रयोग, क्लार्क्स तालिका का प्रयोग, लेखक का प्रयोग आदि जैसी सुविधाएं आवश्यकता के आधार पर प्रदान की जाएंगी;

(xiii) विकलांग व्यक्तियों की शिक्षा को बढ़ावा देने के लिए, प्रत्येक राज्य/संघ राज्य क्षेत्र में समावेशी शिक्षा के मॉडल स्कूल स्थापित किए जाएंगे।

(xiv) ज्ञान समाज के युग में, कम्प्यूटर अत्यन्त महत्वपूर्ण भूमिका निभाते हैं। ऐसे प्रयास किए जाएंगे कि प्रत्येक विकलांग बच्चे को कम्प्यूटर के प्रयोग का समुचित ज्ञान हो;

(xv) 6 साल तक की आयु के विकलांग बच्चों की पहचान की जाएगी और आवश्यक उपचार किए जाएंगे ताकि वे समावेशी शिक्षा में भाग ले सकें;

(xvi) मानसिक रूप से बीमार व्यक्तियों के लिए मनोवैज्ञानिक पुनर्वास केन्द्रों में शिक्षा सुविधाएं प्रदान की जाएगी;

(xvii) अनेक स्कूल विकलांगता के कारण क्षेत्रों का नामांकन नहीं करते हैं। ऐसा मुख्य रूप से स्कूल प्राधिकारियों और शिक्षकों की विकलांग व्यक्तियों की क्षमता के बारे में जागरूकता की कमी के कारण होता है। सभी स्कूलों में शिक्षकों, प्राचार्यों और अन्य कर्मचारियों को जानकारी देने के लिए कार्यक्रम आयोजित किए जाएंगे;

(xviii) सामाजिक न्याय और अधिकारिता मन्त्रालय द्वारा वर्तमान में सहायता दिए जा रहे विशेष स्कूल, बढ़ती हुई समावेशी शिक्षा के लिए संसाधन केन्द्र बन जाएंगे। मानव संसाधन विकास मन्त्रालय आवश्यकता के आधार पर नए विशेष स्कूल खोलेगा;

(xix) गम्भीर शिक्षण कठिनाइयों वाले वयस्कों के लिए वयस्क शिक्षण/फुरसत केन्द्रों को बढ़ावा दिया जाएगा;

(xx) उच्च शिक्षा संस्थाओं में विकलांग व्यक्तियों के लिए तीन प्रतिशत आरक्षण लागू किया जाएगा। विकलांग छात्रों की शैक्षिक जरूरतों की देखरेख करने के वास्ते संस्थाओं को वित्तीय सहायता दी जाएगी। उन्हें विकलांग छात्रों के लिए कैम्पस में कक्षा, छात्रावास, कैफेटेरिया बनाने तथा अन्य सुविधाएं उपलब्ध कराने के लिए भी प्रोत्साहित किया जाएगा जिससे कि विकलांग छात्र वहां पहुँच सकें, और

(xxi) अध्यापकों के प्रवेश और सेवाकालीन प्रशिक्षण कार्यक्रमों में, विकलांग बच्चों के प्रबन्ध सम्बन्धी मुद्दों पर एक मॉडयूल शामिल करना।

मानव संसाधन विकास मन्त्रालय विकलांग व्यक्तियों की शिक्षा से सम्बन्धित सभी मामलों का समन्वय करने के लिए नोडल (Nodal) मन्त्रालय होगा।

9

एक समेकित विद्यालय का संगठन एवं प्रबन्धन (Organization and Management of an Inclusive School)

समेकित विद्यालय की अवधारणा (Concept of an Inclusive School)

समेकित विद्यालय की अवधारणा, समेकेतीकरण (Inclusion) और समेकित व्यवस्था (Inclusive setup) की अवधारणा से जुड़ी हुई है। समेकेतीकरण, जैसा कि हम पुस्तक के द्वितीय अध्याय में पहले ही चर्चा कर चुके हैं, से अभिप्राय है : पृथक नहीं करना (Non-exclusion) अर्थात् जो भी बालक शिक्षा प्राप्त करना चाहते हैं उन सभी का विद्यालय के शिक्षण अधिगम की मुख्यधारा में पूरी तरह खुले दिल से स्वागत करते हुए शिक्षा के समान अवसर और सुविधाएं प्रदान करना और यह ध्यान रखना कि इस कार्य में उनके साथ किसी भी प्रकार का अलगाववाद या भेदभाव ना हो। परम्परागत रूप से पहले विकलांग या अक्षम बालकों की शिक्षा हेतु विशेष विद्यालयों की स्थापना का प्रचलन रहा है और सामान्य विद्यालयों में इनके प्रवेश को लेकर यही कहा जाता रहा है कि ऐसा करना ना तो इन अक्षम बालकों के लिए ही ठीक है और ना विद्यालय में पढ़ने वाले सामान्य बालकों के लिए। बदलते समय की जरूरतों ने हमें सभी बालकों को एक जैसी शिक्षा सुविधाएं देने पर सोचने को मजबूर कर दिया और इस संबंध में ही शिक्षा का अधिकार (Right to Education) जैसे कानूनी प्रावधानों ने अब प्रत्येक विद्यालय के लिए यह अनिवार्य कर दिया है कि वे विकलांग तथा अलग प्रकार की योग्यता रखने वाले बालकों को भी अपने विद्यालय में स्थान दें। अब ये विद्यालय इस प्रकार के विद्यार्थियों को मजबूरीवश महज औपचारिकता निभाकर प्रवेश देकर ही अपने उत्तरदायित्वों की इतिश्री करने की बात सोचने लगे हैं और इस तरह पृथक्कीरण (Separation) के स्थान पर विकलांग बालकों की शिक्षा के लिए जिस अवधारणा पर चलने की बात अधिकांश विद्यालयों द्वारा सोची जा ही है वह समावेशीकरण (Integration) से सम्बन्धित है। इस अवधारणा पर चलकर विकलांग बालकों को केवल प्रवेश मात्र देकर उन्हें मुख्य धारा में शामिल करने की बात भी नितांत दोषपूर्ण और अनुपयोगी है।

इस दोष को दूर करने हेतु आज विकलांग तथा अलग प्रकार की योग्यता रखने वाले बालकों के लिए जिस अवधारणा की अनुपालना करने की बात जोर शोर से की जाने लगी है वह समेकेतीकरण (Inclusion) तथा समेकित शिक्षा व्यवस्था (Inclusive setup) की है। जहां समावेशी शिक्षा (Integrated Education) अलगाववाद का विरोध करती हुई विशिष्ट बालकों को मुख्य धारा से जोड़ने हेतु उन्हें सामान्य बालकों की तरह एक ही विद्यालय में प्रवेश देने की बात करती है। वही समेकित शिक्षा उससे एक कदम आगे बढ़कर यह भी सुनिश्चित करने का प्रयत्न करती है कि इन बालकों को केवल मुख्यधारा में शामिल कर अपने रहमोकरम पर न छोड़कर खुले दिल से अपनाया जाए तथा विद्यालय में वह सब कुछ व्यवस्था और सुविधाएं की जाएं जो इन्हें अपनी विशिष्टता, विशेष आवश्यकताओं, समस्याओं तथा विशेषताओं के संदर्भ में शिक्षा और विकास के अवसर, उपलब्ध कराने में मदद कर सकें।

समेकेतीकरण (Inclusion) तथा समेकित शिक्षा व्यवस्था (Inclusive education setup) सम्बन्धी अवधारणाओं के उपरोक्त स्पष्टीकरण के पश्चात अब हम इस स्थिति में है कि समेकित विद्यालय क्या है, इसे ठीक तरह से व्यक्त कर सकें। परिभाषा की दृष्टि से इस तरह एक समेकित विद्यालय से अभिप्राय एक ऐसे विद्यालय या शिक्षण अधिगम वातावरण से है जहां किसी विद्यालय विशेष की कक्षा या ग्रेड विशेष के सभी विद्यार्थियों को उनकी क्षमताओं या अक्षमताओं से संबंधित व्यक्तिगत अंतरों के बावजूद एक साथ अनुदेशन प्राप्त करने, अधिगम अनुभवों को बांटने तथा विद्यालय और कक्षा की सभी प्रकार की पाठ्य तथा सहपाठ्य क्रियाओं या कार्यक्रमों में भाग लेने के अवसर इस प्रकार से दिए जाते हैं कि सभी को उनके लिए आवश्यक शिक्षा तथा विकास के मार्ग पर चलाया जा सके।

एक ऐसा विद्यालय जो सभी प्रकार के अधिगमकर्ताओं को खुले मन से गले लगाने, उन्हें सभी प्रकार की सुविधाएं, इन्फास्ट्रक्चर, मानवीय संसाधन प्रदान करने, उनके उचित समायोजन, शिक्षा तथा सर्वांगीण विकास के लिए बिना किसी भेदभाव के सभी बालकों की क्षमता और वैयक्तिकरण के आधार पर उचित साधन और विधियों के द्वारा उचित व्यवस्था करने की पहल करे, समेकित विद्यालय कहा जा सकता है।

समेकित विद्यालय के उचित संगठन एवं प्रबन्धन हेतु आवश्यक बातें और उपाय (Organization and Management of an Inclusive School)

एक समेकित विद्यालय अपने उत्तरदायित्वों का निर्वहन तभी भली भांति कर सकता है जब वहां पर सभी प्रकार के आवश्यक संसाधन पर्याप्त रूप से उपलब्ध कराने तथा एक अच्छा सकारात्मक वातावरण प्रदान करने के पूर्ण प्रयास किए जाए। इस संबंध में आगे के पृष्ठों में जिन आवश्यक बातों और उपायों की चर्चा की गई है, वह काफी सहायक सिद्ध हो सकती हैं।

(A) उचित संसाधनीय ढांचा और उसकी उपलब्धता
(Proper Infrastructure and Accessibility)

एक समेकित विद्यालय की स्थापना करने और उसे उचित रूप से चलाने के लिए सर्वप्रथम महत्वपूर्ण आवश्यकता इस बात की है कि उसे सभी प्रकार की संसाधनीय सुविधाओं, जैसे उसका भवन, भौतिक सुविधाएं, संसाधनों आदि के साथ सुसज्जित किया जाए और उन सुविधाओं की उसके सभी उपभोगकर्ताओं की बिना किसी प्रकार के भेदभाव के समान रूप से उपलब्धता हो।

इस संबंध में निम्न प्रकार के उपाय काफी लाभदायक सिद्ध हो सकते हैं :

1. विद्यालय भवन का निर्माण इस प्रकार से किया जाए और इसके रास्ते इस तरह बनाए जाए जो सभी प्रकार के विद्यार्थियों (अक्षमता युक्त अथवा अक्षमता रहित) के एक कक्ष से दूसरे कक्ष या अन्य स्थानों में आने जाने में बाधा रहित हो। अस्थि एवं मांसपेशियों की क्षतिग्रस्तता से युक्त विकलांगों, तथा दृष्टि दोष युक्त अक्षम विद्यार्थियों के द्वारा कहीं भी आने जाने तथा कार्य करने के लिए किसी कक्षा में प्रवेश करने में पूर्ण सुविधा प्रदान की जानी चाहिए। व्हीलचेयर का उपयोग करने वाले शारीरिक अक्षमता युक्त तथा छड़ी लेकर चलने वाले दृष्टिदोष युक्त अक्षम विद्यार्थियों का पूरा पूरा ध्यान रखा जाना चाहिए। इसलिए समेकित विद्यालय का भवन और रास्ते ना केवल भवन निर्माण सम्बन्धी अवरोधों या बाधाओं से मुक्त होने चाहिएं बल्कि साधारण रेम्प (Ramps), किनारों पर लगी रेलिंग, चौड़े दरवाजे, उचित टॉयलेट और पानी की व्यवस्था आदि सभी प्रकार की सुविधाओं की भी सभी को पूरी तरह से उपलब्धता होनी चाहिए।

2. विद्यालय के सभी अधिगम एवं कार्य स्थलों जैसे-कक्षाकक्ष, सभाभवन, प्रयोगशाला, कार्यशाला, खेल के मैदान, कैन्टीन, बालक एवं बालिकाओं के सामान्य कक्ष आदि सभी जगहों में विद्यार्थियों के लिए पर्याप्त स्थान, बैठने की व्यवस्था तथा कार्य करने की सुविधाओं के औचित्य पर पूरा पूरा ध्यान दिया जाना चाहिए जिससे कि अक्षमता युक्त विद्यार्थी इन स्थानों पर आने जाने, अपने समायोजन और कार्य संचालन के सम्बन्ध में किसी प्रकार की उपलब्धता सम्बन्धी समस्या का अनुभव न करे।

3. अक्षमतायुक्त बालकों को अधिगम और कार्य करने सम्बन्धी अनुभवों की आवश्यक रूप से उपलब्धि कराने के लिए, उनकी अक्षमता की प्रकृति के अनुसार उनके बैठने और कार्य करने का उचित प्रावधान किया जाना चाहिए। श्रव्य एवं दृश्य क्षतिग्रस्तता युक्त बच्चे, लोकोमीटर या बहु अक्षमता युक्त बच्चे, ऑटिज्म से प्रभावित बच्चे आदि सभी को उनकी अधिगम तथा कार्यात्मक कठिनाईयों आदि का समाधान करने के लिए जरूरी स्थान, कक्षा में आगे को सीट, शिक्षक की समीपता आदि अवलम्बन संसाधन प्रदान किए जाने चाहिए। हमें यह अच्छी तरह समझ लेना चाहिए कि अक्षम और विकलांगों को मुख्यधारा में शामिल करने का अर्थ यह नहीं है कि इन्हें अपने उचित शिक्षा, समायोजन और विकास हेतु जिस प्रकार का विशेष सहयोग

और सुविधाएं चाहिएं उनसे इन्हें दूर रखा जाए। समेकित विद्यालय व्यवस्था में उन्हें यह सब उचित समय पर उचित रूप से उपलब्ध होना चाहिए।

(B) अक्षमता के प्रति जागरूकता और सकारात्मक अभिवृत्ति (Awareness and Positive Attitude Towards Disability)

समेकेतीकरण की नीति और समेकित विद्यालयों की कार्यप्रणाली के भलीभांति उपयोगितापूर्ण ढंग से संचालन के रूप में इसका क्रियान्वयन तब तक अच्छी तरह से नहीं किया जा सकता जब तक कि अक्षमताओं और अक्षमतायुक्त बालकों के सम्बन्ध में नियमित सामान्य विद्यालयों के वातावरण में ठीक प्रकार से पविर्तन नहीं लाया जाता। विद्यालय अधिकारियों, विद्यालय में कार्यरत शिक्षक एवं अन्य मानवीय संसाधनों, अक्षमतारहित सामान्य विद्यार्थियों को अपनी सदियों पुरानी मान्यता का त्याग करने की आवश्यकता है। विद्यालयों को अक्षमता युक्त बालकों को उसी प्रकार से गले लगाना चाहिए और विद्यालय में स्वागत करना चाहिए जिस प्रकार से वे अक्षमतारहित सामान्य बच्चों का करते हैं तथा बिना किसी प्रकार के भेदभाव के उनको शिक्षा तथा अन्य विकासात्मक सुविधाएं प्रदान करने की कोशिश करनी चाहिए।

इसके लिए विद्यालय अधिकारियों और शिक्षकों में अक्षमता युक्त बालकों (सामान्य और विशिष्ट) की आवश्यकताओं और समस्याओं के बारे में पूरी तरह से जागरूकता होनी चाहिए तथा विद्यालय के सामान्य विद्यार्थियों के साथ-साथ इन अक्षमता युक्त विद्यार्थियों का समुचित विकास और समायोजन कराने में सहायता करने की दृष्टि से उनकी इस समस्याओं का शीघ्र से शीघ्र समाधान करने तथा जरूरतों को पूरा करने के प्रयास करने चाहिएं। वास्तव में इस संबंध में विद्यालय अधिकारियों और शिक्षकों में अक्षमताओं ओर अक्षम विद्यार्थियों के प्रति एक वांछित सकारात्मक अभिवृत्ति विकसित करने की आवश्यकता है, जैसा कि आगे बताया गया है:

- हमारी पृथ्वी पर विभिन्नताएं और अंतर समाप्त नहीं हो सकते हैं, इनका अस्तित्व तो अवश्य ही बना रहेगा। हम सभी एक दूसरे से अनेक बातों में भिन्नता रखते हैं।
- बालकों में योग्यताओं और क्षमताओं को लेकर विभिन्नताएं पाया जाना नितान्त स्वाभाविक है। जिन्हें हम अक्षम और विकलांग कहते हैं योग्यताओं और क्षमताओं की दृष्टि से किसी एक विकास क्षेत्र में अन्य सामान्य बालकों से काफी अलग दिखाई देते हैं और उनमें विकास संबंधी किन्हीं एक या दो बातों को लेकर अक्षमता या पिछड़ापन पाया जा सकता है, परंतु इसका यह अर्थ नहीं है कि उन्हें व्यर्थ का फालतू बालक, समस्या पैदा करने वाला या नियमित विद्यालयों की मुख्यधारा में शामिल होने के लिए पूरी तरह नाकाबिल समझ लिया जाए।
- विद्यालय अधिकारियों और अध्यापकों को उपलब्ध कानूनी प्रावधानों जैसे

शिक्षा का अधिकार (Right to education) तथा समेकित शिक्षा नीति को अपनाने सम्बन्धी विद्यालय व्यवस्था पर चलने की आवश्यकता समझ में आनी चाहिए। उन्हें यह बात अच्छी तरह से समझ लेनी चाहिए कि सभी विद्यार्थियों को शिक्षा प्राप्त करना उनका अधिकार है, यह कोई एहसान या कृपा की बात नहीं है और इसीलिए उन सब को अपनी पूरी निष्ठा और हार्दिक प्रयासों के साथ अपने विद्यालयों में समेकित शिक्षा के सफलतापूर्वक संचालन के लिए कार्य करना चाहिए।

- विद्यालय अधिकारियों और शिक्षकों को इन अक्षमताओं से युक्त बालकों को किसी न किसी विशेषता और प्रतिभा में विश्वास रखना चाहिए और समझना चाहिए कि प्रत्येक बालक में ऐसी कोई ना कोई विशिष्ट योग्यता या प्रतिभा होती है जो अपने अनुपम ढंग से विकसित होती है। बालक ऐसा करने के लिए केवल उचित सहायता, मार्गदर्शन, समय पर पृष्ठपोषण/प्रोत्साहन चाहता है अत: यह अध्यापकों का कर्तव्य है कि प्रत्येक बालक (अक्षमता युक्त या अक्षमता रहित) की बिना किसी प्रकार के भेदभाव के, अधिगम आवश्यकताओं को पूरा किया जाए।

(C) उपयुक्त मानव संसाधन (Proper Human Resources)

समेकित विद्यालय के ठीक प्रकार से संचालन हेतु तीसरी महत्वपूर्ण जरूरत है, इसके प्रबन्धीकरण और उचित कार्यों को सम्पन्न करने के लिए उपयुक्त रूप से प्रशिक्षित एवं अनुभव मानवीय संसाधनों की उपलब्धता। इस सम्बन्ध में निम्न बातों पर भलीभांति ध्यान देना जरूरी होता है :

- समेकित विद्यालय में शिक्षक-शिक्षार्थी अनुपात उचित मात्रा में होना चाहिए जिससे कि समेकित व्यवस्था में उपस्थित विभिन्न प्रकार की क्षमताओं या अक्षमताओं से युक्त विद्यार्थियों पर वैयक्तिक रूप से ध्यान दिया जा सके।
- विद्यालय में जिस स्टाफ की नियुक्ति की जाए वह समेकेतीकरण की दार्शनिक विचारधारा से पूरी तरह अवगत होना चाहिए और उन्हें यह भी ज्ञात होना चाहिए कि एक समेकित व्यवस्था में अपने कर्तव्यों को पूरा करने के लिए उनसे क्या अपेक्षा की जाती है।
- विद्यालय में नियुक्त प्रत्येक अध्यापक में समेकित व्यवस्था में कार्य करने के लिए जरूरी ज्ञान, कौशल होने के साथ-साथ अक्षमतायुक्त बालकों के साथ काम करने की रूचि और अभिवृत्ति भी होनी चाहिए। वास्तव में समेकित व्यवस्था के कार्य करने में सक्षम, योग्य और रूचि रखने वाले व्यक्तियों को ही इन समेकित विद्यालयों में कार्य करने के लिए नियुक्त किया जाना चाहिए और ऐसे ही शिक्षकों की सेवा को आगे भी जारी रखना चाहिए।
- शिक्षा का अधिकार अनिधियम लागू होने के फलस्वरूप प्रत्येक नियमित विद्यालय को समेकित विद्यालय के रूप में कार्य करना जरूरी हो गया है,

अत: राज्य तथा केन्द्रीय स्तर पर प्रत्येक विद्यालय और विद्यालय अधिकारियों के लिए यह जरूरी हो गया है कि वे अपने शिक्षकों को समेकित व्यवस्था की चुनौतियों का सामना करने के लिए तैयार करने हेतु उन्हें आवश्यक प्रशिक्षण प्रदान कराने के व्यापक प्रयास करें।

- प्रत्येक विद्यालय में एक विशेष शिक्षा अध्यापक के रूप में एक अध्यापक की नियुक्ति की जानी जरूरी है जो निम्न कार्यों को विशेष रूप से संभाल सकें :
  - (i) विशेष आवश्यकताओं वाले बालकों (CWSN) के लिए एक संसाधन कक्ष की स्थापना और प्रबंधन का कार्य।
  - (ii) अक्षमतायुक्त बालकों या भिन्न प्रकार से अक्षम बालकों को समझने और उनके साथ निपटने तथा व्यवहार करने में विषय अध्यापकों, प्रयोगशाला सहायक/अनुदेशक, शारीरिक शिक्षा अध्यापकों आदि की सहायता और मार्गदर्शन कर सके।
  - (iii) विद्यालय के विभिन्न अक्षमताओं से युक्त बालकों को उनकी विशेष जरूरतों को पूरा करने और उनकी क्षमताओं तथा रूचियों के अनुसार उनका समायोजन और विकास करने में सहायता करना तथा मार्गदर्शन करना।
  - (iv) अक्षमतायुक्त बालकों के माता पिता को अपने बच्चों के समायोजन और कल्याण हेतु मार्गदर्शन करना तथा उनका सहयोग प्राप्त करना।
- विशेष शिक्षा अध्यापक के साथ साथ विद्यालय में इन बालकों के समायोजन और विकास में सहायता करने के लिए अन्य विशेषज्ञों को सेवाएं प्राप्त करने की उचित व्यवस्था (अंशकालीन या जब बुलाया जाए) भी की जानी चाहिए जैसे –
  - मनोवैज्ञानिक/चिकित्सा मनोवैज्ञानिक
  - नेत्र एवं श्रवण विशेषज्ञ
  - स्पीच थेरेपिस्ट ओर ऑडियोलोजिस्ट
  - फिजियोथेरेपिस्ट
  - व्यावसायिक थेरेपिस्ट और परामर्शदाता
  - ओर्थोटिस्ट और प्रोस्थेटिस्ट
  - ओरिएन्टेशन और मोविल्टि विशेषज्ञ
  - पुनर्वास परामर्शदाता/मनोवैज्ञानिक
- विद्यालय के कार्यालय, पुस्तकालय, खेल मैदान, कार्यशाला और प्रयोगशाला में कार्यरत कर्मचारियों का भी इन बालकों की आवश्यकताओं आदि को समझने और उनके प्रति उचित अभिवृत्ति रखने सम्बन्धी ओरिएन्टेशन किया जाना चाहिए।

(D) उचित भौतिक संसाधनों की उपलब्धि पर ध्यान देना
(Building Appropriate Material Resources)

समेकित विद्यालय व्यवस्था में अक्षम मैत्रीपूर्ण वातारण का सृजन करने के लिए अगली महत्वपूर्ण जरूरत है, इसके कार्यों के उचित रूप से संचालन हेतु उपयुक्त भौतिक संसाधनों की उपलब्धता। इस संबंध में निम्न बातों पर ध्यान देना जरूरी होता है :

(i) समेकित विद्यालयों को शिक्षण अधिगम कार्य को उचित रूप से प्रभावशाली ढंग और सुविधाजक रूप में क्रियान्वित करने के लिए शिक्षकों और अधिगमकर्ताओं की सहायता करने हेतु आवश्यक शिक्षण अधिगम सामग्री से अपने आपको पूर्णरूप से सुसज्जित करना जरूरी होता है। अक्षम बालकों को अपनी अक्षमता की प्रकृति, अधिगम जरूरतों और अपनी अधिगम शैलियों के अनुसार विभिन्न प्रकार की शिक्षण सहायक सामग्री की आवश्यकता पड़ सकती है। अतः समेकित विद्यालयों को विभिन्न प्रकार के श्रव्य, दृश्य, गत्यात्मक और बहु-इन्द्रिय शिक्षण अधिगम सहायक सामग्री की ठीक तरह से व्यवस्था करनी चाहिए।

(ii) विशेष आवश्यकता युक्त या अक्षमता युक्त बालकों को समेकित विद्यालय शिक्षा के तरह-तरह के पाठ्य एवं सहपाठ्य कार्यक्रमों में भाग लेने तथा अपने उचित समायोजन तथा अधिगम के लिए विभिन्न प्रकार की सहायक और अनुकूलन संसाधनों और उपकरणों की जरूरत होती है। इस प्रकार की सामग्री और उपकरणों के रूप में हम, इन बालकों के गति संबंधी संचालन एवं गतिविधियों में सहायक साधन और उपकरण, दृश्य और श्रव्य उपकरण, आधुनिक विकसित तकनीकी आधारित सहायक साधन आदि का नाम ले सकते हैं। इसलिए इन उपकरणों की उचित उपलब्धि तथा उन्हें भलीभांति उपयोग में लाने संबंधी जानकारी लेने के उचित प्रबन्ध किए जाने चाहिए।

(E) सम्पूर्ण विद्यालय उपागम को अपनाना
(Adoption of Whole School Approach)

एक समेकित विद्यालय की सफल कार्यप्रणाली में सम्पूर्ण विद्यालय उपागम को अपनाना भी काफी लाभदायक सिद्ध हो सकता है। यहां प्रश्न यह उठता है कि इस सम्पूर्ण विद्यालय उपागम से क्या अभिप्राय है कि समेकित विद्यालय व्यवस्था की सफलता में यह किस प्रकार सहायता करता है।

सम्पूर्ण विद्यालय उपागम समेकित शिक्षा हेतु अपनाया जाने वाला एक ऐसा उपागम है जिसके अंतर्गत विद्यालय के सभी प्रकार के संसाधनों, प्रयासों, संबंधों को भलीभांति उपयोग में लाने तथा विद्यालय के अंतर्गत एक सकारात्मक वातावरण का निर्माण करने तथा उन सभी व्यक्तियों (जैसे-विद्यार्थियों, अध्यापकों, विद्यालय कर्मचारी, विद्यालय प्रशासन, अभिभावकों तथा समुदाय के सदस्यों) जिनके हित विद्यालय के विद्यार्थियों से जुड़े हों, उनके बीच उचित सम्बन्ध स्थापित कर उनका

वांछित सहयोग समेकित शिक्षा व्यवस्था के प्रभावपूर्ण संचालन हेतु किया जाता है।

इस प्रकार से एक दार्शनिक विचारधारा के रूप में सम्पूर्ण विद्यालय उपागम और कुछ नहीं बल्कि एक विद्यालय के द्वारा अपने स्तर पर वह सब कुछ किया जाना है जिससे वह संसाधनों, प्रयासों, संबंधों तथा अपने यहां स्वस्थ सकारात्मक वातावरण का निर्माण कर सही तरह से इस प्रकार देने का प्रयत्न करता है जिसके माध्यम से समेकित शिक्षा व्यवस्था में सभी बालकों को समुचित शिक्षा देने का उद्‌देश्य भलीभांति पूरा हो सके।

अपने व्यवहारात्मक रूप में सम्पूर्ण विद्यालय उपागम को समेकित शिक्षा हेतु प्रयोग में लाने के लिए दो काम बहुत आवश्यक होते हैं। पहला तो यह है कि उन सभी विद्यार्थी, अध्यापक, विद्यालय कर्मचारी, विद्यालय प्रशासन, अभिभावकगण तथा समुदाय जिनके हित विद्यार्थियों के कल्याण से जुड़े हुए हैं, उनके बीच पर्याप्त तालमेल रहे और वे विद्यार्थियों की शिक्षा और कल्याण में अपनी उचित भागीदारी निभाएं। इस संबंध में दूसरी आवश्यक बात यह है कि विद्यालय में समेकेती शिक्षा व्यवस्था के प्रति एक सकारात्मक और स्वस्थ वातावरण का निर्माण करते हुए उस प्रकार के कार्य और गतिविधियों का सभी के परस्पर सहयोग से आयोजन होता रहे जिनसे समेकित शिक्षा व्यवस्था में अध्ययनरत सभी बालकों को उनकी शिक्षा, समायोजन, विकास और प्रगति हेतु अपनी अपनी क्षमताओं के अनुरूप समान अवसर प्राप्त होते रहें।

अपने इस उद्‌देश्य की पूर्ति हेतु सम्पूर्ण विद्यालय उपागम से सभी हित चिन्तकों (Stakeholders) के अंतर्गत कर्तव्यों और जिम्मेदारियों का भलीभांति बंटवारा किया जाता है और समेकित शिक्षा व्यवस्था के सफलतापूर्वक संचालन हेतु सम्पूर्ण विद्यालय तंत्र को भलीभांति काम करते रहने संबंधी सभी उचित प्रयत्न किए जाने का प्रावधान रहता है।

आइए देखें ऐसा कैसे होता है और विभिन्न हित चिन्तकों द्वारा अपने-अपने कार्य और उत्तरदायित्व कैसे निभाएं जाते हैं।

विद्यालय प्रशासन एवं अधिकारियों की भूमिका
(The Role of the School Administration and Authorities)

- शिक्षा प्राप्त करने के लिए इच्छुक सभी अधिगमकर्ताओं के साथ न्याय करने के एक तरीके के रूप में समेकेतीकरण की दार्शनिक विचारधारा में विश्वास करना और उसे स्वीकार करना।
    - (i) सभी अधिगमकर्ताओं को अवरोध रहित वातावरण प्रदान करना।
    - (ii) सभी अधिगमकर्ताओं को बिना किसी भेदभाव के सभी प्रकार के अधिगम अनुभव-पाठ्य तथा सहपाठ्य की उपलब्धता की सुविधा प्रदान करने के उद्‌देश्य से सभी प्रकार के जरूरी बुनियादी ढांचे संबंधी सुविधाओं की व्यवस्था करना।
- समेकित शिक्षा पाठ्य एवं सहपाठ्य कार्यक्रमों के उचित रूप से संचालन के

लिए सभी प्रकार के जरूरी मानवीय संसाधनों की व्यवस्था करना ताकि विभिन्न प्रकार के अक्षमतायुक्त विद्यार्थियों की विशेष प्रकार की वैयक्तिक आवश्यकताओं की उचित रूप से देखभाल की जा सके और उन्हें पूरा किया जा सके।

- अक्षम बालकों के समायोजन और विशेष अधिगम जरूरतों को पूरा करने तथा उनके शिक्षण अधिगम में अध्यापकों तथा विद्यार्थियों द्वारा उपयोग में लाने के लिए सहायक साधनों, उपकरणों, सामग्री तथा संसाधन कक्ष की व्यवस्था करना।
- एक समेकित व्यवस्था में ठीक प्रकार से कार्य करने एवं अपनी भूमिका का निर्वहन करने के बारे में स्टाफ का उचित रूप से ओरिएन्टेशन कराने के लिए सुविधाएं एवं साधन प्रदान करना।
- विशेष शिक्षा अध्यापक तथा अन्य सहायक स्टाफ जैसे शैक्षिक, मनोवैज्ञानिक, चिकित्सकीय, मनोवैज्ञानिक, परामर्शदाता, चिकित्सक, पुनर्वास कार्यकर्ता आदि की सेवाएं प्रदान करना।
- समेकित शिक्षा, विशेषकर अक्षमता के बारे में सकारात्मक अभिवृत्ति और स्वस्थ वातावरण बनाने की तरफ ध्यान देना ताकि विद्यालय में किसी भी बच्चे को अपनी किसी अक्षमता के कारण भेदभाव या परेशानी का सामना न करना पड़े।
- समेकित व्यवस्था में शिक्षा प्राप्त कर रहे विद्यार्थियों की सफलता, समायोजन और प्रगति के लिए सतत और समग्र मूल्यांकन करने, समय पर पृष्ठपोषण एवं पुनर्बलन प्रदान करने, उनकी कमजोरी का शीघ्र निदान करने और उपचारात्मक उपाय करने की व्यवस्था करना।
- विद्यालय के स्टाफ, बच्चों के माता-पिता, विद्यार्थी, समुदाय सभी को समेकित व्यवस्था की सफलता सम्बन्धी कार्य में शामिल करना और उनका सक्रिय सहयोग प्राप्त करना।

अध्यापकों की भूमिका (The Role of Teachers)

- एक समेकित व्यवस्था में अपने उत्तरदायित्वों का निर्वहन करने के लिए ठीक प्रकार पूर्व तैयारी करना और ओरिएन्टेशन प्राप्त करना।
- अलग-अलग योग्यताओं से युक्त अक्षम बालकों के प्रति उचित सकारात्मक तथा निष्पक्ष दृष्टिकोण युक्त अभिवृत्ति व्यक्त करना।
- समेकित व्यवस्था में अलग अलग योग्यताओं से युक्त अक्षम बालकों की आवश्यकताओं को पूरा करने के लिए जरूरी विधियों, सामग्री, उपकरण और साधनों के उपयोग के बारे में सीखना और उनके उपयोग का अभ्यास करना।
- समेकित शिक्षा व्यवस्था में बिना किसी प्रकार के भेदभाव के सभी अधिगमकर्ताओं की अधिगम आवश्यकताओं को पूरा करने के लिए वैयक्तिक ध्यान और देखभाल प्रदान करने के लिए काम करना।

- अक्षम बालकों के समायोजन, शिक्षा और विकास के लिए उनके अक्षमता रहित सहपाठियों का सहयोग प्राप्त करना।
- अलग-अलग प्रकार की योग्यता रखने वाले अक्षमों की शिक्षा, समायोजन, पुनर्वास और कल्याण के लिए विद्यालय से बाहर के भागीदार के रूप में माता-पिता और समुदाय के लोगों तथा स्वयंसेवी, गैर सरकारी संगठनों का सहयोग प्राप्त करना।
- भिन्न-भिन्न प्रकार की योग्यताओं से युक्त अक्षम बालकों को पाठ्य और सहपाठ्य गतिविधियों में अपनी क्षमता और सीमाओं के अनुसार पूर्ण सहभागिता प्राप्त करने के लिए प्रोत्सहित करना, प्रेरित करना और प्रशिक्षित करना।

समेकित व्यवस्था के सफलतापूर्वक संचालन के लिए सम्पूर्ण विद्यालय उपागम को अपनाने हेतु पूरा उत्तरदायित्व शिक्षकों और विद्यालय प्रशासन के कंधों पर होता है। अपने इस उत्तरदायित्व को निभाने के लिए ये दोनों फिर अन्य हित चिन्तकों (जैसे माता-पिता, अभिभावकगण, विद्यार्थी एवं समुदाय के सदस्य) का समुचित सहयोग एवं सहभागिता अर्जित करने हेतु निम्न प्रकार के प्रयत्नों में कार्यरत रहते हुए दिखाई दे सकते हैं:

(i) अपने बालकों की शिक्षा और कल्याण से संबंधित कार्यों में बच्चे के माता-पिता ही उनके महत्वपूर्ण हितचिन्तक होते हैं। समेकित शिक्षा व्यवस्था की सफलता के लिए सम्पूर्ण विद्यालय उपागम यह मांग करती है कि इस कार्यक्रम की सफलता के लिए उनका सक्रिय सहयोग और भागीदारी अत्यंत आवश्यक है। माता-पिता अपने भिन्न-भिन्न योग्यता वाले बच्चों के समायोजन के लिए स्वयं भी बहुत चिन्तित होते हैं। उन्हें हर पल यह भय सताता रहता है कि अपने अक्षमता के कारण विद्यालय में कहीं उनके बच्चे को परेशान या अपमानित न किया जाए, उसे नीचा ना दिखाया जाए या फिर उसकी उपेक्षा होने के कारण कहीं वह हताश महसूस न करने लगे। यदि माता पिता को विद्यालय व्यवस्था में शामिल कर लिया जाए तो इन सभी प्रकार की बातों को समाप्त किया जा सकता है। अध्यापक अभिभावक संगठन, उनकी मीटिंग आदि के द्वारा विशेष आवश्यकता वाले अधिगमकर्ताओं पर वैयक्तिक रूप से ध्यान देने तथा सहपाठ्य गतिविधियों के आयोजन में उनका सहयोग लेने आदि के द्वारा बालकों के विकास और कल्याण संबंधी कार्यों को आसानी से सम्पन्न किया जा सकता है।

(ii) सम्पूर्ण विद्यालय उपागम के क्रियान्वयन में समुदाय के सदस्यों के विभिन्न प्रकार के कार्यों और भूमिका के रूप में, उनकी भागीदारी और सहयोग की भी आवश्यकता होती है। इसलिए विद्यालय अधिकारियों और शिक्षकों तथा गैर शिक्षण कर्मचारियों सभी को अपने उस समुदाय जिसमें विद्यालय कार्यरत है, के साथ अपने अच्छे संबंध और तादात्म्य बनाए रखने के भरसक प्रयत्न करने चाहिए। समुदाय के लोग समेकित व्यवस्था में शिक्षा प्राप्त कर रहे अपने अलग-अलग प्रकार की

योग्यताओं वाले अक्षम बालकों की सहायता, समायोजन, विकास और प्रगति के लिए दान के रूप में, समुदाय में उपस्थित अक्षम बालकों के प्रति भेदभाव और नकारात्मक अभिवृति को दूर करने, विभिन्न व्यवसायिकों जैसे-विशेषज्ञ, परामर्शदाता, चिकित्सक और थेरेपिस्ट के रूप में कार्यरत रहने तथा स्वयंसेवकों और गैर सरकारी संगठनों के सदस्यों के रूप में अपनी सेवाएं प्रस्तुत करने आदि के रूप में अपनी बहुमूल्य सेवाएं प्रदान कर सकते हैं।

(iii) समेकित शिक्षा व्यवस्था के प्रति सम्पूर्ण विद्यालय उपागम में समेकित कक्षाकक्ष या कार्य परिस्थितियों के सफलतापूर्वक संचालन के लिए विद्यार्थियों द्वारा दिया गया सहयोग, समूह कार्य एवं सहकारी प्रयास सबसे ज्यादा मूल्यवान होते हैं। सहपाठियों द्वारा की गई देखभाल, और सहपाठी टयूटरिंग समेकित व्यवस्था के अक्षम बालकों/सहपाठियों की देखभाल, विशेष समायोजन और अधिगम संबंधी विशेष आवश्यकताओं को पूरा करने में आश्चर्यजनक रूप से प्रभाव छोड़ती है इसीलिए सम्पूर्ण विद्यालय उपागम में अनेकों पाठ्यक्रियाओं और सहपाठ्य गतिविधियों के क्रियान्वयन के संबंध में अपने अक्षमता युक्त सहपाठियों को उनकी क्षमता और योग्यता के अनुसार साथ लेकर चलने में अक्षमता रहित सहपाठियों का सहयोग एवं योगदान लेने के लिए भरपूर प्रयास किए जाने चाहिए।

(iv) सम्पूर्ण विद्यालय उपागम समेकित शिक्षा हेतु अपने प्रयोग में लाए जाने के संदर्भ में इस शिक्षा व्यवस्था में शामिल सभी अधिगकर्ताओं (चाहे वे अक्षमतायुक्त हो आ अक्षमता रहित) से यह अपेक्षा करता है कि वे इस व्यवस्था में सभी प्रकार के नियोजित एवं संगठित पाठ्य और पाठ्यसहगामी कार्यक्रमों और गतिविधियों में पूरी तरह से अभिप्रेरित होकर, अपेक्षित उत्साह के साथ अपनी पूरी भागीदारी निभाएं। इस दिशा में, इसलिए इन सभी अधिगमकर्ताओं को अपने आपको समेकित शिक्षा व्यवस्था के अनुभवों से पूरा लाभ उठाने के लिए तत्परता और आवश्यक इच्छा शक्ति का प्रदर्शन करना चाहिए। दूसरों के साथ समायोजित होने तथा विद्यालय परिस्थितियों की विषमताओं का मुकाबला करने के संदर्भ में जो भी झिझक और डर बालकों के अन्दर विद्यमान हो उन्हें दूर करके उनमें इस प्रकार का विश्वास जगाया जाना चाहिए कि समेकित व्यवस्था में सबके साथ शिक्षा संबंधी अनुभव प्रदान करने में उनका कितना हित छिपा हुआ है।

विद्यालय के सभी हित चिंतकों की पूर्ण सक्रिय और भागीदारी प्राप्त करने के साथ-साथ सम्पूर्ण विद्यालय उपागम, समेकित शिक्षा कार्यक्रम की सफलता के लिए सभी जरूरी प्रयत्न करने और नीचे बताए गए वांछित उपाय अपनाने के लिए कहती है:

- समेकित व्यवस्था में पाठ्य एवं सहपाठ्य अधिगम अनुभव प्रदान करते समय विद्यालय की समेकित व्यवस्था में उपस्थित बच्चों की प्रकृति और परिस्थितियों की जरूरतों के अनुसार आवश्यक लचीलापन अवश्य ही रखना चाहिए।
- समेकित समूह के शिक्षण अधिगम की जरूरतों के अनुसार शिक्षण अधिगम शैलियों को अपनाना चाहिए।

- मूल्यांकन कार्य और गतिविधियां इस प्रकार से नियोजित की जानी चाहिए कि समेकित व्यवस्था की मांग के अनुसार समय पर आवश्यक पृष्ठपोषण प्रदान किया जा सके और आंकलन उपाय प्रयुक्त किए जा सकें।

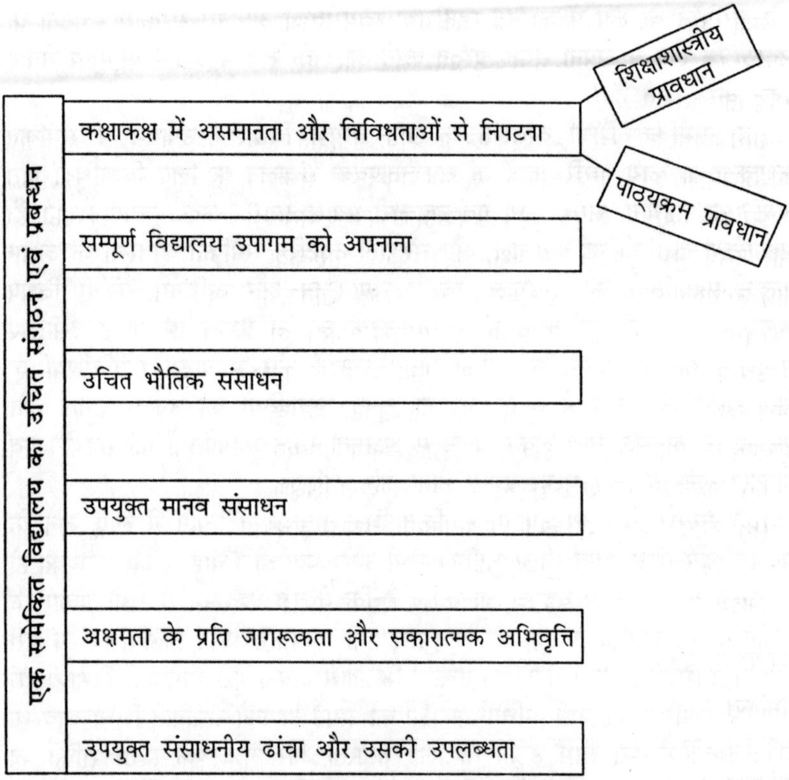

चित्र 9.1: एक समेकित विद्यालय का संगठन एवं प्रबंधन
(Organization and Management of in Inclusive School)

इस प्रकार से सम्पूर्ण विद्यालय उपागम समेकित व्यवस्था के सभी हित चिन्तकों (State holders) की भागीदारी और सक्रिय सहयोग प्राप्त करने के साथ-साथ शिक्षण अधिगम परिवेश के इस प्रकार पुर्नसंगठन की ओर ध्यान देने की बात करता है जिसके माध्यम से एक ऐसा समग्र प्रभाव छोड़ा जा सके ताकि समेकित शिक्षा व्यवस्था की प्रतिक्रिया और प्रतिफलों से संबंधित आवश्यक अपेक्षित परिणामों की उपलब्धि हो सके।

कक्षा-कक्षों में असमानता और विविधताओं से निपटना–शिक्षण शास्त्रीय एवं पाठ्यक्रम प्रावधान

(Addressing Inequality and Diversity in Classroom—Pedagogical and Curriculum Concerns)

एक समेकित कक्षा कक्ष की पहचान उसमें उपस्थित विद्यार्थियों में पाई जाने वाली

विभिन्न प्रकार की असमानताओं तथा विविधताओं से होती है। उनमें निहित असमानतायें जहाँ उनकी जाति, लैंगिक भूमिका, रंग, प्रजाति, संस्कृति तथा भाषागत अंतरों से प्रतिबिम्बित होती है वहीं विविधताओं की पहचान उनकी योग्यताओं, क्षमताओं, रूचियों, अधिगम तथा विकास से संबंधित उनके लक्ष्यों में पाये जाने वाले अंतरों के आधार पर होती है। अधिक स्पष्ट और मोटे तौर पर देखा जाए तो कक्षा-कक्ष की विविधता इस बात में झलकती है कि किस कक्षा में किस रूप में अक्षमता युक्त विद्यार्थियों की उपस्थिति है। प्रश्न उठता है कि समेकित कक्षाओं में विषयगत इस प्रकार की असमानता तथा विविधता से उत्पन्न समस्याओं से कैसे निपटा जाये। इस अध्याय में इस संबंध में हमने कुछ उपायों की चर्चा की है जैसे-(i) उपयुक्त संसाधनीय ढांचा और उसकी उपलब्धता (ii) अक्षमता के प्रति जागरूकता और सकारात्मक अभिवृत्ति (iii) उपयुक्त मानव संसाधन जुटाना (iv) उचित भौतिक संसाधनों की व्यवस्था करना तथा (v) संपूर्ण विद्यालय उपागम को अपनाना आदि। इन उपायों से समेकित कक्षाओं में असमानता तथा विविधता से उत्पन्न समस्याओं के निराकरण में काफी कुछ मदद मिल सकती है। परंतु अभी इनसे भलीभांति निपटने हेतु कुछ और अतिरिक्त उपायों की आवश्यकता पड़ सकती है। ऐसे दो उपाय निम्न हो सकते हैं:

(a) पाठ्यक्रम जन्य अनुकूलन के साथ उपयुक्त शिक्षण शास्त्रीय उपाय अपनाना। तथा
(b) लैंगिक भेदभाव तथा हाशियाकरण अथवा वंचन से संबंधित असमानता से निपटने के प्रयत्न करना।

आइये एक एक करके इन दोनों बातों पर विचार किया जाये।

शिक्षा शास्त्रीय उपाय (Pedagogical Concerns)

समेकित शिक्षा व्यवस्था में "सभी के लिये एक जैसी शिक्षण विधि या व्यूह रचना अपनाना" जैसी बात उपयुक्त नहीं रह सकती। यहां जिस प्रकार की असमानताओं तथा विविधताओं की छटा रहती है उसे देखते हुये शिक्षण अधिगम विधियों तथा व्यूह रचनाओं में बहुत अधिक लचीलापन और विविधता बरतने की जरूरत होती हैं इसलिये यहां जिस नियम पर चलना और उपयुक्त रहता है वह यह है कि "जिस प्रकार के अधिगमकर्ता और उनकी अधिगम आवश्यकतायें तथा अधिगम शैलियाँ हों उन्हें उनके अधिगम लक्ष्यों की प्राप्ति में सहायता पहुंचाने हेतु वैसी ही शिक्षण विधियाँ तथा रचनायें प्रयोग में लाई जायें।" इसी नियम की अच्छी तरह अनुपालना करने से ही एक अध्यापक समेकित कक्षा के शिक्षण अधिगम हेतु उचित शिक्षा शास्त्रीय उपाय अपना सकता है।

जैसे विद्यार्थियों का किसी एक अन्य प्रकार के विषय अथवा क्रियाओं के संपादन संबंधी अधिगम कराते हुये उनमें विद्यमान असमानताओं तथा विविधताओं के अनुरूप विभिन्न प्रकार की इन्द्रिय जनित शिक्षण अधिगम सामग्री, शिक्षण साधन और उपकरण, शिक्षण शैली तथा शिक्षण विधियां व्यूहरचना का उपयोग कर सकता है।

हम आगे इस पुस्तक के 12वें अध्याय में विस्तार से इस बात पर चर्चा करेंगे कि एक समेकित कक्षा शिक्षण व्यवस्था में, विद्यार्थियों में निहित असमानताओं तथा

विविधताओं को ध्यान में रखते हुए किस प्रकार की विविध शिक्षा शास्त्री व्यूहरचनाओं का उपयोग उनके शिक्षण अधिगम हेतु किया जा सकता है। मौटे तौर पर यहां हम केवल यही कहना चाहेंगे कि एक समेकित कक्षा व्यवस्था में एक अध्यापक को कक्षा में उपस्थित अक्षमतायुक्त तथा अक्षमताहीन विद्यार्थियों के श्रव्य, दृश्य तथा क्रियात्मक अधिगम शैलियों के अनुरूप ही अपने शिक्षण हेतु श्रव्य, दृश्य तथा क्रियात्मक शिक्षण शैलियों को अपनाना होता है।

पाठ्यक्रम जन्य प्रावधान (Curriculum Concerns)

समेकित कक्षा व्यवस्था में "सभी अधिकगमकर्ताओं के लिये एक जैसी विषय सामग्री, विषय वस्तु या अधिगम अनुभव" सिद्धांत की अनुपालना करना ठीक नहीं रहता। ऐसा होना उचित भी है। भला मानसिक रूप से अक्षम या कम विकसित मानसिक शक्तियों के एक बालक से हम यह आशा कैसे कर सकते हैं कि वह किसी अधिगम विशेष के अर्जन में वैसी ही निपुणता या निष्पादन का प्रदर्शन करेगा जिसके प्रदर्शन का स्तर हमने औसत बुद्धि वाले सामान्य बालकों के लिये निश्चित किया हुआ है। किसी एक अधिगम परिस्थिति में किस प्रकार के अधिगम अनुभव अर्जित कराये जायें यह इस बात पर निर्भर करता है कि अधिगम कर्त्ता में इस प्रकार के अध्ययन हेतु किस प्रकार की योग्यता तथा क्षमतायें हैं। उसकी रुचि और अभिप्रेरणा का स्तर कैसा है, उसकी अध्ययन शैली तथा अधिगम लक्ष्य किस प्रकार के हैं आदि आदि। इन्हीं बातों के संदर्भ में पाठ्यक्रम में पर्याप्त लचीलापन लाने का प्रावधान होना चाहिये ताकि उसमें अधिगम परिस्थितियों तथा अधिगमकर्ताओं में पाई जाने वाली असमानताओं तथा विविधताओं के अनुरूप उपयुक्त अनुकूलन करने के लाभकारी प्रयास किये जा सकें। पाठ्यक्रम में यथोचित अनुकूलन इस संदर्भ में कैसे लाये जा सकते हैं इसकी विस्तार में चर्चा हम इसी पुस्तक के 6वें अध्याय में कर चुके हैं, पाठकगण उसका लाभ वहां उठा सकते हैं।

विद्यालयों में लैंगिक असमानता से निपटना
(Addressing Inequality related to Gender in the School)

जैसा कि हमने इस पुस्तक के प्रथम अध्याय में चर्चा की है कि लड़कियों को अपने मां के गर्भ से ही लैगिंक भेदभाव का शिकार बनते हुए एक विशिष्ट प्रकार के अलगाव या पृथक्कीरण का सामना अपने घरों, समुदायों तथा विद्यालयों में करना पड़ता है। प्रश्न उठता है कि विद्यालय तथा कक्षाओं में छात्राओं के साथ होने वाले ऐसे लैगिंक भेदभाव तथा पक्षपात पर कैसे रोक लगाई जाये। सामान्य रूप में निम्न प्रकार के प्रावधानों तथा उपायों को अपनाने से उनके प्रति होने वाले व्यवहार में सुधार लाना संभव रहता है।

(A) पाठ्यक्रम के आयोजन तथा क्रियान्वयन संबंधी उपाय
(The Measures involving Curriculum Inputs)

विद्यालय पाठ्यक्रम का गठन और क्रियान्वन इस प्रकार किया जाना चाहिए कि जिसमें

विद्यालय तथा कक्षा/कक्षाओं में लैंगिक समानता बनाये रखने में मदद मिले। इस दिशा में निम्न बातें उपयोगी सिद्ध हो सकती है-

(i) निर्धारित पाठ्यक्रम में विषयों तथा कार्य अनुभवों का इस तरह कोई बंटवारा नहीं होना चाहिए कि ये विषय तथा कार्य अनुभव छात्रों के लिये हैं तथा ये छात्राओं के लिये। पाठ्यक्रम में लैंगिक आधार पर विभाजन न होकर छात्र और छात्राओं को समानता के आधार पर अपनी अपनी रुचि, क्षमताओं तथा विकास और जीवन लक्ष्यों के अनुसार वैकल्पिक विषयों के चुनाव की व्यवस्था होनी चाहिए और इस तरह जहां तक कोई विषय और गतिविधियों का प्रश्न है तो छात्र और छात्राओं के लिये एक जैसे होने चाहिएं।

(ii) छात्राओं के साथ भेदभाव समाप्त करने तथा उनके बारे में प्रचलित रूढ़िवादी धारणाओं (Stereotypes) पर लगाम लगाने के लिये छात्राओं को उन पाठ्य विषयों तथा सहपाठ्य गतिविधियों के चयन और प्रतिभागिता की पूरी स्वतंत्रता होनी चाहिए जिन्हें छात्रों/लड़कों का ही क्षेत्र मानकर लड़कियों को उनसे वंचित रखा जाता है। इसी तरह की स्वतंत्रता लड़कों के लिये भी उन विषयों तथा गतिविधियों के चयन और प्रतिभागिता को लेकर दी जानी चाहिए जिन्हें केवल मात्र छात्राओं/लड़कियों का ही क्षेत्र माना जाता है।

(B) लैंगिक समानता स्थापित करने में पाठ्यपुस्तकों की सहायता लेना
(Text book as a means of achieving Gender Equity)

विद्यालय पाठ्यक्रम के विभिन्न विषयों पर लिखी जाने वाली पाठ्यपुस्तकों का लेखन और प्रकाशन इस रूप में होना चाहिए कि उनसे महिलाओं/लड़कियों के प्रति होने वाले भेदभाव/पक्षपात और अन्याय पर रोक लगाई जा सके। इस दिशा में निम्न बातें उपयोगी सिद्ध हो सकती है।

(i) पाठ्य पुस्तकों में महिलाओं या लड़कियों का चित्रण इस प्रकार नहीं किया जाना चाहिए कि वे कमजोर, दबी हुई तथा दया और सहानुभूति का पात्र ही होती है तथा उनका कार्य तथा धर्म विकास की सभी अवस्थाओं (बचपन, यौवन तथा वृद्धावस्था) में पुरुषों की आज्ञा मानना या उनसे दबकर रहना होता है।

(ii) पाठ्य पुस्तकों में वर्णित चरित्रों (Characters) तथा लेखकों को सदैव पुरुष प्रधान दिखाने की पहल नहीं की जानी चाहिए। वाक्यों के लेखन में सदा पुलिंग प्रधानता ही नहीं नजर आनी चाहिये। He और Him/His के साथ She और Her का प्रयोग पुस्तकों के वाक्यों में समान रूप से झलकना चाहिए।

(C) लैंगिक समानता बनाये रखने में अध्यापक-विद्यार्थी अंतः क्रिया पर उचित ध्यान देना
(Student-teacher Interaction as a means of achieving Gender Equity)

विद्यालयों में बहुत बार लड़कियों/छात्राओं के प्रति रखे जाने वाला दुराग्रह तथा

भेदभाव अध्यापक विद्यार्थी अंतः क्रियाओं के माध्यम से उजागर होता हुआ देखा जाता है। इस पर रोक लगाने के लिये निम्न प्रकार के प्रयास किये जा सकते हैं:

(i) कक्षा कक्ष तथा अन्य कार्यपरिस्थितियों में विद्यार्थियों के साथ अन्तःक्रिया और संप्रेषण करते समय अध्यापकों को छात्र और छात्राओं के साथ समान, संतुलित और पक्षपात रहित व्यवहार करना चाहिये। उन्हें छात्राओं के साथ कभी भी ऐसा व्यवहार नहीं करना चाहिए जिनसे यह आभास हो कि वे लड़कों की तुलना में कमजोर तथा हेय है।

(ii) विद्यार्थियों में कार्य विभाजन करने में पहले से चल रहे दुराग्रहों तथा रूढ़िवादी धारणाओं को अलग रखते हुए उन्हें कार्यप्रभार सौंपे जाने चाहिये। उदाहरण के लिये लड़कियों को समूह प्रोजेक्ट, सामुदायिक कार्य तथा विद्यालय में आयोजित अन्य सामूहिक, सांस्कृतिक तथा खेलकूद गतिविधियों में नेतृत्व निभाने के उचित अवसर प्रदान किये जाने चाहिये तथा उन्हें उन सभी सहपाठ्य तथा विद्यालय के बाहर आयोजित होने वाली गतिविधियों में प्रतिभागी बनने हेतु प्रोत्साहित किया जाने चाहिये जिन्हें पूरी तरह लड़कों का क्षेत्र मानकर लड़कियों के लिये उचित नहीं माना जाता है।

(iii) लड़कियों को उन सभी पाठ्य तथा सह पाठ्य क्रियाओं में लड़कों की तरह ही समान रूप से प्रतिभागी बनने का विशेष अभियान चलाया जाना चाहिये जिन्हें रूढ़िबद्धता तथा दुराग्रहों के कारण लड़कियों को वर्जित माना जाता है।

(iv) लड़के और लड़कियों को अपने अपने लिंग के प्रति समाज में व्याप्त दुराग्रहों तथा रूढ़िवादी धारणाओं को अपने मन से निकालकर एक दूसरे के साथ बराबरी के स्तर पर संप्रेषण और स्वस्थ अंतः क्रिया करने के लिये प्रोत्साहित किया जाना चाहिए ताकि वे विद्यालय और कक्षा में ठीक ढंग से सामूहिक और सहकारी अधिगम तथा समूह क्रियाओं के निष्पादन में एक दूसरे के प्रति लैंगिक आदर, मान तथा वैयक्तिकता का सम्मान करते हुये अपना अपना उचित योगदान दे सकें।

10

एक समेकित विद्यालय में उपलब्ध सहायक या समर्थन सेवायें

(Support Services available in an Inclusive School)

विषय प्रवेश (Introduction)

समेकित विद्यालयों में सभी प्रकार के अधिगमकर्ताओं को अपनी शिक्षा की मुख्यधारा में शामिल करने की व्यवस्था की जाती है, जिसके तहत बिना किसी प्रकार के भेदभाव के उनके सम्पूर्ण विकास के लिए उनकी क्षमताओं और अधिगम जरूरतों के अनुसार उन्हें समान अवसर प्रदान करने का कार्य किया जाता है। इन विद्यालयों की समेकित शिक्षा व्यवस्था में उनके पास उपलब्ध सीमित संसाधनों के द्वारा अनेक प्रकार की अक्षमताओं से युक्त बालकों और अक्षमता रहित बालकों के समायोजन और अधिगम आवश्यकताओं को पूरा करना विद्यालय अधिकारियों और शिक्षकों के सामने एक महान चुनौती बन कर उपस्थित रहता है। यहां हमें यह आवश्यकता पड़ती है कि हम समेकित शिक्षा व्यवस्था से संबंधित विद्यार्थियों के समायोजन और सर्वांगीण विकास हेतु (विशेषकर अक्षम विद्यार्थियों) आवश्यक सहायक सेवाओं तथा उन व्यक्तियों से जो उचित रूप में सहायक सिद्ध हो सकते हैं, सहभागिता के लिए आगे आने के लिए निवेदन करने की पहल करें।

आइये देखते हैं कि इस उद्देश्य की पूर्ति हेतु किस प्रकार की सहायक या समर्थन सेवाओं की उपलब्धता या व्यवस्था विद्यालय के प्रयासों की सहायता से ठीक प्रकार की जा सकती है।

(A) बाह्य विशेष संस्थाओं द्वारा उपलब्ध सहायता सेवाएँ

(Support Services available through External Specialized Agencies)

स्थानीय, राज्य तथा राष्ट्रीय स्तर पर कार्यरत ऐसी बहुत सी उचित बाह्य संस्थाएं (Agencies) हैं जो विभिन्न तरीकों से अक्षमतायुक्त बालकों की उचित पहचान करने, उनके समायोजन, पुनर्वास, शिक्षा और विकास के कार्यों में उनकी सहायता प्रदान कर सेवा कार्यों में लगी हुई है। इनमें हम निम्न संगठनों या संस्थाओं का नाम ले सकते हैं।

(i) मिश्रित संसाधन केन्द्र (Composite Resource Centers-CRCs), जिला संसाधन

केन्द्र (District Resource Center-DRCs) और ब्लॉक संसाधन केंद्र (Block Resource Centers-BRCs) जो राज्य, जिला और ब्लॉक स्तर पर कार्य कर रहे हैं।

(ii) अक्षमता युक्त व्यक्ति अधिनियम 1995 (समान अवसर अधिकारों की सुरक्षा और पूर्ण सहभागिता) कानूनी प्रावधान के आधार पर जिला अक्षमता पुनर्वास केन्द्र (District Disability Rehabilitation Centers-DDRCs) और अन्य योजना के अंतर्गत दीनदयाल अक्षम पुर्नवास योजना प्रारम्भ की गई है।

(iii) भिन्न-भिन्न प्रकार से अक्षमता युक्त व्यक्तियों की देखभाल और पुनर्वास के लिए राष्ट्रीय स्तर की संस्थाएं जैसे-

- अली यावर जंग राष्ट्रीय संस्थान (श्रवण दोषयुक्त अक्षमों के लिए), मुम्बई
- नेशनल इंस्टीटयूट फॉर विजुअली हैन्डीकेप्ड (NIVH), देहरादून
- अस्थि एवं मांसपेशीय विकलांगों हेतु राष्ट्रीय संस्थान, कोलकाता
- मानसिक विकलांग राष्ट्रीय संस्थान, सिकन्दराबाद
- शारीरिक विकलांगों के लिए पं. दीनदयाल उपाध्याय संस्थान, नई दिल्ली।
- राष्ट्रीय पुनर्वास, प्रशिक्षण एवं अनुसंधान संस्थान, कटक
- बहुअक्षमता युक्त व्यक्तियों के सशक्तीकरण के लिए राष्ट्रीय संस्थान, चैन्नई
- इंडियन साइन भाषा अनुसंधान एवं प्रशिक्षण केन्द्र (ISLRTC), नई दिल्ली।
- कृत्रिम अंग निर्माण कोर्पोरेशन ऑफ इंडिया (ALMCOI), कानपुर
- राष्ट्रीय विकलांग वित्तीय विकास कोरपोरेशन (NHFDC) फरीदाबाद
- इंडियन स्पाइनल इंजरी सेन्टर (ISIC), नई दिल्ली।

(iv) राष्ट्रीय अक्षमता नीति 2000, सर्वशिक्षा अभियान 2000, पी.डब्ल्यू.डी. एक्ट 2001 और आर टी ई 2009 आदि के द्वारा क्रियान्वित कार्यक्रमों और प्रावधानों द्वारा उपलब्ध समर्थन सेवाएं।

(v) डाइट (DIET), एस सी ई आर टी (SCERT) एन सी ई आर टी (NCERT) और विश्वविद्यालयों के विशेष शिक्षा विभागों द्वारा उपलब्ध समर्थन सेवाएं।

B. माता-पिता के सहयोग तथा समुदाय की भागीदारी द्वारा उपलब्ध समर्थन सेवाएं

(Support Services available Through Parents' Cooperation and Community Involvement)

अक्षमता युक्त बालक जिन परिवारों और समुदायों से संबंध रखते हैं वे माता पिता तथा समुदाय के सदस्य ही मुख्य रूप से वे व्यक्ति हैं जिनके हित बच्चों के कल्याण और प्रगति से जुड़े हुए हैं। यही कारण है कि उनका सहयोग और भागीदारी समेकित शिक्षा व्यवस्था में अक्षम बालकों की पहचान, समायोजन, शिक्षा, कल्याण, और पुनर्वास हेतु मूल्यवान समर्थन या सहायक सेवाएं प्रदान कर सकती है। आइए देखें ऐसा कैसे हो सकता है:

- माता-पिता परिजन तथा समुदाय के लोग प्रभावित बालकों की क्षतिग्रस्तता या अक्षमताओं से जुड़ी हुई समस्याओं की पहचान और निदान करने में ज्यादा अच्छी तरह से सहायता कर सकते हैं और यदि विद्यालय अधिकारियों या अध्यापकों के द्वारा बालक की अक्षमता की पहचान की जाती है तो इसके सुधार और उपचार तथा अनुगमन कार्य सम्बन्धी देखभाल सम्बन्धी समर्थन परिवार तथा समुदाय के सक्रिय सहयोग से ही उचित रूप में उपलब्ध हो सकता है।
- अक्षमतायुक्त बालकों को उनकी जरूरत के अनुसार सहायक एवं अनुकूलन उपकरण उपलब्ध कराने तथा उनका रखरखाव करने में सहायता करने, विद्यालय में जरूरी संसाधनीय ढांचा उपलब्ध कराने, मानवीय भौतिक संसाधन उपलब्ध कराने इत्यादि के लिए विद्यालय के प्रयासों में वित्तीय सहायता उपलब्ध कराने के रूप में माता-पिता तथा समुदाय द्वारा सहायता प्रदान की जा सकती है।
- माता-पिता तथा समुदाय के लोग शिक्षक अभिभावक संघ में भाग लेकर, विद्यालय प्रशासन में एक समुदाय केन्द्र चलाकर, विद्यालय की प्रबंधकारिणी समिति/प्रशासन में अपने प्रतिनिधित्व के द्वारा अपनी उपस्थिति दर्ज कराकर समेकित विद्यालय के उचित संचालन में काफी कुछ योगदान कर सकते हैं। वे अक्षमतायुक्त बालकों की शिक्षा और समायोजन के लिए वैयक्तिक रूप से या समन्वित रूप में शैक्षिक योजनाएं तैयार करने में सहायता कर सकते हैं और समेकित शिक्षा के क्रियान्वयन में आने वाली समस्याओं और कठिनाइयों के समाधान हेतु सक्रिय सहायता और सहयोग प्रदान कर सकते हैं।
- माता-पिता और समुदाय के लोग अक्षमता और अक्षमों के प्रति एक सकारात्मक अभिवृत्ति का निर्माण करने में एक बहुमूल्य सहायक या समर्थन सेवा प्रदान कर सकते हैं। वे अक्षम बालकों/व्यक्तियों में आत्मविश्वास बढ़ाने और उन्हें अपने अधिगम प्रयासों तथा उनके प्रतिफलों के लिए प्रोत्साहित करने में भी सहायता कर सकते हैं।
- माता-पिता और परिजनों की सहायता और सहयोग को विद्यालय में विविध प्रकार की सहपाठ्य क्रियाओं (जिनमें अक्षम बालकों की सहभागिता भी पूरी तरह सुनिश्चित रहे) के आयोजन में पूरी तरह लिया जाता रहना चाहिए। विविध प्रकार की अक्षमताओं से युक्त बालकों को इन क्रियाओं में भाग लेने हेतु किस प्रकार की सहायता, समर्थन और प्रोत्साहन चाहिए, इस बात का समुचित ज्ञान माता पिता और परिजनों को रहता है, और इसलिए उनका समर्थन और सहयोग इन अक्षम बालकों की गतिविधियों के संचालन में काफी सहयोगी सिद्ध हो सकता है। इस बात से भी हम भलीभांति परिचित हैं कि अगर मां बाप और परिजनों को अक्षम बालकों की सहपाठ्य गतिविधियों को देखने का अवसर प्राप्त हो तो वे अपने बालकों की

गतिविधियां देखकर काफी प्रसन्नता का अनुभव करते हैं और दूसरी ओर इससे विद्यालय को भी काफी लाभ प्राप्त हो सकता है क्योंकि जितनी अच्छी तरह से अपने अक्षम बालकों की सहायता वे कर सकते हैं, दूसरा कोई नहीं।

- बहुत से बालकों के माता पिता और परिजन, चिकित्सक, व्यवसाय थेरेपिस्ट, चिकित्सा मनोवैज्ञानिक, स्पीच थेरेपिस्ट, चिकित्सक, मार्गदर्शन प्रदाता एवं परामर्शदाता आदि हो सकते हैं और वे विशिष्ट आवश्यकता वाले बालकों के लिए इस क्षेत्र में विशेषज्ञ होने के कारण, समेकित शिक्षा व्यवस्था की सफलता के लिए अपनी सेवाएं प्रदान कर सकते हैं। अक्षम बालकों के समायोजन, शिक्षा और कल्याण हेतु एक सहायता दल और सहायक व्यवसायियों के रूप में इन सभी को समय समय पर वार्ताएं प्रस्तुत करने के लिए, सेमीनार/कार्यशाला में भाग लेने तथा अन्तःक्रिया और सेवा सुविधाएं प्रदान करने के लिए विद्यालय में आमंत्रित करना चाहिए।

इस प्रकार से समेकित शिक्षा के लिए विद्यालय को तत्पर या तैयार करने में जरूरी उपायों को अपनाकर और उन पर ध्यान देकर माता-पिता तथा समुदाय से आवश्यक सहायता एवं समर्थन सेवाएं उपलब्ध की जा सकती हैं ताकि विशेष आवश्यकताओं युक्त या अक्षमता युक्त बालकों को समेकित शिक्षा व्यवस्था में उचित सुविधाएं प्रदान की जा सकें।

(C) व्यवसायी और विशेषज्ञों द्वारा प्रदत्त समर्थन सेवाएं
(Support Services Provided by Professionals and Experts)

एक विद्यालय की समेकित शिक्षा व्यवस्था में अक्षम बालकों की शिक्षा, समायोजन और कल्याण के लिए निम्न प्रकार के बहुत से व्यवसायियों और विशेषज्ञों की सहायता या समर्थन सेवाओं की जरूरत पड़ सकती है:

- विशेष शिक्षा विशेषज्ञ ओर व्यवसायी जो विशेष आवश्यकता वाले या अक्षमता युक्त बालकों के शिक्षण अधिगम के लिए उचित मार्गदर्शन प्रदान कर सकें।
- अक्षम बालकों की चिकित्सकीय समस्याओं का निदान और उपचार करने के लिए चिकित्सा व्यवसायियों जैसे-नेत्र विशेषज्ञ, श्रवण विशेषज्ञ, ऑडियोलोजिस्ट, आर्थोटिस्ट (orthotist) और प्रोस्थेटिस्ट (Prosthetist) सामान्य चिकित्सक आदि।
- गत्यात्मक अक्षमता से प्रभावित बालकों को गति सम्बन्धी जानकारी से अवगत कराने और गति करने में सहायता करने के लिए चिकित्सक एवं विशेषज्ञ।
- विशेष आवश्यकता युक्त बालकों (CWSN) को आवश्यक शैक्षिक, व्यवसायिक एवं वैयक्तिक मार्गदर्शन प्रदान करने के लिए मार्गदर्शन एवं परामर्श विशेषज्ञ।
- थेरेपिस्ट व्यवसायी, जैसे-स्पीच थेरेपिस्ट (Speech Therapist), व्यवसायी थेरेपिस्ट (Occupational Therapist) फिजियोथेरेपिस्ट (Physiotherapist), साइकोथेरेपिस्ट (Psychotherapist), जिनका कार्य उचित समय पर, उचित रूप से आवश्यक थेरेपी सेवाएं प्रदान करना होता है।

- पीड़ित बालकों को मनोवैज्ञानिक सहायता और मार्गदर्शन प्रदान करने हेतु शिक्षा मनोवैज्ञानिक तथा क्लीनिकल मनोवैज्ञानिक।
- अक्षम और विकलांग विद्यार्थियों को उपचारात्मक सहायक उपकरण या यंत्रों का उपयोग करने संबंधी तथा अन्य प्रकार की पुनर्वास सेवाएं प्रदान करने हेतु पुनर्वास व्यवसायी (Rehabilitation Professionals)।
- सामाजिक कार्यकर्ता और सामाजिक संगठन जो अक्षम और विकलांग बालकों को उनके शारीरिक और सामाजिक समायोजन में विभिन्न प्रकार से योगदान देते हैं जैसे अक्षम बालकों को उनकी कठिनाइयों से निपटने में सहायता करते हुए सहायक उपकरणों या तकनीकी साधनों का प्रबंध करना, कृत्रिम अंगों, व्हील चेयर, श्रवण और दृष्टि संबंधी विशेष उपकरणों को लगाने और मरम्मत करने आदि में सहायता करना।

उपर्युक्त व्यवसायियों और विशेषज्ञों से सहायता और सेवाएं प्राप्त करने हेतु विद्यालय अपनी सुविधा और वित्तीय स्थिति के अनुसार अनेक प्रकार के तरीके अपना सकते हैं।

(i) विद्यालय अंशकालीन आधार पर इनकी सेवाएं प्राप्त कर सकते हैं।

(ii) जरूरत पर इन विशेषज्ञों की सेवाएं ली जा सकती हैं।

(iii) अक्षम बालकों की शिक्षा और कल्याण के लिए स्थापित संयुक्त क्षेत्रीय केन्द्र (Composite Resource Centers), जिला संसाधन केन्द्र (District Resource Centers) एस.सी.ई.आर.टी. (SCERT) डाइट्स (DIETs) राज्य पुनर्वास केन्द्र (State rehabilitation centers), राष्ट्रीय संस्थाएं आदि के सहयोग और अनुग्रह से उनके विशेषज्ञों आदि की सेवाएं प्राप्त की जा सकती हैं।

समेकित विद्यालयों में जिस प्रकार के व्यवसायी एंव विशेषज्ञों द्वारा सहायता या समर्थन सेवायें प्रदान की जाती हैं उनमें से ऐसे पांच प्रमुख व्यवसायी एवं व्यवसायियों द्वारा निभाई जाने वाली भूमिकाओं की यहां विस्तार में हम चर्चा करना चाहेंगे।

समेकित शिक्षा में विशेष या संसाधन अध्यापक की भूमिका
(Role of Special or Resource Teacher in the Inclusive Education)

बालकों की, विशेषकर विशेष आवश्यकता वाले या अक्षमता युक्त बालकों की समायोजन और शिक्षा एक समेकित विद्यालय के शिक्षकों और प्रशासकों के सम्मुख एक बड़ी चुनौती होती है। इन भिन्न-भिन्न योग्यता वाले बालकों के समायोजन और विशेष अधिगम आवश्यकताओं को पूरा करने में अध्यापक और विद्यालय कर्मचारियों को बहुत कठिनाइयों का सामना करना पड़ता है क्योंकि इस सम्बन्ध में उनमें एक तो अनुभव का अभाव होता है और दूसरे इन भिन्न-भिन्न रूप से योग्य बालकों के साथ व्यवहार करने के लिए जरूरी ज्ञान और कौशल भी उनके पास नहीं होता है। यही कारण है कि एक समेकित शिक्षा व्यवस्था की चुनौती का सामना करने के लिए एक समेकित विद्यालय में एक विशेष शिक्षा या संसाधन शिक्षक की नियुक्ति की

आवश्यकता महसूस की जाती है। एक विशेष शिक्षा या संसाधन अध्यापक द्वारा एक समेकित विद्यालय में निम्न प्रकार के कार्यों और उत्तरदायित्व का निर्वहन करने की आशा की जाती है :

1. *संसाधन कक्ष सम्बन्धी कार्य (Resource Room Functions):* विशेष आवश्यकता युक्त बालकों (CWSN) या अक्षम बालकों के लिए एक संसाधन कक्ष की स्थापना करना और उसका प्रबन्धन करना। इस कक्ष में विद्यार्थियों, स्टाफ और विद्यार्थियों के माता-पिता के साथ विभिन्न गतिविधियों के संचालन के लिए विभिन्न प्रकार के सहायक साधन और उपकरण, शिक्षण अधिगम सामग्री, सूचना सम्प्रेषण तकनीकी आधारित उपकरण और साधन, सहायक और अनुकूलन साधन, निदानात्मक उपकरण, मार्गदर्शन और परामर्श साहित्य और सहायक सामग्री आदि रखे जा सकते हैं।

2. *निदानात्मक कार्य (Diagnostic functions):* अक्षम बालकों के द्वारा जिस प्रकार की क्षतिग्रस्तता या अक्षमता के कारण अपने समायोजन, अधिगम और प्रगति में कठिनाइयों का सामना करना पड़ रहा है, उन अधिगम कठिनाइयों को पहचानना और उसके संभावित कारणों का निदान कर उनको दूर करने के तरीकों का भी निदान करना।

3. *शिक्षण या अनुदेशनात्मक कार्य (Teaching or Instructional Functions):* यहां विशेष शिक्षा या संसाधन अध्यापक दो अलग-अलग तरीकों से अपने उत्तरदायित्वों का निर्वहन करता है। एक तरफ तो यहाँ वह प्रत्यक्ष रूप से अक्षमतायुक्त बालकों की अक्षमता की प्रकृति और स्तर के अनुकूल विशेष शिक्षण विधियों और तकनीकी का उपयोग करते हुए इन बालकों को व्यक्तिगत रूप से या उनके समूह के लिए शिक्षण कार्य सम्पन्न करता है। इसके लिए वह चिह्न भाषा विधि, ब्रेल लिपि विधि, बहु-उपयोग आवश्यकतानुसार कर सकता है तो दूसरी तरफ जब विषय अध्यापक कक्षा में शिक्षण कार्य कर रहा हो, तब उस कक्षा में एक तरफ बैठकर विद्यार्थियों को अधिगम में जो भी कठिनाई हो रही हो या विषय अध्यापक द्वारा सम्प्रेषित शब्दों या भाषा के द्वारा जो बात बालकों को समझ में न आ रही हो उसे समझाने में अक्षम विद्यार्थियों की सहायता करता है। वह विद्यार्थियों को ड्रिल कार्य, अभ्यास, प्रोजेक्ट या अधिन्यास कार्य में भी अतिरिक्त अनुदेशन प्रदान कर सहायता कर सकता है और इस प्रकार उनकी क्षतिगस्तता या अधिगम सीमाओं के कारण उनके अधिगम में जो कुछ छूट जाता है उसे पूरा करके संसाधन अध्यापक पूरक का कार्य भी करता है।

4. *व्यवहार में सुधार लाने के कार्य (Behaviour Intervention Functions):* व्यवहार सम्बन्धी मनोवैज्ञानिक समस्याओं का सामना करने वाले किसी एक या अन्य प्रकार की अक्षमता युक्त बालकों के मामलों में व्यवहार में सुधार लाने के प्रति भी ध्यान देने की त्वरित जरूरत उत्पन्न हो सकती हैं। उदाहरण के लिए एक बालक जो ऑटिज्म से पीड़ित है, वह कक्षा के कार्यक्रम में अचानक परिवर्तन किए जाने पर या कक्षाकक्ष अंत:क्रिया के समय अचानक आवाज की तीव्रता में वृद्धि होने पर डरा हुआ या भयभीत होता हुआ पाया जा सकता है। इस समय विशेष शिक्षा या रिसोर्स अध्यापक ही उस बालक को शांत करने और उसे सामान्य व्यवहार पर लाने में

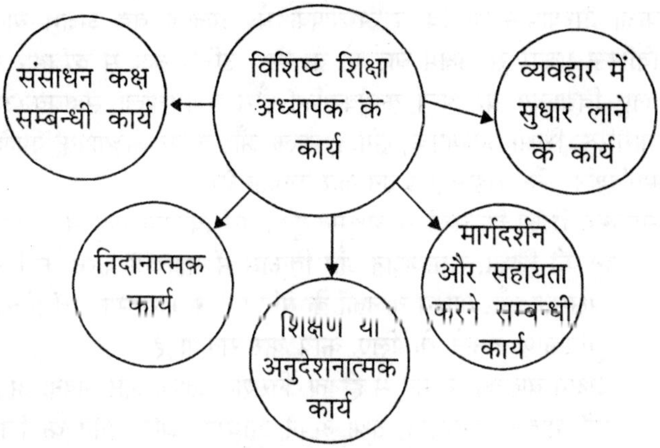

चित्र 10.1: विशिष्ट शिक्षा अध्यापक के कार्य
(Functions of a Special Education Teacher)

सहायता कर सकता है। अन्य बालकों के साथ भी ऐसी ही स्थिति उत्पन्न हो सकती है, वे अपने उदण्डता पूर्ण एवं अनुशासनहीन व्यवहार के साथ अपना क्रोध, हताशा और प्रतिरोध प्रदर्शित करने लगते हैं और अपने व्यवहार पर नियंत्रण खो बैठते हैं। इन बालकों को भी विशेष शिक्षा अध्यापकों या रिसोर्स अध्यापकों की सहायता से नियंत्रण में लाने में सफलता मिलती है।

5. मार्गदर्शन और सहायता करने संबंधी कार्य (Guidance and Helping functions): एक विशेष शिक्षा अध्यापक या रिसोर्स शिक्षक इन कार्यों को निम्न रूप में करता हुआ पाया जाता है :

(i) अक्षम बालकों की क्षतिग्रस्तता/अक्षमता, जिसका सम्बन्ध उनके किसी एक या अन्य विकास क्षेत्र से है, उसकी प्रकृति और प्रकार को ध्यान में रखते हुए अक्षम बालकों के शिक्षण अधिगम हेतु उपयुक्त विधियां, तकनीक, तरीके और शिक्षण अधिगम साधनों सम्बन्धी सुझाव देकर कक्षाकक्ष अध्यापक की सहायता और मार्गदर्शन प्रदान कर सकता है। समेकित शिक्षा व्यवस्था से संबंधित सभी प्रकार के विभिन्न क्षमताओं वाले बालकों की अधिगम आवश्यकताओं/अधिगम शैलियों के अनुरूप जिस प्रकार शिक्षण प्रदान किया जा सकता है, इससे संबंधित तरीकों, साधनों और कौशलों के उपयोग का प्रदर्शन करके और इसके बारे में कक्षा अध्यापकों को परामर्श देकर विषय अध्यापक की सहायता कर सकता है।

(ii) विद्यालय अधिकारी तथा अध्यापक अक्षमतायुक्त बालकों के लिए सरकार द्वारा जारी की गई विभिन्न योजनाओं और कार्यक्रमों से अच्छी तरह लाभान्वित होने हेतु उचित जानकारी और सक्रिय सहयोग देते हुए एक मध्यस्थ का कार्य करता है।

(iii) कक्षा अध्यापक या विषय अध्यापक के अलावा वह अक्षम बालकों या विभिन्न प्रकार से सक्षम बालकों के साथ उचित रूप से व्यवहार करने के लिए विद्यालय के अन्य कार्यकर्ताओं जैसे-प्रयोगशाला सहायक/अनुदेशक, शारीरिक शिक्षा अध्यापक, संगीत, कला और क्राफ्ट अध्यापक आदि को भी मार्गदर्शन और सहायता प्रदान कर सकता है।

(iv) समेकित शिक्षा व्यवस्था में अक्षमतायुक्त एवं विभिन्न रूप से सक्षम बालकों को उन की शिक्षा, समायोजन और विकास में सहायता करने के लिए, वह-

- अक्षमता और अक्षम बालकों के प्रति एक सकारात्मक एवं प्रोत्साहनजन्य दृष्टिकोण बनाने के लिए कार्य कर सकता है।
- अक्षम बालकों के मन से हीनता, निराशा, हताशा और अपनी अनुपयोगिता की भावना निकालने, तथा अपने अधिगम और प्रगति के लिए उनके मन में जरूरी आत्मविश्वास भरने तथा अपनी उपयोगिता को समझने की भावना विकसित करने में मदद कर सकता है।
- अक्षम बालकों को उनके समायोजन, जीवन यापन तथा अधिगम आवश्यकताओं को पूरा करने के सम्बन्ध में सहायक उपकरणों के उपयोग सम्बन्धी सुझाव देकर तथा इस कार्य हेतु अपनी तरफ से आवश्यक मदद करके, जैसे-नेत्रहीन बालकों को ब्रेल लिपि के उपयोग में सहायता करना और अस्थि एवं मांसपेशीय दोषो से युक्त या लोकोमीटर अक्षमता से युक्त बालकों को कृत्रिम अंगों को उपयोग में लाने, व्हील चेयर पर बैठने या घूमने फिरने तथा अपने अधिगम और जीवनयापन में तकनीकी साधनों को उपयोग में लाने आदि में सहायता कर सकता है।

(v) वह अक्षम बालकों के माता-पिता को इस बात के लिए आश्वासन देकर सहायता कर सकता है कि वे अपने बालकों के ठीक जीवनयापन और भविष्य के लिए डर, चिन्ता या निराशा से मुक्त हो जायें, या फिर ज्यादा चिन्ता न करें क्योंकि वह स्वयं उनके बालकों के कल्याण और रुचियों की देखभाल करने के लिए वहां मौजूद है। इस कार्य के लिए रिसोर्स अध्यापक को बालकों के माता-पिता के साथ अन्तःक्रिया और सम्प्रेषण का उचित स्तर तथा अच्छे संबंध बना कर रखने के प्रयत्न करने चाहिएं।

(vi) अक्षम बालकों के समायोजन, शिक्षा और कल्याण के लिए विशेषज्ञों और व्यवसायियों जैसे-चिकित्सकों, थेरेपिस्टों, क्लीनिकल मनोवैज्ञानिकों, पुनर्वास व्यवसायियों आदि की सेवाओं का उपयोग करने में सहायता करने के लिए उसे (a) अक्षमता प्रभावित बालकों की समस्याओं और कठिनाइयों संबंधी जरूरी सूचनाएं या प्रदत्त उन्हें प्रदान करने (b) आवश्यकता पड़ने पर इन विशेषज्ञों को आमंत्रित करने और (c) उनके सुधार और अनुगमन कार्य में सहायता करने संबंधी कार्य करने चाहियें।

इस प्रकार एक समेकित विद्यालय में एक विशेष अध्यापक या रिसोर्स अध्यापक द्वारा प्रदत्त सेवाएं और निभाई गई भूमिका समेकित शिक्षा के लक्ष्यों और उद्देश्यों को प्राप्त करने के लिए विद्यालय के अन्य कर्मचारियों और अक्षम बालकों के लिए अनेक प्रकार से काफी लाभदायक सिद्ध हो सकती है।

समेकित विद्यालयों में मार्गदर्शन और परामर्शदाताओं की भूमिका
(Role of Personnel Guiding and Counselling in Inclusive Education)

एक समेकित विद्यालय में मार्गदर्शन और परामर्श सेवाप्रदाताओं की उपस्थिति हमें दो रूपों में देखने को मिलती है-(i) विद्यालय के स्टॉफ में मार्गदर्शन एवं परामर्श अध्यापक की नियुक्ति (ii) अंशकालीन या आवश्यकता पड़ने पर मार्गदर्शन और परामर्श प्रदाता को आमंत्रित करना। कोई भी व्यवस्था हो, विद्यालय की समेकित शिक्षा व्यवस्था में उनके द्वारा निभाई गई व्यवसायिक जिम्मेदारियाँ या कार्य विद्यालय के निम्न मानवीय संसाधनों की जरूरतों से संबंध रखते हैं-

1. विद्यार्थी
2. अध्यापक एवं अन्य विद्यालय कार्यकर्ता
3. माता-पिता एवं परिजन

आइए देखते हैं कि समेकित शिक्षा व्यवस्था के संदर्भ में उपरोक्त कार्यकर्ताओं के लिए उनके द्वारा किस प्रकार का मार्गदर्शन और परामर्श प्रदान किया जा सकता है :

(a) विद्यार्थियों के लिए मार्गदर्शन एवं परामर्श (Guidance and Counselling to the Students): एक समेकित विद्यालय में विद्यार्थियों के मार्गदर्शन और परामर्श से संबंधित कार्य निम्नलिखित रूपों में संपन्न होता हुआ पाया जा सकता है:

1. बहुधा अक्षमतारहित बालकों के मन में यह धारणा घर कर जाती है कि अक्षम बालकों के साथ अधिगम या अध्ययन करना उनके लिए उचित नहीं है और इस प्रकार से अपने अक्षमतायुक्त सहपाठियों के प्रति एक नकारात्मक अभिवृत्ति और हेय भावना उनमें विकसित हो जाती है। यहां उनके मन से अपने अक्षम सहपाठियों के प्रति बनी हुई नकारात्मक अभिवृत्ति और गलत अवधारणा को समाप्त करने के लिए मार्गदर्शन और परामर्श प्रदान किया जा सकता है। इस प्रयोजन हेतु मार्गदर्शन प्रदाताओं को अक्षमतारहित बालकों को अपने अक्षमतायुक्त सहपाठियों के साथ सामान्य स्वस्थ अन्त:क्रिया करने और उनकी विभिन्नताओं को स्वीकार करने लिए आवश्यक अवसरों का सृजन करना चाहिए। उन्हें एक मैत्रीपूर्ण और सहज पूर्ण वातावरण में साथ-साथ काम करने और उन्हें अक्षम बालकों में उपस्थित अनुपम और भिन्न योग्यताओं से भी कुछ सीखने का अवसर प्रदान करना चाहिए।
2. अक्षम बालकों के मन से अपने अक्षमतारहित सामान्य सहपाठियों के साथ अधिगम करने और उनके साथ समायोजित होने की हिचक, डर और चिन्ता को निकालने में सहायता करने के प्रयत्न करने चाहिए। जहां तक संभव हो,

आत्मनिर्भरता के साथ विद्यालय की समेकित शिक्षा व्यवस्था में समायोजित होना सीखने और विद्यालय की विभिन्नता युक्त संस्कृति के साथ अपनेपन की भावना से जुड़ने के लिए अवसर प्रदान किए जाने चाहिएं। कई बार अपनी क्षतिग्रस्तता और अधिगम कठिनाइयों या अक्षमतारहित सामान्य सहपाठियों द्वारा मारे गए तानों या व्यंग्यपूर्ण वाक्यों के कारण अथवा उनके द्वारा प्रदर्शित अनुचित व्यवहार या अध्यापकों के उपेक्षापूर्ण व्यवहार या व्यंगों के कारण अक्षम बालक काफी निराशा और परेशानी महसूस करने लगते हैं। ऐसी परिस्थिति में मार्गदर्शन और परामर्शदाताओं के द्वारा प्राप्त सांत्वना और प्रोत्साहन उनके लिए एक उपयोगी औषधि का काम कर सकते हैं। अक्षम बालकों को उनकी हताशा से निकालने में सहायता करना और उनका आत्मविश्वास बढ़ाने तथा अपने अधिगम एवं भविष्य में विकास के लिए, उनकी क्षमताओं और सीमाओं के अनुसार उनमें आशावादी अभिवृत्ति को विकसित करना आदि के लिये आवश्यक प्रयत्न किये जाने चाहियें।

3. अपनी कार्यक्षमता और सीमाओं को ध्यान में रखते हुए अपने वैयक्तिक अधिगम और प्रगति के लक्ष्यों को सुनिश्चित करने में अक्षम बालकों की मदद करनी चाहिए। उन्हें अपनी क्षतिग्रस्तता और अक्षमता के साथ-साथ अपनी अनुपम और विशिष्ट क्षमता की पहचान करने में मदद की जानी चाहिए और जहां तक संभव हो उस क्षमता के क्षेत्र में आगे बढ़ना सिखाना चाहिए। इस सम्बन्ध में किसी एक या अन्य सहपाठ्य गतिविधि के क्षेत्र में, व्यवसायिक क्षेत्र में या कैरियर निर्माण करने के लक्ष्य में श्रेष्ठता प्राप्त करने के लिए सभी प्रकार से जरूरी मार्गदर्शन प्रदान किया जाना चाहिए।
4. अक्षमतायुक्त बालकों में, अपने उचित रूप से जीवन जीने के लिए सहायक और अनुकूलन तकनीकी तथा उपकरणों का उपयोग करने के बारे में सकारात्मक दृष्टिकोण और स्वीकारात्मक अभिवृत्ति विकसित करने में सहायता की जानी चाहिए।

(b) अध्यापकों तथा विद्यालय कर्मियों का मार्गदर्शन तथा परामर्श (Guidance and Counselling to the Teachers and School Personnels): एक समेकित विद्यालय में कार्यरत अध्यापक तथा अन्य विद्यालय स्टॉफ को भी अपने आप में जरूरी जागरूकता, अभिवृत्तियाँ तथा क्षमताओं को विकसित करने के लिए समय समय पर विभिन्न प्रकार का मार्गदर्शन एवं परामर्श सेवाओं की आवश्यकता पड़ती है।

1. अक्षमताओं तथा अक्षमता युक्त बालकों के प्रति गलत अवधारणाओं और नकारात्मक अभिवृत्ति का त्याग करने के लिए अध्यापकों तथा विद्यालय के अन्य स्टाफ सदस्यों का मार्गदर्शन एवं परामर्श सेवाओं की जरूरत पड़ सकती है। समेकित विद्यालय में उपस्थित विभिन्नताओं को एक स्वाभाविक बात मानकर आदर से देखा जाना चाहिए, उनसे भयभीत नहीं होना चाहिए। विभिन्न प्रकार से योग्य बालकों को उनमें उनकी अच्छी तरह से दिखाई देती

हुई सीमाओं के होते हुए भी उन्हें अपनी विशिष्ट योग्यताओं और क्षमताओं में विश्वास रखना सिखाना चाहिए।

2. विद्यालय के अध्यापकों और अन्य स्टॉफ कर्मियों को अक्षम बालकों के साथ एक उचित एवं वांछित तरीके से व्यवहार एवं अन्त:क्रिया करने के बारे में प्रशिक्षित किया जाना चाहिए। जिससे कि वे उन बालकों के साथ बहुत कठोर होकर, ना तो एकदम उदासीन और सहनशीलता रहित व्यवहार करें और न ही अनावश्यक रूप से दया और पक्षपात पूर्ण व्यवहार प्रदर्शित करते हुए उनकी इतनी ज्यादा सहायता करें कि वे अपने यथार्थ जीवन में सामान्य ढंग से कार्य करने और समायोजन करने में अपने आप को असमर्थ महसूस करें और प्रत्येक कार्य के लिए दूसरों पर निर्भर बने रहें।

3. बहुत से अध्यापकों के अंदर किसी न किसी कारणवश अक्षमतायुक्त बालकों के साथ समेकित व्यवस्था में पढ़ाने और अन्त:क्रिया करने में काफी झिझक, भय और चिन्ता बनी रहती है। ऐसी बात बहुत से प्रयोगशाला सहायकों, शारीरिक शिक्षा अध्यापकों अथवा प्रशिक्षकों तथा कला एवं उद्योग अध्यापकों के साथ भी हो सकती है। समेकित शिक्षा व्यवस्था में अपने अनावश्यक भय और चिन्ता को त्याग कर अक्षम बालकों को पढ़ाने और उनके साथ अच्छी तरह अन्त:क्रिया करने और अपने उत्तरदायित्वों को निभाने हेतु इन्हें उचित मार्गदर्शन और परामर्श दिया जाना चाहिए। इस दिशा में और अच्छा कार्य करने हेतु परामर्श और निर्देशनकर्ताओं को विशिष्ट या संसाधन अध्यापकों के सक्रिय सहयोग से इन लोगों को अक्षमतायुक्त बालकों के बारे में तथा अन्य बातों को लेकर भी अच्छी तरह प्रशिक्षित करना चाहिए, जैसे-उनकी विशिष्ट अधिगम आवश्यकताएं और अधिगम शैलियाँ, समेकित कक्षा-कक्षों का प्रबन्धन, अक्षम बालकों की अक्षमताओं और समस्याओं का निदान एवं आंकलन, अक्षम बालकों की अधिगम सम्बन्धी प्रकृति का मूल्यांकन और उनकी व्यवहारात्मक तथा समायोजनात्मक समस्याओं से निपटने के तरीके इत्यादि। इसके अतिरिक्त अध्यापकों तथा अन्य स्टाफ सदस्यों को इस प्रकार के अवसर भी प्रदान किए जाने चाहिए जिनसे वे समेकित शिक्षा व्यवस्था में विभिन्न योग्यताओं और अक्षमताओं से युक्त बालकों के हित सम्पादन हेतु उचित शिक्षण विधियों, कौशलों, अनुकूलन सहायक तकनीकी तथा सूचना एवं सम्प्रेषण साधनों का अच्छी तरह उपयोग करना सीख जाएँ।

(C) माता-पिता और परिजनों का मार्गदर्शन एवं परामर्श (Guidance and Counselling to the Parents and Family Members): विशेष आवश्यकतायुक्त या अक्षमतायुक्त बालकों के समायोजन, शिक्षा और विकास में माता-पिता और परिवार के सदस्य एक महत्वपूर्ण भूमिका निभाते हुए देखे जा सकते हैं। इस प्रकार एक समेकित शिक्षा कार्यक्रम के लिए उनकी सक्रिय सहयोग एवं भागीदारी बहुत जरूरी होती है। ऐसा करने के लिए मार्गदर्शन और परामर्श देने वाले विशेषज्ञों द्वारा एक

समेकित शिक्षा व्यवस्था में निम्न प्रकार के कार्यों को सम्पन्न करने की जरूरत पड़ती है:

- मार्गदर्शन और परामर्शदाता अक्षमतायुक्त बालकों की क्षतिग्रस्तता और कठिनाइयों को समय रहते जल्दी ही पहचान करने में माता-पिता की सहायता कर सकते हैं। इस सम्बन्ध में यदि माता-पिता या परिजनों के द्वारा कोई बात बताई जाती है तो ये लोग विद्यालय में उपलब्ध अध्यापकों, विशेष अध्यापकों/रिसोर्स अध्यापकों या समर्थन सेवा विशेषज्ञों की सहायता से उस समस्या के अनुगमन कार्य के लिए कार्य कर सकते हैं।
- अक्षमता युक्त बालकों की शिक्षा-समायोजन और कल्याण के लिए निर्देशनकर्ता और परामर्शदाता को जिस तरह की जानकारी की जरूरत होती है, जैसे बालक द्वारा झेली जाने वाली क्षतिग्रस्तता तथा व्यवहार सम्बंधी समस्याओं के बारे में आवश्यक सूचनाएं, बालक की शैक्षिक पृष्ठभूमि, समायोजन और अधिगम समस्याओं से संबंधित उसकी ऐतिहासिक पृष्ठभूमि, बालक की योग्यताओं, क्षमताओं और सीमाओं के बारे में माता पिता के विचार और अनुभव तथा अन्य, आवश्यक सूचनाएं आदि के लिए वे माता पिता तथा परिवार के सदस्यों से मिलकर सभी प्रकार की जानकारी प्राप्त कर सकते हैं।
- वे लोग बालकों के माता-पिता तथा परिवार के सदस्यों को, अपने बच्चे की अक्षमता के प्रति सकारात्मक एवं स्वस्थ अभिवृत्ति विकसित करने में सहायता कर सकते हैं। उन्हें समझा सकते हैं कि वे अपने बच्चे को उसकी अक्षमता और कमियों के साथ सहर्ष स्वीकार करें और उसकी क्षमता व योग्यता में वृद्धि करने में उसकी सहायता करें तथा उसके भविष्य के लिए आशावान रहें।
- परामर्शदाताओं को माता पिता तथा परिजनों को इस बात में भी सहायता और प्रशिक्षण प्रदान करना चाहिए जिससे वे अपने बालक की जरूरी सहायक एवं अनुकूलन उपकरण का उपयोग करने में सहायता कर सकें, जैसे श्रवण सहायक साधन का उपयोग, कृत्रिम हाथ पैर का उपयोग, बैसाखी का उपयोग, सम्प्रेषण सहायक साधन तथा स्वतः चलने वाली पहिएदार कुर्सी (auto wheel chair) आदि।
- माता-पिता तथा परिजनों को इस बात के लिए भी प्रशिक्षित किया जाना चाहिए जिससे वे अपने अक्षमतायुक्त बच्चों को गृहकार्य, अधिन्यास और प्रोजेक्ट कार्य आदि करने में मदद कर सकें।
- निर्देशन तथा परामर्शदाताओं को माता-पिता तथा परिजनों को अक्षतायुक्त बालकों को शिक्षा, समायोजन पुनर्वास और कल्याण के लिए कार्यरत गैरसरकारी संगठनों, स्थानीय स्वयं सेवकों एवं अधिकारियों की जानकारी देने के साथ-साथ केन्द्रीय तथा राज्य सरकार द्वारा चलाई जा रही विभिन्न योजनाओं, कार्यक्रमों, वित्तीय सहायता और सहयोग तथा कानूनी प्रावधानों

आदि के बारे में आवश्यक सूचनाएं और जागरूकता प्रदान करनी चाहिए। अपने जरूरतमंद बच्चों के लिए इस प्रकार की सुविधाएं प्राप्त करने में परामर्शदाता बच्चों के माता-पिता को सक्रिय सहायता, सलाह और मार्गदर्शन भी प्रदान कर सकते हैं।

- परामर्शदाता बच्चों के माता पिता को उनके बालकों की अक्षमताओं, क्षतिग्रस्तता और समस्याओं के उपचार के लिए चिकित्सीय, मनोवैज्ञानिक या थेरेपिक उपचार प्राप्त करने के बारे में भी बहुमूल्य सहायता, सलाह और सहयोग प्रदान कर सकते हैं। इस सम्बन्ध में वे एक अच्छे मध्यस्थ की भूमिका निभाते हुए पीड़ित बालक के उपचार तथा इलाज के लिए संबंधित व्यवसायी/विशेषज्ञ को जरूरी सूचना एवं बालक की अक्षमता के इतिहास से परिचित करा सकते हैं।
- वे अक्षमतायुक्त बालक के माता-पिता और परिजनों को बालक की अधिगम और व्यवहारात्मक प्रगति के बारे में जरूरी पृष्ठपोषण प्रदान कर सकते हैं, ताकि वे बालकों के हित में अनुगमन कार्यों और गतिविधियों में सक्रिय रूप से अपनी भागीदारी निभा सकें।

इस प्रकार से विद्यालय में प्रदान की गई मार्गदर्शन और परामर्श सेवाएं अक्षमतायुक्त बालकों के समायोजन, शिक्षा, पुनर्वास और कल्याण में उचित रूप से सहायता कर सकती हैं।

समेकित विद्यालय में ओडियोलोजिस्ट एवं स्पीच थेरेपिस्ट की भूमिका
(The Role of Audiologist cum Speech Therapist in Inclusive Schools)

एक समेकित विद्यालय में अक्षमतायुक्त उन बालकों, जो श्रवण या वाक् दोषों अथवा एक साथ दोनों प्रकार की समस्याओं से ग्रस्त पाये जाते हैं, के समायोजन, देखभाल तथा इलाज में सहायता पहुंचाते हेतु जिस विशिष्ट व्यवसायी चिकित्सक की सेवाओं की अंशकालीन या जरूरत पड़ने पर बुलाने के रूप में आवश्यकता पड़ती है उन्हें ऑडियोलोजिस्ट एवं स्पीच थेरेपिस्ट के नाम से जाना जाता है। अपनी इस प्रकार की समर्थन सेवाओं को विद्यालयों में प्रदान करते हुये उन्हें निम्न प्रकार की गतिविधियाँ करते हुये पाया जा सकता है।

(a) ऑडियोलोजिस्ट के रूप में किये जाने वाले कार्य
(Audiology related services)

(i) श्रवण दोषों से युक्त बालकों में पाये जाने वाले श्रवण दोषों के प्रकार तथा गंभीरता की जांच एवं आंकलन।

(ii) श्रवण दोषों से युक्त बालकों के समायोजन देखभाल तथा इलाज में प्रयुक्त साधनों के बारे में सलाह देना तथा स्वयं भी उनका इन बालकों के लिये प्रयोग करना। ऐसी गतिविधियों के उदाहरण रूप में हम जिनका नाम ले

सकंते हैं वे हैं–श्रवण अक्षम बालकों को श्रवण यंत्रों से युक्त करना, गंभीर रूप से क्षतिग्रस्त बालकों के दोषपूर्ण श्रवण अंगो की शल्य चिकित्सा तथा अन्य चिकित्सीय उपाय सुझाना आदि।

(iii) माता–पिता तथा शिक्षकों को श्रवण दोषों से युक्त बालकों को उनके समायोजन शिक्षा तथा विकास में सहायता देने में सक्षम बनाने हेतु उचित परामर्श सेवायें प्रदान करना। इस प्रकार के परामर्श से उन्हें बालक के श्रवण दोषों की प्रकृति के बारे में जानकारी देने, श्रवण यंत्रों के उपयोग से परिचित कराने तथा गंभीर श्रवण अक्षमताओं से युक्त बालकों के संभावित उपचार के बारे में जानकारी देने और इस संबंध में उनका उपयुक्त योगदान लेने का कार्य किया जा सकता है।

(b) स्पीच थेरेपिस्ट के रूप में किये जाने वाले कार्य
(Speech therapist related services)

(i) वाक दोषों से युक्त बालकों में निहित वाक तथा भाषा संबंधी समस्याओं की जांच एवं आंकलन।

(ii) वाक दोषों से पीड़ित बालकों को मनोवैज्ञानिक तथा आदत अनुक्रिया व्यवहार के फलस्वरूप पैदा होने वाली उनकी वाक समस्याओं और विकारों से मुक्ति पाने में सहायता देने हेतु उचित थेरेपेटिक सत्रों (therapeutic sessions) का आयोजन करना।

(iii) वाक दोषों से पीड़ित बालकों को उनकी समस्याओं से छुटकारा दिलाने हेतु उपयुक्त चिकित्सीय इलाज का सुझाव देना तथा उचित रूप में इस संबंध में उनकी समस्याओं के निवारण हेतु अधिक योग्य तथा विशिष्ट चिकित्सकों के पास उन्हें भेजना।

(iv) वाक दोषों तथा विकारों से पीड़ित बालकों के माता पिता तथा शिक्षकों को इन बालकों की देखभाल, समायोजन संबंधी उचित परामर्श प्रदान करना।

फिजियोथेरेपिस्ट की भूमिका (The Role of Physiotherapist)

समेकित विद्यालयों में ऐसे अक्षम विद्यार्थियों जो गतिशीलता या अस्थि एवं मांसपेशी संबंधी क्षतिग्रस्तताओं तथा विकारों से ग्रस्त होते हैं, को समर्थन सेवायें प्रदान करने हेतु अंशकालीन या बुलाने पर आने वाले व्यवसायी फिजियोथेरेपिस्ट की आवश्यकता पड़ती है। एक फिजियोथेरेपिस्ट द्वारा प्रदत्त सेवाओं का मुख्य उद्देश्य पीड़ित बालकों को उचित हस्तक्षेप, परामर्श तथा समर्थन के माध्यम से उनमें समायोजन तथा गतिशीलता के संदर्भ में उन्हें उनकी पूरी क्षमता के स्तर पर पहुंचाना होता है। एक फिजियोथेरेपिस्ट द्वारा प्रदत्त सेवाओं या की जाने वाली गतिविधियों के रूप में निम्न का उल्लेख किया जा सकता है:

(i) एक पीड़ित बालक की गतिशीलता संबंधी कठिनाई तथा अस्थि एवं

माँसपेशीय अक्षमता की जांच तथा आंकलन जो विशेषकर निम्न बातों से संबंधित रहता हुआ पाया जाता है-

- अस्थि एवं मांसपेशियों की ताकत और आपसी समन्वय
- गामक विकास
- आसन/मुद्रा एवं संतुलन
- गतिशीलता की गुणवत्ता
- अस्थि एवं मांसपेशियों से किये जाने वाले कार्य एवं कार्य क्षमता

(ii) पीड़ित बालकों की देखभाल, समायोजन तथा उपचार में सहायता पहुंचाने हेतु अध्यापकों तथा माता-पिता को पीड़ित बालकों की समस्याओं तथा गतिशीलता संबंधी अपनी इस समस्या की गंभीरता से परिचित कराना।

(iii) निम्न प्रकार के हस्तक्षेप या उपचार संबंधी क्रियाओं में रत रहना:

- अपनी पूरे क्षमता स्तर की उपलब्धि हेतु पीड़ित बालकों को वैयक्तिक तथा सामूहिक रूप से दी जाने वाली थेरेपीज के माध्यम से उपचार प्रदान करना।
- पीड़ित बालकों को उनकी कठिनाइयों के निवारण हेतु उपयुक्त विशेष यंत्रों, सहायक उपकरणों तथा साधनों को इस्तेमाल करने की सलाह देना तथा उन्हें उपयोग में लाने हेतु उन्हें उनका अभ्यास कराना।
- पीड़ित बालकों को विभिन्न अधिगम परिस्थितियों तथा कार्य परिवेश में कार्यरत रहने में सहायता करना तथा इसके लिये सभी तरह की आवश्यक व्यायाम क्रियायें तथा कार्यात्मक गतिविधियों को करने के सुझाव देना और उनका स्वयं की देखरेख में अभ्यास कराना।
- अध्यापकों, माता पिता तथा बालकों की देखभाल करने वाले व्यक्तियों को पीड़ित बालकों की देखभाल तथा विभिन्न परिस्थितियों में उनके उचित समायोजन में सहायता पहुंचाने के संदर्भ में आवश्यक परामर्श एवं प्रशिक्षण प्रदान करना।

ऑक्यूपेशनल थेरेपिस्ट की भूमिका (The Role of an Occupational Therapist)

किसी एक का अन्य प्रकार की अक्षमता या विकलांगता के शिकार बालकों को विद्यालय के समेकित वातावरण में समायोजित होने तथा अधिगम अर्जन करने में काफी कठिनाई तथा समस्याओं का सामना करना पड़ता है। इससे उनकी व्यावसायिक या कार्य निष्पति से संबंधित कौशलों के अर्जन और उनके उपयोग पर गहरा प्रतिकूल प्रभाव पड़ता है। यह बात समेकित शिक्षा व्यवस्था से जुड़े हुए उन सभी बालकों के साथ घट सकती है जो किसी एक या अन्य प्रकार की शारीरिक, विकासात्मक, इन्द्रियजनक, अवधानात्मक तथा अधिगम संबंधी कठिनाइयों से जूझ रहे होते हैं। एक ऑक्यूपेशनल थेरेपिस्ट, जो विद्यालयों में अंश कालीन या बुलाने पर अपनी सेवायें दे रहा होता है, का मुख्य कार्य पीड़ित बालक को इस योग्य बनाना होता है कि विद्यालय

में जो भी कार्य या गतिविधियाँ एक सामान्य या अक्षमता रहित बालक के रूप में अपेक्षित हैं, उन्हें ठीक ढंग से अंजाम दे सके। दूसरे शब्दों में ऑक्यूपेशनल थेरेपिस्ट का यह दायित्व होता है कि वह यह सुनिश्चित करें कि पीड़ित बालक विद्यालयी अधिगम तथा कार्य परिवेश में अपने आपको समायोजित महसूस करे तथा पाठ्य एवं सहपाठ्य क्रियाओं से संबंधित जिस प्रकार का भी कार्य विद्यालय के समेकेतीकरण वातावरण में विद्यार्थियों से कराया जाता है उसे भी अपनी पूरी क्षमता के साथ कर सके। इस संदर्भ में जिस प्रकार के कार्य और गतिविधियों के संपादन की एक ऑक्यूपेशनल थेरेपिस्ट से आशा की जाती है निम्न हैं:

(i) समेकेती व्यवस्था में अक्षमता मुक्त बालकों द्वारा अपने समायोजन, अधिगम तथा कार्य निष्पत्ति के मार्ग में अनुभव की जाने वाली कठिनाई या समस्याओं का निदान एवं आंकलन।

(ii) अक्षमता युक्त बालकों की शिक्षा और समायोजन हेतु उन सभी आवश्यक उपायों जैसे कार्य अनुकूलन, कार्य संशोधन, सहायक एवं अनुकूलन तकनीकी या साधनों का उपयोग आदि की सिफारिश करना जिनसे समेकेती व्यवस्था में उनकी निष्पत्ति तथा कार्य क्षमता को अधिक से अधिक बढ़ाने में मदद मिले।

(iii) पीड़ित बालकों को ऑक्यूपेशनल थेरेपी की सहायता से इस तरह मदद पहुंचाये कि उनकी सभी क्षमताओं और कौशलों में जिनकी जरूरत उन्हें समेकित व्यवस्था में अपनी निष्पत्ति तथा कार्य संपादन में पड़ती है, उनमें अपेक्षित सुधार आये, जो कुछ नुकसान पहले हुआ है उसकी भरपाई हो, जितनी क्षमता अब है उसे बनाये रखा जा सके तथा आगे इसमें होने वाली गिरावट पर रोक लगाई जा सके आदि।

(iv) माता पिता तथा शिक्षकों को पीड़ित बालकों के बारे में सभी प्रकार की आवश्यक चिकित्सीय, शारीरिक तथा विकासात्मक बातों से अवगत कराया जाये जिससे वे अक्षमता युक्त बालकों को उनकी उन कार्यात्मक सीमाओं से निपटने में मदद कर सकें जो उसके शारीरिक, विकासात्मक, इन्द्रियजन्य, अध्यनात्मक तथा अधिगम चुनौतियों के कारण प्रकाश में आई है।

(v) विद्यालय शिक्षकों (विशिष्ट शिक्षा प्रदाता एवं सामान्य) के साथ मिलकर विद्यार्थियों की अधिगम एवं कार्यक्षमता में बढ़ोतरी करने तथा उन सभी कठिनाइयों/समस्याओं के निराकरण के लिये कार्य करता है, जो समेकित वातावरण में संपन्न पाठ्य तथा सह पाठ्य अधिगम अनुभवों के अर्जन में बाधक सिद्ध होती हों।

(vi) अक्षमतायुक्त बालकों की योग्यताओं और प्रवीणताओं तथा समेकित शिक्षा व्यवस्था में निष्पत्ति या उपलब्धि को लेकर उनसे की जाने वाली अपेक्षाओं के बीच आवश्यक समझ तथा तालमेल बिठाने के लिये प्रयासरत रहना।

11

भिन्न योग्यताओं के बालकों के अधिगम को अधिक अर्थपूर्ण बनाना

(Making Learning More Meaningful to the Differently Abled)

विषय प्रवेश (Introduction)

विद्यार्थियों के एक समूह विशेष के लिये किसी एक परिवेश में की जाने वाली शिक्षण अधिगम प्रक्रिया तभी प्रभावशाली सिद्ध हो सकती है जबकि उसमें भाग लेने वाले विद्यार्थी उसमें स्वाभाविक रुचि लेते हुये पूरे तल्लीन होते हुये दिखाई दें। किसी शिक्षण अधिगम प्रक्रिया में विद्यार्थियो की रुचि को आकर्षित कर उसे बराबर बनाये रखने की कुंजी इस बात में निहित है कि वे यह समझे कि उन्हें जो कुछ पढ़ाया जा रहा है अथवा जो कुछ भी वह सीख रहते हैं वह उनके अपनी रुचिओं और प्रयोजनों को पूरा करने में अच्छी तरह समर्थ है। यहां एक अलग सी परिस्थिति समेकित व्यवस्था में शिक्षण अधिगम के दौरान तब पैदा होती हुई नजर आती है कि जब हम भिन्न योग्यताओं से युक्त बालकों को अपनी एक या अन्य अक्षमताओं तथा असमर्थताओं की वजह से अधिगम में भिन्न भिन्न प्रकार की कठिनाइयों से घिरे पाते हैं। वास्तव में ऐसा इसलिये होता है कि भिन्न आवश्यकताओं से युक्त इन बालकों के अधिगम, समायोजन तथा विकास को लेकर अपनी अलग अलग विशिष्ट आवश्यकतायें होती है। उनके द्वारा अर्जित अधिगम अनुभवों को उनके लिये सार्थक या अधिक अर्थपूर्ण बनाने के संदर्भ में शिक्षण अधिगम प्रक्रिया में उनकी पूरी रुचि और तल्लीनता बनाये रखना जरूरी होता है और यह तभी संभव है जबकि उनकी विशिष्ट आवश्यकताओं की पूर्ति पर समुचित ध्यान दिया जाता रहे। इस कार्य को अंजाम देने हेतु अध्यापकों को कुछ निम्न प्रकार की व्यूह रचनाओं तथा उपायों को अपनाना उपयोगी सिद्ध हो सकता है:

(A) पाठ्य वस्तु में विविधता लाने वाली व्यूह रचनाओं का उपयोग

(B) पाठ्यक्रम अनुकूलन में सहायक व्यूह रचनाओं का उपयोग

(C) उचित पाठ योजनाओं के निर्माण पर ध्यान देना।

(D) उचित शिक्षण अधिगम सामग्री (TLM) का उपयोग।

आइये इन सबके बारे में एक एक करके जाना जाये।

(A) पाठ्यवस्तु में विविधता लाने वाली व्यूह रचनाओं का उपयोग (Use of Strategies Helpful in Differentiating Content)

शिक्षक अपने शिक्षण में ऐसी अनेक व्यूह रचनाओं या उपायों का उपयोग कर सकते हैं जिनसे भिन्न योग्यताओं वाले बालकों की विशिष्ट आवश्यकताओं पर ध्यान देते हुये उन्हें शिक्षण अधिगम में तल्लीन करते हुये उनके अधिगम को अधिक अर्थपूर्ण या सार्थक बनाया जा सके। इस प्रकार की उपयोग में लाई जाने वाली व्यूह रचनाओं में एक व्यूह रचना ऐसी हो सकती है जिसके माध्यम से उनकी अक्षमताओं, असमर्थताओं या कठिनाइयों के संदर्भ में उन्हें दिये जाने वाले अधिगम अनुभवों में अपेक्षित विविधता लाई जा सके। हम यह बात अच्छी तरह जानते हैं कि बालकों के लिये जिस प्रकार के अधिगम अनुभव हमारे द्वारा प्रदान किये जाते हैं उनका उद्देश्य उन्हें उनके समुचित समायोजन तथा विकास में सहायता करना ही होता है। अब चूंकि समेकित शिक्षा व्यवस्था में शामिल अधिगमकर्ताओं की अधिगम, समायोजन तथा विकास संबंधी विशिष्ट आवश्यकताओं में बहुत अधिक भिन्नतायें पाई जाती है तो इस दृष्टि से यहाँ बहुत जरूरी हो जाता है कि उनको दिये जाने वाली अधिगम अनुभव विषय वस्तु में पर्याप्त विविधता रखी जाये। इस संबंध में जो कुछ किया जाना चाहिये उसका उदाहरण स्वरूप हम नीचे उल्लेख कर रहे हैं।

(i) दृष्टि अक्षमताओं से युक्त बालकों को इस प्रकार के जीवन कौशलों के अर्जन हेतु आवश्यक अनुदेशन/अधिगम अनुभव प्रदान किये जाने चाहियें जिनसे उनमें अपने चलने फिरने, गत्यात्मक क्रियायें करने, अपने दिन प्रतिदिन के काम काजों को करने, ब्रेल लिपि, टच स्क्रीन कंप्यूटर, लैपटोप, मोबाइल इत्यादि को काम में लाकर अपने समायोजन, जीवन यापन तथा शिक्षण अधिगम प्रक्रिया में अपनी भागीदारी निभाने में आवश्यक सहायता मिले। इसके अतिरिक्त उन्हें उसी प्रकार के अधिगम अनुभव तथा विषय वस्तु प्रदान की जानी चाहिये जिसे वे दृष्टि इन्द्रिय के अलावा अन्य इन्द्रिय जन्य अनुभवों जैसे सुनने, सूंघने, स्पर्श करने, चलने तथा कर्मेन्द्रियों से कर्म करके ग्रहण कर सकें।

(ii) श्रवण अक्षमताओं से युक्त बालकों के सामने ऐसी विषय वस्तु तथा अधिगम अनुभव प्रस्तुत किये जाने चाहिए जिन्हें श्रवणेन्द्रिय के अतिरिक्त अन्य इन्द्रिय जनित अनुभवों जैसे देखकर, सूंघकर, चखकर, स्पर्श करके तथा कर्मेन्द्रियों से कर्म करके प्राप्त किया जा सकता हो। इसलिये उनकी अधिगम सामग्री ऐसी होनी चाहिये जिसमें चित्रों तथा अन्य ग्राफिक सामग्री, ध्वनिरहित प्रस्तुतीकरण एवं प्रदर्शन की प्रधानता रहनी चाहिये तथा उन्हें वैयक्तिक तथा सामूहिक प्रयोगात्मक तथा प्रोजेक्ट कार्यों के संपादन द्वारा अधिगम अनुभव अर्जित करने हेतु प्रोत्साहित किया जाना चाहिए।

(iii) अस्थि एवं माँसपेशी क्षेत्र की गतिशीलता को लेकर अक्षम बालकों को इस प्रकार की विषय वस्तु तथा अधिगम अनुभव प्रदान किये जाने चाहिए जो अधिगम परिस्थितियों के परिप्रेक्ष्य में दृश्यात्मक तथा श्रव्यात्मक किसी भी रूप में दिये जा सकते हों। यहां विशेष रूप से जिस बात का ध्यान इस बारे में रखा जाना चाहिये वह यह है कि किसी भी अवस्था में उनकी गतिशीलता या गामक समस्यायें/कठिनाइयाँ उनके अधिगम मार्ग में रोड़े न अटकायें। अतः उन्हें अधिगम अनुभव प्रदान करने में इस प्रकार के अनुभवों को प्रदान करने से बचा जाना चाहिये जिसमें उनसे किसी भी ऐसे गामक का क्रियात्मक व्यवहार जैसे पृष्ठों को पलटना, प्रायोगात्मक या प्रोजेक्ट कार्य का संपादन, अपने एक या अन्य अंगों का संचालन, किसी मेहनत या शारीरिक कार्य को करने या व्यायाम तथा खेलकूद क्रियाओं में रत रहने की अपेक्षा की जाये जिसे करने में उन्हें अपनी शारीरिक अक्षमता के कारण काफी कठिनाई का अनुभव होता है।

(iv) भाषा संबंधी या गणना संबंधी अधिगम अक्षमता (Dyslexia and Dyscalculia) से युक्त बालकों को प्रस्तुत की जाने वाली विषय सामग्री तथा अधिगम अनुभवों की प्रकृति और स्तर सामान्य बालकों को प्रदान की जाने वाली विषय सामग्री तथा अधिगम अनुभवों से कुछ अलग ही होना चाहिये। भाषा संबंधी तथा गणना संबंधी अधिगम अक्षमताओं से युक्त बालकों के अधिगम हेतु कार्य में लाई जाने वाली विषय वस्तु अनुभवों में भी उचित अंतर रहना चाहिये। जहां भाषा संबंधी अधिगम अक्षमता से युक्त बालकों के लिए भाषा संबंधी विषयवस्तु तथा अनुभवों के चयन में सरलता, सहजता तथा सुबोधता के नियम का पालन करना चाहिये वहीं यह बात गणना संबंधी अधिगम अक्षमताओं से युक्त बालकों हेतु गणित तथा अन्य गणन विषयों की विषय वस्तु तथा अधिगम अनुभवों के चयन में भी की जानी चाहिए।

(v) धीमी गति से सीखने वालों, पिछड़े तथा मानसिक मंदता के शिकार बालकों के लिये विषय वस्तु तथा अधिगम अनुभों का चयन करते समय इस बात का उचित ध्यान रखा जाना चाहिये कि उसका स्तर बालकों की ज्ञानात्मक/मानसिक क्षमता अधिगम गति, रूचि और अभिप्रेरणा स्तर तथा विषय संबंधी पूर्व ज्ञान के उपयुक्त ही रहे। दूसरी ओर प्रतिभावान तथा सृजनशील बालकों को प्रदान की जाने वाली विषय सामग्री तथा अधिगम अनुभवों की प्रकृति चुनौती पूर्ण तथा समृद्ध होनी चाहिये जिनसे उनकी प्रतिभा को निखारने में उचित मदद मिले।

(B) पाठ्यक्रम अनुकूलन में सहायक व्यूहरचनाओं का उपयोग

(Use of Strategies Helpful in Curriculum Adaptations)

पाठ्यक्रम को सदैव ही एक ऐसे साधन या मार्ग की संज्ञा दी जाती है जिसे अपनाकर अधिगमकर्ताओं के द्वारा किसी एक शिक्षण अधिगम परिस्थति में निर्धारित उद्देश्यों तथा अधिगम लक्ष्यों की प्राप्ति अच्छी तरह की जा सकती है। यह बात अलग है कि ये अधिगम उद्देश्य या लक्ष्य प्रत्येक अधिगम कर्त्ता के लिए उसके समायोजन तथा

विकास से जुड़ी विशिष्ट आवश्यकताओं को लेकर अलग अलग हो सकते हैं। इस परिप्रेक्ष्य में इसीलिये विभिन्न प्रकार की अक्षमताओं जैसे श्रवण, दृश्य, गतिशीलता, मानसिक विकलांगता, अधिगम अक्षमता आदि से युक्त बालकों के लिये निर्धारित अधिगम लक्ष्य सामान्य बालकों के लिये निर्धारित अधिगम लक्ष्यों से काफी भिन्न होते हैं। परिणामस्वरूप यह आवश्यक हो जाता है कि भिन्न योग्यताओं वाले विभिन्न बालकों के लिये जो पाठ्यक्रम पाठ्य तथा सह पाठ्य क्रियाओं के संपादन के संदर्भ में नियत किया जाता है वह भी सबके लिये उनकी योग्यताओं के अनुरूप अलग अलग हो। परंतु प्रयोगात्मक/व्यवहारात्मक रूप से सभी के लिये अलग अलग पाठ्यक्रम बनाना संभव नहीं हो सकता। उचित समाधान इसी बात में निहित है कि किसी कक्षा या विद्यालय स्तर के लिये निर्धारित सांझे पाठ्यक्रम में ही ऐसा आवश्यक अनुकूलन तथा परिवर्तन किये जायें जिससे विभिन्न योग्यता या क्षमता स्तर के बालकों की अपनी अपनी जरूरतें पूरी हो सके। पाठ्यक्रम में इस प्रकार के अनुकूलन तथा परिवर्तन कैसे किये जायें जिनसे भिन्न योग्यताओं के बालकों के अधिगम को अधिक से अधिक अर्थपूर्ण एवं सार्थक बनाया जा सके इस बात की विस्तृत चर्चा हम इसी पुस्तक के छठे अध्याय में कर चुके हैं पाठकगण यहां उसी को पढ़कर उचित जानकारी प्राप्त कर सकते हैं।

(C) उचित पाठ योजनाओं के निर्माण पर ध्यान देना
(Resorting to Proper Lesson Planning)

जैसा कि हम जानते हैं पाठ योजना अध्यापक के द्वारा किये जाने वाले ऐसे सुनियोजित प्रयत्न का प्रतिनधित्व करती है जिसके माध्यम से वह अपनी उस यात्रा को, जो उसे एक निश्चित अवधि में किसी विषय विशेष के प्रकरण या विषयवस्तु को अपने विद्यार्थियों के सामने कक्षा कक्ष परिस्थितियों में प्रस्तुत करने के लिए करनी होती है, भली भांति पूरा करने हेतु एक मार्गदर्शक मानचित्र तैयार करता है। वह जिन बातों के बारे में पूर्व निर्णय लेकर उन्हें अपनी पाठयोजना में लिपिबद्ध करता है उनका संबंध मुख्य रूप से निम्न से होता है।

(i) अधिगम उद्देश्यों (पाठ विशेष में शिक्षण के द्वारा विद्यार्थियों को किस तरह का अधिगम कराया जाता है यानी उनके व्यवहार में किस प्रकार के परिवर्तनों की अपेक्षा की जाती है।) को निश्चित करना।

(ii) निश्चित किये गये उद्देश्यों की प्राप्ति हेतु किस प्रकार के शिक्षण अधिगम कार्य या गतिविधियाँ पाठ शिक्षण के दौरान संपन्न की जायेगीं इनका उल्लेख करना।

(iii) निश्चित किये गये उद्देश्यों की प्राप्ति हेतु की जाने वाली शिक्षण अधिगम गतिविधियों के माध्यम से किस प्रकार आगे बढ़ रही है, विद्यार्थी किस रूप में अधिगम अनुभवों की प्राप्ति कर रहे हैं इसके निदान और आंकलन हेतु प्रयुक्त मूल्यांकन तकनीकों का उल्लेख।

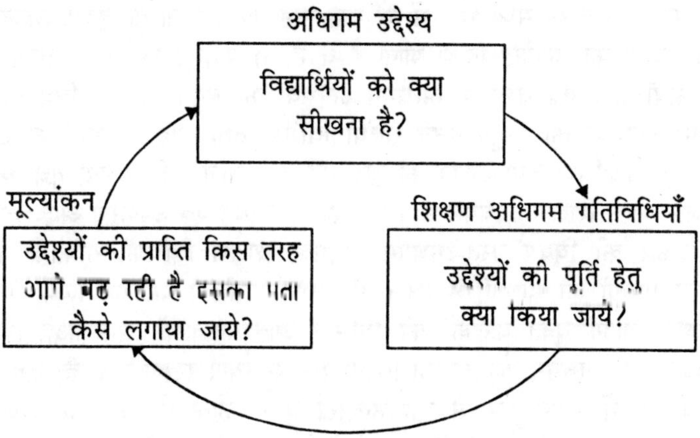

चित्र 11.1: पाठ योजना के तीन प्रमुख तत्व
(Three Main Components of Lesson Planning)

वास्तव में देखा जाये तो समेकित कक्षा में किसी विषय विशेष के किसी प्रकरण के शिक्षण अधिगम हेतु पाठ योजना तैयार करने का कार्य एक समेकित कक्षा अध्यापक के लिये सदैव ही एक बड़ी चुनौती रहती है। यहां उसे अपनी पाठ योजना तैयार करते समय भिन्न भिन्न प्रकार के अधिगमकर्त्ताओं की भिन्न भिन्न विशिष्ट आवश्यकताओं का उनकी योग्यताओं, क्षमताओं, पूर्वज्ञान, रूचिओं, सामर्थ्य तथा सीमाओं के संदर्भ में पूरा ध्यान रखना पड़ता है। विशेष तौर पर यहां उसे यह पूरी सावधानी रखनी होती है कि जहां उसकी पाठ योजना ऐसी हो जिसमें अक्षमता युक्त विभिन्न प्रकार के बालकों जैसे दृष्टि अक्षम, श्रवण अक्षम, गतिशीलता अक्षम, अधिगम अक्षम, मानसिक विकलांगता आदि के लिये निर्धारित अधिगम उद्देश्यों का ध्यान रखा जाये, वहां उसे इस बात का भी आभास रहना चाहिये कि उसके द्वारा जो पाठयोजना बनाई जा रही है वह समेकित कक्षा में शामिल सभी बालकों को एक विषय या प्रकरण विशेष के शिक्षण अधिगम हेतु बनाई जा रही है। इस संदर्भ में एक अध्यापक द्वारा निम्न बातों पर ध्यान देना उपयुक्त रह सकता है।

1. समेकित कक्षा में किसी एक विषय या प्रकरण के शिक्षण-अधिगम उद्देश्यों को निर्धारित करने में इस प्रकार के सांझे अधिगम उद्देश्यों की प्राप्ति में अक्षमतायुक्त विद्यार्थियों को इनकी प्राप्ति कराने में आने वाली अधिगम कठिनाइयों को अच्छी तरह ध्यान में रखना चाहिये। उन्हें इन बालकों के लिये इस प्रकार के अधिगम उद्देश्यों को निश्चित करने का प्रयत्न करना चाहिये जिनकी प्राप्ति इनको इनकी अक्षमताओं तथा अक्षमताओं के कारण उनकी अपनी अधिगम सीमाओं के भीतर अच्छी तरह संभव हो। इसलिये पाठयोजना में उन सभी अनुकूलन और परिवर्तनों का भी उल्लेख होना चाहिये जो विविध अक्षमताओं से युक्त बालकों के लिए निर्धारित शिक्षण अधिगम उद्देश्यों की पूर्ति हेतु करने अनिवार्य होते हैं।

2. पाठ योजना के मध्य भाग में जो एक तरह पाठ योजना का हृदय कहलाता है, में जिन बातों का उल्लेख किया जाता है वे हैं (i) प्रकरण विशेष के शिक्षण हेतु, उससे संबंधित विषय वस्तु या अधिगम अनुभवों का चयन (ii) इन विषय वस्तुओं अधिगम अनुभवों को प्रस्तुत करने संबंधी विधियों तथा व्यूह रचनाओं का उल्लेख और (iii) विद्यार्थियों तथा अध्यापकों द्वारा की जाने वाली गतिविधियों तथा काम में लाई जाने वाली शिक्षण अधिगम सामग्री, सहायक साधन एवं उपकरण आदि। यहाँ इन सभी प्रकार की विषय वस्तु/अधिगम अनुभव, शिक्षण विधियों, युक्तियों, शिक्षण अधिगम सामग्री की साधनों के चयन और उपयोग संबंधी बातों के लिये अध्यापक को विभिन्नताओं युक्त बालकों की विभिन्न आवश्यकताओं, समस्याओं, अधिगम क्षमताओं तथा अधिगम शैलियों का विशेष रूप से ध्यान रखना होता है। उसे अपनी पाठ योजना में स्पष्ट रूप से यह उल्लेख करना होता है कि किस प्रकार के अक्षम/भिन्न योग्यताओं वाले अधिगमकर्ताओं हेतु किस प्रकार के अनुकूलन, परिवर्तन तथा व्यूह रचनाओं का उपयोग किया जायेगा।

3. पाठ योजना निर्माण की तीसरी और अंतिम मुख्य बात कक्षा में चल रही शिक्षण अधिगम प्रक्रिया के सतत मूल्यांकन के नियोजन के संबंध में रहती है ताकि विद्यार्थियों को अपने अधिगम तथा शिक्षकों को अपने शिक्षण हेतु आवश्यक प्रति पुष्टि प्राप्त होती रहे। इसके लिये कक्षा में किस प्रकार के प्रश्न पूछे जाने हैं, किस प्रकार का प्रयोगात्मक एवं अभ्यास कार्य कराना है, किस रूप से समूह चर्चा तथा प्रदर्शन आदि में प्रतिभागी बनाने हेतु अवसर प्रदान किये जाने हैं, इन बातों का उल्लेख किया जाना चाहिये ताकि यह पता चलता रहे कि कक्षा में पढ़ाये जा रहे प्रकरण के बारे में किस तरह की समझ और कौशलों का भिन्न योग्यताओं वाले विभिन्न अधिगमकर्ताओं में विकास हो रहा है। अपनी पाठ योजना निर्माण में एक अध्यापक के द्वारा यह उल्लेख किया जाना भी श्रेयकर रहता है कि भिन्न योग्यताओं वाले विभिन्न अधिगमकर्ताओं/अक्षम बालकों के लिये उनकी सामर्थ्य और सीमाओं को ध्यान में रखते हुये किस प्रकार की मूल्यांकन विधियों, प्रविधियों, व्यूह रचनाओं का उपयोग उन्हें उपयुक्त पृष्ठपोषण प्रदान करने हेतु यहां वर्तमान कक्षा परिस्थितियों में किया जायेगा।

(D) उचित शिक्षण अधिगम सामग्री का उपयोग
(Use of Appropriate Teaching Learning Material—TLM)

एक अध्यापक को कक्षा कक्ष के अपने विद्यार्थियों के साथ एक निश्चित अवधि में शिक्षण अधिगम के रूप में की जाने वाली यात्रा की सफलता सुनिश्चित करने के लिये यह भी भलीभांति सोचना पड़ता है कि उस यात्रा में आने वाले विभिन्न पड़ावों तथा कार्य व्यापार में किस तरह की शिक्षण अधिगम सामग्री, साधन तथा उपकरणों की जरूरत पड़ेगी। इसलिये पाठ योजना में एक अध्यापक द्वारा स्पष्ट रूप से यह उल्लेख किया जाना आवश्यक होता है कि पाठ को पढ़ाते समय उसमें भिन्न भिन्न चरणों,

अवस्थाओं तथा समय विशेष पर किस प्रकार के ऐसे दृश्य श्रव्य साधन, बहु इन्द्रिय सहायक सामग्री, उपकरणों का उपयोग किया जायेगा जिनसे उसके अपने शिक्षण तथा विद्यार्थियों को कराये जाने वाले अधिगम में प्रभाव शीलता आये। उसके द्वारा अपनी पाठ योजना निर्माण के समय इस प्रकार की शिक्षण अधिगम सामग्री और साधनों का उल्लेख तथा पाठ पढ़ाते समय उनका उचित उपयोग उसके द्वारा किये गये शिक्षण के फलस्वरूप विद्यार्थियों में होने वाले अधिगम को अधिक से अधिक रोचक जीवंत और अर्थपूर्ण बना सकता है। परंतु एक समेकित कक्षा के किसी प्रकरण विशेष का अधिगम भिन्न भिन्न प्रकार की योग्यताओं में युक्त विभिन्न प्रकार के बालकों को कराने हेतु उपयुक्त शिक्षण अधिगम सामग्री का चयन और उपयोग कोई आसान बात नहीं है। इस कार्य के लिये जहां अध्यापक को बालकों में पायी जाने वाली विविधताओं और उनकी शिक्षण अधिगम आवश्यकताओं, शैलियों तथा क्षमताओं के बारे में सोचना पड़ता है तो दूसरी ओर यह ध्यान रखना पड़ता है कि उपलब्ध परिस्थितियों में किस प्रकार का विविधता पूर्ण चयन उचित शिक्षण अधिगम सामग्री के उपयोग के संदर्भ में उपयुक्त तथा व्यावहारिक रहेगा। आइये इस बात पर विचार किया जाये कि उनकी विशिष्ट अधिगम आवश्यकताओं तथा सीमाओं को देखते हुये भिन्न प्रकार के अक्षमतायुक्त विद्यार्थियों के अधिगम को प्रभावशील तथा अर्थपूर्ण बनाने हेतु किस किस प्रकार की शिक्षण अधिगम सामग्री (TLM) का उपयोग किया जा सकता है।

(a) दृष्टिबाधित बालकों के लिये शिक्षण-अधिगम सामग्री (Teaching-Learning Material (TLM) for Visually Impaired)

(i) ऐसी वास्तविक वस्तुओं, स्थूल सामग्री, स्वनिर्मित उपकरण, खिलोनों, मॉडल, नमूनों आदि का उपयोग जिनसे देखने के अलावा सुनने, सूंघने, चखने, स्पर्श करने तथा उन्हें काम में लाने इत्यादि अनुभवों के माध्यम से अधिगम किया जा सके।

(ii) स्पर्श तथा कर्मेन्द्रियों से अनुभव किये जाने वाले ग्राफ, उभरे हुये आरेख, ग्लोब, मानचित्र तथा अन्य अधिगम एवं कार्यकारी सामग्री आदि।

(iii) टॉकिंग बुक्स (Talking Books), टेप रिकार्डर, टॉकिंग कैलकुलेटर (Talking Calculators), टॉकिंग वाचेज (Talking Watches), कंप्यूटर तथा लैपटोप का प्रयोग।

(iv) विशिष्ट प्रकार की शिक्षण अधिगम सामग्री जैसे ब्रेल, टेलर फ्रेम, एबेकस (Abacus), विषय शिक्षण अधिगम संबंधी किट्स (Kits) आदि।

(v) रिकॉर्ड किये गये अनुदेशन तथा पाठ्य सामग्री का उपयोग।

(vi) दृष्टि बाधित अधिगमकर्ताओं के लिये विशेषरूप से निर्मित सहायक एवं अनुकूलन शिक्षण अधिगम सामग्री एव उपकरणों जैसे स्क्रीन रीडर्स (Screen Readers), वोइस सिन्थीसाइजर्स (voice synthesizers), स्केनर्स (Scanners) आदि का उपयोग।

(b) श्रवण अक्षम बालकों के लिये शिक्षण-अधिगम सामग्री (Teaching-Learning Material—TLM for Hearing Impaired)

(i) ऐसी सभी स्थूल सामग्री, वास्तविक वस्तुओं, स्व निर्मित उपकरण, खिलौने, मॉडल, नमूने आदि का उपयोग जिनके माध्य से श्रवणेन्द्रियों के अतिरिक्त देखने, चखने, सूंघने, स्पर्श करने तथा कर्मेन्द्रियों से कर्म करके अपेक्षित अधिगम अनुभव अर्जित किये जा सकते हों।

(ii) चार्ट, चित्र, ग्राफ, फ्लेश कार्ड, कार्टून, समाचार पत्र, मानचित्र तथा ग्लोब आदि चित्रात्मक सहायक सामग्री का उपयोग।

(iii) ध्वनि रहित दृश्यात्मक प्रारूप (video format) में रिकार्ड की गई अनुदेशन तथा पाठ्य सामग्री का उपयोग।

(iv) दृश्यात्मक/ग्राफिक ऑर्गनाइजर्स (visual graphics organizer) जैसे समय रेखा (Time lines) आदि का उपयोग।

(v) क्रियात्मक सहायक सामग्री, दृश्यात्मक प्रदर्शन तथा प्रयोगों का उपयोग।

(vi) श्रवण अक्षम बालकों के लिये विशेष रूप से निर्मित सहायक एवं अनुकूलन शिक्षण अधिगम सामग्री एवं उपकरणों का उपयोग।

(c) मानसिक रूप से विकलांग बालकों के लिये शिक्षण-अधिगम सामग्री (Teaching-Learning Material (TLM) for Mentally Retarded)

(i) ऐसी सभी स्थूल सामग्री, वास्तविक वस्तुओं, स्व निर्मित उपकरण, खिलौने मॉडल, नमूने, खेल एवं मनोरंजन सामग्री आदि का उपयोग जिसमें बालकों द्वारा अपनी सभी ज्ञानेन्द्रियों तथा कर्मेन्द्रियों के सहज और आसान ढंग से (मानसिक क्षमताओं की अपनी कमियों/सीमाओं के रहते हुये भी) अधिगम अर्जन किया जा सकता हो।

(ii) ऐसी सभी चित्रात्मक सामग्री जैसे चित्र, चार्ट तथा आवश्यक अध्ययन सामग्री का उपयोग मानसिक विकलांग बालकों की मानसिक क्षमताओं के अनुकूल हो।

(iii) बहु इन्द्रिय शिक्षण अधिगम सामग्री जिसमें देखने, सुनने, चखने, स्पर्श करने सूंघने तथा अन्य प्रकार के क्रियात्मक अनुभव प्राप्त कराने के अवसर उपलब्ध हो सकते हों।

(iv) खेल खेल में अधिगम अर्जन कराने वाली सामग्री, मनोरंजनात्मक क्रियायें में तथा ऐसे अनुदेशन का प्रदर्शन गतिविधियों का उपयोग जिनकी इन बालकों के लिये बार बार पुनरावृत्ति की जाती है।

(v) मानसिक रूप से अक्षम बालकों के लिये विशेष रूप से निर्मित सहायक एवं अनुकूलन शिक्षण अधिगम सामग्री तथा उपकरणों का उपयोग।

(d) अस्थि एवं माँसपेशी दोषों से युक्त या गतिशीलता अक्षम बालकों के लिये शिक्षण-अधिगम सामग्री

(Teaching-Learning Material (TLM) for Orthopaedically Impaired or Locomotor Disabled)

अस्थि एवं माँसपेशी दोषों तथा गतिशीलता अक्षमताओं से युक्त बालकों को उनके अंगों के संचालन तथा चलने फिरने तथा क्रियात्मक गतिविधियों में भाग लेने में विभिन्न प्रकार की कठिनाइयों, अक्षमताओं तथा सीमाओं का सामना करना पड़ता हैं पर इससे यह होना जरूरी नहीं कि यह बात उन्हें अपने इन्द्रिय जनित अनुभवों जैसे देखने, सुनने, स्पर्श करने सूंघने तथा चखने सम्बन्धी अनुभवों के माध्यम से अधिगम अनुभव अर्जित करने पर पाबंदी लगाये। अपनी गामक या गतिशील क्षमता खोने के बाद भी वे अपने इन्द्रिय जनित अनुभवों के माध्यम से अधिगम अर्जन में अच्छी तरह कामयाब होते हुये पाये जाते हैं। बहु इन्द्रियों के उपयोग से संबंधित शिक्षण अधिगम सामग्री के उपयोग में इस तरह ये बालक अपने अक्षमता रहित सामान्य बालकों के समकक्ष ही नजर आते हैं। इसलिये इनके शिक्षण अधिगम में विविध प्रकार की बहु इन्द्रिय शिक्षण अधिगम सामग्री (जिससे इन्हें अपनी एक या अन्य इन्द्रियों के उपयोग के अधिगम अर्जन के उचित प्रकार के अवसर प्राप्त हो सकते हो।) का प्रयोग काफी ठीक रहता है। उन्हें इस कार्य में इस प्रकार की शिक्षण अधिगम सामग्री, साधन तथा उपकरणों के उपयोग में अगर कोई परेशानी या कठिनाई आती है तो वह उनकी अपनी अस्थि एवं मॉसपेशी दोष या गतिशीलता अक्षमता की वजह से ही आ रही है। इसे दूर करने के भी उपाय कुछ विशेष प्रकार की तकनीकी, उपकरणों सहायक एवं अनुकूलित शिक्षण अधिगम उपकरणों का सही ढंग से उपयोग करने पर तथा उनकी गतिशील तथा अंग संचालन में मदद करने वाले यांत्रिक साधनों तथा सहपाठियों के समर्थन से किये जा सकते हैं।

12

समेकित शिक्षा में शिक्षा शास्त्रीय या शिक्षण व्यूह रचनाएं
(Pedagogical or Teaching Strategies in Inclusive Education)

शिक्षाशास्त्रीय या शिक्षण व्यूहरचनाएं क्या है?
(What are Pedagogical or Teaching Strategies?)

साधारण अर्थ में शिक्षाशास्त्रीय या शिक्षण व्यूहरचना पद उन विभिन्न प्रकार की व्यूह रचनाओं के लिए प्रयुक्त किया जाता है जिन्हें अध्यापकों द्वारा अपने शिक्षण कार्य को भलीभांति संचालित करने में सहायता प्राप्त करने के लिए प्रयोग में लाया जाता है। व्यूहरचना पद, सामान्य रूप से उपयोग में लाए जाने वाले पद विधियों और प्रविधियों, जिन्हें शिक्षकों द्वारा अपने शिक्षण कार्य के सम्पादन के लिए प्रयुक्त किया जाता है, से थोड़ी सी भिन्नता रखता है। यह शिक्षक द्वारा अपने शिक्षण उद्देश्यों और लक्ष्यों की प्राप्ति हेतु ऐसी विशिष्ट कार्य योजनाओं तथा तरीकों के बारे में सोचने और उन्हें काम में लाने से सम्बन्ध रखता है, जैसी योजनाएं और तरीके एक शंतरज खिलाड़ी या युद्ध मोर्चे पर किसी सैन्य टुकड़ी की कमान संभालने वाले सेनानायक द्वारा काम में लाये जाते हैं। एक शिक्षण व्यूह रचना को इस प्रकार नियोजित एवं नियमित किया जाता है कि उससे अधिगमकर्ता को अपने अधिगम कार्य में इस प्रकार अच्छी तरह संलग्न रहने में सहायता मिले ताकि वह निर्धारित अधिगम उद्देश्यों की प्राप्ति अच्छे से अच्छे ढंग से कर सके। अधिगमकर्ता की सहायता हेतु जो भी शिक्षण व्यूह रचना बनाई जाए, वह उसे इस तरह सहायता करने वाली होनी चाहिए जिससे कि वह-

(i) अधिगम प्रक्रिया में पूरी तरह अभिप्रेरित रहे और सीखने में उसकी रूचि और ध्यान रहे।

(ii) वह अपने व्यवहार में अपेक्षित परिवर्तन लाने हेतु आवश्यक ज्ञान, कौशल और अभिवृत्तियों का अर्जन कर सके।

(iii) वह अपने स्वयं के प्रयासों, निर्देशित अधिगम या सहयोग पूर्ण और समूह अधिगम के माध्यम से आवश्यक ज्ञान का सृजन या खोज कर सके।

इस दिशा में जिस प्रकार की भी व्यूह रचनाएं शिक्षकों द्वारा अपने शिक्षण हेतु किसी एक शिक्षण अधिगम परिस्थिति में अपनाई जाएँ उनका उद्देश्य यही होता है कि सृजनात्मकता और सार्थक अधिगम प्रयासों के माध्यम से सर्वोत्तम अधिगम परिणामों की प्राप्ति हो सके।

इस दिशा में शिक्षकों को अपने शिक्षण हेतु विभिन्न प्रकार की ऐसी शिक्षण व्यूह रचनाएं उपलब्ध हैं जो उन्हें उनके अधिगमकर्ताओं की उनके अधिगम में सहायता कर सकती हैं। जैसे:

(i) सहपाठी ट्यूटर या अध्यापक की मदद से अधिगम अनुभव अर्जित करना।
(ii) समूह तथा सामाजिक अधिगम परिस्थिति में सहयोगी या सहकारितापूर्ण व्यवस्था के अंतर्गत अधिगम करना।
(iii) परावर्ती चिन्तन के द्वारा या बहुइन्द्रिय सहायता से अधिगम अनुभव प्राप्त करना।

प्रस्तुत अध्याय में हम उन्हीं कुछ शिक्षाशास्त्रीय या शिक्षण व्यूहरचनाओं की चर्चा पर अपना ध्यान केन्द्रित करना चाहेंगे।

सहपाठी ट्यूटरिंग (Peer Tutoring)

आपने ट्यूटर तथा ट्यूटोरियल कक्षाओं के बारे में सुना होगा। इस प्रकार की शब्दावली का प्रयोग कहां और किसलिये होता है, इससे भी थोड़ा बहुत परिचित होंगे। एक ट्यूटर को एक टीचर या शिक्षक से इस बात में अलग करके देखा जाता है कि वह शिक्षक की तुलना में विद्यार्थी के अधिक निकट होता है, विद्यार्थी के साथ अधिक तादात्म्य एवं सौहार्द स्थापित करने में कामयाब रहता है, विद्यार्थी अपनी बात सहज ढंग से अपने ट्यूटरों से कह सकते हैं तथा उनसे आवश्यक सहयोग तथा मार्गदर्शन प्राप्त करना उन्हें अपेक्षाकृत अधिक आसान होता है। एक ट्यूटर की यही एक विशेष छवि तथा उपयोगिता विद्यार्थियों के लिये होती है। यह सब कुछ उस समय काफी अधिक हो जाता है जब टयूटर के रूप में विद्यालय में ही कार्यरत कोई एक अध्यापक विद्यार्थी के सामने न होकर उसी का कोई सहपाठी टयूटरिंग का उत्तरदायित्व संभालने हेतु उसके सामने होता है। अपने सहपाठी या समवयस्क साथी से प्राप्त टयूटरिंग सेवा को ही सहपाठी या समवयस्क टयूटरिंग की संज्ञा दी जाती है।

व्यावहारिक रूप में देखा जाये तो सहपाठी टयूटरिंग के नाम से प्रसिद्ध इस व्यवस्था में एक विद्यार्थी द्वारा दूसरे विद्यार्थी को उसके अधिगम एवं विकास में अपेक्षित सहायता देने का प्रयास किया जाता है। सहपाठी या समवयस्क होने से ट्यूटर बने विद्यार्थी तथा ट्यूटरिंग लेने वाले विद्यार्थी में काफी कुछ अधिक ताल-मेल, मेल-मिलाप, निकटता तथा सहज सम्बन्धों की उपस्थिति स्वाभाविक ही है। उनकी योग्यता तथा जानकारी के स्तर में भी बहुत अधिक अन्तर नहीं होता। फर्क इस बात को लेकर होता है कि टयूटर बने विद्याथों को किसी विषय विशेष या कार्य विशेष की अधिक जानकारी तथा उसमें अधिक प्रवीणता हासिल रहती है और वह अपनी

जानकारी तथा कौशल से ट्यूटरिंग लेने वाले साथी को अच्छी तरह लाभान्वित करने की क्षमता रखता है।

प्रसिद्ध रशियन मनोवैज्ञानिक लेब व्यगोत्स्की (Lev Vygotsky) ने जोन आफॅ प्रोक्सीमल डवलपमैन्ट (ZPD) की अवधारणा को सामने लाते हुये यह स्पष्ट करने का प्रयत्न किया कि बालक अपने बड़ों से अनुदेशन प्राप्त करते समय उन हम उम्र साथियों से अच्छी तरह अनुदेशन प्राप्त करने में सफल होते हैं जो ज्ञान और अनुभव में उनसे थोड़े ही आगे निकले हुये हों क्योंकि समकक्ष होने के फलस्वरूप उनमें अधिक आपसी विश्वास और निकटता पाई जाती है तथा वे आपस में अधिक घुल मिलकर अनुदेशन सम्बन्धी उचित अन्त:क्रिया करने में सफल रहते हैं। माता-पिता, अध्यापक तथा विशेषज्ञों की तुलना में सहपाठी ट्यूटरों के माध्यम से विद्यार्थी इस तरह बेहतर अनुदेशन और प्रशिक्षण प्राप्त करने में सफल हो सकते हैं।

हमारी समेकित विद्यालय व्यवस्था में सहपाठी ट्यूटरों से शिक्षण-अधिगम कार्यों में काफी सहयोग प्राप्त हो सकता है। वैयक्तिक अनुदेशन प्रदान करने की बात सहपाठी ट्यूटोरियल प्रणाली को अपना कर ही अच्छी तरह पूरी की जा सकती है।

समेकित शिक्षा व्यवस्था (Inclusive education setup) में विद्यालय में प्रविष्टि पाने वाले अक्षमताओं से युक्त बालकों को भी इस प्रणाली से बहुत अधिक लाभ पहुँच सकता है। बालकों को अपने साथी बालकों की यथोचित सहायता करना अच्छा लगता है। इससे उनमें आत्मीय सम्बन्ध बनते हैं तथा उन्हें जो आता है वे उन बातों को अपने से कमजोर और अनभिज्ञ बालकों को अच्छी तरह समझा और सिखा सकते हैं। यह जरूरी नहीं है कि सदैव अक्षमता रहित सहपाठी ही अपने अक्षमतायुक्त सहपाठियों के लिए सहपाठी ट्यूटर की भूमिका निभाए। यह भूमिका किसी एक ऐसे अक्षमतायुक्त विद्यार्थी द्वारा भी निभाई जा सकती है जो कुशलता और प्रवीणता के अधिक अच्छे स्तर को (किसी एक या अन्य शैक्षणिक या सहशैक्षणिक क्षेत्र में) प्राप्त कर चुका है।

एक विद्यार्थी, अक्षमतायुक्त हो अथवा अक्षमता रहित, समेकित व्यवस्था में साथी अध्यापक की भूमिका निर्वाह करते हुए निम्न चार प्रकार की गतिविधियों को प्रदर्शित करता हुआ पाया जाता है।

(i) *देखरेख और निगरानी का काम (Monitoring):* सहपाठी छात्र या छात्रा के प्रदर्शन का निरीक्षण और नियमीकरण।

(ii) *पुनर्बलन (Reinforcing):* सहपाठी विद्यार्थी के स्वीकृत व्यवहार के लिए उपयुक्त पुनर्बलन प्रदान करना (जैसे-यदि छात्र या छात्रा ने वांछित स्तर का कार्य पूरा कर लिया है तो उसकी प्रशंसा करना।)

(iii) *मॉडलिंग (Modelling):* सहपाठी ट्यूटर द्वारा एक विशिष्ट गतिविधि या व्यवहार का प्रदर्शन करना।

(iv) *व्याख्या करना (Explaining):* एक प्रकरण के अंतर्गत आए संबंधों को स्पष्ट करना और छात्रों की शंकाओं को स्पष्ट करने के लिए उचित उदाहरण प्रस्तुत करना।

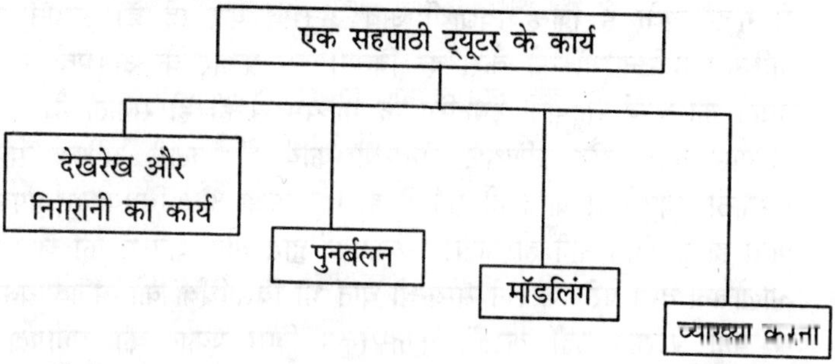

चित्र 12.1: सहपाठी ट्यूटर के कार्य (Activities of a pear Tutor)

ऊपर बताए गए जिस प्रकार के तरीकों से सहपाठी ट्यूटर द्वारा भूमिका निभायी जाती है वह मंदगति अधिगमकर्ताओं, पिछड़े हुए और अलग-अलग प्रकार की योग्यता वाले तथा अक्षमता युक्त बालकों सभी को अपने उचित समायोजन, शिक्षा, सम्पूर्ण विकास आदि के लिए काफी लाभदायक सिद्ध हो सकती है। समेकित व्यवस्था में अनेक प्रकार की भिन्नताओं और अंतरों से युक्त विभिन्न प्रकार के विद्यार्थियों की विशेष आवश्यकताओं को पूरा करने के संदर्भ में वैयक्तीकरण की काफी बड़े पैमाने पर आवश्यकता है, ऐसे में सहपाठी ट्यूटरिंग प्रणाली अपने आप में काफी लाभदायक सिद्ध हो सकती है। इसके अतिरिक्त सहपाठी ट्यूटरिंग जैसा कि विभिन्न अनुसंधान परिणामों से निष्कर्ष निकाला गाया है कि एक समेकित शिक्षा व्यवस्था में अक्षमताओं से युक्त बालकों को अनुदेशन और परामर्श सेवाएं प्रदान करने हेतु परम्परागत रूप से चल रही व्यवस्थाओं से, अपनी निम्न प्रकार की उपयोगिताओं को लेकर अधिक लाभदायक सिद्ध हो सकती है:

- सहपाठी ट्यूटरों से अनुदेशन और मार्गदर्शन ग्रहण करने में विद्यार्थियों को कोई झिझक, डर या बैचेनी अनुभव नहीं होती जैसी कि उनमें अपने अध्यापकों से अन्तःक्रिया करते हुये पाई जाती है। उनमें अधिगम ग्रहण करने के प्रति आवश्यक आत्मविश्वास की उपस्थिति रहती है और यही बात उन्हें वह सब कुछ सीखने और जानने का रास्ता खोलती है जिसे वे अपने अध्यापकों और गुरूजनों से ग्रहण नहीं कर पाते।
- सहपाठी ट्यूटर विद्यार्थियों को उनके अपने स्तर पर उतर कर अनुदेशन प्रदान करने की स्थिति में होते हैं। ऐसा इसलिये होता है कि वे अपने साथी विद्यार्थियों की तरह विद्यार्थी ही होते हैं और वे अपने आपको एक अध्यापक की तरह साथी विद्यार्थियों से बहुत भिन्न या ऊँचे स्तर का व्यक्ति नहीं समझते। फलस्वरूप जब भी वे साथी विद्यार्थियों की ट्यूटरिंग में रत होते हैं तो विद्यार्थी उनकी कही और दिखाई गई बातों पर ज्यादा ध्यान देते हैं और उनको उनका अनुदेशन तथा मार्गदर्शन अधिक समझ में आता है।
- सहपाठी ट्यूटर अपने अनुभवों को सामने लाकर साथी विद्यार्थियों को यह बताने का प्रयत्न कर सकते हैं कि वे भी उन सभी कठिनाइयों तथा परेशानियों

से गुजर चुके हैं जिन्हें विद्यार्थी अब अनुभव कर रहे हैं। उन्होंने अपनी अधिगम कठिनाइयों को कैसे दूर किया। इस प्रकार के अनुभवों से लाभ उठाने का कार्य सहपाठी ट्यूटरिंग के माध्यम से ही हो सकता है।

- अभ्यास कार्य और प्रशिक्षण सम्बन्धी कार्य में जितनी अधिक सहायता सहपाठी ट्यूटरों से प्राप्त हो सकती है, वह कक्षा और विषय अध्यापकों से प्राप्त होना संभव नहीं हो पाती। अध्यापकों द्वारा बात-बात में की जाने वाली आलोचना तथा परीक्षण लेने सम्बन्धी बातें भी विद्यार्थियों को अनावश्यक रूप से यहाँ परेशान नहीं करतीं। फलस्वरूप जिस प्रकार की सहायता और मार्गदर्शन विद्यार्थियों को व्यक्तिगत रूप से चाहिये, उसकी उपलब्धि विद्यार्थियों को अपने सहपाठी ट्यूटरों से होती रहती है।

सहकारी अधिगम (Cooperative Learning)

सहकारी अधिगम की अवधारणा (Concept of Cooperative Learning)

सहकारी अधिगम से, जैसा कि नाम से ही विदित होता है, अभिप्राय एक ऐसी अधिगम प्रक्रिया या अधिगम व्यूह रचना से है जिसमें विद्यार्थियों को स्वयं ही एक समूह के अन्तर्गत सहकारी पद्धति का अनुसरण करते हुए अधिगम अर्जन करना होता है। इस प्रणाली में विषय विशेष से सम्बन्धित सिलेबस की किसी एक इकाई की विषयवस्तु का अधिगम करते हुए वे सभी प्राप्त सूचनाओं या अधिगम अनुभवों का आपस में आदान-प्रदान करते रहते हैं और इस तरह मिलजुल कर सहयोगपूर्ण वातावरण में उनके द्वारा विषय सम्बन्धी ज्ञान एवं कौशलों के अर्जन का प्रयत्न किया जाता रहता है। परम्परागत कक्षा शिक्षण प्रणाली में जिस तरह अधिगम होता है उससे इस प्रकार का सहकारी अधिगम नितांत अलग ही नजर आता है। हमारी कक्षाओं में एक तो शिक्षण-अधिगम की संपूर्ण प्रक्रिया पूरी तरह विषय केन्द्रित रहती है दूसरे इसमें सभी तरह से अध्यापक का ही बोलबाला रहता है। यहाँ शिक्षक को ज्ञान का ऐसा भंडार माना जाता है जिसका एकमात्र उद्देश्य विद्यार्थियों को चाहते या ना चाहते हुए उसमें बहने वाली ज्ञान गंगा में डुबकियां लगवाना होता है। विद्यार्थी अपने स्वयं के प्रयत्नों से भी कुछ सीख सकते है या कर सकते हैं, यह बात अध्यापकों के गले नहीं उतरती। वे यही सोचते हैं कि विद्यार्थियों को उन्हीं के द्वारा सब कुछ बताया या सिखाया जाना चाहिए। परम्परागत शिक्षा प्रणाली में अधिगम अर्जन हेतु अधिगम के जिस पथ का अनुसरण करने की विद्यार्थियों से अपेक्षा की जाती है, वह पूरी तरह से वैयक्तिक उपलब्धियों को ही आगे बढ़ाने वाला होता है। इसमें सभी विद्यार्थियों से यह आशा की जाती है कि वे एक-दूसरे से पारस्परिक प्रतिस्पर्धा करते हुए अधिक से अधिक अच्छे अंक, ग्रेड, डिवीजन, पास प्रतिशत प्राप्त करने का प्रयत्न करें। इस तरह प्रचलित कक्षा शिक्षण पद्धति प्रतिस्पर्धा और प्रतिद्वंद्विता की अन्धी दौड़ को जन्म देती हैं जिसमें हर विद्यार्थी अपने साथियों से किसी भी तरह आगे निकलकर मैरिट पोजीशन प्राप्त करना चाहता है। सहकारी अधिगम ऐसी व्यवस्था को स्वीकार नहीं

करता। यह वैयक्तिक और प्रतिस्पर्धात्मक उपागम (एक दूसरे से आगे निकलने की होड़ में अनैतिक बातों को अपनाने वाली) के स्थान पर सहकारी अधिगम (एक दूसरे को सहयोग देते हुए समूह में अधिगम करना) की वकालत करती है।

समेकित व्यवस्था के सन्दर्भ में सहकारी अधिगम
(Cooperative Learning in the Context of Inclusive Setup)

समेकित शिक्षा व्यवस्था में विभिन्न प्रकार के अधिगमकर्ताओं की उपस्थिति पाई जाती है जिनकी अधिगम क्षमताओं और अधिगम आवश्यकताओं में काफी महत्वपूर्ण विभिन्नताएँ पाई जाती हैं। प्रत्येक बालक अपनी स्वय की व्यक्तिगत क्षमताओं और सीमाओं के अनुसार ही बुद्धि और विकास को प्राप्त होता है। एक समेकित व्यवस्था में, सामान्य नियमित कक्षाकक्ष की तुलना में प्रतिस्पर्धा पर कम और पारस्परिक समायोजन और सहयोग पर ज्यादा बल दिया जाता है। यहाँ पर अक्षमतारहित विद्यार्थियों का अपने अक्षमता युक्त सहपाठियों के साथ प्रतिस्पर्धा करने का सवाल ही नहीं उठता है। एक दूसरे के साथ प्रतिस्पर्धा में व्यस्त रहने की बजाय सभी विद्यार्थी स्वाभाविक रूप से सहयोगपूर्ण अधिगम की तरफ उन्मुख रहते हैं। इस प्रकार की स्वाभाविकता का अध्यापकों को समेकित शिक्षा व्यवस्था में कक्षाकक्ष गतिविधियों के आयोजन के लिए पूरा-पूरा फायदा उठाना चाहिए।

सहकारी अधिगम व्यूहरचना का उपयोग कैसे किया जाए?
(How to make use of the Strategy of Cooperative Learning)

समेकित शिक्षा व्यवस्था में हम देखते हैं कि भिन्न-भिन्न अधिगम योग्यताओं, रुचियों और क्षमताओं से युक्त अधिगमकर्ताओं के अलग-अलग समूह पाए जाते हैं। अतः सहकारी अधिगम का उपयोग करते समय शिक्षक को विद्यार्थियों के समूह बनाते समय काफी सावधान रहना चाहिए। एक 30 विद्यार्थियों की कक्षा को विभिन्न योग्यताओं वाले विद्यार्थियों की समान संख्या वाले 5-6 उपसमूहों या दलों में विभाजित किया जा सकता है। इन समूहों में (मिश्रित योग्यता समूह के नाम से ज्ञात) इस प्रकार से अलग-अलग योग्यताओं या अक्षमताओं युक्त बालकों को अपने अक्षमता रहित सहपाठियों के साथ अपने अधिगम और विकास के लिए बहुमूल्य अवसर प्राप्त करते हुए और अपने ढंग से अपने समूह के लक्ष्य की प्राप्ति में योगदान देने के लिए कार्य करते हुए देखा जा सकता है।

एक समेकित व्यवस्था में कक्षा-कक्ष में उपस्थित विद्यार्थियों के मिश्रित योग्यता समूहों का निर्माण करने के उपरान्त शिक्षक कुछ विशिष्ट प्रकार की सहकारी अधिगम व्यवस्था कार्यकारी प्रारूपों का, जैसा कि नीचे वर्णन किया जा रहा है, उपयोग करते हुए सहकारी अधिगम व्यूहरचना का उपयोग करने का प्रयत्न कर सकता है :

प्रारूप (I): सबसे पहले विषयवस्तु को पाठ्यक्रम की किसी एक इकाई को कुछ सार्थक खण्डों या उपइकाइयों में विभक्त कर लेना चाहिए। अब इन सभी टीमों या

समूहों में पूर्व विभक्त उपइकाइयां सहकारी अधिगम हेतु वितरित कर देनी चाहिए। समूह में शामिल विद्यार्थी मिलजुलकर सहकारी ढंग से अपनी उपइकाई से सम्बन्धित विषयवस्तु का ज्ञान, अवबोध और चिन्तन-मनन हेतु विभिन्न प्रकार की सार्थक सूचनाएं एवं ज्ञान का संग्रह करने, विविध प्रकार के अधिगम अनुभवों का अर्जन करने, उपयोगी प्रयोगों और क्रियाओं का संपादन करने आदि में तत्पर रहते हैं। ऐसा करने में सदैव यह ध्यान रखा जाता है कि वे एक-दूसरे के प्रयत्नों में बराबर तालमेल और सहयोग बनाए रखें। कुछ समय के बाद (यह अवधि पहले से ही तय कर ली जाती है) विभिन्न समूहों के सभी विद्यार्थी अपनी-अपनी उपइकाइयों में अर्जित अधिगम अनुभवों की एक साथ बैठकर चर्चा और समीक्षा करते हैं। एक प्रकार से वे यहाँ, जो कुछ उन्होंने उपइकाई विशेष में अधिगम अनुभवों के रूप में अर्जित किया है, उससे दूसरे समूह के सदस्यों को भलीभाँति परिचित कराते हैं। दूसरे शब्दों में एक समूह अपने द्वारा अर्जित अधिगम अनुभवों का शिक्षण दूसरे अन्य समूहों के सम्मुख करता है। इस प्रकार पूरी इकाई से सम्बन्धित विषयवस्तु का ज्ञान और बोध हो जाने के उपरांत पुनः अपने-अपने समूहों (Teams) में काम करने का एक बार फिर अवसर दिया जाता है ताकि वे आपस में पूर्ण सहयोग करते हुए पूरी इकाई का अधिक अच्छी गहराई और समझबूझ से अध्ययन कर सकें और फिर इसके आधार पर कक्षा के सभी विद्यार्थियों में इस प्रकार के अधिगम परिणामों का संप्रेषण और आदान-प्रदान हो जाए।

प्रारूप (II): दूसरी प्रक्रिया में कक्षा के विद्यार्थियों से एक समूह प्रोजेक्ट पर कार्य करने के लिए कहा जा सकता है। यदि इस प्रोजेक्ट का चयन विद्यार्थियों की सहमति से किया जाए तो और भी अच्छा रहता है। इस प्रकार के समूह प्रोजेक्ट पर कार्य करने से विद्यार्थियों को सहयोगपूर्ण वातावरण में सहकारी अधिगम उपागम के बहुत उपयोगी अवसर उपलब्ध होते हैं। समूह के द्वारा जिस प्रोजेक्ट पर भी काम किया जाए अथवा किसी भी तरह का सामूहिक सर्वेक्षण और अनुसंधान कार्य किया जाए यह अच्छी तरह से संरचित और नियोजित होना चाहिए ताकि विद्यार्थियों में उच्चकोटि के चिन्तन, विश्लेषण और मूल्यांकनात्मक कौशलों का विकास हो सके। इस प्रकार के कार्य द्वारा विद्यार्थियों को समूह के अन्तर्गत मिलजुल कर काम करना सीखने हेतु विभिन्न प्रकार की प्रयोगात्मक, प्रदर्शनात्मक और क्रियात्मक योग्यताओं के विकास का भी समुचित अवसर दिया जाना चाहिए।

प्रारूप (III): सहकारी अधिगम की इस तीसरी प्रकार की व्यवस्था में कक्षा के विद्यार्थियों को छोटे-छोटे समूहों में इस तरह बाँटा जाता है कि प्रत्येक समूह या टीम में विभिन्न योग्यताओं से युक्त 4 या 5 विद्यार्थी विद्यमान रहें। अब प्रत्येक टीम को जो पाठ या इकाई अध्यापक द्वारा पढ़ा दी गई होती है, उसी का पुनः अवलोकन, अधिगम, बोध, चिन्तन या मनन आदि करने के लिए कहा जाता है। उद्देश्य यह होता है कि पाठ या इकाई विशेष के अधिगम में कक्षा के सभी विद्यार्थी स्वामित्व अधिगम स्तर पर पहुँच जाएं। इस लक्ष्य को सहकारी अधिगम उपागम अपनाकर प्राप्त करने

का यहाँ प्रयत्न किया जाता है। अपनी-अपनी टीमों के सभी विद्यार्थी एक-दूसरे के साथ पूरा सहयोग करते हैं, जो जिसको अच्छी तरह आता है, वह बात वह अपने अन्य साथियों को ठीक तरह समझाता है। किसी एक बात को अच्छी तरह जानने और समझने हेतु सब मिलजुल कर प्रयास करते हैं और इस तरह यह पूरी कोशिश की जाती है कि टीम में शामिल सभी विद्यार्थी अपेक्षित अधिगम अर्जन में स्वामित्व स्तर (Mastery level) प्राप्त कर लें। इस प्रकार के सहकारी प्रयत्नों के बाद कक्षा के सभी विद्यार्थियों को उनकी व्यक्तिगत उपलब्धि या निष्पति के मूल्यांकन हेतु सामूहिक परीक्षा ली जा सकती है और फिर उसके परिणाम के आधार पर उनकी टीमों की ग्रेडिंग कर उन्हें यथोचित सम्मान/सर्टीफिकेट आदि प्रदान किए जा सकते हैं।

प्रारूप (IV): एक अन्य सहकारी अधिगम व्यवस्था में पारस्परिक प्रश्नोत्तर व्यूह रचना को शामिल किया जा सकता है। इसका प्रयोग किसी भी आयु के विद्यार्थियों और विविध विषयों के लिए किया जा सकता है। इस व्यवस्था में शुरूआत एक अध्यापक के द्वारा किसी एक पाठ या उसके किसी अंश या भाग को पढ़ाने के द्वारा होती है। इसके पश्चात् कक्षा के तीन-तीन विद्यार्थियों के अलग-अलग समूह बना लिए जाते हैं। अपने अपने समूहों के अन्तर्गत बालक पाठ विशेष की विषयवस्तु के सम्बन्ध में (जिसका शिक्षण अध्यापक के द्वारा कक्षा में किया गया था) आपस में प्रश्न पूछते हैं और उत्तर देते हैं। प्रश्नोत्तर प्रणाली का प्रयोग यहाँ बालकों के द्वारा कैसे किया जाए, इस सम्बन्ध में उनको अध्यापक द्वारा पूर्व प्रशिक्षण भी दिया जा सकता है। अपने-अपने समूह में बालक इस तरह पूछे जाने वाले प्रश्नों की रचना भी स्वयं करते हैं और अपनी समझ के हिसाब से एक-दूसरे के द्वारा पूछे गए प्रश्नों का भलीभाँति उत्तर देने का प्रयत्न करते हैं। यह कार्य बारी-बारी से होता है। एक प्रश्न पूछता है और दो बारी-बारी से उत्तर देते हैं। यह प्रक्रिया तब तक चलती रहती है जब तक कि वे विषय विशेष के अधिगम हेतु वांछित ज्ञान की प्राप्ति न कर लें। परम्परगत चर्चा समूह से इस प्रकार की व्यवस्था में प्रश्नोत्तर प्रणाली से होने वाली चर्चा अधिक प्रभावपूर्ण सिद्ध हो सकती है क्योंकि यहाँ अध्यापक द्वारा प्रस्तुत की गई विषय सामग्री के बारे में अधिक गहराई से चिन्तन सम्भव है और दूसरी बड़ी बात यह है कि यह सब कार्य बालकों द्वारा अकेले-अकेले नहीं बल्कि समूह के अन्तर्गत किया जाता है जिससे उन्हें सहकारी अधिगम के लाभ अनायास ही प्राप्त हो जाते हैं।

प्रारूप (V): सहकारी अधिगम हेतु अपनायी गई इस पांचवी कार्य प्रणाली में विषयवस्तु से सम्बन्धित एक इकाई को कक्षा की 5 या 6 टीमों (प्रत्येक टीम में 5 या 6 विद्यार्थी विभिन्न योग्यता स्तरों के भी हो सकते हैं) में सहकारी अधिगम हेतु वितरित कर दिया जाता है। किसी भी एक टीम में हर एक विद्यार्थी को इकाई विशेष के किसी भाग या उपइकाई के अधिगम अर्जन के लिए उत्तरदायी बना दिया जाता है। इसी उप-इकाई के अधिगम अर्जन के लिए दूसरी सभी टीमों में कोई न कोई एक विद्यार्थी अवश्य ही उत्तरदायी होता है। इस प्रकार से कक्षा की विभिन्न टीमों के वे सभी विद्यार्थी जो किसी उपइकाई विशेष के अधिगम अर्जन के प्रति उत्तरदायी बनाए

जाते हैं, उन्हें आपस में तालमेल रखकर पारस्परिक सहयोग करने की पूरी छूट रहती है और यही उनसे यहाँ अपेक्षा भी की जाती है। इस तरह टीम विशेष के सभी सदस्य अपनी-अपनी उप-इकाइयों से सम्बन्धित विषयवस्तु का भलीभाँति ज्ञान, अवबोध और उससे सम्बन्धित कौशलों एवं उपयोग क्षमता का विकास करने में अधिक से अधिक योग्यता और सामर्थ्य अर्जित करने का प्रयत्न करते रहते हैं। एक निश्चित अवधि के बाद (जो पूर्व निर्धारित होती है) टीम के सदस्य एक साथ बैठकर अपनी-अपनी अधिगम उपलब्धियों से एक दूसरे को परिचित कराते हैं, (दूसरे शब्दों में उसका शिक्षण प्रदान करते हैं), आवश्यक विचार-विमर्श तथा चर्चाओं का आयोजन किया जाता है तथा आवश्यकता पड़ने पर शिक्षक का मार्गदर्शन भी इकाई विशेष के अधिगम के स्वामित्व अर्जित करने में प्राप्त किया जा सकता है। अगर इसमें कुछ कमी रह जाती है तो विद्यार्थी पुनः अपनी-अपनी टीमों के सामूहिक सहकारी प्रयासों से उसे दूर करने का प्रयत्न करते रहते हैं।

सामाजिक अधिगम (Social Learning)

अपने शाब्दिक अर्थ में सामाजिक अधिगम, उस प्रकार के अधिगम के लिए प्रयुक्त किया जाता है जो अन्य व्यक्तियों (अपने से बड़े और अधिक ज्ञानवान सहपाठी) की सामाजिक संगति में विकासशील बालकों द्वारा अवलोकन से प्राप्त अनुभवों के परिणाम के रूप में प्राप्त होता है। इस प्रकार के अवलोकन से प्राप्त अनुभव और उनका अनुकरण तथा अभ्यास उन्हें उनके अधिगम और समायोजन में काफी सहायक सिद्ध हो सकता है।

एक उपागम और अधिगम के सिद्धान्त के रूप में सामाजिक अधिगम सर्वप्रथम एक सामाजिक मनोवैज्ञानिक अल्बर्ट बंडूरा (1977) द्वारा प्रकाश में लाया गया। जैसा कि बंडूरा ने अपने सामाजिक अधिगम सिद्धान्त द्वारा प्रतिपादित किया है कि हम जो कुछ भी अधिगम करते हैं सामान्यतया उसमें से अधिकांश दूसरे व्यक्तियों को देखकर और सुनकर अर्जित किया जाता है। बालकों में शुरू से ही अपने परिवेश में विद्यमान सभी बातों और प्रक्रियाओं का गहन अवलोकन करने की आदत होती है और इसी के फलस्वरूप वे दूसरों के विशेषकर अपने माता-पिता, परिवार के सदस्य, अपने अध्यापक तथा अपने से अन्य बड़ों के व्यवहार का अवलोकन करते रहते हैं। उनका यह अवलोकन, केवल अवलोकन तक ही सीमित नहीं रहता बल्कि वे जो देखते हैं उसका अनुकरण करने की कोशिश करते हैं। निरीक्षण अथवा अवलोकन जन्य अधिगम को अर्जित करने की क्षमता या योग्यता बालकों में कितनी होती है, इस बात को प्रयोगशाला परीक्षणों तथा दिन-प्रतिदिन की बातों का अवलोकन कर अच्छी तरह सिद्ध किया जा सकता है। एक बालक जब अपने पिता अथवा परिवार के बड़े सदस्यों को भोजन की थाली सिर्फ इस वजह से फेंकते हुए देखते है क्योंकि उस थाली में उस सदस्य की पसन्द का भोजन नहीं है तब वह बालक स्वतः ही इस प्रकार के व्यवहार सम्बन्धी अनुभवों को अर्जित करना और इस अर्जित व्यवहार को ऐसी ही

परिस्थितियों में ज्यों की त्यों प्रस्तुत करना सीख जाता है। इसी तरह एक बालक अपने उन चहेते अभिनेताओं के व्यवहार को अपने व्यवहार में शामिल करने और उनका अनुकरण करना सीख जाता है जिनके बारे में वह कहानी और उपन्यासों में पढ़ता है, टेलीविजन के पर्दे पर और चलचित्रों में देखता है। इन परिस्थितियों में वे व्यक्ति जिनके व्यवहार का अवलोकन कर वह अपने व्यवहार में उतारने अथवा अनुकरण करने का प्रयत्न करता है उन्हें मॉडल या प्रतिमान की संज्ञा दी जाती है और इसी अर्थ में निरीक्षण या अवलोकनात्मक अधिगम को प्रतिमानीकरण अथवा मॉडलिंग (Modelling) का भी नाम दिया जाता है।

समेकित शिक्षा व्यवस्था में एक शिक्षण व्यूहरचना के रूप में सामाजिक अधिगम (Social Learning as a Teaching Strategy in Inclusive Set up)

अलग अलग प्रकार से योग्य या अक्षमता युक्त बालकों के समेकित शिक्षा व्यवस्था में अधिगम के लिए सामाजिक अधिगम को एक उपागम और व्यूहरचना के रूप में प्रभावपूर्ण ढंग से उपयोग में लाया जा सकता है। यहाँ एक अध्यापक, प्रशिक्षक, अक्षमता रहित सहपाठी, यहाँ तक कि अक्षमता से प्रभावित ज्यादा योग्य सहपाठी, विभिन्न प्रकार की अक्षमताओं से युक्त विद्यार्थियों की अधिगम जरूरतों को पूरा करने तथा सहायता करने के लिए एक मॉडल का कार्य कर सकते हैं। बूंडरा (1977) द्वारा बताए गए निम्न सोपान समेकित कक्षा कक्ष व्यवस्था के विद्यार्थियों के शिक्षण और अधिगम के लिए सामाजिक अधिगम व्यूहरचना का उपयोग करने में अपनाए जा सकते हैं:

प्रथम सोपान-1. व्यवहार के प्रति ध्यान देना और उसका प्रत्यक्षीकरण (Attending to and perceiving the behaviour): इस प्रथम सोपान में अधिगमकर्ता (Learn) से यह अपेक्षा की जाती है कि वह किसी व्यक्ति विशेष (जिसे उसके सामने एक प्रतिमाम या मॉडल के रूप में प्रस्तुत किया जा रहा है) के व्यवहार पर अपना ध्यान केन्द्रित कर उसका ठीक तरह से अवलोकन या निरीक्षण करे। यहाँ अधिगमकर्ता इस बात के लिये स्वतन्त्र होता है कि वह मॉडल के सम्पूर्ण व्यवहार या उसकी व्यवहारगत कुछ बातों के प्रति आकर्षित होकर उनको अपने निरीक्षण या अवलोकन का विषय बनाये।

द्वितीय सोपान-2. व्यवहार को याद रखना (Remembering the behaviour): इस द्वितीय सोपान में अधिगमकर्ता से यह अपेक्षा की जाती है कि सम्पूर्ण व्यवहार या उससे सम्बन्धित बातों के ऊपर ध्यान देकर जिनका उसके द्वारा निरीक्षण या अवलोकन किया गया है उनके प्रभाव को मानसिक बिम्बों के रूप में अपनी स्मृति में धारण कर ले।

तृतीय सोपान-3. स्मृति की क्रियात्मक रूप में परिणिति (Converting the memory into action): इस सोपान में अधिगमकर्ता से यह अपेक्षा की जाती है कि वह उस व्यवहार को, जिसका उसके द्वारा अवलोकन तथा स्मृति मे धारण हुआ है उसका अच्छी तरह विश्लेषण कर यह जानने का प्रयत्न करे कि उसकी तथा उसके

परिवेश सम्बन्धी परिस्थितियों तथा आवश्यकताओं के संदर्भ में अवलोकन किये गये व्यवहार में से क्या कुछ अनुकरणीय है। इस तरह के निष्कर्ष पर पहुँचकर ही अधिगमकर्ता के द्वारा अनुकरणीय व्यवहार के अनुकरण हेतु अपने प्रयत्न करने चाहियें। इस तरह अधिगमकर्ता द्वारा निरीक्षित मॉडल के व्यवहार सम्बन्धी उन्हीं बातों का अनुकरण कर अपने व्यवहार का अंग बनाने के लिये कदम उठाये जाते हैं जिन्हें वह ठीक समझता है।

चतुर्थ सोपान-4. अनुकरण किए गए व्यवहार का पुनर्वलन (Reinforcement of the imitated behaviour): इस अतिम सोपान में अधिगमकर्ता द्वारा मॉडल के व्यवहार का अनुकरण किए जाने पर उस व्यवहार को उचित रूप में अपनाने तथा आगे भी जारी रखने के लिए पुनर्बलन प्रदान किया जाना चाहिए।

इस प्रकार से उपरोक्त अवस्थाओं या सोपानों (जो व्यक्ति के सामाजिक अधिगम मे शामिल होते हैं) का अनुकरण करते हुए समेकित शिक्षा व्यवस्था से सम्बन्धित बालकों की शिक्षा, समायोजन और विकास के लिए उपयुक्त अधिगम अर्जन करने में सामाजिक अधिगम व्यूह रचना की भलीभांति सहायता ली जा सकती है।

मित्र प्रणाली (Buddy System)

समेकित शिक्षा व्यवस्था में अक्षम बालकों की विशेष आवश्यकताओं को पूरा करते हुए उनकी उचित शिक्षा, समायोजन तथा अक्षमता रहित बालकों के साथ उनकी शिक्षा तथा सर्वांगीण विकास सम्बन्धी समान अवसर प्रदान करने हेतु व्यक्तिगत ध्यान देने की बहुत आवश्यकता रहती है। एक कक्षा अध्यापक/विषय अध्यापक के लिए इस चुनौती से निपटना आसान नहीं है। इस शिक्षा व्यवस्था में कक्षा अथवा किसी भी कार्यकारी परिस्थिति में गामक/शारीरिक रूप से अक्षम बालकों की उपस्थिति हो सकती है जो विभिन्न अधिगम परिस्थितियों में अंग संचालन हेतु विविध प्रकार की सहायता और सहयोग की अपेक्षा करते हैं, जैसे-अपनी पुस्तक के पृष्ठों को पलटना, अपने हाथों से वस्तुओं को भलीभांति सम्भालना और उन्हें प्रयोगशाला/कार्यशाला की मेजों पर रखकर कार्य करना तथा पाठ्य या सहपाठ्य क्रियाओं से सम्बन्धित विभिन्न प्रकार के प्रयोगात्मक तथा गत्यात्मक कार्यों को पूरा करना आदि। इसी प्रकार से श्रवण अक्षमतायुक्त बच्चे अध्यापक द्वारा कक्षा में दिए गए व्याख्या के नोट्स, या अनुदेशनों को लिखित रूप में या गृह कार्य, अधिन्यास और प्रोजेक्ट कार्य के रूप में शिक्षक के द्वारा जो कुछ काम दिया गया है उसे लिखित रूप में अपने सहपाठियों की सहायता से प्राप्त करने की जरूरत महसूस करते हैं तो दूसरी तरफ दृष्टि अक्षमता से युक्त बच्चे यह जरूरत महसूस करते हैं कि उनके साथ में पढ़ने वाले सहपाठी अध्यापक द्वारा कक्षा में जो कुछ लिखित रूप में प्रस्तुत किया गया है उसे सुनाने या उसका अनुवाद करने तथा विद्यालय में इधर-उधर जाने में उनकी सहायता करें। इसी प्रकार बौद्धिक अक्षमता, ऑटिज्म, अधिगम अक्षमता से पीड़ित बच्चे समेकित शिक्षा

व्यवस्था में अपना समायोजन स्थापित करने मे सहायता प्राप्त करने की जरूरत महसूस कर सकते हैं। साथ ही वे अपनी अधिगम विकासात्मक जरूरतों के लिए साथियों की मदद चाहते हैं। विद्यालय में इस तरह से प्रत्येक जरूरतमन्द छात्र को सहायता करने के लिए इतने मानव संसाधन उपलब्ध नहीं हो सकते हैं जब तक कि इन कार्यों में कक्षा में उपस्थित छात्रों की सहायता ना ली जाए। इसके अतिरिक्त इसकी उपलब्धि उन्हें अपने उन व्यक्तियों के माध्यम से होनी चाहिए जो अक्षम बालकों की विशिष्ट आवश्यकताओं को उचित समय पर उचित रूप में पूरा करने के सन्दर्भ में प्रशिक्षित हों।

मित्र प्रणाली को अपनाने की बात उपरोक्त वर्णित परिस्थितियों से सम्बन्धित मांगों की पूर्ति हेतु ही की जाती है जो एक समेकित कक्षा व्यवस्था में अधिगम आवश्यकताओं को पूरा करने के लिए सामने आती रहती हैं। यहाँ प्रश्न यह उठता है कि मित्र प्रणाली (Buddy System) से हमारा क्या अभिप्राय है? ये बडी (मित्र) कौन होते हैं और उन्हें अपने जरूरतमन्द सहपाठियों की सहायता करने के लिए किस प्रकार की भूमिका निभाने की आवश्यकता होती है।

समेकित कक्षा व्यवस्था के सम्बन्ध में ये मित्र (Buddies), छात्र स्वयंसेवक होते हैं। ज्यादातर तो इस कार्य हेतु अक्षमतारहित विद्यार्थियों के समूह में से ही उसी आयु और ग्रेड के सहपाठियों का चयन किया जाता है। फिर उन्हें अपने अलग-अलग योग्यताओं वाले सहपाठियों की आवश्यकताएं समझने और उन्हें उचित समय पर उचित प्रकार से सहायता और मदद प्रदान करने के सम्बन्ध में प्रशिक्षण प्रदान किया जाता है।

अधिकतर वह प्रणाली, जिसे सहपाठी-सहपाठी मित्रप्रणाली (दो या दो से अधिक विद्यार्थियों का मित्रों के रूप में जोड़ा बनाना) कहते हैं, का उपयोग ही समेकित शिक्षा व्यवस्था में अक्षम और विकलांगों की उनके समायोजन और शिक्षा में, उचित सहायता प्रदान करने के लिए किया जाता है। इस प्रणाली में एक अक्षम या विकलांग सहपाठी की एक दूसरे सहपाठी या मित्र मंडली के नाम से विदित, सहपाठियों (जो कक्षाकक्ष परिस्थितियों में एक ही कक्षा के विद्याथी होते हैं) या आगे की बड़ी कक्षा में पढ़ने वाले वरिष्ठ विद्यार्थी (जो कक्षा के बाहर के विद्यार्थी परिवेश में प्रयुक्त होते हैं) के एक लघु समूह द्वारा सहायता की जाती है। विद्यार्थियों का यह समूह अपने आकार में छोटा बड़ा हो सकता है परन्तु प्रत्येक अवस्था में यह सुनिश्चित किया जाता है कि किसी एक अक्षमताहीन सामान्य छात्र (मित्रमंडली में से एक) की उपस्थिति मित्रमंडली में शामिल अक्षम बालक की सहायता तथा समायोजन हेतु अवश्य होनी चाहिए।

जहाँ तक मित्रमंडली द्वारा उसके निभाए जाने वाले उत्तरदायित्वों का सम्बन्ध है, उसके द्वारा विद्यालय की पाठ्य और सहपाठ्य क्रियाओं और गतिविधियों में अपनी भूमिका के निर्वहन सम्बन्धी उचित अवसर प्राप्त होते रहते हैं। मित्रमंडली (अक्षमता रहित तथा अक्षमता युक्त बालक जो एक मित्रमंडली में शामिल रहते हैं) अब कक्षा

कक्ष परिस्थितियों में साथ मिलकर अपने सभी कार्य करती रहती है और आवश्यक रूप से सभी उपकरणों को उपयोग में लाने का काम भी मिलजुल कर चलता रहता है। प्रोजेक्ट गतिविधियों तथा सामूहिक गतिविधियों मे भी वे आपस में मिलजुल कर कार्य करते रहते हैं। सभी प्रकार की सहपाठ्य क्रियाओं (खेलकूद क्रियाओं सहित) में भी इन अक्षमतायुक्त और अक्षमतारहित मित्रों का समूह सहयोगपूर्ण ढंग से आवश्यक क्रियाओं के सम्पादन में कार्यरत दिखाई देता है। उनकी ये सामूहिक और मित्रवत गतिविधियां विद्यालय की चारदीवारी तक ही सीमित नहीं रहती बल्कि उन्हें एक दूसरे के पारिवारिक उत्सवों तथा समुदाय में चलने वाली विभिन्न गतिविधियों में भी पारस्परिक रूप से भागीदारी निभाते हुए देखा जा सकता है।

मित्रप्रणाली को ठीक प्रकार से काम में लाने सम्बन्धी आवश्यक बातें
(The Essentials for Successful Employment of Buddy System)

समेकित शिक्षा व्यवस्था में अपने उद्देश्यों की प्राप्ति के सम्बन्ध में मित्रमंडली को ठीक प्रकार से उपयोग में लाने हेतु निम्न बातें काफी सहायक सिद्ध हो सकती हैं:

1. समेकित शिक्षा व्यवस्था में मित्रमंडली प्रणाली के उपयोग के लिए पहल करते समय शिक्षकों/विद्यालय अधिकारियों को अपने विद्यार्थियों के साथ एक ओरिएन्टेशन वार्ता या संवाद आदि का आयोजन करना चाहिए जिसमें उन्हें यह बताया जाए कि उनके विभिन्न अक्षमता वाले सहपाठियों को समेकित शिक्षा व्यवस्था में उनके साथ अपने समायोजन और शिक्षा में किस प्रकार की कठिनाइयों का सामना करना पड़ता है। उनको इस प्रकार की बात बता देने के पश्चात् अब उनसे अपने आप स्वेच्छा से एक स्वयंसेवक के रूप में अक्षम और विकलांग बालकों की सहायता और विकास हेतु काम करने के लिए आगे आने की बात कही जानी चाहिए। अब इन स्वयंसेवकों की सहायता से ही मित्रप्रणाली चालू करने के लिए पहल की जा सकती है।

2. मित्रमंडली संचालन में अक्षमता रहित स्वयंसेवकों के चुनाव हेतु काफी सावधानी रखने की आवश्यकता है। यहाँ अक्षम और विकलांग विद्यार्थियों के लिए मित्रों का काम करने वाले स्वयंसेवको में आवश्यक परिपक्वता, दयालु और परोपकारी भाव तथा सहयोगी प्रवृत्ति का होना तो आवश्यक है ही साथ ही उनके पास अपने इस मित्रमंडली में शामिल अक्षम/विकलांग विद्यार्थी के साथ सभी पाठ्य और पाठान्तर क्रियाओं में उचित सहयोग करते हुए उसकी समायोजन और अधिगम सम्बन्धी विशिष्ट आवश्यकताओं को पूरा करने की क्षमता और धैर्य भी होना चाहिए।

3. जो भी अक्षमता रहित सामान्य विद्याथीं मित्रप्रणाली में स्वयंसेवक की भूमिका निभाएं उन्हें इसके निर्वाह हेतु उचित रूप से समुचित प्रशिक्षण दिया जाना आवश्यक है। ताकि वे (i) अपने अक्षम मित्र के लिए सभी कुछ करने की पहल कर उसे अपने ऊपर पूरी तरह आश्रित न बना लें (ii) उन्हें अच्छी तरह से प्रशिक्षित कर इस बात में समर्थ बनाया जाना चाहिए कि वे अपने अक्षमता युक्त विकलांग मित्र की उन आवश्यकताओं की पूर्ति कर सकें जिससे उसे समेकित शिक्षा व्यवस्था में अपने

आपको समायोजित कर दूसरे सामान्य बालकों के साथ कार्य करते हुए अधिगम और प्रगति हेतु मिलने वाले अवसरो से लाभ उठाने में आवश्यक सहायता मिल सके।

4. मित्र समूह में जो भी मित्र सदस्य हैं, उन सबको एक दूसरे को एक योग्य और किसी न किस गुण या कौशल से युक्त मानव के रूप में देखना चाहिए चाहे उनकी शारीरिक क्षमता में किसी भी प्रकार की भिन्नताएं क्यो न हों। अलग अलग योग्यता वाले छात्र भी अनेक प्रकार के कौशलों से युक्त हो सकते हैं (अपने किसी भी एक या ज्यादा विकासात्मक क्षेत्र में क्षतिग्रस्तता के बावजूद) और अक्षमता रहित मित्र भी अपनी मित्रमंडली में शामिल अक्षमता युक्त साथियों से अनेक अनेक प्रकार के कौशलों का अधिगम कर सकते हैं। उदाहरण के लिए एक श्रवण अक्षमता युक्त साथी एक अच्छा फोटोग्राफर, कार्टूनिस्ट, चित्रकार, कवि, क्राफ्टमैन हो सकता है, इसी तरह एक दृष्टि अक्षमता युक्त साथी एक कुशल संगीतज्ञ (गायक, वादक) या कोई सृजनकार हो सकता है। अतः मित्रमंडली मे शामिल सभी मित्रों के सम्बन्ध इस प्रकार के होने चाहिए कि सभी अपनी अपनी क्षमता और योग्यतानुसार एक दूसरे की पाठ्य एवं सहपाठ्य क्षेत्रों में सहायता करते हुए प्रगति करें।

5. समेकित व्यवस्था में इस प्रकार की मित्र मंडली प्रणाली का उपयोग करते हुए यह भी ध्यान रखना चाहिए कि एक अक्षमता रहित छात्र सदैव एक ही समूह में कार्य न करें। उसे अलग-अलग समूहों में एक निर्धारित अवधि के पश्चात् स्थानान्तरित करते रहना चाहिए। ताकि उसे यह शिकायत करने का मौका न प्राप्त हो कि वह लम्बे समय से एक ही विशेष प्रकार की अक्षमतायुक्त छात्र के साथ कार्य कर रहा है। उन्हें कक्षा में उपस्थित सभी अक्षम या विकलांग छात्रों के साथ परस्पर अतःक्रिया करने और एक दूसरे की योग्यता से परिचित होने का अवसर प्राप्त होना चाहिए।

मित्र प्रणाली के लाभ (Benefits of Buddy System)

जैसा कि हम जानते हैं मित्रता में दोनों ही टीम विजित स्थिति में रहती हैं। यही बात समेकित व्यवस्था में कार्यरत मित्रमंडली के दोनों समूहों के साथ सत्य सिद्ध होती है। कान्वे (Canway (2008) के अनुसार कक्षाकक्ष के भीतर और बाहर मित्रप्रणाली का उपयोग अक्षम और अक्षमतारहित बालकों को निम्न रूप में लाभकारी सिद्ध हो सकता है:

अक्षमतारहित बालकों के लिए लाभ (Benefits for Non-disabled)

अक्षम या विकलांग बालक का मित्र बनने पर अक्षमता रहित बालक निम्न प्रकार से लाभान्वित हो सकता है:

(i) उन्हें ऐसे बालकों के साथ अन्तःक्रिया करने का अवसर मिलता है जिनके साथ उन्हें अन्तःक्रिया करने का मौका पहले कभी नहीं मिला था।

(ii) विभिन्नताओं (अक्षमताओं) के प्रति जागरूकता और सम्मान की भावना विकसित होती है जो उनको सामाजिक और संवेगात्मक रूप मे अपना विकास करने में सहायता करती है।

(iii) इन बालकों मे किसी कार्य या क्रिया (पाठ्य एवं सहपाठ्य क्षेत्रों से सम्बन्धित) की गहन समझ विकसित होती है क्योंकि वे अपने मित्रसमूह के अक्षम सहपाठी की विषय सम्बन्धी विचारों और नियमों को स्पष्ट करने में सहायता करते हैं।

(iv) अपने अक्षम/विकलांग मित्र से कई प्रकार के सकारात्मक कौशलों को सीखते हैं, एक नए और विभिन्न परिप्रेक्ष्य से वस्तुओं को देखना सीखते हैं, तथा जिन बातों को वे यों ही सामान्य सी बात समझते थे, जैसे श्रवण एवं दृष्टि इन्द्रिय क्षमता, श्रेष्ठ बौद्धिक विकास, लोकोमोटर योग्यता आदि जिन सबसे उनके अक्षम/विकलांग साथी/मित्र वंचित है उनका मूल्य और महत्व समझने लगते हैं।

अक्षमों/विकलांगों के लिए लाभ (Benefits to Disabled)

अच्छी प्रकार से नियोजित और भलीभांति क्रियान्वित मित्रप्रणाली से अक्षमता युक्त छात्रों को भी काफी फायदा होता है जैसे:

(i) उन्हें उनके सामने प्रदर्शित सामाजिक एवं शैक्षणिक कौशलों से परिचित होने का मौका मिलता है।

(ii) साथी बालकों की भाषा में स्पष्ट की गई बातें सुनकर आसानी से समझ में आ जाता है।

(iii) एक व्यस्त विद्यालय परिवेश में बड़ों (अध्यापक तथा प्रशिक्षकों) के द्वारा व्यक्तिगत रूप से प्रत्येक अक्षम बालक पर ध्यान दिया जाना या पूरी तरह सहायता प्रदान करना संभव नहीं हो पाता है परन्तु मित्रप्रणाली में यह भलीभांति संभव हो जाता है।

(iv) अक्षम बालक ज्यादा आत्मनिर्भर, आत्मविश्वास से पूर्ण और दूसरों से जुड़ा हुआ महसूस करते है।

परावर्ती या चिन्तनपूर्ण शिक्षण (Reflective Teaching)

कक्षाकक्ष में शिक्षण सामान्यत: तीन स्तरों–स्मृति स्तर, बोध स्तर और चिन्तन स्तर पर आयोजित किया जाता है। परम्परागत अधिगम के व्यवहारवादी सिद्धान्त पर आधारित स्मृति स्तर के शिक्षण का उद्देश्य सूचनाओं को सीधे विद्यार्थियों के मस्तिष्क में उड़ेलना होता है जिससे कि वे उन सूचनाओं को भलीभांति समझने, बोध करने या अनुप्रयोग की परवाह किए बिना पूरी तरह रट लें। अवबोध स्तर का शिक्षण स्मृति स्तर की तुलना में शिक्षण अधिगम प्रक्रिया में संपेक्षिक रूप से थोड़े उच्च स्तर का प्रतिनिधित्व करता है। किसी एक शिक्षण अधिगम परिस्थिति में जो कुछ पढ़ाया या अधिगम कराया गया है यह उसको अर्थ प्रदान करता है। विद्यार्थी एक अधिगम परिस्थिति मे सीखे गए ज्ञान और सामान्यीकरण का प्रयोग दूसरे अधिगम या कार्य परिस्थिति में ठीक प्रकार से कर सकते हैं। बहुत अधिक अध्यापक केन्द्रित होने के

कारण अवबोध् स्तर के शिक्षकों द्वारा भी परावर्ती चिन्तन सम्बन्धी ऐसी शक्ति विकसित करने में सहायता नहीं मिलती जो विद्यार्थियों को उनके अधिगम और अर्जित व्यवहार को ग्रहण करने में स्वतन्त्र रूप से समस्या समाधान योग्यता, सृजनात्मकता तथा रचनात्मकता अपनाने में सहायक हो।

इस प्रयोजन को पूरा करने के लिए शिक्षण का आयोजन परम्परागत स्मृति स्तर और अवबोध स्तर के बजाय परावर्ती अर्थात चिन्तन स्तर पर किया जाना चाहिए। आइए देखते हैं कि चिन्तन स्तर पर आयोजित शिक्षण से हमारा क्या अभिप्राय है?

अर्थ एवं परिभाषा (Meaning and Definition)

शब्दकोष के अर्थ के अनुसार चिन्तन स्तर के लिए अंग्रेजी में प्रयुक्त शब्द (Reflecting) का प्रयोग परावर्ती चिन्तन सम्बन्धी प्रक्रिया यानी किसी बात, विचार या कार्य आदि पर गम्भीरता से विचार करने या पूरी तरह ध्यान देने के लिए किया जाता है।

स्मृति तथा बोध स्तर के शिक्षण से जब छात्र तथ्यों को इस प्रकार ग्रहण कर लेते हैं कि उनमें उनके बारे में आवश्यक समझ तथा सूझबूझ विकसित हो जाए तब आगे का शिक्षण मार्ग चिंतन अथवा मनन स्तर (Reflective level) के शिक्षण द्वारा तय किया जाता है। यहाँ नाम के अनुरूप ही विद्यार्थी अर्जित ज्ञान का बहुत ही गहराई से पुनः निरीक्षण तथा अध्ययन करने का प्रयत्न करते हैं। उसके प्रत्येक पहलू के बारे में गहराई से चिंतन, मनन तथा मंथन चलता है जिससे उसके बारे में कोई नवीन तथ्य उभर कर सामने आए, कोई नई सूझबूझ तथा सामान्यीकृत निष्कर्ष निकाले जा सकें, नियम तथा सिद्धान्तों में ऐसे परिवर्तन किए जा सकें कि नवीन तथ्यों को ग्रहण करने तथा विभिन्न समस्याओं के नए समाधान के नए रास्ते सामने आ सकें आदि-आदि। चिंतन स्तर के शिक्षण के इसी स्वरूप को ध्यान में रखते हुए मौरिस एल बिग्गी ने इसे ऐसे शिक्षण की संज्ञा दी है जिसके अंतर्गत, किसी विचार और ज्ञान के अंश की योग्य साक्ष्यों के तहत (जिनके द्वारा उसका अनुमोदन किया जाता है और आगे के निष्कर्ष निकालने में भी मदद ली जाती है) सावधानीपूर्वक समीक्षात्मक ढंग से जाँच या परीक्षा ली जाती है।

"Careful critical examination of an idea or supposed article of knowledge in the light of the testable evidence which supports it and the further conclusions towards which it points."

—Biggie Morris, L., 1967, p. 324.

इस परिभाषा के विश्लेषण से चिंतन स्तर के शिक्षण की प्रकृति और उसकी विशेषताओं के बारे में निम्न निष्कर्ष निकाले जा सकते हैं –

- चिंतन स्तर का शिक्षण विद्यार्थियों को पूर्व अर्जित तथ्यों, विचारों, सूझबूझ तथा सामान्यीकृत निष्कर्षों को पुनः एक बार गहराई से निरीक्षण और समीक्षा करने के अवसर देना चाहता है।
- इस प्रकार के गहरे अध्ययन, चिंतन तथा मनन के लिए विश्वसनीय तथा

कभी भी जाँची परखी जा सकने वाली नए या पुराने साक्ष्यों (Testable evidences) की सहायता ली जा सकती है।

- गहरे अध्ययन, चिंतन तथा मनन के उपरांत पूर्व अर्जित ज्ञान, तथ्य और सामान्यीकृत निष्कर्षों, विचारों तथा सिद्धान्तों में अपेक्षित परिवर्तन लाए जा सकते हैं, नई सूझबूझ विकसित की जा सकती है, नए सिद्धान्तों की रचना की जा सकती है ताकि नवीन तथ्यों को ग्रहण करने, खोजने तथा समस्याओं का नए ढंग से समाधान ढूंढनें में सहायता मिल सके।

चिंतन स्तर के शिक्षण की उपरोक्त प्रकृति एवं विशेषताओं से परिचित हो जाने के बाद यह अच्छी तरह स्पष्ट हो जाता है कि इस स्तर के शिक्षण का आयोजन और संचालन ऐसे काफी ऊँचे बौद्धिक धरातल पर किया जाना चाहिये जिससे विद्यार्थियों की जन्मजात छिपी हुई क्षमताओं और योग्यताओं के उपयोग तथा विकास के अधिक से अधिक अवसर प्राप्त हो सकें। इस प्रकार के अवसर ऐसी शिक्षण-अधिगम परिस्थितियों में ही संभव हैं जहाँ शिक्षण को इस प्रकार समस्या केंद्रित बनाने का प्रयत्न किया जाए कि विद्यार्थी किसी बात को जानने, समझने तथा किसी समस्या विशेष को सुलझाने के लिए बेचैन दिखाई दें तथा फिर उन्हें ऐसा स्वस्थ एवं मुक्त शिक्षण-अधिगम वातावरण प्रदान किया जाए कि वे स्वयं अपने प्रयत्नों से जो कुछ जानते हैं उस पर गहराई से चिंतन मनन करते हुए प्रस्तुत समस्या का हल ढूँढने में सफल हो सकें। इस तरह चिंतन स्तर का शिक्षण अपने वास्तविक रूप में शिक्षण-अधिगम के प्रति अपनाए गए आलोचनात्मक, समस्यात्मक तथा अनुसंधानात्मक दृष्टिकोण का ही प्रतिनिधित्व करता है।

परावर्ती शिक्षण और समेकित कक्षाकक्ष
(Reflective Teaching and Inclusive Classroom)

एक समेकित कक्षाकक्ष व्यवस्था में विभिन्न प्रकार के अधिगमकर्ता होते हैं जिनके अपने अधिगम और विकास से सम्बन्धित क्षमताएँ, रूचियाँ तथा योग्यताएं भी भिन्न-भिन्न प्रकार की होती हैं।

कोई भी एक उपाय चाहे वह सूचनाओं को सीधे ही व्याख्यान के रूप मे प्रदान किया जाए या उन्हें किसी कला और कौशल में प्रशिक्षण दिया जाए उससे समेकित शिक्षा का उद्देश्य पूरा नहीं हो सकता। क्योंकि इसके माध्यम से सभी बालकों को उनकी अधिगम आवश्यकताओं और सामर्थ्य के अनुसार बिना किसी भेदभाव के शिक्षा के समान अवसर एवं साधन उपलब्ध नहीं हो पाते। प्रत्यक्ष शिक्षण और अनुदेशन जिसे स्मृति और बोध स्तर के शिक्षण हेतु काम में लाया जाता है, उसके स्थान पर अब यहाँ परावर्ती स्तर का शिक्षण एक बेहतर विकल्प के रूप में काम में लाया जा सकता है।

इस सम्बन्ध में आगे बढ़ने हेतु एक शिक्षक, समेकेती कक्षा के विद्यार्थियों के सम्मुख निम्न परिस्थितियाँ प्रस्तुत कर सकता है :

(i) एक समस्यात्मक परिस्थिति का समाधान प्राप्त करने का प्रयास करना
(ii) कुछ तथ्यों से परिचित होने के सम्बन्ध मे प्रदत्तों और सूचनाओं का संग्रह करना
(iii) किसी एक सामान्यीकृत सिद्धान्त के अनुप्रयोग के बारे में तथा उस सिद्धान्त का सत्यतामूल्य ज्ञात करना
(iv) अकेले या समूह में कार्य करते हुए अपने आप कोई नई बात या कोई नए उपयोग की किसी बात को प्रस्तुत करना।

इस प्रकार की समस्यात्मक, स्व अधिगम करने वाली और आगे बढ़ने के लिए प्रेरित करने वाली परिस्थितियों में घिर जाने पर समेकित शिक्षा व्यवस्था में प्रत्येक अधिगमकर्ता को अपने अधिमग पथ पर आगे बढ़ने के लिए अपनी स्वयं की योग्यताओं, पूर्व अनुभवों, कौशलों और क्षमताओं को प्रतिबिम्बित करने के लिए पूरी पूरी स्वतन्त्रता मिलती है।

यहाँ किसी एक को किसी दूसरे की प्रतीक्षा नहीं करनी पड़ती है क्योंकि वह अपने अधिगम और विकास के लिए अपनी योग्यता, क्षमता और सामर्थ्य को अपनी तरह से उपयोग में लाने के लिए स्वतन्त्र होता है। बौद्धिक रूप से प्रतिभावान, औसत, मंद बुद्धि या पिछड़े बालक और विभिन्न प्रकार की अक्षमताओं से युक्त बालक जैसे- श्रवण, दृश्य, शारीरिक रूप से अक्षम और अपंग, अधिगम अक्षम तथा मानसिक रूप में औसत से कम सभी बालक इस प्रकार की परावर्ती/चिन्तन स्तर की शिक्षण अधिगम व्यवस्था में अपनी-अपनी शक्तियों और सीमाओं के अनुसार अपने वांछित लक्ष्य और प्रगति को प्राप्त कर सकते हैं।

यह बात कि केवल प्रतिभावान, अक्षमतारहित तथा बौद्धिक रूप से श्रेष्ठ विद्यार्थी ही परावर्ती शिक्षण से फायदा उठा सकते हैं, एकदम से निराधार और बेकार है। सच्चाई इससे एकदम अलग है, क्योंकि प्रत्येक बालक को अपनी स्वयं की सामर्थ्य, क्षमता और विभिन्न योग्यताओं के अनुसार किए गए प्रयत्नों के उचित प्रतिफल प्राप्त करने के अवसर मिलते हैं और उन अवसरों तक सभी की पहुँच होती है। इसके अतिरिक्त परावर्ती शिक्षण व्यवस्था में विद्यार्थियों के लिए काफी सहयोग और सद्भावना पूर्ण वातावरण देखने को मिलता है जबकि परम्परागत स्मृति और अवबोध स्तर के शिक्षण में विद्यार्थियों में एक दूसरे से आगे निकलने की होड़ और अंधी प्रतिस्पर्धा रहती है।

परावर्ती शिक्षण परिस्थितियों मे जब एक दृष्टिहीन बालक अपनी अधिगम और कार्य परिस्थितियों में परावर्ती चिन्तन हेतु उपयुक्त अवसर पाता है तब उसे अपनी दृष्टि के अतिरिक्त अन्य सभी इन्द्रियों को पूरी क्षमता से उपयोग में लाने का पूरा पूरा अवसर मिलता है और इस अवस्था में उसकी सृजनात्मकता और रचनात्मकता अच्छी उड़ान भरती है। यही बात श्रवण अक्षमता से युक्त बालकों के लिए भी सही है। वे किसी वस्तु, प्रक्रिया या घटना का निरीक्षण करते समय उसके निरीक्षण पर पूरी तरह केन्द्रित रह सकते हैं क्योंकि उन्हें अपने ना सुनने की वजह से उचित प्रेक्षण के मार्ग

में कोई अनावश्यक बाधा नहीं आ पाती है और इसलिए वे चीजों को जानने और उपयोग में लाने से सम्बन्धित उपयुक्त परावर्ती चिन्तन में संलग्न रह सकते हैं। अधिगम अक्षम बालक यद्यपि किसी विशेष अधिगम क्षेत्र में कठिनाई का अनुभव करते हैं परन्तु उनमें भी विभिन्न प्रकार के अधिगम और कार्य सम्पादन हेतु प्रचुर क्षमता देखने को मिल सकती है। फलस्वरूप वे भी परावर्ती शिक्षण सम्बन्धी चुनौती का सामना करते हुए अच्छे परिणामों का प्रदर्शन कर सकते हैं।

इसलिए अगर अच्छी तरह से देखा जाए तो ऐसी कोई समस्या ही नहीं है जो विद्यार्थियों की समेकित शिक्षा व्यवस्था में उचित पठन पाठन और विकास प्रक्रिया में परावर्ती शिक्षण व्यूहरचना या प्रविधि को उपयोग में लाने में रूकावट डाले। इससे तो, समेकित शिक्षा व्यवस्था के लिए अति आवश्यक वैयक्तीकरण को अपनाने में भी उचित सहायता मिलती है और अगर अक्षम और अक्षमता रहित बालकों को समेकित शिक्षा व्यवस्था में सहकारी और सहयोगी शिक्षण अधिगम पद्धति को अपनाकर आगे बढ़ा जाए तो बालक पारस्परिक सहयोग से परावर्ती चिन्तन सम्बन्धी चुनौती का भी मुकाबला कर अच्छी तरह लाभान्वित हो सकते है।

बहुइन्द्रिय शिक्षण (Multisensory Teaching)

जैसा कि इसके नाम से ही प्रतीत होता है बहुइन्द्रिय शिक्षण एक ऐसा शिक्षण है जो अनेक इन्द्रियों (दृश्य, श्रवण, घ्राण, स्वाद एवं स्पर्श इन्द्रिय) के उपयोग पर आधरित तरीकों और साधनों को अपनाकर क्रियान्वित या सम्पन्न किया जाता है। चूंकि इन्द्रियों को ज्ञान का प्रवेश द्वार कहा जाता है और इन्हें मूल्यवान अधिगम अनुभवों के अर्जन के लिए प्रमुख साधन माना जाता है, अतः बहुइन्द्रिय शिक्षण, विद्यालय के बच्चों के लिए नियोजित और संगठित किसी भी शिक्षण अधिगम योजना या कार्यक्रम में लाभदायक एवं उपयोगी सिद्ध किए जाने के लिए काफी क्षमता एवं सामर्थ्य रखता है। समेकित शिक्षा व्यवस्था में अध्ययन कर रहे बच्चों के समायोजन और शिक्षा के लिए इसकी उपयोगिता तथा महत्व निम्न कारणों की वजह से कुछ अधिक बढ़ा हुआ दिखाई देता है:

(i) समेकित शिक्षा व्यवस्था में विभिन्न आवश्यकताओं तथा अधिगम सम्बन्धी क्षमता - और सामर्थ्य से युक्त विभिन्न प्रकार के विद्यार्थियों की उपस्थिति पाई जाती है। अब जहाँ अक्षमता रहित विद्यार्थियों या बालकों को सामान्य कक्षा कक्ष व्यवस्था की तरह से ही किसी एक या दो उपलब्ध इन्द्रियजन्य साधनों (जैसे-व्याख्यान, प्रदर्शन, व्याख्यान-सह-प्रदर्शन या सूंघने, चखने तथा स्पर्श करने इत्यादि प्रयोगशाला या कार्यशाला अनुभवों के द्वारा) के द्वारा शिक्षण प्रदान किया जा सकता है। वहीं अक्षमता युक्त विद्यार्थियों के समूह (जिनकी उपस्थिति एक समेकित शिक्षण व्यवस्था में पूरी तरह सम्भव है) के समायोजन तथा शिक्षा हेतु उनकी अक्षमता तथा विशिष्ट आवश्यकताओं की प्रकृति के अनुसार विभिन्न प्रकार की इन्द्रियों का उपयोग करके ही भलीभांति आगे बढ़ा जा सकता है। उदाहरण के लिए—

(a) श्रवण अक्षम बालक अपने सुनने सम्बन्धी क्षमता को लेकर घाटे मे रहते हुए नजर आते हैं और दृष्टि दोषों से युक्त बालक अपने देखने की शक्ति को लेकर नुकसान में रहते है। इन दोनों प्रकार के विद्यार्थियों के लिए इसलिए यह आवश्यक हो जाता है कि उनके घाटे या नुकसान की क्षतिपूर्ति उनके अधिगम तथा समेकित शिक्षा व्यवस्था में समायोजन को लेकर उनके अन्य उपलब्ध इन्द्रियों द्वारा प्राप्त ज्ञान से हो।

(b) बौद्धिक अक्षमताओं से युक्त बालक जो ऑटिज्म या किसी एक या अन्य प्रकार की अधिगम अक्षमताओं से पीड़ित हो, उनका शिक्षण अधिगम प्रक्रिया में बहु इन्द्रिय जनित अनुभवों का उपयोग (विशेषकर स्थूल सामग्री तथा क्रियाओं को स्वयं सम्पादित करने जैसी बातों का उपयोग) काफी लाभदायक सिद्ध हो सकता है।

(c) जो बच्चे गति सम्बन्धी अक्षमताओं और माँसपेशी सम्बन्धी अस्थि दोषों से युक्त होते हैं वे अपनी कर्मेन्द्रिय सम्बन्धी क्षतिग्रस्तता के कारण अपने हाथों से वस्तुओं का संचालन या क्रियात्मक गतिविधियाँ करने में कठिनाई का अनुभव करते हुए पाए जाते हैं। परन्तु ऐसे बालक व्हीलचेयर पर बैठे हुए भी अपनी अन्य इन्द्रियों का उपयोग करते हुए दृश्य-श्रव्य अनुभवों के प्रदर्शन, अपने परिवेश में सूंघने और वस्तुओं और क्रियाओं सम्बन्धी अनुभूति करने तथा सामूहिक वार्तालाप और संप्रेषण से लाभान्वित होकर वांछित अधिगम अनुभव ग्रहण करने में समर्थ रहते हैं।

(d) बहुत से बालक अपनी भाषा सम्बन्धी समस्याओं, बहरा या गूंगा होने, संवेगात्मक गड़बड़ियों या बौद्धिक अक्षमता से युक्त होने आदि की वजह से अपने सम्प्रेषण में कठिनाई का अनुभव करते हैं। इस प्रकार के सम्प्रेषण अक्षमताओं से युक्त बालकों को विभिन्न प्रकार के बहु इन्द्रिय जनित साधनों एवं तरीकों से अपेक्षित अधिगम अनुभव अर्जन करने में उचित सहायता की जा सकती है।

समेकित कक्षाकक्ष व्यवस्था में इस तरह एक विषय विशेष का शिक्षक सभी अधिगमकर्ताओं को उनकी अपनी क्षमताओं या अक्षमताओं, अधिगम शैलियों तथा अधिगम आवश्यकताओं के अनुरूप विभिन्न प्रकार के इन्द्रिय जन्य अनुभव प्रदान करने हेतु बहुइन्द्रिय शिक्षण प्रणाली का सहारा ले सकता है।

उसके द्वारा इस प्रकार बहुइन्द्रिय उपागम का अपने शिक्षण में उपयोग करने के सन्दर्भ में आधुनिक युग का बहुमाध्य तकनीकी ज्ञान काफी उपयोगी सिद्ध हो सकता है। समेकित कक्षाकक्ष व्यवस्था में इस प्रकार की बहुमाध्य तकनीकी के उपयोग में मिश्रित रूप में जिन चीजों का उपयोग होता है वे है टेक्स्ट, ऑडियो, स्थिर चित्र, एनीमेशन, वीडियो या अन्त:क्रियात्मक विषयवस्तु आदि। यह बात कप्यूटर के द्वारा उपलब्ध केवल पाठ्य (Only text) या परम्परागत रूप में उपलब्ध मुद्रित तथा हस्तलिखित सामग्री से काफी भिन्न है क्योंकि यहाँ कंप्यूटर अपने किसी विशेष एप्लीकेशन सॉफ्टवेयर या इंटरनेट एवं वेब सेवाओं के एक से अधिक माध्यमों द्वारा

इन्द्रियजनित अनुभवों के उपयोग से प्रभावशाली शिक्षण अधिगम परिस्थितियाँ उत्पन्न करने के अवसर प्रदान करता है।

आज के समय में मल्टीमीडिया के उपयोग में इतनी अधिक प्रगति आ चुकी है कि अब विद्यार्थियों को मल्टीमीडिया पद्धति तथा तकनीकी केवल देखने और सुनने के द्वारा ही अधिगम अनुभव अर्जित करने के अवसर प्रदान नहीं करती बल्कि आज इसके द्वारा यह भी संभव है कि बालकों को अन्य इन्द्रियजनित अनुभवों-स्वाद, गंध तथा स्पर्श से युक्त अनुभूतियों (जो उन्हें अवास्तविक पदार्थों के ससंर्ग से अनुभूत हो सकती है) की उपलब्धि भी भली भाँति हो सके।

समेकित कक्षाकक्ष में बहुइन्द्रिय शिक्षण हेतु प्रयुक्त मल्टीमीडिया की विशेषतायें (Characteristic Features of Multimedia used in the Inclusive Classroom for Multi-Sensory Teaching)

1. शिक्षण अधिगम में प्रयुक्त मल्टीमीडिया सामग्री अपने आप मे काफी समृद्ध होती है क्योंकि इसमें विभिन्न प्रकार के इन्द्रियजनित तथा बहु-माध्यीय अनुभव–दृश्य-श्रव्य, पाठ्य, ग्राफिक, एनीमेशन तथा अंत:क्रियात्मक आदि शामिल होते हैं।
2. मल्टीमीडिया शिक्षण अधिगम सामग्री का प्रस्तुतीकरण परम्परागत रूप में शिक्षण अधिगम सहायक सामग्री (Audio-Visual Aids) के रूप में भी संभव है परंतु आज कंप्यूटर तकनीकी के उपयोग से यह काफी अच्छे और प्रभावशाली ढंग से सम्भव रहता है।
3. मल्टीमीडिया को कक्षा में जीवन्त (Alive) भी देखा जा सकता है और किसी पर्दे पर प्रक्षेपित भी किया जा सकता है अथवा मीडिया प्लेयर के माध्यम से उपलब्ध कराया जा सकता है।
4. अध्यापक द्वारा अपने पाठ शिक्षण/अनुदेशन/प्रशिक्षण के दौरान इसे लाइव (Live) अथवा रिकॉर्ड किए गए प्रारूप में प्रयुक्त किया जा सकता है।
5. अध्यापक द्वारा डिजिटल ऑनलाइन मल्टीमीडिया प्रस्तुतीकरण हेतु एनॉलॉग (Analog) अथवा डिजिटल तकनीकियों में से किसी एक का सुविधानुसार उपयोग किया जा सकता है।
6. अध्यापक द्वारा अपने मल्टीमीडिया का उपयोग करने हेतु सम्बन्धित वेबसाइट से उसे डाउनलोड किया जाता है या वह उसे बाजार में उपलब्ध मल्टीमीडिया सीडी के रूप में उपलब्ध कर कक्षा शिक्षण अधिगम हेतु प्रयुक्त कर सकता है।
7. आज के समय में उपलब्ध लगभग सभी पर्सनल कंप्यूटर, लैपटॉप, टेबलेट और यहाँ तक स्मार्ट फोनों में मल्टीमीडिया प्रजेन्टेशन का समुचित प्रावधान है। मल्टीमीडिया शिक्षण अधिगम सामग्री से युक्त सीडी को भी भली भाँति प्रदर्शित करने के लिए इनमें मल्टीमीडिया प्लेयरों की समुचित व्यवस्था भी रहती है जिसका लाभ कक्षा शिक्षण में अच्छी तरह प्राप्त किया जा सकता है।

13

सतत एवं समग्र मूल्यांकनः अवधारणा एवं समेकतीकरण में सहायक के रूप में इसके निहितार्थ (CCE—Concept and Implications to Facilitate Inclusion)

सतत एवं समग्र मूल्यांकन क्या है?

(What is Continuous and Comprehensive Evaluation?)

मूल्यांकन को किसी भी शिक्षण अधिगम प्रक्रिया का एक अभिन्न अंग माना जाता है क्योंकि इसी के सहारे यह पता चलता है कि वह अपने आप में किस सीमा तक सफल या किस रूप में असफल रहा। विद्यालय शिक्षा में अभी हाल ही में परम्परागत मूल्यांकन के स्थान पर एक नई मूल्यांकन अवधारणा ने जन्म लिया है जिसे सतत एवं समग्र मूल्यांकन या सीसीई (CCE) के नाम से जाना जाता है। आइए इसके बारे में जाना जाए कि यह किस प्रकार की मूल्यांकन व्यवस्था है और परम्परागत मूल्यांकन से ये कैसे अलग है?

सतत एवं समग्र मूल्यांकन व्यवस्था यह मांग करती है कि मूल्यांकन को शिक्षण अधिगम प्रक्रिया से कोई अलग प्रक्रिया न बनाया जाए बल्कि उसके साथ ही उसे समग्र रूप में स्थान दिया जाए। मूल्यांकन में सततता (Continuity) और समग्रता (Comprehensiveness) बनाए रखना, इन्हीं दोनों बातों पर इस नयी मूल्यांकन व्यवस्था में आवश्यक रूप से जोर दिया जाता है। मूल्यांकन की ये सततता और समग्रता क्या होती है आइए यह जानने का प्रयत्न किया जाए।

मूल्यांकन की सततता (Continuity of Evaluation)

यह सही है कि शिक्षण अधिगम प्रक्रिया के परिणामों से अवगत होने के लिए ही हम मूल्यांकन का सहारा लेते हैं। परिणामों की यह जानकारी हमें विद्यार्थियों के व्यवहार (संज्ञात्मक, क्रियात्मक तथा भावात्मक) में आने वाले पविर्तनों से परिचित कराती है। परंतु यह भी सत्य है कि जैसे-जैसे शिक्षण अधिगम प्रक्रिया चलती है वैसे-वैसे ही विद्यार्थियों के व्यवहार में आने वाले परिवर्तनों की प्रक्रिया भी साथ-साथ शुरू हो जाती है। शिक्षण अधिगम प्रक्रिया के किन प्रयत्नों और किन परिस्थितियों के फलस्वरूप

किस प्रकार के परिवर्तन बालकों के व्यवहार में आए इसकी नवीनतम जानकारी प्राप्त करना काफी महत्वपूर्ण होता है। अब चूंकि परिवर्तन सतत एवं निरंतर चलते ही रहते हैं अत: यह आवश्यक हो जाता है कि इनकी जांच का कार्य भी निरंतर और सतत रूप में चलता रहे। परम्परागत मूल्यांकन प्रणाली में इन परिवर्तनों की जांच इनके सतत एवं निरन्तर रूप में दिए जाने का अभाव रहता है। सत्र या वर्ष के अंत में ली जाने वाली परीक्षाओं में यह पता चलता है कि अपेक्षित परिवर्तन किस रूप में आए हैं और फिर उस आधार पर हम विद्यार्थी को उत्तीर्ण या अनुत्तीर्ण घोषित करते हैं परंतु तब तक बहुत देर हो चुकी होती है। अगर यह पहले ही मालूम हो जाता कि विद्यार्थी के व्यवहार में परिवर्तन अपेक्षित रूप में नहीं हो रहे हैं तो कमजोरियों एवं कठिनाइयों का निदान कर उपयुक्त समाधान तलाश किए जा सकते थे। सतत मूल्यांकन प्रणाली इस गलती को सुधारने की दिशा में एक सशक्त एवं व्यावहारिक कदम है। इस व्यवस्था में विद्यार्थी के व्यवहार में आने वाले पविर्तनों की निरंतर एवं सतत रूप में जांच किए जाने का प्रावधान रहता है ताकि शीघ्र से शीघ्र और समय समय पर हमें अपनी शिक्षण अधिगम प्रणाली में अपेक्षित सुधार लाते रहने के लिए आवश्यक चेतावनी मिलती रहे।

मूल्यांकन की व्यापकता (Comprehensiveness of Evaluation)

जैसा कि पहले कहा जा चुका है कि मूल्यांकन का उद्देश्य शिक्षण अधिगम प्रक्रिया के फलस्वरूप विद्यार्थियों के व्यवहार में आने वाले परिवर्तनों की जांच करना होता है। इस दृष्टि से एक मूल्यांकन द्वारा तभी अपना प्रयोजन ठीक तरह सिद्ध हो सकता है जबकि वह व्यवहार में आने वाले इन सतत पविर्तनों की सतत रूप में जांच करते रहने के साथ-साथ उनकी व्यापक रूप से जांच का भी कार्य करें यानी वह ज्ञानात्मक, क्रियात्मक तथा भावात्मक सभी व्यवहार क्षेत्रों में होने वाले परिवर्तनों का उचित मूल्यांकन तकनीकी का प्रयोग करते हुए समग्र आकलन करें, परम्परागत परीक्षा प्रणाली की तरह आंशिक रूप से नहीं। अब तक हम परम्परागत रूप से विद्यार्थियों की उलपब्धियों का मूल्यांकन करने हेतु जिन परीक्षणों तथा निश्चित अवधि की समाप्ति पर ली जाने वाली छमाही या वार्षिक परीक्षाओं का उपयोग करते रहे हैं उनमें व्यापकता का अभाव रहा है। हम मात्र शैक्षिक उपलब्धि ओर उसमें भी आंशिक ज्ञान तथा कुशलताओं के अर्जन की जांच प्रक्रिया अपनाते रहे हैं। इस प्रकार के मूल्यांकन द्वारा अपेक्षित उद्देश्यों की प्राप्ति (विद्यार्थियों के व्यवहार सम्बन्धी समग्र सभी ज्ञानात्मक, क्रियात्मक तथ भावात्मक क्षेत्रों में आने वाले परिवर्तनों तथा सर्वांगीण विकास होने) से सम्बन्धित जांच और आंकलन का कार्य संभव नहीं है। यह तभी सम्भव है जब मूल्यांकन के द्वारा विद्यार्थियों में होने वाले सभी प्रकार के परिवर्तनों तथा वृद्धि एवं विकास की जांच और आंकलन को अपना उद्देश्य बनाया जाए। ऐसी मूल्यांकन तकनीकी का उपयोग किया जाए जिनकी मदद से विद्यार्थियों के व्यवहार में होने वाले परिमाणात्मक परिवर्तनों जैसे ज्ञान एवं कौशल अर्जन संबंधी उपलब्धियों की जांच के साथ साथ उनके व्यवहार में होने वाले गुणात्मक परिवर्तनों जैसे रूचि,

अभिरूचि, अभिवृत्तियों, आदतों एवं व्यक्तित्व गुण संबंधी परिवर्तनों के मापन एवं आंकलन का कार्य अच्छी तरह से सम्पन्न हो सके।

मूल्यांकन में सततता एवं व्यापकता बनाये रखने संबंधी इसी आवश्यकता ने विद्यालयी शिक्षा व्यवस्था में सतत एवं समग्र (व्यापक) मूल्यांकन प्रणाली को अपनाने का प्रचलन किया है। इस प्रणाली में शिक्षण अधिगम परिणामों की सतत एवं समग्र रूप से जांच करने हेतु जिन दो प्रकार के मूल्यांकनों की समाविष्टि रहती है वे हैं-(i) निर्माणात्मक या रचनात्मक मूल्यांकन (Formative Evaluation) तथा (ii) सकलनात्मक मूल्यांकन (Summative Evaluation) ।

निर्माणात्मक या रचनात्मक मूल्यांकन की प्रकृति रचनात्मक और निर्माणात्मक होती है। इसे शिक्षण अधिगम प्रक्रिया के दौरान ही समय-समय पर निर्धारित शिक्षण अधिगम उद्देश्यों की पूर्ति की जांच हेतु किया जाता है। बालकों के व्यवहार में अपेक्षित परिवर्तन लाने सम्बन्धी कमियों को सामने लाकर उनमें अपेक्षित सुधार लाने का कार्य इसी प्रकार के मूल्यांकन द्वारा ही किया जा सकता है।

संकलनात्मक मूल्यांकन किसी एक शिक्षण अधिगम प्रक्रिया, इकाई या पाठ्यक्रम की समाप्ति के बाद किया जाता है, शिक्षण अवधि प्रक्रिया के दौरान नहीं। इसका उद्देश्य निर्माणात्मक तथा उपचारात्मक न होकर परिमाणात्मक ही होता है ताकि वह मालूम पड़ जाए कि विद्यार्थी विशेष ने शिक्षण अधिगम के फलस्वरूप क्या कुछ उपलब्ध किया और फिर इसे दूसरे बालकों की उपलब्धि से तुलना कर निश्चित डिवीजन, ग्रेड, मैरिट पोजीशन आदि देने हेतु उपयोग किया जाता है।

रचनात्मक तथा संकलनात्मक इन दोनों प्रकार के मूल्यांकनों के क्रियान्वयन हेतु एक सतत एवं समग्र मूल्यांकन प्रणाली निम्न प्रकार की परीक्षण तकनीकों को उपयोग करती हुई दिखाई दे सकती है-

- कक्षा में पढ़ाई जा रही बातों को आधार बनाकर प्रश्न पूछना तथा उनकी अनुक्रियाओं के आधार पर उनका मूल्यांकन करना।
- विद्यार्थियों के व्यवहार का कक्षा, प्रयोगशाला, कार्यशाला तथा सहपाठ्य क्रियाओं के संपादन स्थलों पर निरीक्षण करना तथा उसका विधिवत रिकार्ड रखना।
- कक्षा में किए जाने वाले अभ्यास कार्य में विद्यार्थी के प्रदर्शन का रिकार्ड रखना।
- विद्यालय में दिए जाने वाले प्रयोगात्मक एवं प्रोजेक्ट में विद्यार्थियों की उपलब्धि का रिकार्ड रखना।
- विद्यार्थियों को दिए जाने वाले गृहकार्य तथा प्रोजेक्टों में उनकी अभिक्षमता का रिकार्ड रखना।
- मौखिक परीक्षण साक्षात्कार तथा प्रयोगात्मक परीक्षाओं में विद्यार्थियों की उपलब्धि का रिकार्ड रखना।
- निश्चित अवधि में आयोजित परीक्षणों/परीक्षाओं जैसे साप्ताहिक, मासिक, त्रैमासिक अर्धवार्षिक, वार्षिक में विद्यार्थियों की उपलब्धियों का रिकार्ड रखना।

- प्रश्नावली, रेटिंग, स्केल, चेक लिस्ट, अभिवृत्ति मापनी, रुचि प्रश्नावली, समायोजन परिसूची तथा व्यक्तित्व परिसूची आदि मूल्यांकन तकनीकों से प्राप्त परिणामों का रिकार्ड रखना।
- विद्यार्थियों तथा निर्मित वस्तुओं तथा सृजनात्मक कार्य के मूल्यांकन का रिकार्ड रखना।
- विभिन्न विद्यालयी विषयों की इकाइयों तथा प्रकरणों पर आधारित प्रमाणीकृत, निदानात्मक एवं उपलब्धि परीक्षणों से संबंधित रिकार्ड रखना।

समेकेतीकरण में सहायक के रूप में सीसीई के निहितार्थ (Implications of CCE to Facilitate Inclusion)

विद्यालय की समेकित शिक्षा व्यवस्था में भिन्न भिन्न प्रकार के अधिगमकर्ताओं की उपस्थिति रहती है जो एक दूसरे से अपनी अपनी अनूठी योग्यताओं, क्षमताओं, सामाजिक आर्थिक स्तर तथा सांस्कृतिक पृष्ठभूमि, अधिगम रूचियों तथा शैली, और अपने लिये निर्धारित विकास उद्देश्यों तथा उनसे की जाने वाली अपेक्षाओं को लेकर काफी अंतर रखते हुये अलग अलग दिखाई देते हैं। यही कारण है कि समेकित शिक्षा व्यवस्था में अधिगमकर्ताओं में पाई जाने वाली ऐसी भिन्नताओं और विविधताओं से निपटने हेतु हमें निर्धारित पाठ्यक्रम, शिक्षण अधिगम की विधियों तथा व्यूह रचनाओं, अधिगम तथा कार्य परिवेश, विद्यालय अनुदेशन के उद्देश्य या लक्ष्य में आवश्यक लचीलापन, परिवर्तन तथा अनुकूलन करने की प्रक्रिया अपनानी पड़ती है। यही बात इन बालकों के अधिगम का व्यवहार परिवर्तन संबंधी प्रतिफलों के लिये मूल्यांकन या आंकलन का नियोजन एवं संगठन करने के लिये करनी पड़ती है। यहां अब यह जरूरी हो जाता है कि हम अब तक चली आ रही उस परम्परागत मूल्यांकन या परीक्षा प्रणाली में आवश्यक परिवर्तन एवं संशोधन करें जो शिक्षण अधिगम की संपूर्ण प्रक्रिया की समाप्ति के बाद सत्र के अंत में एक बार ली जाती है और जिसमें सभी के लिए एक ही प्रकार की परीक्षा का आंकलन सूत्र का अनुकरण किया जाता है। समेकेतीकरण शिक्षा व्यवस्था में इस मूल्यांकन या परीक्षा प्रणाली की जगह ऐसी मूल्यांकन व्यवस्था अपनाने की आवश्यकता रहती है जिसमें भिन्न योग्यताओं से युक्त विविध प्रकार के अधिगमकर्ताओं के विविध अधिगम या निष्पत्ति परिणामों के आंकलन में पर्याप्त विविधता अंतर और लचीलापन बनाया रखा जा सके। यह आंकलन अधिगम प्रक्रिया के दौरान सतत रूप से इस तरह चलता रहे कि उन्हें उनके अधिगम परिणामों तथा व्यवहार परिवर्तनों के बारे में सतत रूप से आवश्यक प्रतिपुष्टि प्रदान की जा सके तथा साथ ही आवश्यकतानुसार शिक्षकों को भी अपनी शिक्षण विधियों तथा अधिगम शिक्षण परिवेश में परिवर्तन लाने की चेतावनी मिलती रहे। निश्चित रूप से इस कार्य में सतत एवं समग्र मूल्यांकन (CCE) प्रणाली भलीभांति सहायक सिद्ध हो सकती है। आइये देखे यह इस कार्य में किस प्रकार की भूमिका निभा सकती है।

(i) जैसा कि हम जानते हैं कि समेकित शिक्षा व्यवस्था से जुड़े हुये भिन्न भिन्न प्रकार के विभिन्न अधिगमकर्ताओं के अधिगम या व्यवहार प्रतिफलों के आंकलन में सततता बनाये रखना जरूरी होता है। अक्षमता युक्त बहुत से विद्यार्थियों की अधिगम गति बहुत धीमी हो सकती है और उन्हें अपने अधिगम में कदम कदम पर कठिनाई आ सकती है। ऐसे बालकों को अधिगम अर्जन कराने हेतु धैर्यपूर्वक लगातार उचित प्रयत्न करने होते हैं तथा इन्हें लगातार प्रतिपुष्टि और पुनवर्तन प्रदान करने की आवश्यकता रहती है ताकि इनके अधिगम और व्यवहार परिवर्तन की दिशा और दशा ठीक प्रकार बनी रहे। उनकी प्रगति का समय समय पर सतत रूप से मूल्यांकन करते रहना इन बालकों के अधिगम विकास, और प्रगति के लिये काफी जरूरी होता है और यह सुविधा हमें सतत एवं समग्र मूल्यांकन प्रणाली (CCE) को अपनाने से भलीभांति प्राप्त हो सकती है।

(ii) समेकित शिक्षा व्यवस्था में भिन्न योग्यताओं वाले विभिन्न प्रकार के बालकों में योग्यता, क्षमता, अधिगम स्तर तथा अधिगम शैलियों तथा कार्य करने के तरीकों, सामर्थ्य तथा सीमाओं को लेकर बहुत सी ज्ञानात्मक, क्रियात्मक तथा भावात्मक विविधताएँ और विलक्षणतायें, पाई जाती हैं। स्वाभाविक रूप से इस अवस्था में उनके ज्ञानात्मक, क्रियात्मक एवं भावात्मक व्यवहार में होने वाले परिवर्तनों का आंकलन करने हेतु उनके आंकलन तथा मूल्यांकन में प्रयुक्त विधियों, व्यूहरचनाओं तथा साधनों में पर्याप्त लचीलापन तथा विविधता लाने की आवश्यकता रहती है। सतत एवं समग्र मूल्यांकन (CCE) स्कीम का उपयोग इस आवश्यकता पूर्ति के लिये एक बेहतर विकल्प सिद्ध हो सकता है। क्योंकि इसमें इन विविध प्रकार के मूल्यांकन साधनों तथा तकनीकों के संयुक्त रूप से या अलग अलग रूप में समयानुसार उपयोग करने की बात की जाती है ताकि तीनों व्यवहार क्षेत्रों ज्ञानात्मक, क्रियात्मक एवं भावात्मक से होने वाले परिवर्तनों का उचित आंकलन किया जाता रहे। इस तरह एक समेकित शिक्षा व्यवस्था में सीसीई स्कीम में सुझाये गये विविध मूल्यांकन साधनों जैसे उपलब्धि एवं मनोवैज्ञानिक परीक्षण, मौखिक, लिखित तथा प्रयोगात्मक परीक्षायें, अवलोकन, रेटिंग स्केल, चेकलिस्ट, प्रश्नावली, साक्षात्कार, पोर्टफोलियों आंकलन, सेमीनार प्रस्तुतीकरण, प्रोजेक्ट रिपोर्ट, प्रोफाइल विश्लेषण, केस स्टडीज तथा समाजमिति तकनीकों आदि का उपयोग होते हुए देखा जा सकता है।

(iii) समेकित शिक्षा व्यवस्था में शामिल बहुत से भिन्न योग्यताओं वाले बालक सामान्य, सृजनशील तथा हाशियाकृत अधिगमकर्ता अपनी अपनी रुचि तथा योग्यता वाले विशिष्ट क्षेत्रों में बहुत अधिक कुशल तथा प्रभावी पाये जा सकते हैं। समेकित कक्षा से संबंधित कुछ बालक जहां शैक्षणिक क्षेत्रों में काफी आगे बढ़े हुये पाये जाते हैं और कुछ व्यवहार के अन्य क्षेत्रों में, वहीं अन्य के पास इतनी योग्यता और क्षमता पाई जाती है कि वे अपनी रुचि के गैर शैक्षणिक क्षेत्रों तथा ज्ञानात्मक के अलावा अन्य व्यवहार क्षेत्रों में अपना बेहतर प्रदर्शन कर सके। सतत एवं समग्र मूल्यांकन (CCE) स्कीम के तहत समग्र मूल्यांकन प्रारूप जिसमें शैक्षणिक तथा शैक्षिक व्यवहार के सभी क्षेत्रों में होने वाले व्यवहार परिवर्तनों के समग्र आंकलन की बात कही जाती

है, समेकित शिक्षा व्यवस्था में भिन्न योग्यताओं वाले विभिन्न प्रकार के अधिगमकर्ताओं के अधिगम तथा निष्पति परिणामों के उचित आंकलन हेतु अच्छी तरह काम में लाया जा सकता है। इनकी सहायता से समेकित शिक्षा व्यवस्था में शामिल सभी अधिगमकर्ताओं के विकास का उनकी वैयक्तिक क्षमताओं, रुचियों, अभिप्रेरणा तथा जीवन लक्ष्यों के संदर्भ में सर्वांगीण आंकलन किया जा सकता है।

इस प्रकार से सतत एवं समग्र मूल्यांकन स्कीम का भिन्न योग्यताओं वाले विविध अधिगमकर्ताओं के अधिगम और निष्पति परिणामों के आंकलन के लिये किया जाने वाला उपयोग समेकित शिक्षा के उद्देश्यों की सही ढंग से उपलब्धि सम्बन्धी प्रयोजन को अच्छी तरह पूरा करने में समुचित मदद करता हुआ पाया जा सकता है।

बोर्ड परीक्षाओं में भिन्न-भिन्न योग्यताओं वाले बालकों को राहत पहुंचाने संबंधी प्रावधान

(Provisions for Facilitating Differently Abled in Board Examinations)

भिन्न योग्यताओं वाले या अक्षमता युक्त बालकों की परीक्षाओं विशेषकर विद्यालय बोर्डो द्वारा संचालित परीक्षाओं को देने से संबंधित अपनी अपनी विशिष्ट समस्यायें तथा कठिनाइयाँ होती हैं। इस प्रकार की राज्य तथा केन्द्रीय बोर्डों की परिषदों द्वारा ली जाने वाली परीक्षाओं में विभिन्न अक्षमताओं से युक्त उन सभी बालकों जिन्हें अक्षमता युक्त व्यक्तियों के लिये अधिनियम (PWD Act, 1995)में अक्षम स्वीकार किया गया है जैसे स्पेष्टिक, दृष्टि बाधित, शारीरिक विकलांग, डाइस्लेक्सिक, डाइसकेल्कुलिक, ऑटोस्टिक आदि को बहुत सारी रियायत तथा छूट दी जाती है। इनका विवरण हम आगे दे रहे हैं।

1. भिन्न योग्यताओं वाले बालकों विशेषकर जो दृष्टि, श्रवण तथा गतिशीलता संबंधी अक्षमताओं से ग्रस्त होते हैं, परीक्षा केंद्रों तक आसानी से अपनी पहुंच बनाने हेतु कुछ चुनिन्दा ऐसे विद्यालयों में परीक्षा केन्द्र बनाये जाते हैं जिनमें इनके आवागमन को सुविधा युक्त बनाये जाने की व्यवस्था हो। इनकी अक्षमता तथा सुविधा के अनुकूल फिर उन्हें पास के केन्द्रों को चुनने की स्वतंत्रता दी जाती है।
2. इन्हें परीक्षा नियमों में निर्धारित प्रावधान के हिसाब से परीक्षा हेतु अतिरिक्त समय प्रदान किया जाता है। उदाहरण के लिये सी बी एस ई (CBSE) ने इस संबंध में अतिरिक्त समय के लिये निम्न प्रावधान किया हुआ है।

   3 घंटे की अवधि की परीक्षा हेतु 60 मिनट

   2½ घंटे की अवधि की परीक्षा हेतु 50 मिनट

   2 घंटे अवधि की परीक्षा हेतु 40 मिनट

   1½ घंटे की अवधि की परीक्षा हेतु 30 मिनट
3. उन्हें अपनी अक्षमता/विकलांगता की प्रकृति के अनुरूप किसी सहायक, लेखक या परिपक्व प्रोम्पटर (Adult prompter) की सेवायें लेने की अनुमति दी जाती है। यह सेवायें उनके लिये मुफ्त दी जाती है।

4. अक्षम या विकलांग परीक्षार्थियों के लिये जिन्हें किसी सहायक/लेखक की सेवायें प्रदान की जाती हैं केन्द्र अधीक्षक द्वारा उनके परीक्षा देने हेतु एक अलग उचित कमरे की व्यवस्था की जाती है। तथा उनके लिये एक अतिरिक्त सहायक अधीक्षक (Assistant Superintendent), उनके निरीक्षण हेतु नियुक्त किया जाता है।
5. जिन परीक्षार्थियों को प्रयोगात्मक कार्य करने में कठिनाई होती है। उन्हें प्रेक्टिकल परीक्षा देने के स्थान पर अतिरिक्त रूप से सैद्धांतिक पेपरों में परीक्षा देने की रियायत दी जाती है। इसके लिये उनके लिये विशेष रूप से ऐसे सैद्धांतिक (Theory) पेपर्स सैट कराये जाते हैं जिनमें बहु विकल्पीय ऐसे प्रश्न हो जिनके द्वारा प्रयोग करने संबंधी ज्ञान, समझ और कौशलों का आंकलन हो सके। इस तरह वे भौतिक शास्त्र, रसायन शास्त्र, जीव विज्ञान, गृह विज्ञान आदि विषयों से जुड़ी प्रयोगात्मक परीक्षाओं में भाग न लेकर इनसे संबंधित अतिरिक्त थ्योरी पेपर्स की परीक्षायें दे सकते हैं।
6. अपनी अक्षमता या विकलांगता की प्रकृति के अनुसार इन बालकों को कुछ प्रयोगात्मक विषयों जैसे संगीत, पेन्टिंग तथा हैन्डीक्राफ्ट के चयन और उनसे संबंधित परीक्षा देने का प्रावधान रहता है।
7. आपात अवस्था में इनके लिये ऐसे विशेष प्रबंध करने का भी प्रावधान रहता है कि वे अस्पताल (Hospital) में अपनी परीक्षायें दे सकें।
8. इन बालकों को अपने उत्तर कंप्यूटर से टाइप करके देने की अनुमति होती है। अपनी अपनी अक्षमताओं/विकलांगता की वजह से उनके द्वारा जिस प्रकार की कठिनाई महसूस की जाती है उसकी प्रकृति के अनुसार उन्हें विभिन्न प्रकार के सहायक उपकरणों/साधनों के इस्तेमाल की भी रियायत दी जाती है। उदाहरण के लिये जैसे दृष्टि बाधित परीक्षार्थियों को बोर्ड की पूर्व अनुमति लेकर स्क्रीन रीडिंग सॉफ्टवेयर को काम में लाने की छूट रहती है। इसके अतिरिक्त कुछ अक्षमताओं से युक्त परीक्षाओं को गणित तथा एकाउन्टेंसी की परीक्षा हेतु कैलकुलेटर प्रयोग करने की भी रियायत रहती है।
9. जो दृष्टि दोष से पीड़ित हैं या प्रमाणित पाठन संबंधी अक्षमता के शिकार हैं ऐसे परीक्षार्थियों के लिये प्रश्न पत्र को बिना किसी प्रकार का स्पष्टीकरण देते हुए पढ़कर सुनाने का प्रावधान है।
10. उन सभी अक्षमता युक्त विद्यार्थियों जो अक्षम व्यक्तियों के लिये अधिनियम (PWD Act, 1995) के तहत अक्षम घोषित किये गये हैं, यह प्रावधान भी है कि उन्हें तीसरी भाषा की परीक्षा न देनी पड़े और उनके मामलों में मनोचिकित्सक व्यायाम क्रियाओं (Psycho-therapic exercises) को बोर्ड द्वारा ली जाने वाली शारीरिक और स्वास्थ्य शिक्षा परीक्षा के समकक्ष माना जाये।

संदर्भित एवं विशेष अध्ययन योग्य पुस्तकें
(References and Suggested Readings)

Advani, Lal and Anupriya Chadda (2003), *You and Your Special Child*, New Delhi: UBS Publications.

American Association on Mental Deficiency (1973) as cited by Kisker, George W, *The Disorganised Personality*. (ISE III), New York: McGraw Hill.

Agrawal, Rita (1994), "Emerging Special Education in India", In Kasper Mazurek and Margret, A., Winzer (Eds.), *Comparative studies in Special Education*, Washington DC : Gallaudet University Press.

Bandura, A. (1977), *Social Learning Theory*, Englewood Cliffs, N.J. : Prentice Hall.

Biggie, M.L., (1967), *Leaning Theory of Teachers*, (Indian Reprint), Delhi: Universal Book Stall.

British Mental Deficiency Act, (1929), cited by Shanmugam, T.E., Abnormal Psychology, New Delhi: Tata McGraw-Hill, 1981.

Bowen, B.B. (1847), *Blindman's offering* (4th ed.), New York: Author. Bromberg, W. (1975), From Shaman to Psychotherapist: A History of the Treatment of Mental Illness, Chicago: Henry Regnery.

Conway R. (2008), 'Encouraging Positive Integration', In Forman (ed.), *Inclusive in Action*, p. 128-249, Australia: Thomson.

Dash, M. (2001), "Classroom for All", In Julka A. (eds), *Inclusive Education*: Orientation Package for Teacher Educators, Unpublished manuscript, NCERT

Durant, W. (1944), Caesar and Christ, New York: Simon and Schuster.

Deschenes C., Ebeling D., and Sprague J. (1994), *Adopting Curriculum and Instruction in Inclusive Classrooms: A Teachers Desk Reference*, ISDDCSCI Publication.

French, St. Jeorge, M. (1932), *From Homer to Helen Keller: A School and Educational Study of the Blinds*, New York: American Foundations for the Blind.

Giangreco, M.F. (1997), *Quick-guides to Inclusion: Ideas for Educating Students with Disabilities*, Baltimore, M.D. : Brookes.

Govt. of India (1995), *Persons with Disabilities (Equal Opportunities, Protection of Rights and Full Participation*) Act, New Delhi: Ministry of Law, Justice and Company Affairs.

Giangreco, M., Cloninger, C., and Salce Iverson, V. (1998), *Choosing Outcomes and Accommodations for Children* (2nd edition), Baltimore: Paul H. Brooks.

Individual with Disabilities Education Act (IDEA), (1990), Federal Law of USA, 20, USC. Washington, D.C.

Kauffman, J.M. and Hallahan, D.P., (eds.) (1995), *The Illusion of Full Inclusion*, A comprehensive critique of a current special education, Bandwagon, Austin, TX : Pro-Ed.

Kirk, S.A. and Kirk, W.D. (1971), *Psycholinguistic Learning Disabilities: Diagnosis and Remediation*, Urbana II: University of Illionis Press.

Kanner, L. (1964), *A History of the Care and Study of the Mentally Retarded*, Spring Field, III : Thomas.

Manivannam, M. (2001), "Inclusive Education for Disabled Children", http://www.dinf.ne.Jp/doc/english/asia.iresource.retrieved on 23/9/2015.

Ministry of Social Justice and Empowerment (2012), *The Draft Rights of Persons with Disabilities Bill*, 2012, Government of India, http://www.socialjustice.nic.in/pdf/draft pwed 12 pdf retrieved on 20105/2016.

National Policy on Education, (1968), New Delhi: Ministry of Education and Culture, Government of India.

National Policy on Education (1986), New Delhi: Ministry of Human Resource Development, Government of India.

National Policy for Persons with Disabilities (2006), New Delhi : Ministry of Social Justice and Empowerment, Government of India.

NCERT, (2014), *Including Children with Special Needs: Primary Stage*, New Delhi: Department of Education of Groups with Special Needs.

National Curriculum Framework, (NCF) (2005), New Delhi: NCERT.

NCERT (2007), *Meeting Special Needs in School: A Manual*, New Delhi: NCERT Publication Department.

National Institute of Health (1993), "Research Plan for the National Center for Medical Rehabilitation Research," (NIH Publication No. 93- 3509), Berthesda, MD : Author.

Organization for Economic Cooperation and Development (OECD) (1999), "Inclusive Education at Work: Students with Disabilities in Mainstream Schools: A Report," htppllwww.inclusionuive;ac.UK/inclusion week/articles/world wide retrieved on 30/8/2006.

Page, James D. (1976), *Abnormal Psychology*, New Delhi: Tata McGraw Hill.

Programme of Action (1992), New Delhi: Ministry of Human Resource Development, Government of India.

Rane, (1985), In Hifzur Rehman (2005), *History of Special Education in India*, New Delhi: Sanjay Prakashan.

Rehabilitation Council of India Act (1992), New Delhi: Ministry of Social Justice and Empowerment, Government of India.

Stainback, S. and W. Stainback (1992), *Teaching in the Inclusive Classrooms: Curriculum Design, Adaptation and Delivery*, Baltimore: Brookes.

Striker, Henri Jacques (1982), *A History of Disability*, translated by William Sayers, (1999), Michigan: The University of Michigan Press.

Safford, Phillip, L., and Safford Elizabeth (1996) *A History of the Childhood*, New York: Teachers College Press, Columbia University.

Uppal, Jagmohan and Harinder Dey (2001), "Inclusive Education: Essential Aids and Appliances for Children with Disabilities", *Employment News*, Dec. 3.

UNESCO, 1994, The Salamanaco Statement and Framework for Action on Special Needs Education, Paris: UNESCO.

Webster's 7th New Collegiate Dictionary (1970), Springfield, Massachusetts, USA: G. & C. Merriam company.

World Health Organization (WHO), (1980), *International Classification of Impairments, Disabilities and Handicap*, Geneva, Switzerland.

Winzer, Margret A. (1993), *The History of Special Education: From Isolation to Integration*, Washington DC : Gallaundent University Press.